华信经管创新系列

中级财务会计

谢明香　主　编
刘　铮　周　莉　刘会芬　副主编

電子工業出版社
Publishing House of Electronics Industry
北京 · BEIJING

内容简介

本书是为了适应会计理论、会计实务领域中的重大变化而编写的一本内容新颖、结构合理、体系科学、切合实际的中级财务会计教材。全书共分19章，从理论到实务，从要素到报告，由浅入深，层层展开，环环相扣：第一章总论，主要介绍财务会计理论的基本问题；第二章至第十六章（第十章除外），围绕会计要素的确认和计量展开，主要介绍会计要素包括的内容及其核算方法；第十七章财务报告，主要介绍财务报告的编制方法；第十章、第十八章和第十九章，作为专题介绍了资产减值、非货币性资产交换、债务重组等问题。

本书可作为高等学校经济管理类专业相关课程的教材，也可供会计实务工作者或准备从事会计实务工作的人员学习参考。

图书在版编目（CIP）数据

中级财务会计 / 谢明香主编. — 北京：电子工业出版社，2020.3

ISBN 978-7-121-38541-4

I. ①中… II. ①谢… III. ①财务会计－高等学校－教材 IV. ①F234.4

中国版本图书馆CIP数据核字（2020）第031637号

责任编辑：王二华
印 刷：三河市鑫金马印装有限公司
装 订：三河市鑫金马印装有限公司
出版发行：电子工业出版社
北京市海淀区万寿路173信箱 邮编：100036
开 本：787×1 092 1/16 印张：22.75 字数：703千字
版 次：2020年3月第1版
印 次：2020年3月第1次印刷
定 价：66.00元

凡所购买电子工业出版社图书有缺损问题，请向购买书店调换。若书店售缺，请与本社发行部联系，联系及邮购电话：（010）88254888，88258888。

质量投诉请发邮件至zlts@phei.com.cn，盗版侵权举报请发邮件至dbqq@phei.com.cn。

本书咨询联系方式：（010）88254532。

前　言

本书是为了适应会计理论、会计实务领域中的重大变化而编写的一本内容新颖、结构合理、体系科学、切合实际的中级财务会计教材，反映了当今社会经济发展的要求，符合会计人才培养、会计教学改革的需要。

本书是对财务会计理论和方法的进一步深化，需要读者在掌握会计的基本理论、基本方法之后学习。本书的编写依据有：财政部2006年2月发布的具体会计准则；2014年至2019年5月修订和发布的企业会计准则；2019年5月财政部再次修订的一般企业财务报表格式；2016年，财政部关于印发《增值税会计处理规定》的通知(财会〔2016〕22号)；财政部、国家税务总局关于调整增值税税率的调整，等等。

本书力求通俗易懂，注重理论联系实际，并按2019年4月1日起实施的增值税税率对全书的例题和课后习题进行了调整，体现了实操性和时效性。另外，本书最后附有2007年1月1日实施的企业会计准则所用会计科目表、2013年1月1日实施的小企业会计准则所用会计科目表，目的是使读者在学习完本书后，通过科目体系能够了解上市公司、小企业在核算上的区别。同时，在第十七章分别介绍了执行企业会计准则的企业(一般企业)和执行小企业会计准则的企业(小企业)财务报表的格式及编制方法，使读者通过学习了解一般企业与小企业在报表编制上的差异。

本书由武汉科技大学的谢明香老师担任主编，武汉科技大学的刘铮老师、武汉科技大学的周莉老师、西安财经学院知行学院的刘会芬老师担任副主编。谢明香老师负责全书的统纂、修改和定稿。编写人员具体分工如下。

谢明香：第三章、第四章、第五章第一节至第三节和第六节、第六章、第九章至第十二章、第十四章第三节至第五节、第十五章、第十六章、第十七章。

刘铮：第二章。

周莉、谢明香：第一章、第五章第四节和第五节、第十三章、第十四章第一节和第二节。

刘铮、谢明香：第七章、第八章。

徐益坤[宝信软件(武汉)有限公司]第十八章。

刘会芬：第十九章。

本书配有教学课件，读者可登陆华信教育资源网(www.hxedu.com.cn)免费注册下载。

本书借鉴和引用了许多资料，在此谨向有关作者致以诚挚的谢意！在本书编写和出版过程中得到了很多朋友的大力支持与帮助，在此一并表示衷心的感谢！

由于时间仓促，编写工作量大，加之编者水平有限，书中某些地方难免会有疏漏、错误和失误之处，敬请同仁和读者批评指正。

编　者

目　录

第一章 总　　论

第一节 财务报告目标

会计是以货币为主要计量单位，反映和监督一个单位经济活动的经济管理工作。企业的会计工作主要反映企业的财务状况、经营成果和现金流量，并对企业经营活动和财务收支进行监督。

财务会计是当代企业会计的一个重要组成部分，它是运用簿记系统的专门方法，以通用的会计原则为指导，对企业资金运动进行核算和监督，旨在为投资者、债权人提供会计信息的对外报告会计。财务会计同管理会计相配合并共同服务于市场经济条件下的现代企业。

企业财务会计的目的是为了通过向企业外部会计信息使用者提供有用的信息，帮助使用者做出相关决策。承担这一信息载体和功能的是企业编制的财务报告，它是财务会计确认和计量的最终结果，是沟通企业管理层与外部信息使用者之间的桥梁和纽带。因此，财务报告的目标定位决定着财务报告应当向谁提供有用的会计信息，应当保护谁的经济利益，这是编制企业财务报告的出发点；财务报告的目标定位决定着财务报告所要求会计信息的质量特征，决定着会计要素的确认和计量原则，是财务会计系统的核心与灵魂。

通常认为财务报告目标有受托责任观和决策有用观两种。在受托责任观下，会计信息更多地强调可靠性，会计计量主要采用历史成本；在决策有用观下，会计信息更多地强调相关性，如果采用其他计量属性能够提供更加相关信息的，会较多地采用除历史成本之外的其他计量属性。

我国财务报告的目标是向财务报告使用者提供与企业财务状况、经营成果和现金流量等有关的会计信息，反映企业管理层受托责任履行情况，有助于财务会计报告使用者做出经济决策。一方面，向财务报告使用者提供对决策有用的信息；另一方面，要如实反映企业管理层受托责任的履行情况。根据这一目标的要求，财务报告所提供的会计信息应当如实反映企业所拥有或者控制的经济资源、对经济资源的要求权，以及经济资源及其要求权的变化情况；如实反映企业的各项收入、费用、利润和损失的金额及其变动情况；如实反映企业各项经营活动、投资活动和筹资活动等所形成的现金流入和现金流出情况等。从而有助于投资者、债权人以及其他使用者正确、合理地评价企业的财务状况，有助于做出合理的经济决策，有助于评价企业经营管理层受托责任的履行情况和资源的使用效率。

财务报告外部使用者主要包括投资者、债权人、政府及其有关部门和社会公众等。满足投资者的信息需要是企业财务报告编制的首要出发点，将投资者作为企业财务报告的首要使用者，凸显了投资者的地位，体现了保护投资者利益的要求，是市场经济发展的必然。如果企业在财务报告中提供的会计信息与投资者的决策无关，那么财务报告就失去了编制的意义。除投资者之外，企业财务报告的外部使用者还有债权人、政府及其有关部门、社会公众等。由于投资者是企业资本的主要提供者，通常情况下，如果财务报告能够满足这一群体的会计信息要求，也可以满足其他使用者的大部分信息需求。

第二节 会计基本假设与会计基础

一、会计基本假设

会计所处的环境极为复杂，会计面对的是变化不定的社会经济环境。会计人员在会计核算过程中，面对这些变化不定的经济环境，就不得不做出一些合理的假设，对会计核算的对象及环境做出一些基本规定，即建立会计核算的基本前提，也称为会计假设。

会计基本假设是企业会计确认、计量和报告的前提，是对会计核算所处时间、空间环境等所做的合理假定。

会计假设不是毫无根据的虚构设想，而是在长期的会计实践中，人们逐步认识和总结形成的，是对客观情况合乎事理的推断。会计假设规定了会计核算工作赖以存在的一些基本前提条件，是企业设计和选择会计方法的重要依据。只有规定了这些会计假设，会计核算才能得以正常进行下去。所以，会计假设既是会计核算的基本依据，又是制定会计准则和会计核算制度的重要指导思想。会计基本假设包括：会计主体、持续经营、会计分期和货币计量。

（一）会计主体

会计主体，是指会计工作服务的特定单位，是企业会计确认、计量和报告的空间范围。为了向财务报告使用者反映企业财务状况、经营成果和现金流量，提供与其决策有用的信息，会计核算和财务报告的编制应当集中于反映特定单位的活动，并将其与其他经济实体区别开来。

在会计主体假设下，企业应当对其本身发生的交易或者事项进行会计确认、计量和报告，反映企业本身所从事的各项生产经营活动。明确界定会计主体是开展会计确认、计量和报告工作的重要前提。

明确会计主体，才能划定会计所要处理的各项交易或事项的范围。在会计工作中，只有那些影响企业本身经济利益的各项交易或事项才能加以确认、计量和报告，那些不影响企业本身经济利益的各项交易或事项不能加以确认、计量和报告。会计工作中通常所讲的资产、负债的确认，收入的实现，费用的发生等，都是针对特定会计主体而言的。

明确会计主体，才能将会计主体的交易或事项与会计主体所有者的交易或事项区分开来。例如，企业所有者的经济交易或者事项是属于企业所有者主体所发生的，不应纳入企业会计核算的范围，但是企业所有者投入到企业的资本或者企业向所有者分配的利润，则属于会计主体发生的交易或者事项，应当纳入企业会计核算的范围。

会计主体可以是一个特定的企业，也可以是一个企业的某一特定部分（如分厂、分公司、门市部等），也可以是由若干家企业通过控股关系组织起来的集团公司，甚至可以是一个具有经济业务的特定非营利组织。会计主体不同于法律主体。一般来说，法律主体必然是一个会计主体，例如，一个企业作为一个法律主体，应当建立财务会计系统，独立反映其财务状况、经营成果和现金流量。但是，会计主体不一定是法律主体。例如，在企业集团的情况下，一个母公司拥有若干个子公司，母子公司虽然是不同的法律主体，但是母公司对于子公司拥有控制权，为了全面反映企业集团的财务状况、经营成果和现金流量，就有必要将企业集团作为一个会计主体，编制合并财务报表。

（二）持续经营

持续经营，是指在可以预见的将来，企业将会按当前的规模和状态继续经营下去，不会停业，也不会大规模削减业务。在持续经营前提下，会计确认、计量和报告应当以企业持续、正常的生产经营活动为前提。

企业是否持续经营，对会计原则、会计方法的选择上有很大差别。一般情况下，应当假定企业将会按照当前的规模和状态继续经营下去。明确这个基本假设，就意味着会计主体将按照既定用途使用资产，按照既定的合约条件清偿债务，会计人员就可以在此基础上选择会计原则、会计方法。如果判断企业会持续经营，就可以假定企业的固定资产会在持续经营过程中长期发挥作用，并服务于生产经营过程，固定资产就可以根据历史成本进行记录，并采用一定的折旧方法，将历史成本分摊到各个会计期间或相关产品的成本中。如果判断企业不会持续经营，固定资产就不应采用历史成本进行记录并按期计提折旧。

如果一个企业在不能持续经营时仍按持续经营基本假设选择会计确认、计量和报告原则与方法，就不能客观地反映企业财务状况、经营成果和现金流量，会误导会计信息使用者的经济决策。

（三）会计分期

会计分期，是指将一个企业持续经营的生产经营活动划分为一个个连续的、长短相同的期间。

会计分期的目的，将持续经营的生产经营活动划分成连续、相等的期间，据以结算盈亏，按期编制财务报表，从而及时地向各方提供有关企业财务状况、经营成果和现金流量的信息。持续经营的假定，意味着企业经营活动在时间的长河中无休止地运行，那么，在会计实践活动中，会计人员提供的会计信息，应从何时开始，又在何时终止呢？显然，要等到企业的经营活动全部结束时，再进行盈亏核算和编制报表是不可能的。所以，会计核算应当划分会计期间。

在会计分期假设下，企业应当划分会计期间，分期结算账目和编制财务会计报告。会计期间分为年度和中期。中期是指短于一个完整的会计年度的报告期间。由于会计分期，才产生了当期与以前期间、以后期间的差别，才使不同类型的会计主体有了记账的基准，进而孕育出折旧、摊销等会计处理方法。

最常见的会计期间是一年，以一年确定的会计期间称为会计年度，按年度编制的财务报表也称为年报。在我国，会计年度自公历每年的 1 月 1 日至 12 月 31 日止。为满足人们对会计信息的需要，也要求企业按短于一年的期间编制财务报告，如要求上市公司每季度提供一次财务报告。

（四）货币计量

货币计量，是指会计主体在会计确认、计量和报告时以货币计量，反映会计主体的生产经营活动。

在会计确认、计量和报告过程中之所以选择货币为基础进行计量，是由货币的本身属性决定的。货币是商品的一般等价物，是衡量一般商品价值的共同尺度，具有价值尺度、流通手段、储藏手段和支付手段等特点。其他计量单位，如重量、长度等，只能从一个侧面反映企业的生产经营情况，无法在量上进行汇总和比较，不便于会计计量和经营管理，只有选择货币尺度进行计量，才能充分反映企业的生产经营情况。

在我国，要求采用人民币作为记账本位币，这是对货币计量这一会计前提的具体化。考虑到一些企业的经营活动可能更多地涉及外币，同时也规定，业务收支以人民币以外的货币为主的单位，可以选定其中一种货币作为记账本位币。但是编报的财务报表应当折算为人民币。在境外设立的中国企业向国内报送的财务报表，应当折算为人民币。

二、会计基础

企业会计的确认、计量和报告应当以权责发生制为基础。

权责发生制基础要求，凡是当期已经实现的收入和已经发生或应当负担的费用，无论款项是否收付，都应当作为当期的收入和费用，计入利润表；凡是不属于当期的收入和费用，即便款项已在当期收付，也不应当作为当期的收入和费用。

在实务中，企业交易或者事项的发生时间与相关货币收支时间有时并不完全一致。例如，款项已经收到，但销售并未实现；或者款项已经支付，但并不是为本期生产经营活动而发生的。收付实现制是与权责发生制相对应的一种会计基础，它是以收到或支付的现金及其时点作为确认收入和费用等的依据。为了更加真实、公允地反映特定会计期间的财务状况和经营成果，企业应当以权责发生制为基础进行会计确认、计量和报告。

目前，我国的企业应当以权责发生制为基础进行会计确认、计量和报告。行政单位会计采用收付实现制，事业单位部分经济业务或者事项的核算采用权责发生制，除此之外的业务采用收付实现制。

第三节　会计信息质量要求

会计信息质量要求是对企业财务报告中所提供会计信息质量的基本要求，是使财务报告中所提供的会计信息对投资者等使用者决策有用应具备的基本特征。它主要包括可靠性、相关性、可理解性、可比性、实质重于形式、重要性、谨慎性和及时性等。

（一）可靠性

可靠性要求企业应当以实际发生的交易或事项为依据进行确认、计量和报告，如实反映符合确认和计量要求的各项会计要素及其他相关信息，保证会计信息真实可靠、内容完整。

会计信息要有用，必须以可靠性为基础，如果财务报告所提供的会计信息是不可靠的，就会对投资者等使用者的决策产生误导甚至带来损失。为了贯彻可靠性要求，企业应当做到：

(1) 以实际发生的交易或者事项为依据进行确认、计量，将符合会计要素定义及其确认条件的资产、负债、所有者权益、收入、费用和利润等如实反映在财务报表中，不得根据虚构的、没有发生的或者尚未发生的交易或者事项进行确认、计量和报告。

(2) 在符合重要性和成本效益原则的前提下，保证会计信息的完整性，其中包括应当编报的报表及其附注内容等应当保持完整，不能随意遗漏或者减少应予披露的信息。与使用者决策相关的有用信息都应当充分披露。

(3) 包括在财务报告中的会计信息应当是中立的，无偏的。如果企业在财务报告中为了达到事先设定的结果或效果，通过选择或列示有关会计信息以影响决策和判断的，这样的财务报告信息就不是中立的。

(二) 相关性

相关性要求企业提供的会计信息应当与投资者等财务报告使用者的经济决策需要相关，有助于投资者等财务报告使用者对企业过去、现在或未来的情况做出评价或者预测。

会计信息是否有用，是否具有价值，关键看其与使用者的决策需要是否相关，是否有助于决策或者提高决策水平。相关的会计信息应当能够有助于会计信息使用者评价企业过去的决策，证实或者修正过去的有关预测，因而具有反馈价值。相关的会计信息还应当具有预测价值，有助于会计信息使用者根据财务报告所提供的会计信息预测企业未来的财务状况、经营成果和现金流量。例如，区分收入和利得、费用和损失，区分流动资产和非流动资产、流动负债和非流动负债，以及适度引入公允价值等，都可以提高会计信息的预测价值，进而提升会计信息的相关性。

会计信息质量的相关性要求，需要企业在确认、计量和报告会计信息的过程中，充分考虑使用者的决策模式和信息需要。但是，相关性是以可靠性为基础的，两者之间并不矛盾，不应将两者对立起来。也就是说，会计信息在可靠性前提下，尽可能地做到相关，以满足投资者等财务报告使用者的决策需要。

(三) 可理解性

可理解性要求企业提供的会计信息应当清晰明了、便于投资者等财务报告使用者理解和使用。

企业编制财务报告、提供会计信息的目的在于使用，而要想让使用者有效使用会计信息，就应当让其了解会计信息的内涵，弄懂会计信息的内容，这就要求财务报告所提供的会计信息应当清晰明了，易于理解。只有这样，才能提高会计信息的有用性，实现财务报告的目标，满足向投资者等财务报告使用者提供决策有用信息的要求。

会计信息是一种专业性较强的信息，在强调会计信息的可理解性要求的同时，还应假定使用者具有一定的有关企业经营活动和会计方面的知识，并且愿意付出努力去研究这些信息。对于某些复杂的信息，如交易本身较为复杂或者会计处理较为复杂，只要其与使用者的经济决策相关，企业就应当在财务报告中充分披露。

在会计核算中坚持可理解性原则，会计记录应当准确、清晰。填制会计凭证、登记会计账簿必须做到依据合法，科目对应关系清楚，文字摘要完整；在编制财务报表时，项目钩稽关系清楚、内容完整、数字准确。

(四) 可比性

可比性要求企业提供的会计信息应当相互可比，主要包括以下两层含义。

1. 同一企业不同时期可比

为了便于投资者等财务报告使用者了解企业的财务状况、经营成果和现金流量的变化趋势，比较企业在不同时期的财务报告信息，全面、客观地评价过去、预测未来，从而做出决策。会计信息质量的可比性要求同一企业不同时期发生的相同或相似的交易或事项，应当采用一致的会计政策，不得随意变更。但是，满足会计信息可比性要求，并非表明企业不得变更会计政策，如果按照规定或者在会计政策变更后可以提供更可靠、更相关的会计信息的，可以变更会计政策。有关会计政策变更的情况，应当在附注中予以说明。

2. 不同企业相同会计期间可比

为了便于投资者等财务报告使用者了解企业的财务状况、经营成果和现金流量及其变动情况，会计信息质量的可比性要求不同企业同一会计期间发生的相同或者相似的交易或者事项，应当采用规定的会计政策，确保会计信息口径一致、相互可比，以使不同企业按照一致的确认、计量和报告要求提供有关会计信息。

（五）实质重于形式

实质重于形式要求企业应当按照交易或事项的经济实质进行会计确认、计量和报告，而不仅仅以交易或者事项的法律形式为依据。

企业发生的交易或者事项在多数情况下，其经济实质和法律形式是一致的。但在有些情况下，会出现不一致。例如，以融资租赁方式租入的固定资产，虽然从法律形式来讲承租企业并不拥有其所有权，但是由于租赁合同中规定的租赁期相当长，往往接近于该资产的使用寿命；承租期结束时承租企业有优先购买该固定资产的选择权；在租赁期内承租企业有权支配资产并从中受益，从其经济实质来看，企业能够控制融资租入的固定资产所创造的未来经济利益。在会计确认、计量和报告上就应当将以融资租赁方式租入的固定资产视为企业自有固定资产进行核算，列入企业的资产负债表，并计提折旧。

（六）重要性

重要性要求企业提供的会计信息应当反映与企业财务状况、经营成果和现金流量有关的所有重要交易或者事项。

在实务中，如果某会计信息的省略或者错报会影响投资者等财务报告使用者据以做出决策的，该信息就具有重要性。重要性的应用需要依赖职业判断，企业应当根据其所处环境和实际情况，从项目的性质和金额大小两方面加以判断。

重要性与会计信息成本效益直接相关。坚持重要性原则，能够使提供会计信息的收益大于成本。相反，对于那些不重要的项目，如果也采用严格的会计程序，分别核算，分项反映，就会导致会计信息成本高于收益。

评价某些项目的重要性，很大程度上取决于会计师的职业判断。一般来说，应当从质和量两个方面来进行分析。从性质来说，当某一事项有可能对决策产生一定影响时，就属于重要项目；从数量方面来说，当某一项目的数量达到一定规模时，就可能对决策产生影响。

（七）谨慎性

谨慎性要求企业对交易或者事项进行会计确认、计量和报告应当保持应有的谨慎，不应高估资产或者收益，低估负债或者费用。

在市场经济环境下，企业的生产经营活动面临着许多风险和不确定性，如应收款项的可收回性、固定资产的使用寿命、无形资产的使用寿命、售出存货可能发生的退货或者返修等。会计信息质量的谨慎性要求，需要企业在面临不确定因素的情况下做出职业判断时，应当保持应有的谨慎，充分估计到各种风险和损失，既不高估资产或者收益，也不低估负债或者费用。例如，要求企业对可能发生的资产减值损失计提资产减值准备，对售出商品可能发生的保修义务等确认预计负债等，就体现了会计信息质量的谨慎性要求。

谨慎性的应用不允许企业设置秘密准备。如果企业故意低估资产或者收益，或者故意高估负债或者费用，则不符合会计信息的可靠性和相关性要求，损害会计信息质量，扭曲企业实际的财务状况和经营成果，从而对使用者的决策产生误导，这是不符合会计准则要求的。

（八）及时性

及时性要求企业对于已经发生的交易或者事项，应当及时进行确认、计量和报告，不得提前或延后。

会计信息的价值在于帮助所有者或者其他方面做出经济决策，具有时效性。即使是可靠、相关的会计信息，如果不及时提供，就失去了时效性，对于使用者的效用就大大降低，甚至不再具有实际意义。在会计确认、计量和报告过程中贯彻及时性，一是要求及时收集会计信息，即在经济交易或者事项发生后，及时收集整理各种原始单据或者凭证；二是要求及时处理会计信息，即按照会计准则的规定，及时对经济交易或者事项进行确认或者计量，并编制财务报告；三是要求及时传递会计信息，即按照国家规定的有关时限，及时地将编制的财务报告传递给财务报告使用者，便于其及时使用和决策。

在实务中，为了及时提供会计信息，可能需要在有关交易或者事项的信息全部获得之前即进行会计处理，从而满足会计信息的及时性要求，但可能会影响会计信息的可靠性；反之，如果企业等到与交易或者事项有关的全部信息获得之后再进行会计处理，这样的信息披露可能会由于时效性问题，对于投资者等财务报告使用者决策的有用性将大大降低。这就需要在及时性和可靠性之间做相应权衡，以更好地满足投资者等财务报告使用者的经济决策需要为判断标准。

第四节　会计要素

会计要素是根据交易或者事项的经济特征所确定的财务会计对象的基本分类。会计要素按照其性质分为资产、负债、所有者权益、收入、费用和利润，其中，资产、负债、所有者权益要素侧重于反映企业的财务状况，收入、费用和利润要素侧重于反映企业的经营成果。会计要素的界定和分类可以使财务会计系统更加科学严密，为投资者等财务报告使用者提供更加有用的信息。

一、资产

（一）资产的定义

资产是指企业过去的交易或者事项形成的、由企业拥有或者控制的、预期会给企业带来经济利益的资源。

根据资产的定义，资产具有以下特征。

1. 资产是由企业过去的交易或者事项形成的

资产应当由企业过去的交易或者事项所形成，过去的交易或者事项包括购买、生产、建造行为或者其他交易或者事项。也就是说资产必须是现实资产，而不是预期的资产，是由于过去已经发生的交易或事项产生的结果。至于未来交易或事项以及未发生的交易或事项可能产生的结果，则不属于现在的资产，不得作为资产确认。例如，已经发生的固定资产购买交易会形成企业的资产，而计划中的固定资产购买交易则不会形成企业的资产。

2. 资产应为企业拥有或者控制的资源

资产作为一项资源，应当由企业拥有或者控制，具体是指企业享有某项资源的所有权，或者虽然不享有某项资源的所有权，但该资源能被企业所控制。

企业享有资产的所有权，通常表明企业能够排他性地从资产中获取经济利益。通常在判断资产是否存在时，所有权是考虑的首要因素。在某些情况下，资产虽然不为企业所拥有，即企业不享有其所有权，但企业控制了这些资产，同样表明企业能够从资产中获取经济利益，符合会计对资产的定义。如果企业既不拥有也不控制资产所能带来的经济利益，就不能将其作为企业的资产予以确认。

3. 资产预期会给企业带来经济利益

资产预期会给企业带来经济利益，是指资产直接或者间接导致现金和现金等价物流入企业的潜力。这种潜力可以来自企业日常的生产经营活动，也可以来自企业非日常活动；带来的经济利益可以是现金或现金等价物，或者是可以转化为现金或现金等价物的形式，或者是可以减少现金或现金等价物流出的形式。

预期能为企业带来经济利益是资产的重要特征。资产导致经济利益流入企业的方式多种多样，如销售商品、预收货款等。如果某一项目预期不能给企业带来经济利益，那么就不能将其确认为资产。前期已经确认为资产的项目，如果不能再为企业带来经济利益的，也不能再确认为企业的资产，应当作为损失或费用进行核销。

（二）资产的确认条件

将一项资源确认为资产，需要符合资产的定义，还应同时满足以下两个条件。

1. 与该资源有关的经济利益很可能流入企业

从资产的定义可以看出，能带来经济利益是资产的一个本质特征，但在现实生活中，由于经济环境瞬息万变，与资源有关的经济利益是否流入企业或者能够流入多少实际上带有不确定性。因此，资产的确认还应与经济利益流入的不确定性程度的判断结合起来。如果根据编制财务报表时所取得的证据，判断与资源有关的经济利益很可能流入企业，那么就应当将其作为资产予以确认；反之，不能确认为资产。

2. 该资源的成本或者价值能够可靠地计量

可计量性是所有会计要素确认的重要前提，资产的确认也是如此。只有当有关资源的成本或者价值能够可靠地计量时，资产才能予以确认。在实务中，企业取得的许多资产都要付出成本。例如，企业购买或者生产的存货、企业购置的厂房或者设备等，对于这些资产，只有实际发生的成本或者生产成本能够可靠计量，才能视为符合了资产确认的可计量性条件。

二、负债

（一）负债的定义

负债是指企业过去的交易或者事项形成的，预期会导致经济利益流出企业的现时义务。

根据负债的定义，负债具有以下特征。

1. 负债是由企业过去的交易或者事项形成的

负债应当由企业过去的交易或者事项所形成。换句话说，只有过去的交易或者事项才形成负债，企业将在未来发生的承诺、签订的合同等交易或者事项，不形成负债。

2. 负债是企业承担的现时义务

负债必须是企业承担的现时义务，这里的现时义务是指企业在现行条件下已承担的义务。未来发生的交易或者事项形成的现时义务，不属于现时义务，不应当确认为负债。

这里所指的义务可以是法定义务，也可以是推定义务。其中法定义务是指具有约束力的合同或者法律法规规定的义务，通常在法律意义上需要强制执行。例如，企业购买原材料形成应付账款、企业向银行贷入款项形成借款，企业按照税法规定应当交纳的税款等，均属于企业承担的法定义务，需要依法予以偿还。推定义务是指根据企业多年来的习惯做法、公开的承诺或者公开宣布的经营政策而导致企业将承担的责任，这些责任也使有关各方形成了企业将履行义务承担责任的合理预期。例如，某企业多年来制定有一项销售政策，对于售出商品提供一定期限内的售后保修服务，预期将为售出商品提供的保修服务就属于推定义务，应当将其确认为一项负债。

3. 负债预期会导致经济利益流出企业

预期会导致经济利益流出企业也是负债的一个本质特征，只有在履行义务时会导致经济利益流出企业的，才符合负债的定义。在履行现时义务清偿负债时，导致经济利益流出企业的形式多种多样。例如，用现金偿还或以实物资产形式偿还；以提供劳务形式偿还；部分转移资产、部分提供劳务形式偿还；将负债转为资本等。

（二）负债的确认条件

将一项现时义务确认为负债，需要符合负债的定义，还需要同时满足以下两个条件。

1. 与该义务有关的经济利益很可能流出企业

从负债的定义可以看到，预期会导致经济利益流出企业是负债的一个本质特征。在实务中，履行义务所需流出的经济利益带有不确定性，尤其是与推定义务相关的经济利益通常需要依赖于大量的估计。因此，负债的确认应当与经济利益流出的不确定性程度的判断结合起来，如果有确凿证据表明，与现时义务有关的经济利益很可能流出企业，就应当将其作为负债予以确认；反之，如果企业承担了现时义务，但是导致企业经济利益流出企业的可能性很小，就不符合负债的确认条件，不应将其作为负债予以确认。

2. 未来流出的经济利益的金额能够可靠地计量

负债的确认在考虑经济利益流出企业的同时，对于未来流出的经济利益的金额应当能够可靠计量。对于与法定义务有关的经济利益流出金额，通常可以根据合同或者法律规定的金额予以确定，考虑到经济利益流出的金额通常在未来期间，有时未来期间较长，有关金额的计量需要考虑货币时间价值等因素的影响。对于与推定义务有关的经济利益流出金额，企业应当根据履行相关义务所需支出的最佳估计数进行估计，并综合考虑有关货币时间价值、风险等因素的影响。

三、所有者权益

(一) 所有者权益的定义

所有者权益是指企业资产扣除负债后，由所有者享有的剩余权益。公司的所有者权益又称为股东权益。所有者权益是所有者对企业资产的剩余索取权，它是企业的资产扣除债权人权益后应由所有者享有的部分，既可反映所有者投入资本的保值增值情况，又体现了保护债权人权益的理念。

(二) 所有者权益的来源构成

所有者权益的来源包括所有者投入的资本、直接计入所有者权益的利得和损失、留存收益等。通常由实收资本(或者股本)、资本公积、盈余公积和未分配利润四部分构成。

所有者投入的资本是指所有者投入企业的资本部分，它既包括构成企业注册资本或者股本的金额，也包括投入资本超过注册资本或者股本部分的金额，即资本溢价或股本溢价，这部分投入资本作为资本公积(资本溢价)反映。

直接计入所有者权益的利得和损失，是指不应计入当期损益、会导致所有者权益发生增减变动的、与所有者投入资本或者向所有者分配利润无关的利得或者损失。其中，利得是指由企业非日常活动所形成的、会导致所有者权益增加的、与所有者投入资本无关的经济利益的流入。损失是指由企业非日常活动所发生的、会导致所有者权益减少的、与向所有者分配利润无关的经济利益的流出。直接计入所有者权益的利得和损失主要包括现金流量套期中套期工具公允价值变动额(有效套期部分)等。

留存收益是企业历年实现的净利润留存于企业的部分，主要包括盈余公积和未分配利润。

(三) 所有者权益的确认条件

所有者权益体现的是所有者在企业中的剩余权益，因此，所有者权益的确认主要依赖于其他会计要素，尤其是资产和负债的确认；所有者权益金额的确定也主要取决于资产和负债的计量。例如，企业接受投资者投入的资产，在该资产符合资产确认条件时，就相应地符合了所有者权益的确认条件；当该资产的价值能够可靠计量时，所有者权益的金额也就可以确定。

四、收入

(一) 收入的定义

收入是指企业在日常活动中形成的、会导致所有者权益增加的、与所有者投入资本无关的经济利益的总流入。根据收入的定义，收入具有以下几方面的特征。

1. 收入是企业在日常活动中形成的

日常活动是指企业为完成其经营目标所从事的经常性活动以及与之相关的活动。例如，工业企业制造并销售产品即属于企业的日常活动。明确界定日常活动是为了将收入与利得相区分，因为企业非日常活动所形成的经济利益的流入不能确认为收入，而应当计入利得。

2. 收入是与所有者投入资本无关的经济利益的总流入

收入应当会导致经济利益的流入，从而导致资产的增加。例如，企业销售商品，应当收到现金或者有权在未来收到现金，才表明该交易符合收入的定义。但是在实务中，经济利益的流入有时是所有者投入资本的增加所导致的，所有者投入资本的增加不应当确认为收入，应当将其直接确认为所有者权益。

3. 收入会导致所有者权益的增加

与收入相关的经济利益的流入应当会导致所有者权益的增加，不会导致所有者权益增加的经济利益的流入不符合收入的定义，不应确认为收入。例如，企业向银行借入款项，尽管也导致了企业经济利益的流入，但该流入并不导致所有者权益的增加，反而使企业承担了一项现时义务。企业对于因借入款项所导致的经济利益的增加，不应将其确认为收入，应当确认为负债。

（二）收入的确认条件

企业收入的来源渠道多种多样，不同收入来源的特征有所不同，其收入确认条件也往往存在差别，如销售商品、让渡资产所有权等。一般而言，收入只有在经济利益很可能流入从而导致企业资产增加或负债减少，且经济利益的流入额能够可靠计量时才能予以确认。收入的确认至少应当符合以下条件：一是与收入相关的经济利益应当很可能流入企业；二是经济利益流入企业的结果会导致资产的增加或者负债的减少；三是经济利益流入额能够可靠计量。

五、费用

（一）费用的定义

费用是指企业在日常活动中发生的、会导致所有者权益减少的、与向所有者分配利润无关的经济利益的总流出。根据费用的定义，费用具有以下几方面的特征。

1. 费用是企业在日常活动中形成的

费用必须是企业在日常活动中所形成的，这些日常活动的界定与收入定义中涉及的日常活动的界定相一致。日常活动所产生的费用通常包括销售成本、职工薪酬、折旧费、无形资产摊销等。将费用界定为日常活动所形成的，目的是为了将其与损失相区分，企业非日常活动所形成的经济利益的流出不能确认为费用，而应当计入损失。

2. 费用是与向所有者分配利润无关的经济利益的总流出

费用的发生应当会导致经济利益的流出，从而导致资产的减少或者负债的增加，其表现形式包括现金或现金等价物的流出，存货、固定资产和无形资产等的流出或者消耗等。企业向所有者分配利润也会导致经济利益的流出，而该经济利益的流出属于所有者权益的抵减项目，不应确认为费用，应当将其排除在费用的定义之外。

3. 费用会导致所有者权益减少

与费用相关的经济利益的流出应当会导致所有者权益的减少，不会导致所有者权益减少的经济利益的流出不符合费用的定义，不应确认为费用。

（二）费用的确认条件

费用的确认除了应当符合定义外，还应当满足严格的条件，即费用只有在经济利益很可能流出从而导致企业资产减少或者负债增加，且在经济利益的流出额能够可靠计量时才能予以确认。因此，费用的确认至少应当符合以下条件：一是与费用相关的经济利益应当很可能流出企业；二是经济利益流出企业的结果会导致资产的减少或者负债的增加；三是经济利益的流出额能够可靠计量。

六、利润

（一）利润的定义

利润是指企业在一定会计期间的经营成果。通常情况下，如果企业实现了利润，表明企业的所有者权益将增加；反之，如果企业发生了亏损，表明企业的所有者权益将减少。因此，利润往往是评价企业管理层业绩的一项重要指标，也是投资者等财务报告使用者进行决策时的重要参考。

（二）利润的来源构成

利润包括收入减去费用后的净额、直接计入当期利润的利得和损失等。其中收入减去费用后的净额反映的是企业日常活动的业绩，直接计入当期利润的利得和损失是企业非日常活动的业绩。直接计入当期利润的利得和损失，是指应当计入当期损益、会导致所有者权益发生增减变动的、与所有者投入资本或者向所有者分配利润无关的利得或者损失。企业应当严格区分收入和利得、费用和损失，以更加全面地反映企业的经营业绩。

（三）利润的确认条件

利润反映的是收入减去费用、利得减去损失后的净额。因此，利润的确认主要依赖于收入和费用以及利得和损失的确认，其金额的确定也主要取决于收入、费用、利得和损失金额的计量。

第五节 会计计量

会计计量是指将符合确认条件的会计要素登记入账，并列报于财务报表且确定其金额的过程。企业应当按照规定的会计计量属性进行计量，确定相关金额。会计计量反映的是会计要素金额的确定基础，主要包括计量单位和计量属性。

一、会计计量单位

任何计量都必须首先确定采用的计量单位，对会计计量来说，计量应当以货币为计量单位。作为计量单位的货币通常是指某国、某地区的法定货币，如人民币、美元、欧元等。在不存在恶性通货膨胀的情况下，一般都以名义货币作为会计的计量单位。按名义货币计量的特点是，无论各个时期货币的实际购买力如何发生变化，会计计量均采用固定的货币单位，即不调整不同时期货币的购买力。

二、会计计量属性

计量属性是指被计量对象的特性或外在表现形式，即被计量对象予以数量化的特征，如桌子的长度、铁矿石的重量、楼房的高度等。从会计角度，计量属性反映的是会计要素金额的确定基础，主要包括历史成本、重置成本、可变现净值、现值和公允价值等。

（一）历史成本

历史成本又称实际成本，是指取得或制造某项财产物资时所实际支付的现金或其他等价物。在历史成本计量下，资产按照购买时支付的现金或者现金等价物的金额，或者按照购买资产时所付出的对价的公允价值计量。负债按照因承担现时义务而实际收到的款项或者资产的金额，或者承担现时义务的合同金额，或者按照日常活动中为偿还负债预期需要支付的现金或者现金等价物的金额计量。

（二）重置成本

重置成本又称现行成本，是指按照当前市场条件，重新取得同样一项资产所需支付的现金或现金等价物金额。在重置成本计量下，资产按照现在购买相同或者相似资产所需支付的现金或者现金等价物的金额计量，负债按照现在偿付该项债务所需支付的现金或者现金等价物的金额计量。

(三) 可变现净值

可变现净值，是指在正常生产经营过程中，以预计售价减去进一步加工成本和销售所必需的预计税金、费用后的净额。在可变现净值计量下，资产按照其正常对外销售所能收到现金或者现金等价物的金额扣减该资产至完工时估计将要发生的成本、估计的销售费用及相关税费后的金额计量。

(四) 现值

现值，是指对未来现金流量以恰当的折现率进行折现后的价值，是考虑货币时间价值因素等的一种计量属性。在现值计量下，资产按照预计从其持续使用和最终处置中所产生的未来净现金流入量的折现金额计量。负债按照预计期限内需要偿还的未来净现金流出量的折现金额计量。

(五) 公允价值

公允价值，是指市场参与者在计量日发生的有序交易中，出售一项资产所能收到或者转移一项负债所需支付的价格。

有序交易，是指在计量日前一段时期内相关资产或负债具有惯常市场活动的交易。

在各会计要素计量属性中，历史成本通常反映的是资产或者负债过去的价值，而重置成本、可变现净值、现值及公允价值通常反映的是资产或者负债的现时成本或者现时价值，是与历史成本相对应的计量属性。当然这种关系也并不是绝对的。

企业在对会计要素进行计量时，一般应当采用历史成本。采用重置成本、可变现净值、现值、公允价值计量的，应当保证所确定的会计要素金额能够取得并可靠计量。

思 考 题

1. 何谓可靠性？可靠性是否意味着真实？
2. 何谓谨慎性原则？它与可靠性原则有无矛盾？
3. 简述各会计要素之间的关系。
4. 试举五个会计信息使用者，并说明他们怎样使用会计信息。
5. 为什么说会计主体概念在会计中具有重要作用？试举四个会计主体的例子。
6. 持续经营假设与会计分期假设是什么关系？

第二章　货币资金

货币资金是指企业在生产经营过程中处于货币形态的资产。在企业的各项经营活动中，货币资金起着非常重要的作用。根据货币资金的存放地点和用途的不同，货币资金可分为库存现金、银行存款和其他货币资金。

企业从事的各种生产经营活动，都要发生货币资金的收付业务，如购买商品或接受劳务、支付职工薪酬、交纳税费、支付费用、偿还债务、销售商品或提供劳务等，都会引起货币资金的收付。因而，拥有货币资金是企业进行生产经营活动的前提条件。货币资金的流转在资金的循环周转中起着纽带作用。如果货币资金流转不畅，企业的生产经营活动就会停滞不前。所以，管好货币资金对任何企业、单位都具有重要的经济意义。

货币资金在各种资产中流动性最强，具有普遍的可接受性，因此极易发生流失。为减少发生差错、舞弊的机会，保全企业的资产，提高货币资金的周转速度和使用效益，企业应对其相关业务进行严格的内部控制。

第一节　库存现金

库存现金是指存放在企业财会部门，由出纳人员经管的用于日常零星开支的现款。库存现金是企业流动性最强的资产，最易流失。企业应当严格遵守国家有关现金管理的制度，正确进行现金的核算，监督现金使用的合法性与合理性。

一、库存现金的管理

根据国务院发布的《现金管理暂行条例》的规定，现金管理制度主要包括以下内容。

(一)规定现金的使用范围

企业可用现金支付的款项有：

(1)职工的工资、津贴。

(2)个人的劳务报酬。

(3)根据国家规定颁发给个人的科学技术、文化艺术、体育等各种奖金。

(4)各种劳保、福利费用以及国家规定的对个人的其他支出。

(5)向个人收购农副产品和其他物资的价款。

(6)出差人员必须随身携带的差旅费。

(7)结算起点(1 000 元)以下的零星支出。

(8)中国人民银行确定需要支付现金的其他支出。

除上述情况可以使用现金外，其他款项的支付应通过银行转账结算。

(二)控制库存现金限额

库存现金限额是指为了保证企业日常零星开支的需要，允许单位留存现金的最高数额。这一数额由开户银行根据企业的实际需要而定，一般为企业 3～5 天日常零星开支的需要。边远地区和交通不便地区的企业库存现金限额，可按多于 5 天，但不得超过 15 天的日常零星开支的需要确定。经核定的库存现金限额，开户单位必须严格遵守，超过部分应于当日终了前存入银行。如果企业需要增加或减少库存现金限额的，必须向开户银行提出申请，由开户银行重新核定。

（三）现金收支的规定

开户单位现金收支应当依照下列规定办理：

⑴开户单位现金收入应当于当日送存开户银行，当日送存确有困难的，由开户银行确定送存时间。

⑵开户单位支付现金，可以从本单位库存现金限额中支付或从开户银行提取，不得从本单位的现金收入中直接支付，即不得“坐支”现金（将本企业的现金收入直接用于现金支出称为坐支）。因特殊情况需要坐支现金的，应当事先报经有关部门审查批准，并在核定的坐支范围和限额内进行，同时，收支的现金必须入账。

⑶开户单位从开户银行提取现金时，应如实写明提取现金的用途，由本单位财会部门负责人签字盖章，并经开户银行审查批准后予以支付。

⑷因采购地点不固定、交通不便，抢险救灾以及其他特殊情况必须使用现金的单位，应向开户银行提出书面申请，由本单位财会部门负责人签字盖章，并经开户银行审核批准后予以支付现金。

此外，不准用不符合财务制度的凭证顶替库存现金，即不得“白条顶库”；不准谎报用途套取现金；不准用银行账户代替其他单位和个人存入或支取现金；不准用单位收入的现金以个人名义存入储蓄；不准保留账外公款，即不得“公款私存”，不得设置“小金库”等。银行对于违反上述规定的单位，将按照违规金额的一定比例予以处罚。

（四）现金的内部控制

现金的流动性决定了现金内部控制的必要性。企业要严格执行现金内部控制，建立健全现金的内部控制制度，这样才能防止现金的丢失、被盗，以及违法乱纪行为的发生，以保持现金流动的合理性、安全性，提高现金的使用效果。现金的内部控制包括如下几个方面的内容。

⑴严格职责分开原则。要求库存现金实物的管理与账务的记录应分开进行，不能由一人兼任。企业库存现金收支与保管应由出纳人员负责。经管现金的出纳人员不得兼管收入、费用、债权、债务等账簿的登记工作以及会计稽核和会计档案保管工作；企业预留的银行印鉴，不能全部由出纳人员保管，应实行印鉴分管制度。将涉及现金不相容的职责分由不同的人员担任，形成严格的内部牵制制度，以减少和降低现金管理上舞弊的可能性。

⑵现金收付的交易必须要有合法的原始凭证。企业收到现金时，要有现金收入的原始凭证，以保证现金收入的来源合法；企业支付现金时，要按规定的授权程序进行，除小额零星支出须用库存现金外，其他应尽可能少用现钞，而用银行转账付款，同时要有确凿的原始凭证，以保证支付的有效性。对涉及现金收付交易的经济业务要根据原始凭证编制收付款凭证，并要在原始凭证与收付款凭证上盖上“现金收讫”与“现金付讫”印章。

⑶建立收据和发票的领用制度。在税局购买收据和发票时，发票领购簿上登记有收据和发票的数量和起讫号码。购回的收据和发票回企业后领用时必须登记数量和起讫号码，由领用人员签字。对空白收据和发票应定期检查，以防止短缺。

⑷加强监督与检查。对企业的库存现金，除要求出纳人员应做到日清月结之外，企业的会计部门对现金的管理工作要进行经常性与突击性的监督与检查，包括现金收入与支出的所有记录。对发现的现金溢余与短缺，必须认真及时地查明原因，并按规定的要求进行处理。

⑸实行定期轮岗制度。一个人长期从事一项工作会形成惰性，不利于提高工作效率，同时可能会隐藏工作中的一些问题和不足。出纳每个工作日都与资金打交道，时间长了，容易产生麻痹和侥幸心理，增加犯罪的机会和可能。通过轮换岗位，减少库存现金管理和控制中产生舞弊的可能性，并及时发现有关人员的舞弊行为。

二、库存现金的核算

为了总括地反映企业库存现金的收入、支出和结存情况，企业应设置“库存现金”账户，借方登记企业库存现金的增加，贷方登记库存现金的减少，期末借方余额反映期末企业实际持有的库存现金的余额。

为了全面、连续地反映和监督库存现金的收支和结存情况，企业应当设置库存现金总账和库存现金日记账，分别进行库存现金的总分类核算和明细分类核算。

“库存现金”总账根据有关记账凭证直接登记，业务量比较大的企业可定期汇总登记。

库存现金日记账由出纳员根据收付款凭证，按照业务发生顺序逐日逐笔登记。每日终了，应当计算当日的现金收入合计数、现金支出合计数和结余数，并将库存现金日记账的余额与实际库存数核对，保证账款相符；月份终了，库存现金日记账的余额应当与库存现金总账科目的余额核对，做到账账相符。

有外币业务的单位，应分别按人民币现金、外币现金设置“库存现金日记账”进行明细核算。

企业内部各部门周转使用的备用金，可以单独设置“备用金”科目进行核算。

收到现金时，借记“库存现金”科目，贷记有关科目；支付现金时，应借记有关科目，贷记“库存现金”科目。

注：很多单位现在不使用现金，也就不用设置“库存现金”账户。

例 2-1 企业开具支票，从银行提取现金 4 000 元备用，根据支票存根编制“银行存款付款凭证”：

借：库存现金　　4 000

　　贷：银行存款　　4 000

例 2-2 企业以现金 100 元支付生产车间购买办公用品的费用，根据发票编制“现金付款凭证”：

借：制造费用　　100

　　贷：库存现金　　100

例 2-3 企业收到 A 公司交来包装物押金 800 元，出纳开出现金收据。根据现金收据第三联（记账联）编制“现金收款凭证”：

借：库存现金　　800

　　贷：其他应付款——A 公司　　800

例 2-4 采购员报销差旅费 1 000 元，用现金付讫，根据差旅费报销单，编制“现金付款凭证”：

借：管理费用　　1 000

　　贷：库存现金　　1 000

例 2-5 收到零星销售款 45.2 元，根据现金收据第三联（记账联）和发票记账联编制“现金收款凭证”：

借：库存现金　　45.2

　　贷：主营业务收入　　40

　　　　应交税费——应交增值税（销项税额）　　5.2

例 2-6 厂办王飞借差旅费 1 000 元，用现金付讫，根据借支单，编制“现金付款凭证”：

借：其他应收款——王飞　　1 000

　　贷：库存现金　　1 000

三、库存现金的清查

为了保证现金的安全完整，防止现金发生差错和丢失，企业应定期或不定期地对库存现金进行清查。现金清查一般采用实地盘点法。现金清查，就是清点库存现金的实有数额，并与账面库存现金结存额相核对。现金清查包括出纳自查和有关清查小组人员的清查。出纳应每天清查盘点现金，结出当日库存现金日记账余额，与库存现金进行核对，超出库存现金限额的应及时送存银行。清查小组应定期或不定期地对现金进行全面清查，至少每季一次。清查小组在清查现金时，出纳人员必须在场，由会计主管人员和出纳人员共同搞好这项工作。

对于清查的结果应当编制“现金盘点报告单”，详细填写库存现金实存、账存和长短款情况。如果有挪用现金、白条顶库的情况，应及时予以纠正；对于超限额留存的现金应及时送存银行，如果账款不符，发现有待查明原因的现金短缺或溢余，应通过“待处理财产损溢”科目核算。

属于现金短缺，应按实际短缺的金额，借记“待处理财产损溢——待处理流动资产损溢”科目，贷记“库存现金”科目；属于现金溢余，按实际溢余的金额，借记“库存现金”科目，贷记“待处理财产损溢——待处理流动资产损溢”科目。待查明原因后做出如下处理。

(1)如为现金短缺，属于应由责任人赔偿或保险公司赔偿的部分，计入其他应收款；属于无法查明原因的，计入管理费用。

(2)如为现金溢余，属于应支付给有关人员或单位的，计入其他应付款；属于无法查明原因的，计入营业外收入。

例 2-7 2×19 年 3 月华达公司清查现金发现短缺 300 元。

(1)根据现金盘点报告单，做如下会计分录：

借：待处理财产损溢——待处理流动资产损溢　　300

　　贷：库存现金　　300

(2)经查上述现金短缺原因不明，应由出纳员赔偿 300 元。做如下会计分录：

借：其他应收款——××(出纳员)　　300

　　贷：待处理财产损溢——待处理流动资产损溢　　300

例 2-8 2×19 年 8 月华达公司清查现金发现溢余现金 200 元。

(1)根据现金盘点报告单，做如下会计分录：

借：库存现金　　200

　　贷：待处理财产损溢——待处理流动资产损溢　　200

(2)上述现金溢余原因不明，经批准转销：

借：待处理财产损溢——待处理流动资产损溢　　200

　　贷：营业外收入——现金溢余　　200

第二节 银行存款

银行存款是企业存放在银行或其他金融机构的货币资金。按照国家《银行结算办法》的规定，企业应当在银行开立账户，以办理存款、取款和转账等结算。企业收入的一切款项，除国家另有规定的以外，均应解交银行；一切支出，除规定可以用现金支付的以外，应按银行有关结算规定，通过银行转账结算。

一、银行存款账户的开立

根据规定，每个企业都必须在银行的一个分支机构或其他金融机构开立银行存款账户，用以保存货币资金，并办理转账结算业务。在开户时，企业要凭主管部门开具的证明文件到银行的一个分支机构办理开户手续，并在开户银行预留有效印章样底。银行在确立账户(账号)后，售给企业各种往来使用的凭证(如支票等)，用于企业办理银行存款的收付业务。

银行存款账户分为基本存款账户、一般存款账户、临时存款账户和专用存款账户。基本存款账户是企业办理日常转账结算和现金收付的账户。企业的工资、奖金等现金的支取，只能通过基本存款账户办理。一般存款账户是企业在基本存款账户以外的银行开立的借款转存账户，企业可以通过该账户办理转账结算和现金缴存业务，但不能办理现金支取业务。临时存款账户是企业因临时经营活动需要开立的账户，如因企业异地产品展销、临时性采购资金结算等开立的账户，企业可以通过该账户办理转账结算和根据国家现金管理的有关规定办理现金收付。专用存款账户是企业因特定用途需要开立的账户，如基本建设项目专项资金，企业的销售货款不得转入专用存款账户。

二、银行结算方式

结算，是指企业与外部单位和个人之间因经济往来而引起的货币收付行为。凡是直接用现金进行结算的，称现金结算；通过银行划拨转账的，称转账结算。企业的资金收付行为大多是通过银行进行的，银行为方便企业提供了多种多样的结算方式。目前，企业可以采用银行汇票、银行本票、商业汇票、支票、信用卡、汇兑、委托收款、托收承付和信用证等结算方式。

(一) 银行汇票结算方式

银行汇票是汇款人将款项交存当地出票银行，由出票银行签发的，由其在见票时，按照实际结算金额无条件支付给收款人或持票人的票据。银行汇票具有使用灵活、票随人到、兑现性强等特点，适用于先收款后发货或钱货两清的商品交易。单位和个人的各种款项结算，均可使用银行汇票。银行汇票适用于异地结算。

银行汇票可以用于转账，填明“现金”字样的银行汇票也可以用于支取现金。银行汇票的付款期限为自出票日起一个月内。超过付款期限提示付款不获付款的银行汇票，持票人须在票据权利时效内向出票银行做出说明，并提供本人身份证件或单位证明，持银行汇票和解讫通知向出票银行请求付款。银行汇票的收款人可以将银行汇票背书转让给他人。

(二) 银行本票结算方式

银行本票是银行签发的，承诺自己在见票时无条件支付确定的金额给收款人或持票人的票据。银行本票由银行签发并保证兑付，而且见票即付，具有信誉高、支付功能强等特点。用银行本票购买材料物资，销货方可以见票发货，购货方可以凭票提货；债权债务双方可以凭票清偿；收款人将本票交存银行，银行即可为其入账。无论单位或个人，在同一票据交换区域内支付各种款项，都可以使用银行本票。

银行本票分定额和不定额两种。定额本票面值分别为 1 000 元、5 000 元、10 000 元和 50 000 元。在票面划去转账字样的，为现金本票，现金本票只能提取现金。银行本票的付款期限为出票日起最长不超过两个月，在付款期内见票即付。超过提示付款期限不获付款的，持票人须在票据权利时效内向出票银行做出说明，并提供本人身份证件或单位证明，持银行本票向银行请求付款。银行本票可以背书转让。

(三) 商业汇票结算方式

商业汇票是由收款人或付款人(或承兑申请人)签发，由承兑人承兑，并于到期日向收款人或被背书人支付款项的票据。在银行开立存款账户的法人与其他组织之间须具有真实的交易关系或债权债务关系，才能使用商业汇票。商业汇票的付款期限由交易双方商定，但最长不得超过 6 个月。如属分期付款，应一次签发若干张不同期限的商业汇票。商业汇票的提示付款期限自汇票到期日起 10 日内。商业汇票结算方式同城、异地均可使用。

商业汇票可以背书转让。符合条件的商业汇票的持票人可持未到期的商业汇票连同贴现凭证向银行申请贴现。

商业汇票按承兑人的不同分为商业承兑汇票和银行承兑汇票。商业承兑汇票是由收款人签发，经付款人承兑，或由付款人签发并承兑的票据。银行承兑汇票是由收款人或承兑申请人签发，并由承兑申请人向开户银行申请，经银行审查同意承兑的票据。承兑银行按票面金额向出票人收取万分之五的手续费。

(四) 支票结算方式

支票是单位或个人签发的，委托办理支票存款业务的银行在见票时无条件支付确定的金额给收款人或者持票人的票据。

支票结算方式是同城结算中应用比较广泛的一种结算方式，支票也可以用于异地结算。单位或个人的各种款项结算，均可使用支票。

支票一律记名，支票的提示付款期限为自出票日起 10 日内，中国人民银行另有规定的除外。超过提示付款期限的，持票人开户银行不予受理，付款人不予付款。支票可以根据需要在票据交换区域内背书转让。

(五) 信用卡结算方式

信用卡是指商业银行向个人和单位发行的，凭以向特约单位购物、消费和向银行存取现金，且具有消费信用的特制载体卡片。信用卡结算方式同城、异地均可使用。

信用卡按使用对象分为个人卡和单位卡；按信誉等级分为金卡和普通卡。

凡在中国境内金融机构开立基本存款账户的单位均可申领单位卡。单位卡可申领若干张，持卡人资格由申领单位法定代表人或其委托的代理人书面指定和注销。单位卡账户的资金一律从其基本存款户转账存入，在使用过程中，需要向其账户续存资金的，也一律从其基本存款户转账存入，不得交存现金，不得将销货收入的款项存入其账户。持卡人可持信用卡在特约单位购物、消费，但单位卡一律不得用于 10 万元以上的商品交易、劳务供应款项的结算，不得支取现金。

信用卡按是否向发卡银行交存备用金分为贷记卡、准贷记卡两类。贷记卡是指发卡银行给予持卡人一定的信用额度，持卡人可在信用额度内先消费、后还款的信用卡。准贷记卡是指持卡人先按发卡银行要求交存一定金额的备用金，当备用金账户余额不足支付时，可在发卡银行规定的信用额度内透支的信用卡。

信用卡的透支期限最长为 60 天，贷记卡的首月最低还款额不得低于其当月透支金额的 10%。

如信用卡丢失，持卡人应立即持有效证明，并按规定提供有关情况，向发卡银行或代办银行申请挂失。

(六) 汇兑结算方式

汇兑是汇款人委托银行将其款项支付给收款人的结算方式。单位和个人的各种款项结算，均可使用汇兑结算方式。汇兑结算方式适用于异地结算。

汇兑分为信汇、电汇两种。信汇是指汇款人委托银行通过邮寄方式将款项划给收款人。电汇是指汇款人委托银行通过电报将款项划给收款人。这两种汇兑方式由汇款人根据需要选择使用。汇兑结算方式适用于异地之间的各种款项结算。这种结算方式划拨款项简便、灵活。

(七) 委托收款结算方式

委托收款是收款人委托银行向付款人收取款项的结算方式。无论单位还是个人都可凭已承兑商业汇票、债券、存单等付款人债务证明办理收取同城或异地款项。委托收款还适用于收取电费、电话费等付款人众多、分散的公用事业费用等有关款项。委托收款结算款项划回的方式分为邮寄和电报两种。委托收款结算方式同城、异地均可使用。

(八) 托收承付结算方式

托收承付是根据购销合同由收款人发货后委托银行向付款人收取款项，由付款人向银行承诺付款的结算方式。托收承付结算方式适用于异地结算。采用托收承付结算方式的收款单位和付款单位，必须是国有企业、供销合作社，以及经营管理较好，并经开户银行审查同意的城乡集体所有制工业企业。办理托收承付结算的款项，必须是商品交易以及因商品交易而产生的劳务供应的款项。代销、寄销、赊销商品的款项，不得办理托收承付结算。

托收承付款项划回方式分为邮寄和电报两种，由收款人根据需要选择使用；收款单位办理托收承付，必须有商品发出的证件或其他证明。托收承付结算每笔的金额起点为 10 000 元。新华书店系统每笔的金额起点为 1 000 元。

(九) 信用证结算方式

信用证是指银行根据申请人的要求和指示，向受益人开立的具有一定金额、在一定期限内凭规定的单据在指定地点付款的书面保证文件。信用证结算方式就是付款人根据贸易合同，请当地银行开立以收款人为受益人的信用证，银行经审核同意并收取一定保证金后即开具信用证，收款人接到信用证后履行合同，开证银行接到有关单据后向收款人付款、付款人再向开证银行付款的结算方式。申请开立信用证的企业存入开证银行的信用证保证金存款已具有特定用途，这部分存款已属于其他货币资金。

信用证一般为不可撤销的跟单信用证。“不可撤销”是指信用证一经开出，在有效期内未经受益人及有关当事人的同意，开证行不能片面修改和撤销，只要受益人提供的单据符合信用证的规定，开证行必须履行付款的义务。“跟单”是指信用证项下的汇票必须附有货运单据。信用证属于银行信用，供销双方的权利和义务都会得到保障，因此，只要双方有合作的意愿，交易是很容易促成的。我国国内企业与国外企业间的贸易业务基本上都是采用这一结算方式进行结算的。至于国内企业间的贸易，现在也有采用信用证结算方式的。

三、银行存款业务的会计处理

为了核算银行存款的增加、减少和结存情况，企业应设置“银行存款”科目进行银行存款的总分类核算。并在不同的结算方式下，根据有关的原始凭证编制银行存款的收付款凭证，并进行相应的账务处理。

企业将款项存入银行等金融机构时，借记 “银行存款”科目，贷记“库存现金”等有关科目；提取或支付在银行等金融机构中的存款时，借记“库存现金”等有关科目，贷记“银行存款”科目。

为了能够逐日详细地反映银行存款的增加、减少和结存情况，企业还必须按照开户银行的存款种类等，分别设置“银行存款日记账”，由出纳人员根据收付款凭证，按照业务的发生顺序逐日逐笔登记。每日终了，应结出余额。

企业应当加强对银行存款的管理，定期对银行存款进行检查，对于存在银行或其他金融机构的款项已经部分不能收回或者全部不能收回的，应当查明原因进行处理，有确凿证据表明无法收回的，应当根据企业管理权限报经批准后，借记“营业外支出”科目，贷记“银行存款”科目。

企业在银行的其他存款，如外埠存款、银行本票存款、银行汇票存款、信用卡存款、信用证保证金存款、存出投资款等，在“其他货币资金”科目核算。不通过“银行存款”科目进行会计处理。

例 2-9 甲企业向乙企业采购一批材料，买价 10 000 元，应付的增值税款为 1 300 元，发票及提货单已取得，货款已通过银行转账支付，材料未到。编制如下会计分录：

借：在途物资	10 000	
应交税费——应交增值税(进项税额)	1 300	
贷：银行存款		11 300

例 2-10 甲企业向某银行取得短期借款 50 000 元，存入本企业银行存款账户。编制如下会计分录：

借：银行存款	50 000	
贷：短期借款		50 000

有外币业务的单位，应在“银行存款”科目下分别按人民币和各种外币设置“银行存款日记账”进行明细核算。

四、银行存款的清查

为了保证银行存款账实相符，及时纠正可能发生的差错，准确掌握企业可以动用的银行存款实有数，企业要定期进行银行存款的清查核对。清查的基本方法就是核对双方账目，将银行存款日记账的记录同银行送来的对账单进行逐笔核对，每月至少核对一次。如发现双方余额不一致，除记账错误外，还可能是由于未达账项所引起的。所谓未达账项，是指企业与银行双方之间，由于凭证传递上的时间差，一方已经入账，而另一方尚未入账的款项。产生未达账项的原因在于：结算凭证在企业与银行之间传递需要一定的时间，使得企业与开户银行取得结算凭证存在时间差，致使同一笔业务在双方入账的时间上也有先有后。未达账项具体有下列几种情况。

(一)企业的未达账项

(1)银行已收款入账，而企业尚未入账的款项，如银行已收款入账而企业尚未入账的托收货款、存款利息收入等。

(2)银行已付款入账，而企业尚未入账的款项，如银行已付款入账而企业尚未收到付款通知的借款利息等。

（二）银行的未达账项

(1)企业已收款入账，而银行尚未入账的款项，如企业将收到的转账支票存入银行，但银行尚未办理转账等。

(2)企业已付款入账，而银行尚未入账的款项，如企业开出支票但持票人尚未送交银行办理转账等。

实际工作中，对各种未达账项是通过编制“银行存款余额调节表”进行调节的。其公式如下：

银行存款日记账余额+银行已收企业未收的款项-银行已付企业未付的款项

=银行对账单余额+企业已收银行未收的款项-企业已付银行未付的款项

“银行存款余额调节表”的格式如表 2-1 所示，现举例说明“银行存款余额调节表”的编制方法。

例 2-11 某企业 2×19 年 7 月 31 日银行存款日记账账面余额为 41 350 元，银行送来的对账单上所列的本企业银行存款余额为 62 850 元，经逐笔核对发现如下未达账项：

(1)企业于 3 月 30 日送存转账支票 1 150 元（销货款），银行尚未记入企业存款账户。

(2)企业委托银行代收宏远公司货款 1 110 元，银行已经收到入账，但收款通知尚未到达企业。

(3)企业 3 月 31 日开出转账支票 22 000 元预付货款，持票单位尚未到银行办理转账。

(4)银行代付电话费 460 元，因付款通知尚未到达企业，企业尚未入账。

根据以上资料，编制“银行存款余额调节表”，如表 2-1 所示。

表 2-1 银行存款余额调节表

2×19 年 7 月 31 日　　　　单位：元

项目	金额	项目	金额
银行存款日记账余额	41 350	银行对账单余额	62 850
加：银行已收、企业未收的销货款	1 110	加：企业已收、银行未收的销货款	1 150
减：银行已付、企业未付的电话费	460	减：企业已付、银行未付的购货款	22 000
调整后的存款余额	42 000	调整后的存款余额	42 000

调整后左右两边余额相等，说明双方记账没有差错，表明企业的银行存款账实相符。如果不相等，表明记账有差错，就需进一步查对，找出原因，更正错误的记录。

调整后的银行存款余额，是企业可以动用的银行存款实际数。

需要指出的是，对于银行已经入账而企业尚未入账的未达账项，一定要待结算凭证到达后方可进行账务处理。

第三节 其他货币资金

在企业的经营资金中有些货币资金的存放地点和用途与库存现金和银行存款不同，如外埠存款、银行汇票存款、银行本票存款、信用证保证金存款、信用卡存款和存出投资款等，这些资金在会计核算上统称为“其他货币资金”。

为了反映和监督其他货币资金的收支和结存情况，企业应设置“其他货币资金”科目，借方登记其他货币资金的增加数，贷方登记其他货币资金的减少数，期末余额在借方，反映企业实际持有的其他货币资金。本科目应按其他货币资金的种类设置明细科目进行明细核算。

一、外埠存款

外埠存款是指企业到外地进行临时或零星采购时，汇往采购地银行开立采购专户的款项。

企业将款项汇出外地时，应填写汇款委托书，委托开户银行办理汇款。汇入地银行以汇款单位名义开立临时采购账户。该账户的存款不计利息，只付不收，付完清户。除了采购人员可以从中支取少量现金外，一律采用转账结算。

企业将款项汇往外地开立采购专户时，根据汇出款项凭证，编制付款凭证，进行账务处理，借记“其他货币资金——外埠存款”科目，贷记“银行存款”科目。

收到采购人员转来的购货发票等凭证时，借记“在途物资”或“原材料” “库存商品” “应交税费——应交增值税(进项税额)”等科目，贷记“其他货币资金——外埠存款”科目。

采购完毕收回剩余款项时，根据银行的收款通知，借记“银行存款”科目，贷记“其他货币资金——外埠存款”科目。

例 2-12 甲企业 2×19 年 4 月派采购员到异地采购原材料，4 月 18 日企业委托开户银行汇款 100 000 元到采购地建立采购专户。根据收到的银行汇款凭证回单联，企业编制如下会计分录：

借：其他货币资金——外埠存款 100 000

　　贷：银行存款 100 000

4 月 26 日，采购员交来从采购专户付款购入材料的有关凭证，增值税专用发票上注明价款 80 000 元，增值税额 10 400 元，材料已验收入库。企业编制如下会计分录：

借：原材料 80 000

　　应交税费——应交增值税(进项税额) 10 400

　　贷：其他货币资金——外埠存款 90 400

4 月 30 日，收到开户银行的收款通知，该采购专户中的结余款项已经转回。根据收账通知，企业编制如下会计分录：

借：银行存款 9 600

　　贷：其他货币资金——外埠存款 9 600

二、银行汇票存款

银行汇票存款是指企业为取得银行汇票，按照规定存入银行的款项。汇款单位(即申请人)使用银行汇票，应向出票银行填写“银行汇票申请书”，并将款项交存开户银行，取得银行汇票后，根据银行盖章的申请书存根联，借记“其他货币资金——银行汇票”科目，贷记“银行存款”科目。

企业持银行汇票购货，收到有关购物发票时，借记“在途物资”或“原材料” “库存商品” “应交税费——应交增值税(进项税额)”等科目，贷记“其他货币资金——银行汇票”科目。

采购完毕收回剩余款项时，借记“银行存款”科目，贷记“其他货币资金——银行汇票”科目。

银行汇票因超过付款期限或其他原因未曾使用而退还款项时，借记“银行存款”科目，贷记“其他货币资金——银行汇票”科目。

销货企业收到银行汇票、填制进账单到开户银行办理款项入账手续时，根据进账单及销货发票等，借记“银行存款”科目，贷记“主营业务收入” “应交税费——应交增值税(销项税额)”等科目。

例 2-13 甲企业为增值税一般纳税人，2×19 年 4 月向银行申请办理银行汇票用以购买原材料，将款项 230 000 元交存银行转作银行汇票存款，根据银行盖章退回的申请书存根联，企业编制如下会计分录：

借：其他货币资金——银行汇票 230 000

　　贷：银行存款 230 000

甲企业购入一批原材料，取得增值税专用发票上的原材料价款为 200 000 元，增值税额 26 000 元，已用银行汇票办理结算，多余款项 4 000 元退回开户银行，企业已收到开户银行转来的银行汇票第四联(多余款收账通知)。企业编制如下会计分录：

借：原材料 200 000

　　应交税费——应交增值税(进项税额) 26 000

　　贷：其他货币资金——银行汇票 226 000

借：银行存款　　　　　　　　　　　　　　　　　　　　4 000
　　贷：其他货币资金——银行汇票　　　　　　　　　　　　　　4 000

三、银行本票存款

银行本票存款是指企业为取得银行本票，按照规定存入银行的款项。企业向银行提交“银行本票申请书”并将款项交存开户银行，取得银行本票后，根据银行盖章退回的申请书存根联，借记“其他货币资金——银行本票”科目，贷记“银行存款”科目。

企业持银行本票购货，收到有关购货发票时，借记“在途物资”或“原材料”“库存商品”“应交税费——应交增值税（进项税额）”等科目，贷记“其他货币资金——银行本票”科目。

如企业因银行本票超过付款期限等原因未曾使用而要求银行退还款项时，应填制进账单一式三联，连同本票一并交给银行，根据银行盖章退回的进账单第三联，借记“银行存款”科目，贷记“其他货币资金——银行本票”科目。

销货企业收到银行本票、填制进账单到开户银行办理款项入账手续时，根据进账单及销货发票等，借记“银行存款”科目，贷记“主营业务收入”　“应交税费——应交增值税（销项税额）”等科目。

例 2-14　甲企业为取得银行本票，向银行填交“银行本票申请书”并将 9 040 元转作银行本票存款，企业取得银行本票后，应根据银行盖章退回的申请书存根联，编制如下会计分录：

借：其他货币资金——银行本票　　　　　　　　　　　　9 040
　　贷：银行存款　　　　　　　　　　　　　　　　　　　　9 040

甲企业用银行本票购买一批办公用品，根据发票等有关凭证，编制如下会计分录：

借：管理费用　　　　　　　　　　　　　　　　　　　　8 000
　　应交税费——应交增值税（进项税额）　　　　　　　　1 040
　　贷：其他货币资金——银行本票　　　　　　　　　　　　9 040

四、信用证保证金存款

信用证保证金存款，是指采用信用证结算方式的企业为取得信用证按规定存入银行信用证保证金专户的款项。

企业填写“信用证申请书”将信用证保证金交存银行时，应根据银行盖章退回的“信用证申请书”回单，借记“其他货币资金——信用证保证金”科目，贷记“银行存款”科目。

企业接到开证银行通知，根据供货单位信用证结算凭证及所附发票等，借记“在途物资”或“原材料”“库存商品”“应交税费——应交增值税（进项税额）”等科目，贷记“其他货币资金——信用证保证金”科目。

将未用完的信用证存款余款转回开户银行时，借记“银行存款”科目，贷记“其他货币资金——信用证保证金”科目。

例 2-15　甲企业向银行申请开具信用证 180 万元，用于支付境外采购材料价款，企业已向银行缴纳保证金，并收到银行盖章退回的“信用证申请书”回单，企业编制如下会计分录：

借：其他货币资金——信用证保证金　　　　　　　　1 800 000
　　贷：银行存款　　　　　　　　　　　　　　　　　　1 800 000

企业收到银行转来的境外供货单位信用证结算凭证及所付发票账单、海关进口增值税专用缴款书等有关凭证，材料价款 1 500 000 元，增值税额为 195 000 元。企业编制如下会计分录：

借：原材料　　　　　　　　　　　　　　　　　　　1 500 000
　　应交税费——应交增值税（进项税额）　　　　　　　195 000
　　贷：其他货币资金——信用证保证金　　　　　　　　1 695 000

企业收到银行收款通知，对该境外供货单位开出的信用证余额 105 000 元转回银行结算户时，企业编制如下会计分录为：

借：银行存款　　105 000

　　贷：其他货币资金——信用证保证金　　105 000

五、信用卡存款

信用卡存款是企业为取得信用卡而存入银行信用卡专户的款项。

企业申领信用卡，应填写信用卡申请表，连同支票和有关资料送存发卡银行，根据银行盖章退回的进账单第一联，借记“其他货币资金——信用卡”科目，贷记“银行存款”科目。

企业用信用卡购物或支付有关费用，收到开户银行转来的信用卡存款的付款凭证及所附发票，借记“管理费用”等科目，贷记“其他货币资金——信用卡”科目。

企业信用卡在使用过程中，需要向其账户续存资金的，应借记“其他货币资金——信用卡”科目，贷记“银行存款”科目。

企业的持卡人如不需要继续使用信用卡时，应持信用卡主动到发卡银行办理销户，销卡时，信用卡余额转入企业基本存款户，不得提取现金，借记“银行存款”科目，贷记“其他货币资金——信用卡”科目。

例 2-16　甲企业于 3 月 5 日向银行申领信用卡，向银行交存 50 000 元。4 月 10 日，该企业用信用卡向某饭店支付招待费 3 000 元。企业编制如下会计分录为：

借：其他货币资金——信用卡　　50 000

　　贷：银行存款　　50 000

借：管理费用　　3 000

　　贷：其他货币资金——信用卡　　3 000

六、存出投资款

存出投资款，是指企业已存入证券公司但尚未进行投资的款项。

企业在向证券市场进行股票、证券投资时，应向证券公司申请资金账号并划出资金。企业向证券公司划出资金时，应按实际划出的金额，借记“其他货币资金——存出投资款”科目，贷记“银行存款”科目；购买股票或债券时，借记“交易性金融资产”“债权投资”“长期股权投资”等科目，贷记“其他货币资金——存出投资款”科目。

思　考　题

1．货币资金包括哪些内容？
2．企业只能在哪些情况下使用现金？
3．目前我国主要的银行结算方式有几种？哪些适用于同城，哪些适用于异地？
4．其他货币资金包括哪些内容？

练　习　题

习题一

【目的】练习库存现金的核算。

【资料】B 公司 2×19 年 10 月发生下列业务：

1．厂部报销办公费 168 元，用现金付讫。
2．车间职工万某报销差旅费 600 元，用现金付讫。

3. 从银行提现 2 000 元备用。

4. 现金清查中发现现金长款 200 元。

5. 经查，现金长款无法查明原因，经批准转销。

【要求】根据上述资料，编制会计分录。

习题二

【目的】练习银行存款的核算。

【资料】B 公司 2×19 年 10 月发生下列业务：

1. 企业销售一批产品，增值税发票上注明价款 500 000 元，增值税额为 65 000 元，货款收存银行。

2. 发放职工薪酬 200 000 元。

3. 用转账支票支付本月厂部水电费 10 000 元。

4. 用银行存款支付前欠 D 公司货款 300 000 元。

5. 收回 A 公司前欠货款 400 000 元。

【要求】根据上述资料，编制会计分录。

习题三

【目的】练习其他货币资金的核算。

【资料】B 公司 2×19 年 10 月发生下列业务：

1. 企业向银行提交“银行汇票申请书”，并将 700 000 元交存银行，取得银行汇票，交给采购员持往异地采购材料。

2. 采购员完成采购任务，发票上注明价款 600 000 元，增值税额为 78 000 元。

3. 用转账支票支付材料的运杂费 20 000 元。

4. 收到银行退回的银行汇票多余款（22 000 元）收账通知。

【要求】根据上述资料，编制会计分录。

第三章 应收款项

应收款项是指企业在日常生产经营过程中发生的各项债权，包括应收票据、应收账款、其他应收款等。

第一节 应收票据

一、应收票据概述

（一）应收票据的分类

应收票据是指企业因销售商品、提供劳务等而收到的商业汇票。在我国，除商业汇票外，大部分票据都是即期票据，可以即刻收款或存入银行成为货币资金，不需要作为应收票据核算。商业汇票是一种由出票人签发的，委托付款人在指定日期无条件支付确定金额给收款人或持票人的票据。它是交易双方以商品购销业务为基础而使用的一种信用凭证。

商业汇票的付款期限，最长不得超过 6 个月。出票后定日付款的汇票付款期限自出票日起计算，并在汇票上记载具体到期日；出票后定期付款的汇票付款期限自出票日起按月计算，并在汇票上记载。商业汇票的提示付款期限，自汇票到期日起 10 日内。

商业汇票按承兑人的不同，分为商业承兑汇票和银行承兑汇票。商业承兑汇票是由收款人签发，经付款人承兑，或由付款人签发并承兑的票据。银行承兑汇票是由收款人或承兑申请人签发，并由承兑申请人向开户银行申请，经银行审查同意承兑的票据。

商业汇票按是否带息，分为带息的商业汇票和不带息的商业汇票。

我国目前使用的为不带息的商业汇票。

（二）应收票据的计价

在我国，商业汇票的期限一般较短，期限最长不超过 6 个月，利息金额相对来说不大，用现值记账不但计算麻烦而且其折价还要逐期摊销，过于烦琐。因此，应收票据一般按其面值计价，即企业收到应收票据时，应按照票据的面值入账。但对于带息的应收票据，按照现行制度的规定，应于期末（指中期期末和年度终了）按应收票据的票面价值和确定的利率计提利息，计提的利息应增加应收票据的账面价值，并确认为利息收入，计入当期损益。

（三）应收票据利息和票据到期日

带息票据的利息，对收款人来说是一种收入，对付款人来说是一种费用。

票据利息的计算公式为：

$$应收票据利息=应收票据票面金额\times 票面利率\times 期限$$

上式中，“利率”一般指年利率，“期限”指签发日至到期日的时间间隔（有效期）。票据的期限，有按月表示和按日表示两种。

票据期限按月表示时，应以到期月份中与出票日相同的那一天为到期日。如 3 月 18 日签发的为期一个月的票据，到期日为 4 月 18 日。月末签发的票据，不论月份大小，以到期月份的月末那一天为到期日。如 1 月 31 日签发，期限为一个月的票据于 2 月 28 日到期（闰年为 2 月 29 日），期限为三个月的票据于 4 月 30 日到期。与此同时，计算利息使用的利率要换算成月利率（年利率 ÷ 12）。

票据期限按日表示时，应从出票日起，按实际经历天数计算，通常出票日和到期日，只能计算其中的一天，即“算头不算尾”或“算尾不算头”。例如，3 月 18 日签发的为期 90 天的票据，其到期日应为 6 月 16 日[90 天−3 月份剩余天数−4 月份实有天数−5 月份实有天数=90−(31−18)−30−31=16]。同时，计算利息使用的利率，要换算成日利率(年利率 ÷ 360)。

二、应收票据的核算

企业的应收票据核算，应通过专门设置的“应收票据”科目进行。该科目核算企业因销售商品、产品、提供劳务等而收到的商业汇票，包括银行承兑汇票和商业承兑汇票。该科目属于资产类科目，其借方登记收到的商业汇票面值；贷方登记到期收回票款或到期前向银行贴现的商业汇票的票面金额，期末余额在借方，反映企业持有的商业汇票的票面金额。

为了便于管理和分析各种票据的具体情况，企业应设置“应收票据备查簿”，逐笔登记每一应收票据的种类、号数和出票日期、票面金额、票面利率、交易合同号和付款人、承兑人、背书人的姓名或单位名称、到期日、背书转让日、贴现日期、贴现率和贴现净额，以及收款日期和收回金额、退票情况等资料，应收票据到期结清票款或退票后，应当在备查簿内逐笔注销。

(一)收到应收票据和收回到期票款的核算

应收票据取得的原因不同，其会计处理亦有所区别。因企业销售商品或提供劳务收到商业汇票，按应收票据的面值，借记“应收票据”科目，按实现的营业收入，贷记“主营业务收入”科目，按专用发票或普通发票上注明的增值税额，贷记“应交税费——应交增值税(销项税额)”科目。

因债务人抵偿前欠货款而收到的商业汇票，按应收票据的面值，借记“应收票据”科目，贷记“应收账款”科目。

商业汇票到期收回时，应按实际收到的金额(即票面金额)，借记“银行存款”科目，贷记“应收票据”科目。商业承兑汇票到期，因承兑人无力支付票款，收到银行退回的商业承兑汇票、委托收款凭证、未付票款通知单或拒绝付款证明等，将商业汇票的票面金额转入“应收账款”科目，借记“应收账款”科目，贷记“应收票据”科目。

例 3-1 A 公司销售一批产品给 B 公司，价款为 80 000 元，增值税额为 10 400 元。A 公司收到 B 公司交来的一张已承兑的商业承兑汇票，签发日为 20×3 年 3 月 15 日，期限三个月，面值为 90 400 元。则 A 公司应做如下会计处理：

借：应收票据	90 400	
贷：主营业务收入		80 000
应交税费——应交增值税(销项税额)		10 400

3 个月后，商业汇票到期，B 公司如期付款，编制会计分录如下：

借：银行存款	90 400	
贷：应收票据		90 400

如果该票据到期，B 公司无力偿还票款，A 公司应将到期票据的账面金额转入“应收账款”科目。

借：应收账款——B 公司	90 400	
贷：应收票据		90 400

(二)应收票据转让的核算

应收票据转让是指持票人因偿还前欠货款等原因，将未到期的商业汇票背书后转让给其他单位的业务活动。

企业可以将自己持有的商业汇票背书转让。背书是指持票人在票据背面或者粘贴单上记载有关事项并签章的票据行为。签章人称为背书人，背书人对票据的到期付款负连带责任。

企业将持有的应收票据背书转让，以取得所需物资时，按应计入物资成本的金额，借记“在途物资”或“原材料”“库存商品”等科目，按取得的专用发票上注明的增值税额，借记“应交税费——应交增值税(进项税额)”科目，按商业汇票的票面金额，贷记“应收票据”科目，如有差额，借记或贷记“银行存款”等科目。

例 3-2 20×9 年 4 月 15 日，A 公司将收到的银行承兑汇票 226 000 元按规定手续背书给长江工厂，用于购买原材料(价款 200 000 元，增值税额为 26 000 元)，会计分录为：

借：原材料	200 000	
应交税费——应交增值税(进项税额)	26 000	
贷：应收票据		226 000

(三) 应收票据贴现的核算

企业收到商业汇票，若在票据未到期前需要资金，可持未到期的商业汇票经过背书向其开户银行申请贴现。贴现是指汇票持有人将未到期的商业汇票背书后送交银行，银行受理后，从票据到期值中扣除按银行的贴现率计算确定的贴现利息，然后将余额付给持票人，作为银行对企业的一种短期贷款。可见，票据贴现实质上是企业融通资金的一种形式。

应收票据贴现日至票据到期日的期间称为贴现期；贴现中所使用的利率称为贴现率；贴现银行扣除的利息称为贴现利息；贴现银行将票据到期值扣除贴现息后支付给企业的资金额称为贴现净额。有关计算公式如下：

票据到期值=票据面值

贴现利息=票据面值×贴现期×贴现率

贴现净额=票据面值−贴现利息

贴现率要视贴现期而定(即采用月利率还是日利率)。

贴现天数=贴现日至票据到期日实际天数−1

按照中国人民银行《支付结算办法》的规定，实付贴现金额按票据到期值扣除贴现日到汇票到期前一日的利息计算。承兑人在异地的，贴现利息的计算应另加 3 天的划款日期。

企业持未到期的商业汇票向银行贴现，符合《企业会计准则第 23 号——金融资产转移》(以下简称《金融资产转移准则》)有关金融资产终止确认条件的，应按实得贴现款，借记“银行存款”科目，按银行预扣的贴现利息，借记“财务费用”科目，按商业汇票的票面金额，贷记“应收票据”科目。不符合金融资产转移准则有关金融资产终止确认条件的，不应结转应收票据，应按实得贴现款，借记“银行存款”科目，按银行预扣的贴现利息，借记“财务费用”科目，按其差额，贷记“短期借款”科目。

例 3-3 某公司 20×6 年 3 月 1 日取得面值为 10 000 元、3 个月到期的应收票据，当年 4 月 1 日即票据到期前两个月，该公司持该票据向银行贴现，贴现率为 6%。假设该企业与承兑企业在同一票据交换区内，则该票据的到期值，贴现利息和贴现净额的计算如下：

票据到期值=票据面值 10 000 元

贴现利息=10 000×2×(6%÷12)=100(元)

贴现净额=10 000−100=9 900(元)

根据上述计算结果，编制如下会计分录：

借：银行存款	9 900	
财务费用	100	
贷：应收票据		10 000

贴现的商业汇票到期，付款人如期清偿时，贴现企业应在应收票据备查簿中注销。

第二节 应收账款

一、应收账款的内容

应收账款是指企业因销售商品、提供劳务等经营活动，应向购货单位或接受劳务的单位收取的款项。主要包括企业销售商品或接受劳务等应向有关债务人收取的价款、增值税销项税额及代购货单位代垫的运杂费等。

二、应收账款的计价

应收账款通常应按实际发生额计价入账。计价时，还要考虑商业折扣和现金折扣等因素。

商业折扣，是指企业为促进商品销售而在商品标价上给予的价格扣除。此项扣除数通常用百分比来表示，如 10%、20%等，扣减后的净额才是实际销售价格。企业销售商品涉及商业折扣的，应当按照扣除商业折扣后的金额确定销售商品收入的金额。

现金折扣，是指债权人为鼓励债务人在规定的期限内付款而向债务人提供的债务扣除。现金折扣通常发生在以赊销方式销售商品及提供劳务的交易中，企业为了鼓励客户提前偿付货款，与债务人达成协议，债务人在不同的期限内付款可享受不同比例的折扣。现金折扣一般用符号“折扣/付款期限”表示。这种折扣的条件通常写成这样的方式：2/10，1/20，n/30（即 10 天内付款按售价给予 2%折扣，20 天内付款按售价给予 1%折扣，30 天内全价付款，即不给折扣）。

商业折扣和现金折扣的核算见第十四章第四节。

三、应收账款的账务处理

为了反映和监督应收账款的增减变动及结存情况，企业应设置“应收账款”科目，该科目借方登记应收账款的增加，贷方登记应收账款的收回及确认的坏账损失，期末余额一般在借方，反映企业尚未收回的应收账款；如果期末余额在贷方，则反映企业预收的账款。

不单独设置“预收账款”科目的企业，预收的账款也在“应收账款”科目核算。

企业发生应收账款时，按应收金额，借记“应收账款”科目，按实现的营业收入，贷记“主营业务收入”科目，按专用发票或普通发票上注明的增值税额，贷记“应交税费——应交增值税（销项税额）”科目；收回应收账款时，借记“银行存款”等科目，贷记“应收账款”科目。

企业代购货单位垫付的包装费、运杂费，借记“应收账款”科目，贷记“银行存款”等科目；收回代垫运杂费用时，借记“银行存款”科目，贷记“应收账款”科目。

如果企业应收账款改用商业汇票结算，在收到承兑的商业汇票时，按票面价值，借记“应收票据”科目，贷记“应收账款”科目。企业与债务人进行债务重组的账务处理见第十九章。

例 3-4 某企业销售一批音响设备给某商场，售价 40 000 元，适用的增值税税率为 13%，代商场垫付运杂费 2 000 元，已办妥委托收款手续。编制会计分录如下：

借：应收账款	47 200	
贷：主营业务收入		40 000
应交税费——应交增值税（销项税额）		5 200
银行存款		2 000

收到货款时，编制如下会计分录：

借：银行存款	47 200	
贷：应收账款		47 200

例 3-5 甲公司收到丙公司交来银行承兑汇票一张，面值 200 000 元，用以偿还其前欠货款。甲公司应编制如下会计分录：

借：应收票据　　200 000
　　贷：应收账款　　200 000

第三节　其他应收款

一、其他应收款的内容

其他应收款是指企业发生的非购销活动的应收债权，即指企业除应收票据、应收账款、预付账款等以外的其他各种应收及暂付款项。其主要内容包括：

(1) 应收的各种赔款、罚款，如因企业财产等遭受意外损失而应向有关保险公司收取的赔款等；

(2) 应收出租包装物的租金；

(3) 应向职工收取的各种垫付款项，如为职工垫付的水电费、应由职工负担的房租费等；

(4) 存出的保证金，如租入固定资产支付的押金；

(5) 其他各种应收、暂付款项。

二、其他应收款的账务处理

为了反映和监督其他应收款的增减变动及其结存情况，企业应当设置“其他应收款”科目进行核算。该科目借方登记其他应收款增加，贷方登记其他应收款的收回，余额在借方，反映企业尚未收回的其他应收款。

企业发生其他各种应收款项时，按应收金额借记“其他应收款”科目，贷记有关科目。收回各种款项时，借记有关科目，贷记“其他应收款”科目。

例 3-6　某企业 20×4 年 10 月发生如下其他应收款业务：

(1) 甲材料因火灾被毁损，保险公司已确认赔偿 50 000 元损失。

借：其他应收款——保险公司　　50 000
　　贷：待处理财产损溢——待处理流动资产损溢　　50 000

(2) 职工王东借差旅费 1 500 元，用现金付讫。

借：其他应收款——王东　　1 500
　　贷：库存现金　　1 500

(3) 企业向 B 公司租入一间写字楼，支付押金 2 000 元。

借：其他应收款——B 公司　　2 000
　　贷：银行存款　　2 000

(4) 收到保险公司赔款 50 000 元。

借：银行存款　　50 000
　　贷：其他应收款——保险公司　　50 000

第四节　应收款项的期末计价

一、坏账及其确认标准

企业的各项应收款项，可能会因购货人拒付、破产、死亡等原因而无法收回。这类无法收回或收回的可能性极小的应收款项就是坏账。因坏账而产生的损失，称为坏账损失。

企业确认坏账时，应遵循财务报告的目标和会计核算的基本原则，具体分析各应收账款的特性、金额的大小、信用期限、债务人的信誉和当时的经营情况等因数。一般来讲，企业的应收款项符合下列条件之一的，应确认为坏账：

(1) 债务人死亡，或者依法被宣告失踪、死亡，其财产或者遗产不足清偿的；

(2) 债务人依法宣告破产、关闭、解散、被撤销，或者被依法注销、吊销营业执照，以其清算财产不足清偿的；

(3) 债务人较长时期内未履行偿债义务，并有足够的证据表明已无力清偿债务的；

(4) 因自然灾害、战争等不可抗力导致无法收回的；

(5) 国务院财政、税务主管部门规定的其他条件。

二、坏账损失的会计处理

坏账损失的核算一般有两种方法，即直接转销法和备抵法。我国企业会计准则规定，企业应采用备抵法核算坏账损失。

(一) 直接转销法

直接转销法是指在实际发生坏账时，作为损失计入信用减值损失，同时冲销相应的应收款项的一种核算方法。

采用直接转销法，日常核算中应收款项可能发生的坏账损失不予考虑，只有在实际发生坏账时，才作为损失计入当期损益，同时冲销应收款项。即企业发生坏账损失时，借记“信用减值损失”科目，贷记“应收票据”“应收账款”“其他应收款”等科目。如果已冲销的应收款项以后又收回，则先借记“应收票据”“应收账款”“其他应收款”等科目，贷记“信用减值损失”科目，以恢复企业债权并冲减信用减值损失；然后借记“银行存款”科目，贷记“应收票据”“应收账款”“其他应收款”等科目，以反映账款收回情况。

例 3-7 某企业应收 B 公司货款 30 000 元已超过三年尚未收回，B 公司由于财务状况恶化，濒临破产，现确认为坏账，应编制如下会计分录：

借：信用减值损失	30 000	
贷：应收账款——B 公司		30 000

例 3-8 经追索，企业收回已确认为坏账的 M 公司所欠货款 80 000 元。

借：应收账款——M 公司	80 000	
贷：信用减值损失		80 000

同时：

借：银行存款	80 000	
贷：应收账款——M 公司		80 000

直接转销法的优点是账务处理简单，但是这种方法忽视了坏账损失与赊销业务的联系，在转销坏账损失的前期，对于坏账的情况不做任何处理，显然不符合权责发生制及收入与费用相配比的会计原则。在这种方法下，只有坏账已经发生时，才能将其确认为当期费用，导致各期收益不实。

(二) 备抵法

备抵法是采用一定的方法按期估计坏账损失，计入当期费用，同时建立坏账准备。待坏账实际发生时，冲销已提的坏账准备和相应的应收款项。

采用这种方法，一方面按期估计坏账损失计入“信用减值损失”；一方面设置“坏账准备”科目，待实际发生坏账时冲销坏账准备和应收款项金额，使资产负债表上的应收款项反映扣减估计坏账后的净额。

采用备抵法核算坏账损失，应设置“坏账准备”科目，用来反映坏账准备的提取和坏账损失的发生情况。该科目是资产类科目，是“应收票据”“应收账款”“其他应收款”等科目的抵减科目，借方登记企业已发生的坏账损失和冲减的坏账准备金额，贷方登记企业按规定提取的坏账准备或收回的以前年度已确认并转销的坏账损失，贷方余额反映企业已计提但尚未转销的坏账准备。

年度终了，企业应对应收款项进行全面检查，根据预计可能发生的坏账数计提坏账准备时，借记“信用减值损失”科目，贷记“坏账准备”科目；对于有确凿证据表明确实无法收回的应收款项，如债务单位已撤销、破产、资不抵债、现金流量不足、发生严重的自然灾害等导致停产而在短期内无法偿付债务，以及应收款项逾期 3 年以上等，应根据企业的管理权限，经股东大会或董事会，或厂长经理办公会或类似机构批准后作为坏账损失，借记“坏账准备”科目，贷记“应收票据”“应收账款”“其他应收款”等科目。如果已确认并转销的坏账以后又收回，则应按收回的金额，借记“应收票据”“应收账款”“其他应收款”等科目，贷记“坏账准备”科目，以恢复企业债权并冲回已转销的坏账准备金额；同时，借记“银行存款”科目，贷记“应收票据”“应收账款”“其他应收款”等科目，以反映账款收回情况。

已确认并转销的应收款项以后又收回的，企业也可以按照实际收回的金额，借记“银行存款”科目，贷记“坏账准备”科目。

例 3-9 B 企业 20×8 年估计坏账损失 100 000 元，编制会计分录如下：

借：信用减值损失　　100 000

　　贷：坏账准备　　100 000

例 3-10 B 企业 20×8 年 4 月确认乙公司的坏账损失 8 000 元，编制会计分录如下：

借：坏账准备　　8 000

　　贷：应收账款——乙公司　　8 000

备抵法的优点是：(1) 预计不能收回的应收款项作为坏账损失及时计入费用，避免企业虚增利润；(2) 在报表上列示应收款项净额，使报表阅读者更能了解企业真实的财务状况；(3) 使应收款项实际占用资金接近实际，消除了虚列的应收款项，有利于加快企业资金周转，提高企业经济效益。

备抵法首先要按期估计坏账损失。估计坏账损失的方法主要有四种，即应收账款余额百分比法、账龄分析法、销货百分比法和个别认定法。

1. 应收账款余额百分比法

应收账款余额百分比法，是根据会计期末应收账款的余额乘以估计的坏账率即为当期应估计的坏账损失，据此提取坏账准备的方法。估计坏账率可以按照以往的数据资料加以确定，也可根据规定的百分率计算。从理论上来讲，这一比例应按坏账占应收账款的概率计算，企业发生的坏账多，比例相应就高些，反之则低些。会计期末，企业应提取的坏账准备大于其账面余额的，按其差额提取；应提取的坏账准备小于其账面余额的，按其差额冲回多提的坏账准备。

首次计提时：

计提坏账准备=应收账款期末余额×坏账提取比例

以后计提时：

计提的坏账准备=应收账款期末余额×坏账提取比例±坏账准备的期初借方（贷方）余额

结果为正，补提；结果为负，冲销。

例 3-11 某企业从 20×3 年开始计提坏账准备。20×3 年末应收账款余额为 600 000 元，提取坏账准备的比例为 5‰。20×4 年，发生坏账损失 1 000 元，其中：甲单位 200 元，乙单位 800 元，年末应收账款余额为 720 000 元。20×5 年 4 月 15 日，收到银行收账通知，企业上年度已冲销的乙单位的应收账款 800 元又收回，年末应收账款余额为 500 000 元。企业编制会计分录如下：

(1) 20×3 年提取坏账准备：

计提坏账准备=600 000×5‰=3 000（元）

借：信用减值损失　　3 000

　　贷：坏账准备　　3 000

(2) 20×4 年冲销坏账：

借：坏账准备　　1000

　　贷：应收账款——甲单位　　200

　　　　应收账款——乙单位　　800

(3) 20×4 年年末，按应收账款的余额计提坏账准备，坏账准备余额为 3 600 元(即 720 000×5‰)，年末计提坏账准备前，“坏账准备”科目贷方余额=3 000−1 000=2 000(元)。

本年度应补提的坏账准备金=3 600−2 000=1 600(元)

借：信用减值损失　　1 600

　　贷：坏账准备　　1 600

(4) 20×5 年 4 月 15 日，上年已冲销的乙单位账款 800 元又收回入账。

借：应收账款——乙单位　　800

　　贷：坏账准备　　800

同时：

借：银行存款　　800

　　贷：应收账款——乙单位　　800

(5) 20×5 年年末，按应收账款余额计算提取坏账准备，坏账准备余额应为 500 000×5‰=2 500(元)。

至年末计提坏账准备前，“坏账准备”科目有贷方余额：3 600+800=4 400(元)。

本年度应冲销多提的坏账准备金额为：4 400−2 500=1 900(元)。

有关的会计分录如下：

借：坏账准备　　1 900

　　贷：信用减值损失　　1 900

2. 账龄分析法

账龄分析法是根据应收账款入账时间的长短来估计坏账损失的方法。虽然应收账款能否收回以及能收回多少，不一定完全取决于时间的长短，但一般来说，账款被拖欠的时间越长，发生坏账的可能性就越大。

账龄分析法的一般做法是：将应收账款按拖欠期限的长短划分为若干区段，计列各个区段上应收账款的金额，并为每个区段估计一个坏账损失的百分比，然后确定坏账损失的估计总额。

例 3-12　某企业 20×4 年 12 月 31 日应收账款账龄及估计损失如表 3-1、表 3-2 所示。

表 3-1　应收账款账龄分析表

20×4 年 12 月 31 日　　单位：元

顾客名称	应收账款账簿金额	未过期	过期			
			1 个月	2 个月	3 个月	4 个月
A	50 000	50 000				
B	40 000			40 000		
C	100 000		100 000			
D	80 000					80 000
E	30 000				30 000	
合　计	300 000	50 000	100 000	40 000	30 000	80 000

表 3-2　坏账损失估算表

20×4 年 12 月 31 日　　单位：元

应收账款账龄	应收账款金额	估计损失百分比(%)	估计坏账损失金额
未过期	50 000	0.5	250
过期 1 个月	100 000	1	1 000
过期 2 个月	40 000	2	800
过期 3 个月	30 000	3	900
过期 4 个月以上	80 000	4	3 200
合计	300 000		6 150

如表 3-2 所示，企业 20×4 年 12 月 31 日“坏账准备”科目的账面金额为 6 150 元，企业需要根据前期“坏账准备”科目的账面余额，计算本期应入账的金额，编制调整分录，予以入账。由于调整分录的入账金额受调整前的账面余额的影响，将会出现以下几种情况。

(1) 假设调整前“坏账准备”科目的账面无余额，为了让账户保持期末贷方余额 6 150 元，则本期调整分录的金额应为 6 150 元，调整分录为：

借：信用减值损失　　6 150

　　贷：坏账准备　　6 150

(2) 假设调整前“坏账准备”科目的账面余额为贷方 6 150 元，则无须再做计提坏账准备的分录。

(3) 假设调整前“坏账准备”科目的账面余额为贷方 4 000 元，则本期调整分录的金额应为 2 150（即 6 150− 4 000）元。调整分录为：

借：信用减值损失　　2 150

　　贷：坏账准备　　2 150

(4) 假设调整前“坏账准备”科目的账面余额为借方 300 元，则本期调整分录的金额为 6 450（即 6 150+300）元。调整分录为：

借：信用减值损失　　6 450

　　贷：坏账准备　　6 450

(5) 假设调整前“坏账准备”科目的账面余额为贷方 7 000 元，则应做调整分录，冲销其多提 850（即 7 000−6 150）元，使“坏账准备”科目的余额为贷方 6 150 元。调整分录为：

借：坏账准备　　850

　　贷：信用减值损失　　850

需要指出的是，采用账龄分析法计提坏账准备时，收到债务单位当期偿还的部分债务后，剩余的应收账款不应改变账龄，仍应按原账龄加上本期应增加的账龄确定；在存在多笔应收账款且在各笔应收账款账龄不同的情况下，收到债务单位当期偿还的部分债务，应当逐笔认定收到的是哪一笔应收账款；如果确实无法认定的，按照先发生先收回的原则确定，剩余应收账款的账龄按上述同一原则确定。

3. 销货百分比法

销货百分比法，就是根据赊销金额的一定百分比估计坏账损失的方法。

例 3-13　B 公司 20×5 年全年赊销金额为 500 000 元，根据以往资料和经验，估计坏账损失率为 2%。

年末估计坏账损失为：500 000×2%=10 000（元）。

做会计分录如下：

借：信用减值损失　　10 000

　　贷：坏账准备　　10 000

在采用销货百分比法的情况下，估计坏账损失的百分比可能由于企业经营情况的不断变化而不相适应，因此，需要经常检查百分比是否能足以反映企业坏账损失的实际情况，倘若发现过高或过低的情况，应及时调整百分比。

采用这种方法计提坏账准备，不考虑“坏账准备”账户的期初余额。

4. 个别认定法

个别认定法，就是根据每一应收款项的情况来估计坏账损失的方法。

需要特别说明的是，在采用账龄分析法、销货百分比法、应收账款余额百分比法等方法的同时，能否采用个别认定法，应当视具体情况而定。如果某项应收账款的可收回性与其他各项应收账款存在明显的差别（如债务单位所处的特定地区等），导致该项应收账款如果按照与其他各项应收账款同样的方法计提坏账准备，将无法真实地反映其可收回金额的，可对该项应收账款采用个别认定法计提坏账准备。企业应根据应收账款的实际可收回情况，合理计提坏账准备，不得多提或少提，否则应视为滥用会计估计，按照重大会计差错更正的方法进行会计处理。在同一会计期间内运用个别认定法的应收账款应从用其他方法计提坏账准备的应收账款中剔除。

三、企业在计提坏账准备时应注意的问题

(一) 坏账准备的计提范围

企业坏账准备的计提范围包括应收票据、应收账款、预付账款、其他应收款、长期应收款。

应当指出，对已确认为坏账的应收款项，并不意味着企业放弃了其追索权，一旦重新收回，应及时入账。

(二) 坏账准备的计提比例

企业在确定坏账准备的计提比例时，应当根据以往的经验、债务单位的实际财务状况和现金流量的情况，以及其他相关信息合理地估计，除有确凿证据表明该项应收款项不能收回，或收回的可能性不大(如债务单位破产、资不抵债、现金流量严重不足、发生严重的自然灾害等导致停产而在短时间内无法偿付债务，以及其他足以证明应收款项可能发生损失的证据和应收款项逾期 3 年以上)外。下列各种情况不能全额计提坏账准备：

(1) 当年发生的应收款项；

(2) 计划对应收款项进行重组；

(3) 与关联方发生的应收款项；

(4) 其他已逾期，但无确凿证据表明不能收回的应收款项。

需要特别说明的，上述规定并不意味着企业对关联方之间发生的应收款项可以不计提坏账准备。企业与关联方之间发生的应收款项与其他应收款项一样，也应当在期末时分析其可收回性，并预计可能发生的坏账损失。对预计可能发生的坏账损失，计提相应的坏账准备。企业与关联方之间发生的应收款项一般不能全额计提坏账准备，但如果有确凿证据表明关联方(债务单位)已撤销、破产、资不抵债、现金流量严重不足等，并且不准备对应收款项进行重组或无其他收回方式的，则对预计无法收回的应收关联方的款项也可以全额计提坏账准备。

(三) 坏账准备的计提方法

我国会计制度规定，计提坏账准备的方法由企业自行确定。企业应当制定计提坏账准备的政策，明确计提坏账准备的范围、提取方法、账龄的划分和提取比例，按照管理权限，经股东大会或董事会，或经理(厂长)会议或类似机构批准，并按照法律、行政法规的规定报有关各方备案，并置于企业所在地，以供投资者查阅。坏账准备提取方法一经确定，不能随意变更。如需变更，应在财务报表附注中予以说明。

思 考 题

1. 试说明应收票据的核算应包括哪些内容。
2. 应收商业承兑汇票的核算方法与应收银行承兑汇票的核算方法有哪些异同点？
3. 简述“贴现”的概念及其特点。
4. 应收票据贴现应如何进行会计处理？会计处理时应当注意哪些问题？
5. 其他应收款包括哪些内容？应如何进行会计处理？
6. 什么是坏账损失？坏账损失应如何进行会计处理？

练 习 题

习题一

【目的】练习应收票据的核算。

【资料】某企业 2×19 年 10 月份发生如下销售及票据业务。

1. 销售一批产品，价款 700 000 元，增值税额为 91 000 元，收到客户交来的为期 6 个月的一张银行承兑汇票。

2. 购货企业签发并承兑的商业汇票 226 000 元到期，不能如期付款。

3. 将到期的面值为 500 000 元银行承兑汇票送交开户银行办理委托收款手续。几天后，收到票款。

4. 将所收的面值为 600 000 元银行承兑汇票背书，转让给供货企业，作为预付材料的货款。

5. 销售一批产品，收到购货企业签发并承兑的为期 5 个月的商业承兑汇票 565 000 元(增值税税率为 13%)。

6. 购货企业交来由其签发并承兑的商业汇票 300 000 元，抵付其所欠货款。

7. 企业由于资金紧张，将一张面额为 800 000 元的商业承兑汇票提前 4 个月贴现，月贴现率为 7‰。

8. 企业已贴现的商业承兑汇票到期，因付款单位无力承付，银行退回应收票据，又因企业户头资金不足，银行将其承兑金额 2 000 000 元转为短期贷款。

9. 将持有的不带息银行承兑汇票 5 000 000 元向银行贴现，实收贴现款 4 800 000 元。

【要求】根据以上业务编制会计分录。

习题二

【目的】练习应收账款的核算。

【资料】美颐公司 2×19 年 10 月末"应收账款"账户借方余额为 700 000 元，适用的增值税税率为 13%。11 月份发生下列经济业务。

1. 1 日，售出一批产品，含税价 452 000 元，已办妥托收手续。

2. 6 日，接到银行收款通知，上述款项全部收讫。

3. 8 日，收到 B 公司前欠货款 300 000 元，已存入银行。

4. 10 日，企业向 C 公司赊销一批产品，价款 200 000 元，增值税额为 26 000 元。

5. 15 日，收到 C 公司按规定交付的货款 226 000 元。

6. 20 日，D 公司交来银行承兑汇票 200 000 元，抵付其所欠货款。

7. 25 日，企业收到的 F 公司商业承兑汇票 500 000 元到期，因付款单位无力承付，企业将其转作应收账款。

8. 30 日，核销 A 公司坏账 50 000 元(采用备抵法)。

【要求】根据以上业务编制会计分录。

第四章　存　　货

第一节　存货概述

一、存货的概念及确认条件

（一）存货的概念

存货是指企业在日常活动中持有以备出售的产成品或商品，处在生产过程中的在产品，在生产过程或提供劳务过程中耗用的材料和物资等。

企业的存货通常包括以下内容：

(1)原材料，指企业在生产过程中经加工改变其形态或性质并构成产品主要实体的各种原料及主要材料、辅助材料、外购半成品(外购件)、修理用备件(备品备件)、包装材料、燃料等。

(2)在产品，指企业正在制造尚未完工的产品，包括正在各个生产工序加工的产品和已加工完毕但尚未检验或已检验但尚未办理入库手续的产品。

(3)半成品，指经过一定生产过程并已检验合格交付半成品仓库保管，但尚未制造完工成为产成品，仍需进一步加工的中间产品。

(4)产成品，指工业企业已经完成全部生产过程并验收入库，可以按照合同规定的条件送交订货单位，或者可以作为商品对外销售的产品。企业接受外来原材料加工制造的代制品和为外单位加工修理的代修品，制造和修理完成验收入库后，应视同企业的产成品。

(5)商品，指商品流通企业外购或委托加工完成验收入库用于销售的各种商品。

(6)周转材料，指企业能够多次使用、但不符合固定资产定义的材料，如为了包装本企业商品而储备的各种包装材料，各种工具、管理用具、玻璃器皿、劳动保护用品以及在经营过程中周转使用的容器等低值易耗品和建造承包商的钢模板、木模板、脚手架等其他周转材料。但是，周转材料符合固定资产定义的，应当作为固定资产处理。

需要注意的是，为建造固定资产等各项工程而储备的各种材料，虽然也具有存货的某些特征(如流动性)，但它们并不符合存货的定义，因此不能作为企业的存货进行核算。企业的特准储备以及按国家指令专项储备的资产也不符合存货的定义，因而也不属于企业的存货。

（二）存货的确认条件

存货同时满足下列条件时，才能予以确认。

(1)该存货包含的经济利益很可能流入企业。

企业在确认存货时，需要判断与该项存货相关的经济利益是否很可能流入企业。在实务中，主要通过判断与该项存货所有权相关的风险和报酬是否转移到了企业来确定。其中，与存货所有权相关的风险，是指由于经营情况发生变化造成的相关收益的变动，以及由于存货滞销、毁损等原因造成的损失；与存货所有权相关的报酬，是指在出售该项存货或其经过进一步加工取得的其他存货时获得的收入，以及处置该项存货实现的利得等。

通常情况下，取得存货所有权是与存货相关的经济利益很可能流入本企业的一个重要标志。例如，根据销售合同已经售出(取得现金或收取现金的权利)的存货，其所有权已经转移，与其相关的经济利益已不能再流入本企业，此时，即使该项存货尚未运离本企业，也不能再确认为本企业的存货。

(2) 该存货的成本能够可靠计量。

作为企业资产的组成部分，要确认存货，企业必须能够对其成本进行可靠的计量。存货的成本能够可靠计量必须以取得确凿、可靠的证据为依据，并且具有可验证性。如果存货成本不能可靠计量，则不能确认为一项存货。例如，企业承诺的订货合同，由于并未实际发生，不能可靠确定其成本，因此就不能确认为购买企业的存货。又如，企业预计发生的制造费用，由于并未实际发生，不能可靠地确定其成本，因此不能计入产品成本。

某个项目要确认为存货，首先要符合存货的定义，在此前提下，应当符合上述存货确认的两个条件。关于存货的确认需要说明以下几点。

(1) 关于代销商品。代销商品指一方委托另一方代为销售的商品。从商品所有权的转移来分析，代销商品在出售以前，所有权属于委托方，受托方仅仅是代委托方销售其商品。因此，代销商品应该作为委托方的存货来处理，但是为了加强受托方对代销商品的核算和管理，也要求受托方对其受托代销商品纳入账内核算。

(2) 关于在途存货。对于销售方按照合同、协议规定已确认销售，而尚未发运给购货方的商品，应作为购货方的存货而不应再作为销货方的存货；对于购货方已收到商品但尚未收到销货方结算发票等的商品，购货方应作为其存货处理；对于购货方已经确认为购进而尚未到达入库的在途商品，购货方应将其作为存货处理。

(3) 关于购货约定。购货约定指购销双方就未来某一时日进行的商品交易所做的事先约定。对于购货约定，企业当前并未发生实际的购销行为，没有发生存货的所有权的转移，所以对于购入方不能作为企业存货，也不确认有关负债和费用。

二、存货的初始计量

存货应当按照成本进行初始计量。存货成本包括采购成本、加工成本和其他成本。

存货的采购成本，包括购买价款、进口关税和其他税费、运输费、装卸费、保险费以及其他可归属于存货采购成本的费用。以下重点介绍购买价款、其他税费、其他可归属于存货采购成本的费用。

购买价款，是指企业购入的材料或商品的发票上列明的价款，但不包括按规定可以抵扣的增值税额。

其他税费，是指企业购买、自制或委托加工存货发生的消费税、资源税和不能从销项税额中抵扣的增值税进项税额等。

其他可归属于存货采购成本的费用。采购成本中除上述各项以外的可直接归属于存货的采购成本的费用，如在存货采购过程中发生的仓储费、运输途中合理损耗、入库前的挑选整理费用等，这些费用能分清负担对象的，应直接计入存货的采购成本；不能分清负担对象的，应选择合理的分配方法，分配计入有关存货的采购成本。分配方法通常包括按所购存货的重量或采购价格比例进行分配。

存货的加工成本包括直接人工以及按照一定方法分配的制造费用。

存货的其他成本，是指除采购成本、加工成本以外的，使存货达到目的场所和状态所发生的其他支出，如为特定客户设计产品所发生的设计费用等。

由于企业中各种存货的来源不同，有的是外购取得的，有的是委托加工取得的，有的是自制的。不同来源的存货，其成本组成的内容也不完全相同，企业应根据具体情况分别处理。

(1) 购入的存货，其实际成本包括：

① 买价。

② 运杂费，包括运输费、装卸费、保险费、包装费等。

③ 运输途中合理损耗。有些物资，在运输途中会发生一定的短缺和损耗。除合理的部分应计入存货的采购成本外，能确定过失人的，应向责任单位或过失人索取赔偿，不能计入采购成本。因自然灾害等原因而发生的损失，减去保险赔偿和可以收回的残料作价后的净损失，应作为营业外支出处理，不得计入购进存货的采购成本。属于无法收回的其他损失，也不能计入购进存货的采购成本，而应计入管理费用。

④ 入库前的挑选整理费用。入库前的挑选整理费用是指整理挑选购入存货过程中发生的工资、费用等，以及损耗存货价值的净支出。

⑤ 税金，指按规定应计入成本的价内税以及不能抵扣的增值税进项税额等，如进口关税、消费税等。

⑥ 其他费用。其他费用是指除采购成本之外的，使存货达到目前场所和状态所发生的其他必要支出。为简化核算，购进存货的市内运费不计入存货成本，直接计入管理费用。但如果是大宗物资的市内运费，属于其他费用，计入存货成本。

商品流通企业在采购商品过程中发生的运输费、装卸费、保险费以及其他可归属于存货采购成本的费用等进货费用，应当计入存货采购成本，也可以先进行归集，期末再根据所购商品的存销情况进行分摊。对于已售商品的进货费用，计入当期损益(主营业务成本)；对于未售商品的进货费用，计入期末存货成本。企业采购商品的进货费用金额较小的，可以在发生时直接计入当期损益(销售费用)。

(2) 自制的存货，按制造过程中发生的各项实际支出作为实际成本。

(3) 委托外单位加工的存货，其实际成本包括：

① 加工中耗用材料物资的实际成本。

② 支付的加工费用。

③ 支付的应计入成本的税金。

④ 为加工材料物资支付的往返运杂费。

(4) 投资者投入的存货的成本，应当按照投资合同或协议约定的价值作为实际成本，但合同或协议约定价值不公允的除外。

(5) 企业合并、非货币性资产交换、债务重组取得的存货的成本，应当分别按照《企业会计准则第 20 号——企业合并》《企业会计准则第 7 号——非货币性资产交换》《企业会计准则第 12 号——债务重组》确定。

(6) 盘盈的存货，应当按照同类和类似存货的市场价格作为实际成本。

在确定存货成本的过程中，需要注意的是，下列费用不应当包括在存货成本中，而应当在发生时确认为当期费用：

(1) 非正常消耗的直接材料、直接人工及制造费用，如由自然灾害而发生的直接材料、直接人工及制造费用，由于这些费用的发生无助于使该存货达到目前场所和状态，不应计入存货成本，而应确认为当期损益。

(2) 仓储费用，指企业在存货采购入库后发生的储存费用，应在发生时计入当期损益。但是，在生产过程中为达到下一个生产阶段所必需的仓储费用应计入存货成本。如某种酒类产品生产企业为使生产的酒达到规定的产品质量标准而必须发生的仓储费用，应计入酒的成本，而不应计入当期损益。

(3) 不能归属于存货达到目前场所和状态的其他支出，应在发生时计入当期损益，不得计入存货成本。

(4) 企业采购用于广告营销活动的特定商品，向客户预付货款未取得商品时，应作为预付账款进行会计处理，待取得相关商品时计入当期损益(销售费用)。企业取得广告营销性质的服务比照该原则进行处理。

三、存货成本流转的假设

企业的存货是不断流动的，有流入也有流出，流入与流出相抵后的结余即为期末存货。本期期末存货结转到下期，即为下期的期初存货，下期继续流动，就形成了生产经营过程中的存货流转。

存货流转包括实物流转和成本流转两个方面。在理论上，存货的实物流转和成本流转应当一致，也就是说，购置存货时所确定的成本应当随着该项存货的销售或耗用而结转。例如，某商品购进成本，第一批 100 件，单价 15 元；第二批 50 件，单价 10 元；第三批 80 件，单价 11 元。本期销售的结果，第一批售出 80 件，第二批售出 30 件，第三批售出 10 件，已销商品的成本为：$80\times15+30\times10+10\times11=1\ 610$(元)。销售后库存商品实物为第一批 20 件，第二批 20 件，第三批 70 件。由此可见，该商品的实物流转和成本流转是一致的，但在实际工作中，这种一致的情况非常少见。因为，企业的存货进出量很大，存货的品种繁多，存货的单位成本多变，难以保证各种存货成本流转和实物流转相一致。由于同一种存货尽管单价不同，但均能满足销售或生产的需要，在存货被销售或耗用后，无须逐一辨别哪一批实物被发出，哪一批实物留作库存，成本的流转顺序和实物流转顺序可以分离，只要按照不同的成本流转程序确定已发出存货的成本和库存存货的成本即可。这样，就出现了存货成本的流转假设。

采用某种存货成本流转的假设，在期末存货与发出存货之间分配成本，就产生了不同的确定发出存货成本的方法，即发出存货的计价方法。按照规定，企业应当根据各类存货的实际情况，确定发出存货的实际成本，可以采用的方法有先进先出法、加权平均法、移动加权平均法、个别计价法等。对于不能替代使用的存货，以及为特定项目专门购入或制造的存货，一般应当采用个别计价法确定发出存货的成本。

发出存货计价方法的不同，对企业财务状况、盈亏情况会产生不同的影响，主要表现在以下三个方面：

(1) 存货计价对企业损益的计算有直接影响。表现在：

① 期末存货计价（估价）如果过低，当期的收益可能因此而相应减少；

② 期末存货计价（估价）如果过高，当期的收益可能因此而相应增加；

③ 期初存货计价（估价）如果过低，当期的收益可能因此而相应增加；

④ 期初存货计价（估价）如果过高，当期的收益可能因此而相应减少。

(2) 存货计价对于资产负债表有关项目数额计算有直接影响，包括流动资产总额、所有者权益等项目，都会因存货计价的不同而有不同的数据。

(3) 存货计价方法的选择对计算缴纳所得税的数额有一定的影响。因为不同的计价方法，对结转当期销售成本的数额会有所不同，从而影响企业当期应纳税利润数额的确定。

四、发出存货的计价方法

存货的计价方法可以采用先进先出法、加权平均法、移动加权平均法、个别计价法等。对于性质和用途相似的存货，应当采用相同的成本计算方法确定发出存货的成本。对于不能替代使用的存货、为特定项目专门购入或制造的存货以及提供劳务的成本，通常应当采用个别计价法确定发出存货的成本。以下分别介绍这些方法。

（一）先进先出法

先进先出法是指以先购入的存货先发出（销售或耗用）这样一种存货实物流转假设为前提，对发出存货进行计价的一种方法。采用这种方法，先购入的存货成本在后购入的存货成本之前转出，据此确定发出存货和期末存货的成本。具体做法是：增加存货时，逐笔登记增加存货的数量、单价和金额；发出存货时，按照先进先出的原则，逐笔登记存货的发出成本和结存金额。举例说明如下。

例 4-1　A 公司 20×9 年 7 月份甲种原材料的购入、发出和结存的资料如表 4-1 所示。

表 4-1　甲材料收发结存情况登记表

年		摘要	收入			发出			结存		
月	日		数量（千克）	单价（元）	金额（元）	数量（千克）	单价（元）	金额（元）	数量（千克）	单价（元）	金额（元）
7	1	期初结存							1 200	45	54 000
	2	购　入	800	48	38 400				2 000		
	3	发　出				1 500			500		
	13	购　入	1 000	50	50 000				1 500		
	23	发　出				1 200			300		
	28	购　入	1 400	51	71 400				1 700		
	30	合计	3 200		159 800	2 700			1 700		

采用先进先出法计算企业当月发出材料和期末结存材料实际成本如表 4-2 所示。

表 4-2　甲材料明细账

年		摘要	收入			发出			结存		
月	日		数量（千克）	单价（元）	金额（元）	数量（千克）	单价（元）	金额（元）	数量（千克）	单价（元）	金额（元）
7	1	期初结存							1 200	45	54 000
	2	购入	800	48	38 400				1 200 800	45 48	54 000 38 400
	3	发出				1 200 300	45 48	54 000 14 400	500	48	24 000
	13	购入	1 000	50	50 000				500 1 000	48 50	24 000 50 000
	23	发出				500 700	48 50	24 000 35 000	300	50	15 000
	28	购入	1 400	51	71 400				300 1 400	50 51	15 000 71 400
	30	合计	3 200	□	159 800	2 700	□	127 400	300 1 400	50 51	15 000 71 400

采用先进先出法，存货成本是按最近购货确定的，期末存货成本比较接近现行的市场价值，其优点是使企业不能随意挑选存货计价以调整当期利润；缺点是工作量比较烦琐，特别对于存货进出量频繁的企业更是如此。而且当物价上涨时，会高估当期利润和库存存货价值；当物价下跌时，又会低估当期利润和企业存货价值。

(二) 加权平均法

加权平均法又称全月一次加权平均法，指以本月全部进货数量加月初结存存货数量为权数，去除本月全部进货成本加月初存货成本，计算出存货的加权平均单位成本，以此为基础计算本月发出存货成本和月末库存存货成本的一种方法。计算公式如下：

$$存货单位成本=\frac{月初库存存货的实际成本+本月收入存货实际成本}{月初库存存货数量+本月收入存货数量}$$

$$本月发出存货成本=本期发出存货数量\times存货单位成本$$

$$月末库存存货成本=月末库存存货数量\times存货单位成本$$

或

$$月末库存存货成本=月初库存存货实际成本+本月收入存货实际成本-本月发出存货成本$$

例 4-2　沿用例 4-1 的资料，采用加权平均法计算该企业当月发出材料和月末库存材料成本，如表 5-3 所示。

$$存货单位成本=(54\ 000+159\ 800)/(1\ 200+3\ 200)=48.59(元)$$

$$本月发出材料成本=2\ 700\times48.59=131\ 193(元)$$

$$月末库存材料成本=54\ 000+159\ 800-131\ 193=82\ 607(元)$$

表 4-3　甲材料明细账

年		摘要	收　入			发　出			结　存		
月	日		数量（千克）	单价（元）	金额（元）	数量（千克）	单价（元）	金额（元）	数量（千克）	单价（元）	金额（元）
7	1	期初结存							1 200	45	54 000
	2	购入	800	48	38 400				2 000		
	3	发出				1 500			500		
	13	购入	1 000	50	50 000				1 500		
	23	发出				1 200			300		
	28	购入	1 400	51	71 400				1 700		
	30	合计	3 200		159 800	2 700	48.59	131 193	1 700	48.59	82 607

采用加权平均法，只在月末一次计算存货单位成本(即加权平均单价)，比较简单，而且在市场价格上涨或下跌时所计算出来的单位成本平均化，对存货成本的分摊较为折中。这种方法平时无法从账上提供发出和结存存货的单价及金额，不利于加强对存货的日常管理。

(三)移动加权平均法

移动加权平均法，是指以每次进货的成本加上原有库存存货的成本，除以每次进货数量加上原有库存存货的数量，据此计算加权平均单位成本，作为在下次进货前计算各次发出存货成本的一种方法。计算公式如下：

$$存货单位成本=\frac{原有库存存货实际成本+本次进货的实际成本}{原有库存存货数量+本次进货数量}$$

本次发货成本=本次发货数量×本次发货前存货单位成本

本月月末库存存货成本=月末库存存货数量×本月月末存货单位成本

例 4-3 沿用例 4-1 的资料，采用移动加权平均法计算该企业当月发出材料和期末库存材料实际成本，如表 4-4 所示。

表 4-4 甲材料明细账

年		摘要	收入			发出			结存		
月	日		数量(千克)	单价(元)	金额(元)	数量(千克)	单价(元)	金额(元)	数量(千克)	单价(元)	金额(元)
7	1	期初结存							1 200	45	54 000
	2	购入	800	48	38 400				2 000	46.20	92 400
	3	发出				1 500	46.2	69 300	500	46.20	23 100
	13	购入	1 000	50	50 000				1 500	48.73	73 100
	23	发出				1 200	48.73	58 476	300	48.73	14 624
	28	购入	1 400	51	71 400				1 700	50.60	86 024
	30	合计	3 200		159 800	2 700		127 776	1 700	50.60	86 024

第一批加权平均单价=(54 000+38 400)÷(1 200+800)=46.20(元)

第二批加权平均单价=(23 100+50 000)÷(500+1 000)=48.73(元)

第三批加权平均单价=(14 624+71 400)÷(300+1 400)=50.60(元)

移动加权平均法的优点在于能使管理当局及时了解存货的结存情况，而且计算的平均单位成本以及发出和结存的存货成本比较客观。但采用这种方法，每次收货都要计算一次加权平均单价，计算工作量比较大，对收发货较频繁的企业不适用。

(四)个别计价法

个别计价法又称个别认定法、具体辨认法、分批实际法。这种方法是假设存货的成本流转与实物流转相一致，按照各种存货逐一辨认各批发出存货和期末存货所属的购进批别或生产批别，分别按其购入或生产时所确定的单位成本作为计算各批发出存货和期末存货成本的方法。

例 4-4 沿用例 4-1 的资料，假设经具体确认，确定发出材料的批次如下：

(1)3 日发出的 1 500 千克材料中，有 1 000 千克为期初存货，有 500 千克为 2 日购入的存货。

发出材料成本=1 000×45+500×48=69 000(元)

(2)23 日发出的 1 200 千克材料中，有 200 千克为期初存货，有 100 千克为 2 日购入的存货，有 900 千克为 13 日购入的存货。

发出材料成本=200×45+100×48+900×50=58 800(元)

（3）期末结存的存货1 700千克为2日购入的200千克、13日购入的100千克、28日购入的1 400千克。

期末存货成本=200×48+100×50+1 400×51=86 000（元）

采用这种方法，计算发出存货的成本和期末存货的成本比较合理、准确，但这种方法的前提是需要对发出存货和结存存货的批次进行具体认定，以辨别其所属的收入批次，所以实务操作的工作量繁重，困难较大。

个别计价法适用于一般不能替代使用的存货以及为特定项目专门购入或制造的存货，如珠宝、名画等贵重物品。

五、存货的期末计量

（一）存货期末计量原则

资产负债表日，存货应当按照成本与可变现净值孰低计量。即资产负债表日，当存货成本低于可变现净值时，存货按成本计量；当存货成本高于可变现净值时，存货按可变现净值计量，同时按照成本高于可变现净值的差额计提存货跌价准备，计入当期损益。

其中，成本与可变现净值孰低，是指对期末存货按照成本与可变现净值两者之中较低者进行计价的方法。可变现净值，是指在日常活动中，以存货的估计售价减去至完工时将要发生的成本、销售费用以及相关税费后的金额。

成本与可变现净值孰低计量的理论基础主要是使存货符合资产的定义。当存货的可变现净值下跌至成本以下时，表明该存货会给企业带来的未来经济利益低于其账面成本，因而应将这部分损失从资产价值中扣除，计入当期损益。否则，存货的可变现净值低于成本时，如果仍然以其成本计量，就会出现虚计资产的现象。

（二）存货减值迹象的判断

存货存在下列情况之一的，表明存货的可变现净值低于成本：

（1）该存货的市场价格持续下跌，并且在可预见的未来无回升的希望；

（2）企业使用该项原材料生产的产品的成本大于产品的销售价格；

（3）企业因产品更新换代，原有库存原材料已不适应新产品的需要，而该原材料的市场价格又低于其账面价值；

（4）因企业所提供的商品或劳务过时或消费者偏好改变而使市场的需求发生改变，导致市场价格逐渐下跌；

（5）其他足以证明该项存货实质上已经发生减值的情形。

存货存在下列情形之一的，表明可变现净值为零：

（1）已霉烂变质的存货；

（2）已过期且无转让价值的存货；

（3）生产中已不再需要，并且已无使用价值和转让价值的存货；

（4）其他足以证明已无使用价值和转让价值的存货。

（三）可变现净值的确定

1. 确定可变现净值应考虑的主要因素

企业确定存货的可变现净值，应当以取得的确凿证据为基础，并且考虑持有存货的目的、资产负债表日后事项的影响等因素。

（1）存货可变现净值的确凿证据。存货可变现净值的确凿证据，是指对确定存货的可变现净值有直接影响的客观证明，如产品的市场销售价格、与企业产品相同或类似商品的市场销售价格、供货方提供的有关资料、销售方提供的有关资料、生产成本资料等。

(2)持有存货的目的。由于企业持有存货的目的不同，确定存货可变现净值的计算方法也不同。如用于出售的存货和用于继续加工的存货，其可变现净值的计算就不相同，因此，企业在确定存货的可变现净值时，应考虑持有存货的目的。企业持有存货的目的，通常可以分为：一是持有以备出售，如商品、产成品，其中又分为有合同约定的存货和没有合同约定的存货；二是将在生产过程或提供劳务过程中耗用，如原材料等。由于持有存货的目的不同，确定存货可变现净值的计算方法也不同。

(3)资产负债表日后事项等的影响。在确定资产负债表日存货的可变现净值时，不仅要考虑资产负债表日与该存货相关的价格与成本波动，而且还应考虑未来的相关事项。也就是说，不仅限于财务报告批准报出日之前发生的相关价格与成本波动，还应考虑以后期间发生的相关事项。例如，20×6 年 12 月 31 日，某品牌小轿车的市场销售价格为 200 000 元。根据可靠资料，预计在 20×7 年 6 月，该品牌小轿车的市场销售价格可能会下跌至 150 000 元，则在编制 20×6 年 12 月 31 日的资产负债表时，企业确定该品牌小轿车的可变现净值时就可能需要考虑 20×7 年 6 月汽车销售价格将下跌这一因素。

2. 不同情况下可变现净值的确定

(1)产成品、商品等直接用于出售的商品存货，没有销售合同约定的，其可变现净值应当为在正常生产经营过程中，以产成品、商品的一般销售价格(市场销售价格)减去估计的销售费用和相关税费后的金额确定。

例 4-5 20×9 年 12 月 31 日，甲公司生产的 A 型机器的账面价值(成本)为 2 160 000 元，数量为 12 台，单位成本为 180 000 元/台。20×9 年 12 月 31 日，A 型机器的市场销售价格(不含增值税)为 200 000 元/台。甲公司没有签订有关 A 型机器的销售合同。

本例中，由于甲公司没有就 A 型机器签订销售合同，因此，在这种情况下，计算确定 A 型机器的可变现净值应以其一般销售价格总额 2 400 000 元(200 000×12)作为计量基础。

(2)用于出售的材料等，应当以市场价格减去估计的销售费用和相关税费后的金额作为其可变现净值。这里的市场价格是指材料等的市场销售价格。

例 4-6 20×9 年，由于产品更新换代，甲公司决定停止生产 B 型机器。为减少不必要的损失，甲公司决定将原材料中专门用于生产 B 型机器的外购原材料——钢材全部出售，20×9 年 12 月 31 日其账面价值(成本)为 900 000 元，数量为 10 吨。根据市场调查，此种钢材的市场销售价格(不含增值税)为 60 000 元/吨，同时销售这 10 吨钢材可能发生销售费用及税金 50 000 元。

本例中，由于甲公司已决定不再生产 B 型机器，该批钢材的可变现净值不能再以 B 型机器的销售价格作为其计量基础，而应按钢材本身的市场销售价格作为计量基础。因此，该批钢材的可变现净值应为 550 000 元(60 000×10−50 000)。

(3)需要经过加工的材料存货，如原材料、在产品、委托加工材料等，由于持有该材料的目的是用于生产产品，而不是出售，该材料存货的价值将体现在用其生产的产成品上。在确定需要经过加工的材料存货的可变现净值时，与该产品的成本进行比较，如果该产成品的可变现净值高于其成本，则该材料应当按照其成本计量。

例 4-7 20×9 年 12 月 31 日，甲公司库存材料——A 材料的账面价值(成本)为 150 万元，市场销售价格总额(不含增值税)为 140 万元，假设不发生其他购货费用；用 A 材料生产的产成品——B 型机器的可变现净值高于成本。

本例中，虽然 A 材料在 20×9 年 12 月 31 日的账面价值(成本)高于其市场价格。但是由于用其生产的产成品——B 型机器的可变现净值高于成本，即用该原材料生产的最终产品此时并没有发生价值减损。因而，在这种情况下，即使 A 材料的账面价值(成本)已高于市场价格，也不应计提存货跌价准备，仍应按其原账面价值(成本)150 万元列示在甲公司 20×9 年 12 月 31 日资产负债表的存货项目中。

如果材料价格的下降表明以其生产的产成品的可变现净值低于成本，则该材料应当按可变现净值计量。其可变现净值为在正常生产经营过程中，以该材料所生产的产成品的估计售价减去至完工估计将要发生的成本、估计的销售费用以及相关税费后的金额确定。

例 4-8 20×9 年 12 月 31 日，A 公司库存原材料——甲材料的账面价值(成本)为 120 万元，市场购买价格总额为 110 万元，假设不发生其他购买费用。由于甲材料市场销售价格的下降，市场上用甲材料生产的 S 型机器的市场销售价格也发生了相应下降，下降了 10%。由此造成 A 公司生产的 S 型机器的市场销售价格总额由 300 万元降为 270 万元，但生产成本仍为 280 万元，将甲材料加工成 S 型机器尚需投入 160 万元，估计销售费用及税金为 10 万元。

要求：确定 20×9 年 12 月 31 日甲材料的价值。

根据上述资料，可按以下步骤确定甲材料的账面价值。

第一步，计算用该原材料所生产的产成品的可变现净值。

S 型机器的可变现净值=S 型机器的估计售价−估计销售费用及税金=270−10=260(万元)

第二步，将用该原材料所生产的产成品的可变现净值与其成本进行比较。

S 型机器的可变现净值 260 万元小于其成本 280 万元，即甲材料价格的下降表明 S 型机器的可变现净值低于成本，因此甲材料应当按可变现净值计量。

第三步，计算该原材料的可变现净值，并确定其期末价值。

甲材料的可变现净值= S 型机器的估计售价−将甲材料加工成 S 型机器尚需投入的成本−估计销售费用及税金
=270−160−10=100(万元)

甲材料的可变现净值 100 万元小于其成本 120 万元，因此甲材料的期末价值应为其可变现净值 100 万元，即甲材料应按 100 万元列示在 20×9 年 12 月 31 日资产负债表的存货项目中。

(4) 为执行销售合同或者劳务合同而持有的存货，其可变现净值应当以合同价格，而不是估计售价减去估计的销售费用和相关税费等后的金额确定。

如果企业与购买方签订了销售合同(或劳务合同，下同)，并且销售合同订购的数量大于或等于企业持有的存货数量，在这种情况下，在确定与该项销售合同直接相关存货的可变现净值时，应当以销售合同价格作为其可变现净值的计量基础。即如果企业就其产成品或商品签订了销售合同，则该批产成品或商品的可变现净值应当以合同价格作为计量基础；如果企业销售合同所规定的标的物还没有生产出来，但持有专门用于该标的物生产的原材料，其可变现净值也应当以合同价格作为计量基础。

例 4-9 20×8 年 8 月 10 日，甲公司与乙公司签订了一份不可撤销的销售合同，双方约定，20×9 年 2 月 15 日，甲公司应按 20 万元/台的价格向乙公司提供 A 型机器 10 台。20×8 年 12 月 31 日，甲公司 A 型机器的账面价值(成本)为 136 万元，数量为 8 台，单位成本为 17 万元/台。20×8 年 12 月 31 日，A 型机器的市场销售价格为 19 万元/台。

本例中，根据甲公司与乙公司签订的销售合同，甲公司该批 A 型机器的销售价格已由销售合同约定，并且其库存数量小于销售合同订购的数量。在这种情况下，计算库存 A 型机器的可变现净值时，应以销售合同约定的价格 160 万元(20 万元×8)作为计量基础，即估计售价为 160 万元。

例 4-10 20×8 年 12 月 20 日，甲公司与丙公司签订了一份不可撤销的销售合同，双方约定，20×9 年 3 月 15 日，甲公司应按 20 万元/台的价格向丙公司提供 10 台 B 型机器。至 20×8 年 12 月 31 日，甲公司尚未生产 B 型机器，但持有专门用于生产该批 10 台 B 型机器的库存材料——钢材，其账面价值为 90 万元，市场销售价格总额为 70 万元。

本例中，根据甲公司与丙公司签订的销售合同，甲公司该批 B 型机器的销售价格已由销售合同约定，虽然甲公司还未生产，但持有专门用于生产该批 10 台 B 型机器的库存钢材，且可生产的 B 型机器的数量不大于销售合同订购的数量。在这种情况下，计算该批钢材的可变现净值时，应以销售合同的 B 型机器的销售价格总额 200 万元(20 万元×10)作为计量基础。

如果企业持有的存货的数量多于销售合同订购的数量，应分别确定其可变现净值。在这种情况下，销售合同约定数量的存货，应以销售合同所规定的价格作为可变现净值的计量基础；超出部分的存货可变现净值应以一般销售价格作为计量基础。

(四)存货跌价准备的计提与转回

1. 存货跌价准备的计提

资产负债表日，存货的成本高于其可变现净值，企业应当计提存货跌价准备。

企业按成本与可变现净值孰低对存货计价时，有三种不同的计算方法可供选择。

(1)单项比较法，是指对库存中每一种存货的成本和可变现净值进行逐项比较，每项存货均取其较低额确定存货的期末成本。

(2)分类比较法，指按存货类别的成本与可变现净值进行逐类比较，每类存货均取其较低额确定存货的期末成本。

(3)总额比较法，指按全部存货的总成本与可变现净值比较，以较低数作为期末全部存货的成本。

例 4-11 某钢铁公司有 A、B、C、D 四种存货，按其性质的不同分为甲、乙两类。各种存货的成本与市值已经确定，现按三种比较法确定期末存货的成本，如表 4-5 所示。

表 4-5 期末存货成本与可变现净值比较表

单位：元

项目	成本	可变现净值	单项比较法	分类比较法	总额比较法
甲类存货					
A	2 000	1 600	1 600		
B	3 000	3 200	3 000		
小计	5 000	4 800		4 800	
乙类存货					
C	4 000	4 600	4 000		
D	6 000	5 800	5 800		
小计	10 000	10 400		10 000	
总计	15 000	15 200	14 400	14 800	15 000

由表 4-5 可知单项比较法确定的期末存货成本最低(14 400 元)，分类比较法次之(14 800 元)，总额比较法最高(15 000 元)。

单项比较法确定期末存货成本最为稳健，但是工作量最大；分类比较法次之，总额比较法稳健度最低，但是工作量小。

企业通常应当按照单个存货项目计提存货跌价准备。即资产负债表日，企业将每个存货项目的成本与其可变现净值逐一进行比较，按较低者计量存货。其中其可变现净值低于成本的，两者的差额即为应计提的存货跌价准备。企业计提的存货跌价准备应计入当期损益。

对于数量繁多、单价较低的存货，可以按照存货类别计提存货跌价准备。与在同一地区生产和销售的产品系列相关且难以与其他项目分开计量的存货，可以合并计提存货跌价准备。存货具有相同或类似最终用途或目的，并在同一地区生产和销售，意味着存货所处的经济环境、法律环境、市场环境等相同，具有相同的风险和报酬，因此可以对其进行合并计提存货跌价准备。

企业应当在期末对存货进行全面清查，如由于存货毁损、全部或部分陈旧过时或销售价格低于成本等原因，使存货成本高于可变现净值的，应按可变现净值低于存货成本部分，计提存货跌价准备。

企业在确定了期末存货的价值之后，应视具体情况进行有关的账务处理。

(1)成本低于可变现净值。如果期末存货的成本低于可变现净值时，则不需做账务处理，资产负债表中的存货仍按期末存货账面余额列示。

(2)可变现净值低于成本。如果期末存货的可变现净值低于成本时，则做账务处理，确认存货跌价损失，资产负债表中的存货按期末可变现净值列示。

企业应设置“存货跌价准备”“资产减值准备”科目核算企业存货发生减值时计提的存货跌价准备。

“存货跌价准备”核算企业存货发生减值时计提的存货跌价准备。“存货跌价准备”科目，贷方反映计提的跌价准备，借方反映转销的跌价准备，期末余额在贷方，反映企业已计提但尚未转销的存货跌价准备。“存货跌价准备”科目可按存货项目或类别进行明细核算。

“资产减值准备”科目，核算企业计提各项资产减值准备所形成的损失。借方反映计提的各项资产减值损失，贷方反映按规定冲销的资产减值损失及期末将余额转入“本年利润”科目的减值损失，结转后本科目无余额。“资产减值准备”科目可按资产减值损失的项目进行明细核算。

每个会计期末，比较成本与可变现净值计算出应计提的准备，然后与“存货跌价准备”科目的余额进行比较，若应提数大于已提数，则予以补提；反之，则冲销部分已提数。资产负债表日，存货发生减值的，按存货可变现净值低于成本的差额，借记“资产减值损失”科目，贷记“存货跌价准备”科目。

例 4-12 A 公司 20×8 年年末，甲存货的账面成本为 100 000 元，由于本年以来甲存货的市场价格持续下跌，根据资产负债表日状况确定的甲存货的可变现净值为 90 000 元，“存货跌价准备”期初余额为零，应计提的存货跌价准备为 10 000 元。应做如下会计处理：

借：资产减值损失——甲存货　　10 000

　　贷：存货跌价准备——甲存货　　10 000

2. 存货跌价准备的转回

当以前减记存货价值的影响因素已经消失，减记的金额应当予以恢复，并在原已计提的存货跌价准备金额内转回，转回的金额计入当期损益。

在核算存货跌价准备的转回时，转回的存货跌价准备与计提该准备的存货项目或类别应当存在直接对应关系。在原已计提的存货跌价准备金额内转回，意味着转回的金额以存货跌价准备的余额冲减至零为限。

已计提跌价准备的存货价值以后又得以恢复，应在原已计提的存货跌价准备金额内，按恢复增加的金额，借记“存货跌价准备”科目，贷记“资产减值损失”科目。

例 4-13 沿用例 4-12 的资料，假设，20×9 年年末，A 公司存货的种类和数量、账面成本和已计提的存货跌价准备均未发生变化，但是 20×9 年以来，甲存货市场价格持续上升，市场前景明显好转，至 20×9 年年末根据当时状态确定的甲存货的可变现净值为 110 000 元，则会计处理如下：

借：资产减值损失——甲存货　　10 000

　　贷：存货跌价准备——甲存货　　10 000

需要注意的是，转回已计提的存货跌价准备必须符合条件，即以前导致存货减值的影响因素已经部分或全部消失，而不是当期其他影响因素导致的存货价值上升；同时，转回的存货跌价准备金额应当以该项存货(或该类存货)原已计提的存货跌价准备金额为限，恢复后的存货账面价值不应超过该存货原先的入账成本。

3. 存货跌价准备的结转

企业计提了存货跌价准备，如果其中有部分存货已经销售，则企业在结转销售成本时，应同时结转对其已计提的存货跌价准备。对于因债务重组、非货币性资产交换转出的存货，也应同时结转已计提的存货跌价准备。如果按存货类别计提存货跌价准备的，应当按照销售、债务重组、非货币性资产交换等而转出存货的成本占该存货转出前该类别存货成本的比例结转相应的存货跌价准备。

发出存货结转计提存货跌价准备的，借记“存货跌价准备”科目，贷记“主营业务成本”等科目。

例 4-14 2×18 年，甲公司库存 A 机器 5 台，每台成本为 5 000 元，已经计提的存货跌价准备合计为 6 000 元。2×19 年，甲公司将库存的 5 台机器全部以每台 6 000 元的价格出售(不含增值税)，适用的增值税税率为 13%，货款未收到。

甲公司的相关账务处理如下：

借：应收账款　　33 900

　　贷：主营业务收入　　30 000

应交税费——应交增值税（销项税额）　　3 900

借：主营业务成本　　25 000

　　贷：库存商品——A 机器　　25 000

借：存货跌价准备　　6 000

　　贷：主营业务成本　　6 000

也可以将上面两笔分录合并处理为：

借：主营业务成本　　19 000

　　存货跌价准备　　6 000

　　贷：库存商品——A 机器　　25 000

第二节 原 材 料

原材料，指企业在生产过程中经加工改变其形态或性质并构成产品主要实体的各种原料、主要材料和外购半成品，以及不构成产品实体但有助于产品形成的辅助材料。原材料具体包括原料及主要材料、辅助材料、外购半成品（外购件）、修理用备件（备品备件）、包装材料、燃料等。

一、原材料按实际成本计价的核算

原材料按实际成本进行核算，即材料收发凭证的计价、材料明细核算和材料总分类核算均按材料的实际成本计价。

（一）科目设置

按现行制度规定，材料日常核算可以按实际成本核算，也可以按计划成本核算，具体采用哪一种方法，由企业根据具体情况自行决定。材料按实际成本计价的核算，应设置的主要科目有“原材料”“在途物资”。

“原材料”科目用来核算企业库存的各种原材料的收发与结存情况的实际成本。该科目的借方登记验收入库原材料的实际成本；贷方登记发出原材料的实际成本；期末余额在借方，表示期末库存原材料的实际成本。该科目应当按照材料的保管地点（仓库）、材料的类别、品种和规格等进行明细核算。

“在途物资”科目核算企业采用实际成本（或进价）进行材料（或商品）日常核算，货款已付尚未验收入库的购入材料或商品的采购成本。该科目的借方登记企业购入的在途物资的实际成本，贷方登记已验收入库的在途物资的实际成本，余额在借方，反映企业在途物资的实际成本。该科目应按供货单位和物资品种进行明细分类核算。

（二）原材料增加的核算

原材料的取得方式多种多样，有外购、自制、接受投资等。原材料的取得方式不同，会计核算也有差异，下面按照取得方式分类介绍。

1. 外购原材料的核算

企业外购原材料时，由于结算方式和采购地点的不同，原材料入库和货款的支付在时间上不一定完全同步，相应地，其账务处理也有所不同。

（1）货款已经支付，同时原材料已验收入库。

企业在支付货款，原材料验收入库后，应根据发票账单等结算凭证确定的材料成本，借记“原材料”科目，根据取得的增值税专用发票上注明的（不计入材料采购成本的）税额，借记“应交税费——应交增值税（进项税额）”（一般纳税人，下同）科目，按照实际支付的款项或应付的金额，贷记“银行存款”等科目。

例 4-15 某公司为一般纳税人，2×19 年 6 月该公司购入一批甲材料，取得的增值税专用发票上注明甲材料的价款为 400 000 元，增值税额 52 000 元，货款已经支付。材料验收入库。根据上述资料，应编制会计分录如下：

借：原材料——甲材料　　400 000

　　应交税费——应交增值税（进项税额）　　52 000

　　贷：银行存款　　452 000

（2）货款已经支付，原材料尚未到达或尚未验收入库。

对于已经付款，但原材料尚未到达或尚未验收入库的采购业务，按应计入原材料、商品采购成本的金额，借记“在途物资”科目，按可抵扣的增值税额，借记“应交税费——应交增值税（进项税额）”科目，按实际支付的款项，贷记“银行存款”等科目。待原材料到达、验收入库后，再根据收料单，借记“原材料”科目，贷记“在途物资”科目。

例 4-16　某公司为一般纳税人，2×19 年 6 月该公司购入一批乙材料，取得的增值税专用发票上注明乙材料的价款为 500 000 元，增值税额为 65 000 元，货款用存款支付，但材料尚未运到。企业应于收到发票等结算凭证时，编制会计分录如下：

借：在途物资　　500 000

　　应交税费——应交增值税（进项税额）　　65 000

　　贷：银行存款　　565 000

上述材料到达并验收入库，再做如下会计分录：

借：原材料——乙材料　　500 000

　　贷：在途物资　　500 000

（3）货款尚未支付，原材料已验收入库。

对于原材料已经到达并已验收入库，但发票账单等结算凭证未到，货款尚未支付的采购业务，收到原材料时，不做账务处理；待付款时，按货款已经支付，同时原材料已验收入库的业务处理；对于月末仍未付款的原材料，应于月末，按原材料的暂估价值，借记“原材料”科目，贷记“应付账款——暂估应付账款”科目。下月初用红字做同样的会计分录予以冲回，以便下月付款后，按正常程序，借记“原材料”“应交税费——应交增值税（进项税额）”等科目，贷记“银行存款”等科目。

例 4-17　某公司为一般纳税人，该公司 2×19 年 8 月 25 日购入一批丙材料，材料已经运到，并验收入库，但发票等结算凭证尚未收到，货款尚未支付。月末，按暂估价入账，假设其暂估价为 250 000 元。2×19 年 9 月 8 日，结算凭证到达，增值税专用发票上注明丙材料的价款为 300 000 元，增值税额 39 000 元，货款已经支付。

有关会计处理如下。

① 8 月月末对存货按暂估价入账。

借：原材料　　250 000

　　贷：应付账款——暂估应付账款　　250 000

② 9 月月初，用红字将上述分录冲回。

借：原材料　　[250 000]

　　贷：应付账款——暂估应付账款　　[250 000]

③ 9 月 8 日，收到有关结算凭证，并支付货款时：

借：原材料　　300 000

　　应交税费——应交增值税（进项税额）　　39 000

　　贷：银行存款　　339 000

（4）货款已经预付，材料尚未（或已经）验收入库。

预付账款，是指企业按照合同规定预付的款项。

企业应当设置“预付账款”科目，核算预付账款的增减变动及其结存情况。预付货款发生不多的企业，也可以不设“预付账款”科目，而是通过“应付账款”科目来反映企业预付账款的情况。

采用预付货款的方式采购材料，应在预付材料价款时，按照实际预付的金额，借记“预付账款”科目，贷记“银行存款”科目；已经预付货款的材料验收入库，按应计入材料成本的金额，借记“原材料”科目；按增值税专用发票上注明的增值税额，借记“应交税费——应交增值税（进项税额）”等科目，按发票账单上注明的金额，贷记“预付账款”科目；当预付货款小于采购货物所需支付的款项时，应将不足部分补付，借记“预付账款”科目，贷记“银行存款”科目；当预付货款大于采购货物所需支付的款项时，对收回的多余款项，借记“银行存款”科目，贷记“预付账款”科目。

例 4-18 某公司为一般纳税人，2×19 年 5 月预付 B 公司货款 400 000 元；2×19 年 6 月该公司从 B 公司购入一批甲材料，取得的增值税专用发票上注明甲材料的价款为 400 000 元，增值税额 52 000 元。材料验收入库。当月补付货款 52 000 元。根据上述资料，应编制如下会计分录。

预付货款时：

借：预付账款——B 公司　　400 000

　　贷：银行存款　　400 000

材料入库时：

借：原材料——甲材料　　400 000

　　应交税费——应交增值税（进项税额）　　52 000

　　贷：预付账款——B 公司　　452 000

补付货款时：

借：预付账款——B 公司　　52 000

　　贷：银行存款　　52 000

2. 自制原材料或委托外单位加工的原材料

在原材料自制完工并验收入库时，应按其实际成本，借记“原材料”等科目，贷记“生产成本”科目。委托外单位加工完成并已验收入库的原材料，按实际成本借记“原材料”科目，贷记“委托加工物资”科目。

3. 接受投资者投入的原材料

接受投资者投入的原材料，按投资各方确认的价值，借记“原材料”科目，按增值税专用发票上注明的增值税额，借记“应交税费——应交增值税（进项税额）”科目，按确定的投资额，贷记“实收资本”（或“股本”）科目，按其差额贷记“资本公积”科目。

（三）原材料减少的核算

一般企业在月末根据按实际成本计价的发料凭证，按领用部门和用途汇总编制“发料凭证汇总表”，据以登记总分类账，进行材料发出的总分类核算。

1. 企业生产经营领用、加工发出的原材料

企业生产经营领用、加工发出的原材料，根据“发料凭证汇总表”上所列示的领料部门、原材料的用途，借记“生产成本”“制造费用”“销售费用”“管理费用”“其他业务成本”“委托加工物资”等科目，贷记“原材料”科目。

例 4-19 某企业 20×5 年 6 月编制“发料凭证汇总表”如表 4-6 所示。

表 4-6　发料汇总表

用途	A 材料	B 材料	金额合计
甲产品生产领用	20 000	30 000	50 000
乙产品生产领用	20 000	10 000	30 000
生产车间一般领用	3 000	2 000	5 000
管理部门领用	2 000	1 000	3 000
销售部门领用	1 000	1 000	2 000
合计	46 000	44 000	90 000

根据上述资料，编制如下会计分录。

借：生产成本——基本生产成本——甲产品　　50 000
　　　　　　　　　　　　　——乙产品　　30 000
　　制造费用　　5 000
　　管理费用　　3 000
　　销售费用　　2 000
　　贷：原材料——A 材料　　46 000
　　　　　　　——B 材料　　44 000

2. 出售的原材料

出售的原材料，按已收或应收的款项，借记“银行存款”或“应收账款”等科目；按实现的营业收入，贷记“其他业务收入”科目；按应交的增值税额，贷记“应交税费——应交增值税（销项税额）”科目。月度终了，按出售原材料的实际成本，借记“其他业务成本”科目，贷记“原材料”科目。

例 4-20　2×19 年 10 月 A 公司对外出售原材料，成本价为 300 000 元，不含税售价为 500 000 元，适用的增值税率为 13%，货款尚未取得。

借：应收账款　　565 000
　　贷：其他业务收入　　500 000
　　　　应交税费——应交增值税（销项税额）　　65 000
借：其他业务成本　　300 000
　　贷：原材料　　300 000

3. 福利部门、对外捐赠领用原材料

企业福利部门、对外捐赠领用原材料，按原材料的实际成本加上应转出的增值税进项税额，借记“应付职工薪酬”“营业外支出”等科目，按实际成本贷记“原材料”科目，按转出的增值税进项税额，贷记“应交税费——应交增值税（进项税额转出）等科目。

例 4-21　2×19 年 10 月 A 公司对外捐赠库存原材料 100 000 元，经核定，应转出增值税进项税额 13 000 元。

借：营业外支出　　113 000
　　贷：原材料　　100 000
　　　　应交税费——应交增值税（进项税额转出）　　13 000

例 4-22　某企业本月领用原材料 10 000 件用于发放职工福利；领用原材料 20 000 件对外捐赠；该原材料成本价为 3 元/件。经核定，应分别转出增值税进项税额 3 900 元、7 800 元。

① 原材料用于发放福利：

借：应付职工薪酬　　33 900
　　贷：原材料　　30 000
　　　　应交税费——应交增值税（进项税额转出）　　3 900

② 原材料用于对外捐赠：

借：营业外支出　　67 800
　　贷：原材料　　60 000
　　　　应交税费——应交增值税（进项税额转出）　　7 800

发出原材料的实际成本，可以采用先进先出法、加权平均法、个别计价法等方法计算确定。对不同的原材料，可以采用不同的计价方法。计价方法一经确定，不得随意变更。

二、原材料按计划成本计价的核算

（一）计划成本概述

计划成本法，是指企业存货的收入、发出和结存均按预先制定的计划成本计价，同时另设“材料成本差异”科目，登记实际成本与计划成本的差额，期末计算发出存货和结存存货应分摊的成本差异，将发出存货和结存存货由计划成本调整为实际成本的方法。

存货按计划成本核算，要求存货的总分类核算和明细分类核算均按计划成本计价。一般适用于存货品种繁多，收发频繁的企业，如大中型企业中的原材料、低值易耗品等。如果企业的自制半成品、产成品品种繁多，或者在管理上需要分别核算其计划成本和成本差异的，也可采用计划成本法核算。

采用计划成本法的前提是制定每一品种规格存货的计划成本，材料的计划成本所包括的内容应与其实际成本相一致，计划成本应当尽可能地接近实际，包括买价、运杂费和有关的税金等。存货的计划成本一般由企业采购部门会同财会等有关部门共同制定。

采用计划成本法进行材料日常核算的企业，其基本的核算程序如下。

(1) 企业应先制定各种材料的计划成本目录，规定材料的分类，各种材料的名称、规格、编号、计量单位和计划单位成本。除一些特殊情况外，计划单位成本在年度内一般不做调整。

(2) 平时收到材料时，应按计划单位成本计算出收入材料的计划成本填入收料单内，并按实际成本与计划成本的差额，作为“材料成本差异”分类登记。

(3) 平时领用、发出的材料，都按计划成本计算，月份终了再将本月发出材料应负担的成本差异进行分摊，随同本月发出材料的计划成本记入有关科目，将发出材料的计划成本调整为实际成本。

(4) 计划成本除特殊情况外，在年度内一般不做变动。发出材料应负担的成本差异应当按月分摊，不得在季末或年末一次计算。发出材料应负担的成本差异，除委托外部加工发出材料可按月初成本差异率计算外，应使用当月的实际差异率；月初成本差异率与本月成本差异率相差不大的，也可按月初成本差异率计算。计算方法一经确定，不得随意变更。

有关计算公式如下：

$$\text{本月材料成本差异率}=\frac{\text{月初结存材料的成本差异}+\text{本月增加材料的成本差异}}{\text{月初结存材料的计划成本}+\text{本月增加材料的计划成本}}\times 100\%$$

或

$$\text{上月材料成本差异率}=\frac{\text{月初结存材料的成本差异}}{\text{月初结存材料的计划成本}}\times 100\%$$

本月发出材料应负担的成本差异=本月发出材料的计划成本×本月材料成本差异率

本月发出材料的实际成本=本月发出材料的计划成本±本月发出材料应负担的成本差异

本月结存材料的实际成本=本月结存材料的计划成本±本月结存材料应负担的成本差异

或

本月结存材料的实际成本=(月初结存材料的计划成本+本月增加材料的计划成本−本月发出材料的计划成本)×(1+材料成本差异率)

例 4-23 某企业材料采用计划成本记账，20×8 年“原材料”科目期初余额 100 000 元，“材料成本差异”科目期初借方余额 10 000 元；本月购进材料计划成本 200 000 元，实际成本 205 000 元；本月发出材料 80 000 元。本月材料成本差异率及发出和结存材料的实际成本计算如下：

材料成本差异率=(10 000+5 000)÷(100 000+200 000)×100%=5%

发出材料应负担的成本差异=80 000×5%=4 000(元)

发出材料的实际成本=80 000+4 000=84 000(元)

结存材料的实际成本=(100 000+200 000−80 000)×(1+5%)=231 000(元)

采用计划成本法进行材料的日常核算，主要有以下作用：

(1) 简化会计处理工作。在计划成本法下，材料明细账可以只记收入、发出和结存的数量，将数量乘以计划成本，随时求得材料收、发、存的金额，通过“材料成本差异”科目计算和调整发出和结存材料的实际成本，简便易行。

(2)有利于考核采购部门的业绩。有了合理的计划成本之后，将实际成本与计划成本对比，可以对采购部门进行考核，促使其降低采购成本，节约支出。

(二)科目设置

原材料按计划成本计价的核算，其总分类核算除设置“原材料”(按计划成本计价)科目外，还应设置“材料采购”“材料成本差异”等科目。

“原材料”科目核算企业各种原材料的计划成本。借方登记入库原材料的计划成本，贷方登记发出原材料的计划成本。该科目期末余额在借方，表示期末库存原材料的计划成本。“原材料”科目应当按照材料的保管地点(仓库)、材料的类别、品种和规格等进行明细核算。

“材料采购”科目核算企业采用计划成本进行材料日常核算而购入材料的采购成本。借方登记采购材料的实际成本，以及实际成本小于计划成本的节约差异。贷方登记已验收入库的材料的计划成本以及实际成本大于计划成本的超支差异等；期末余额在借方，反映企业在途材料的采购成本。该科目应当按照供应单位和物资品种进行明细核算。

“材料成本差异”科目核算企业各种材料的实际成本与计划成本的差异。借方登记入库材料的实际成本大于计划成本的超支差异，贷方登记入库材料的实际成本小于计划成本的节约差异及发出材料的成本差异(实际成本小于计划成本的节约差异，用红字登记；实际成本大于计划成本的超支差异，用蓝字登记)。期末借方余额反映企业库存材料的实际成本大于计划成本的超支差异，贷方余额反映企业库存材料的实际成本小于计划成本的节约差异。“材料成本差异”科目应当分别“原材料”“周转材料”等，按照类别或品种进行明细核算。

(三)原材料增加的核算

1. 外购原材料

在计划成本法下，外购的原材料先要通过“材料采购”科目进行核算，材料的实际成本与计划成本的差异，通过“材料成本差异”科目进行核算。

原材料按计划成本计价的核算，在外购时同样存在款、货不同步的情况。

(1)货款已经支付，同时材料已验收入库。

企业应根据结算凭证，按材料的实际成本，借记“材料采购”科目，根据取得的增值税专用发票上注明的(不记入材料采购成本的)税额，借记“应交税费——应交增值税(进项税额)”(一般纳税人，下同)科目；按应支付的全部款项，贷记“银行存款”等科目。材料验收入库时，根据收料单按计划成本，借记“原材料”科目，贷记“材料采购”科目。

小规模纳税人等不能抵扣增值税的，购入材料按应支付的金额，借记“材料采购”科目，贷记“银行存款”等科目。

月末，根据“材料采购”科目计算结转材料成本差异。当实际成本小于计划成本时，按节约额，借记“材料采购”科目，贷记“材料成本差异”科目；当实际成本大于计划成本时，按超支额，借记“材料成本差异”科目，贷记“材料采购”科目。

另外，也可在材料验收入库时，按计划成本登记“原材料”科目的同时，逐笔结转材料成本差异。

例 4-24 某公司为一般纳税人，20×9 年 6 月该公司购入一批甲材料，取得的增值税专用发票上注明甲材料的价款为 400 000 元，增值税额为 52 000 元，货款已经支付，材料验收入库。该批材料的计划成本为 380 000 元，根据上述资料，应编制的会计分录如下。

① 收到发票等结算凭证时：

借：材料采购	400 000	
应交税费——应交增值税(进项税额)	52 000	
贷：银行存款		452 000

② 根据收料单，按计划成本收料入库：

借：原材料——甲材料　　380 000

　贷：材料采购　　380 000

③ 月末，结转材料成本差异：

借：材料成本差异　　20 000

　贷：材料采购　　20 000

(2) 货款已经支付，材料尚未验收入库。

对于已经付款，但材料尚未到达或尚未验收入库的采购业务，应根据发票账单等结算凭证，借记“材料采购”“应交税费——应交增值税(进项税额)”等科目，贷记“银行存款”等科目；待材料到达并验收入库后，再根据收料单按计划成本，借记“原材料”科目，贷记“材料采购”科目；月末，结转材料成本差异，当实际成本小于计划成本时，按节约额，借记“材料采购”科目，贷记“材料成本差异”科目；当实际成本大于计划成本时，按超支额，借记“材料成本差异”科目，贷记“材料采购”科目。

例 4-25　某公司为一般纳税人，20×9 年 6 月该公司购入一批乙材料，取得的增值税专用发票上注明乙材料的价款为 500 000 元，增值税额为 65 000 元，货款已经支付，但材料尚未运到。企业应于收到发票等结算凭证时，编制如下会计分录。

借：材料采购　　500 000

　应交税费——应交增值税(进项税额)　　65 000

　贷：银行存款　　565 000

(3) 货款尚未支付，材料已经验收入库。

对于材料已经到达并已验收入库，但发票账单等结算凭证未到，货款尚未支付的采购业务，平时收料时暂不入账。如果月末结算凭证仍未到，应于月末，按材料的暂估价值(合同价或计划成本)，借记“原材料”科目，贷记“应付账款——暂估应付账款”科目。下月初用红字做同样的会计分录予以冲回；待下月付款后，按正常程序，借记“材料采购”“应交税费——应交增值税(进项税额)”等科目，贷记“银行存款”等科目；同时按计划成本收料入库，借记“原材料”科目，贷记“材料采购”科目；并结转材料成本差异。如果月末结算凭证到达，货款已经支付，则按正常程序进行账务处理。

例 4-26　某公司为一般纳税人，该公司 20×9 年 8 月 25 日购入一批丙材料，材料已经运到，并验收入库，但发票等结算凭证尚未收到，货款尚未支付。月末，按暂估价入账，假设其暂估价为 320 000 元。20×9 年 9 月 8 日，结算凭证到达，增值税专用发票上注明乙材料的价款为 300 000 元，增值税额为 39 000 元，货款已通过银行转账支付，该批材料的计划成本为 320 000 元。

有关的会计处理如下。

① 8 月末对存货按暂估价入账：

借：原材料　　320 000

　贷：应付账款——暂估应付账款　　320 000

② 9 月初，用红字将上述分录冲回：

借：原材料　　[320 000]

　贷：应付账款——暂估应付账款　　[320 000]

③ 9 月 8 日，收到有关结算凭证，并支付货款时：

借：材料采购　　300 000

　应交税费——应交增值税(进项税额)　　39 000

　贷：银行存款　　339 000

借：原材料　　320 000

　贷：材料采购　　320 000

月末结转材料成本差异：

借：材料采购　　　　　　　　　　　　　　　　　　　　　20 000

　　贷：材料成本差异　　　　　　　　　　　　　　　　　　　20 000

采购材料物资途中可能会出现材料的短缺和毁损，对定额内合理的损耗，应计入材料物资的采购成本。对能确定由供应单位、运输部门、保险公司和其他过失人负责赔偿的，应先向有关单位和个人索赔，自“材料采购”科目转入“其他应收款”科目；对尚待查明原因和需要报经批准才能转销处理的损失，应将其损失从“材料采购”科目转入“待处理财产损溢”科目，查明原因后再分别处理：①应由供货单位、运输部门、保险公司和其他过失人负责赔偿的，将其损失从“待处理财产损溢”科目转入“其他应收款”科目；②属于自然灾害造成的，扣除残料价值和保险公司赔款后的净损失，从“待处理财产损溢”科目转入“营业外支出——非常损失”科目；③属于无法收回的其他损失，报经批准后，将其从“待处理财产损溢”科目转入“管理费用”科目。

2. 其他方式取得的原材料

其他方式取得的原材料包括自制、委托外单位加工、接受投资人投入和盘盈等其他方式取得的原材料。企业对上述情况下收到的原材料，除在验收入库时，应按各自的计划成本，借记“原材料”科目，同时结转材料成本差异，借记或贷记“材料成本差异”科目外，其他均与按实际成本计价法的核算相同。

(四)原材料减少的核算

采用计划成本法计价时，也是月末根据按计划成本计价的发料凭证，按领用部门和用途进行归类汇总，同时计算发出材料应负担的材料成本差异，汇总编制“发料凭证汇总表”，据以编制会计分录，月末一次登记总分类账。企业根据“发料凭证汇总表”做会计处理时，与按实际成本计价的核算方法基本相同，只是改按计划成本计入各成本费用项目和减少原材料，同时结转发出材料应负担的材料成本差异，当实际成本大于计划成本时，用蓝字借记“生产成本”“制造费用”“销售费用”“管理费用”“在建工程”“其他业务成本”“委托加工物资”等科目，贷记“材料成本差异”科目。当实际成本小于计划成本时，该笔会计分录用红字编制。

发出材料应负担的材料成本差异，必须按月分摊，不得在季末或年末一次计算。发出材料应负担的材料成本差异，除委托外部加工发出材料可以按上月的成本差异率计算外，其余的都应当使用当月的成本差异率计算；如果上月的成本差异率与本月的成本差异率相差不大，也可以按上月的成本差异率计算。计算方法一经确定，不得随意变动。

例 4-27　某企业采用计划成本法进行材料的日常核算，本月的“发料凭证汇总表”（如表 4-7 所示）中列明了各部门领用 A 材料的计划成本。

表 4-7　发料凭证汇总表

用途	计划成本
甲产品生产领用	50 000
乙产品生产领用	30 000
生产车间一般耗用	5 000
管理部门领用	3 000
销售部门领用	2 000
合计	90 000

本月材料成本差异率为+2%。

根据上述资料，编制的会计分录如下。

① 按计划成本结转领用的材料：

借：生产成本——基本生产成本——甲产品　　　　　　　50 000

　　　　　　　　　　　　　　——乙产品　　　　　　　30 000

制造费用 5 000

管理费用 3 000

销售费用 2 000

贷：原材料——A 材料 90 000

② 分摊材料成本差异：

借：生产成本——基本生产成本——甲产品 1 000

——乙产品 600

制造费用 100

管理费用 60

销售费用 40

贷：材料成本差异 1 800

第三节 其他存货

一、低值易耗品

(一) 低值易耗品概述

低值易耗品是指不能作为固定资产的各种用具物品，如工具、管理用具、玻璃器皿以及在经营过程中周转使用的包装容器等。

为了核算和管理的方便，企业可以将低值易耗品按一定标准进行分类。一般按低值易耗品的用途可以分为以下几类。

(1) 一般工具，指生产中常用的工具，如刀具、量具、夹具、装配工具等。

(2) 专用工具，指专门用于制造某一特定产品，或在某一特定工序上使用的工具，如专用模具等。

(3) 替换设备，指容易磨损或为制造不同产品需要替换使用的各种设备，如轧钢用的钢辊等。

(4) 管理用具，指管理上使用的各种家具，如办公用具等。

(5) 劳动保护用品，指为了安全生产而发给工人作为劳动保护的工作服、工作鞋和其他各种防护用品等。

(6) 其他，指不属于以上各类的低值易耗品。

(二) 低值易耗品的核算

为了反映和监督低值易耗品的增减变动及其结存情况，企业应当设置“周转材料——低值易耗品”科目，该科目借方登记低值易耗品的增加，贷方登记低值易耗品的减少，期末余额在借方，反映企业期末结存低值易耗品的金额。

购入、自制、委托外单位加工完成并已验收入库的低值易耗品，以及低值易耗品的清查盘点，比照“原材料”科目的有关规定进行核算。

1. 低值易耗品摊销方法

低值易耗品的使用和原材料完全不同，原材料的使用是一次性使用，而低值易耗品在企业中可能被重复使用，所以低值易耗品的价值需要在反复多次的使用中被摊销。低值易耗品可以视其价值的大小、使用期限的长短采用不同的摊销方法。低值易耗品的摊销方法有一次转销法、五五摊销法。

(1) 一次转销法。一次转销法是指低值易耗品在领用时就将其全部账面价值一次性计入成本、费用的方法。一次转销法适用于价值较低或极易损坏的管理用具和小型工具、卡具，以及在单件小批生产方式下为制造某批存货所用的专用工具。

(2) 五五摊销法。五五摊销法是指低值易耗品在领用时，先摊销其账面价值的一半，在报废时再摊销其账面价值的另一半。即低值易耗品分两次各按 50%进行摊销。五五摊销法通常既适用于价值较低，使用期限较短的低值易耗品，也适用于每期领用数量和报废数量大致相等的物品。采用“五五摊销法”核算的低值易耗品，还应分别按“库存”“在用”“摊销”进行明细核算。

2. 低值易耗品的核算

(1)一次转销的低值易耗品，在领用时将其价值全部转入有关的成本费用，借记“制造费用”“管理费用”等科目，贷记“周转材料——低值易耗品”科目。报废时，将报废低值易耗品的残料价值作为当月低值易耗品摊销额的减少，冲减有关成本费用，借记“原材料”等科目，贷记“制造费用”“管理费用”等科目。

例 4-28 某车间领用一般工具 100 元，采用一次转销法，会计处理如下：

借：制造费用	100	
贷：周转材料——低值易耗品		100

(2)五五摊销法。在五五摊销法下，对低值易耗品开设的明细科目有：“周转材料——低值易耗品——在用”科目核算在使用的低值易耗品价值；“周转材料——低值易耗品——在库”科目核算还未使用，尚在库存的低值易耗品价值；“周转材料——低值易耗品——摊销”科目核算低值易耗品使用过程中发生的价值转移。

具体核算如下。

① 领用时，先将库存低值易耗品转为在用低值易耗品：

借：周转材料——低值易耗品——在用

　　贷：周转材料——低值易耗品——在库

同时，摊销其价值的 50%：

借：制造费用(或管理费用)

　　贷：周转材料——低值易耗品——摊销

② 报废时，先将残料入库：

借：原材料

　　贷：周转材料——低值易耗品——在用

同时，摊销报废低值易耗品价值的 50%减去残料价值的差额。

借：制造费用(或管理费用)

　　贷：周转材料——低值易耗品——摊销

注销报废低值易耗品摊销额：

借：周转材料——低值易耗品——摊销

　　贷：周转材料——低值易耗品——在用

如果低值易耗品已经发生毁损、遗失等，不能再继续使用，应将其账面价值全部转入当期成本费用。

例 4-29 A 公司财务部门 20×3 年 1 月领用文件柜 10 个，每个单位成本 800 元，20×6 年 9 月有一文件柜毁损，进行报废，回收残料价值 20 元。该批文件柜采用五五摊销法摊销。

A 公司会计处理如下。

(1)20×3 年 1 月，领用文件柜：

借：周转材料——低值易耗品——在用	8 000	
贷：周转材料——低值易耗品——在库		8 000

同时，摊销其价值的 50%：

借：管理费用	4 000	
贷：周转材料——低值易耗品——摊销		4 000

(2)20×6 年 9 月报废一文件柜时：

借：原材料	20	
贷：周转材料——低值易耗品——在用		20

借：管理费用　　380
　　贷：周转材料——低值易耗品——摊销　　380
借：周转材料——低值易耗品——摊销　　780
　　贷：周转材料——低值易耗品——在用　　780

二、包装物

(一) 包装物概述

包装物是指为了包装本单位产品而储备的各种包装容器，如桶、箱、瓶、坛、袋等。其主要作用是盛装、装潢产品或商品。

包装物包括：

(1) 生产过程中用于包装产品并作为产品组成部分的包装物；

(2) 随同商品出售并不单独计价的包装物；

(3) 随同商品出售并单独计价的包装物；

(4) 出租或出借给购买单位使用的包装物。

但是，下列包装物，在会计上不作为包装物存货核算。

(1) 各种包装材料，如纸、绳、铁丝等。包装材料通常作为辅助材料，列入原材料核算。

(2) 生产经营过程中为储存和保管产品及商品、半成品、材料等而使用的包装物品。这些包装物不随商品销售，可以反复使用，企业应按其价值大小和使用年限，分别列入固定资产和低值易耗品进行核算。

(二) 包装物的核算

为了反映和监督包装物的增减变动及其价值损耗、结存等情况，企业应设置“周转材料——包装物”科目进行核算；也可以设置“包装物”科目，核算包装物。取得包装物的会计核算与原材料类似。包装物的发出，其价值转移可以根据包装物的使用特点，比照低值易耗品的摊销处理，可以采用一次转销法、五五摊销法。

企业发出包装物的核算，应按包装物的不同用途分别进行处理。

1. 用于包装产品的包装物

企业生产部门领用的用于包装产品的包装物，构成了产品的组成部分，因此应将包装物的成本计入产品生产成本。生产领用包装物，借记“生产成本”科目，贷记“周转材料——包装物”科目。按计划成本核算的，月末结转包装物应负担的成本差异(下同)。

例 4-30　某企业本月生产领用包装袋 2 000 个，每个包装袋的实际成本为 3 元。做会计分录如下。

借：生产成本　　6 000
　　贷：周转材料——包装物　　6 000

2. 随同产品出售的包装物

(1) 随同产品出售但不单独计价的包装物，应于包装物发出时，按其实际成本计入销售费用中，借记“销售费用”科目，贷记“周转材料——包装物”科目。

(2) 随同产品出售并单独计价的包装物，在随同商品出售时要单独计价，单独反映其销售收入，并应单独反映其销售成本。因此，应于商品销售发生时，视同材料销售处理，借记“其他业务成本”科目，贷记“周转材料——包装物”科目。

例 4-31　某企业本月销售产品领用不单独计价的包装物，其实际成本为 1 000 元，做会计分录如下：

借：销售费用　　1 000
　　贷：周转材料——包装物　　1 000

例 4-32　某企业本月销售产品领用单独计价的包装物，售价 4 000 元，增值税额为 520 元，其实际成本为 2 000 元，做会计分录如下。

借：银行存款　　　　4 520
　　贷：其他业务收入　　　　4 000
　　　　应交税费——应交增值税(销项税额)　　　　520
借：其他业务成本　　　　2 000
　　贷：周转材料——包装物　　　　2 000

3. 出租、出借包装物

企业多余或闲置未用的包装物可以出租、出借给外单位使用。出租、出借包装物，在第一次领用新包装物时，按出租、出借包装物的实际成本，借记“其他业务成本”(出租包装物)、“销售费用”(出借包装物)科目，贷记“周转材料——包装物”科目。

收到出租包装物的租金，借记“库存现金”“银行存款”等科目，贷记“其他业务收入”等科目。

收到出租、出借包装物的押金，借记“库存现金”“银行存款”等科目，贷记“其他应付款”科目，退回押金时做相反会计分录。对于逾期未退包装物，按没收的押金，借记“其他应付款”科目；按应交的增值税，贷记“应交税费——应交增值税(销项税额)”科目；按其差额，贷记“其他业务收入”科目。

出租、出借包装物不能使用而报废时，按其残料价值，借记“原材料”等科目，贷记“其他业务成本”(出租包装物)、“销售费用”(出借包装物)等科目。

出租、出借包装物频繁、数量多、金额大的企业，出租、出借包装物的成本也可以采用五五摊销法计算出租、出借包装物的摊销价值。其中，五五摊销法是指包装物在领用时先摊销其价值的一半，在报废时再摊销其价值的另一半的方法；在五五摊销法下，“周转材料——包装物”科目应设置“库存未用包装物”“库存已用包装物”“出租包装物”“出借包装物”“包装物摊销”五个明细科目。

对于出租、出借后收回的包装物，不再进行账务处理，但应加强对包装物的实物管理。

例 4-33　出租新包装物 10 天，包装物实际成本为 10 000 元，采用一次转销法摊销，租金收入为 4 520 元(含增值税 520 元)，出租时收取押金 5 000 元，到期后退还。编制会计分录如下。

① 出借包装物时：
借：其他业务成本　　　　10 000
　　贷：周转材料——包装物　　　　10 000

② 收取押金：
借：银行存款　　　　5 000
　　贷：其他应付款　　　　5 000

③ 收取租金：
借：银行存款　　　　4 520
　　贷：其他业务收入　　　　4 000
　　　　应交税费——应交增值税(销项税额)　　　　520

④ 退回押金：
借：其他应付款　　　　5 000
　　贷：银行存款　　　　5 000

收回的包装物应加强管理，不做账务处理。

例 4-34　某企业出借旧包装箱 1 个，其实际成本 1 000 元已摊销完毕。收取押金 1 130 元，期满后，对方未退包装箱，扣收押金。做会计处理如下。

(1)收取押金时：
借：银行存款　　　　1 130
　　贷：其他应付款　　　　1 130

(2)期满，没收押金：
借：其他应付款　　　　1 130

贷：其他业务收入　　1 000

　　应交税费——应交增值税（销项税额）　　130

三、委托加工物资

（一）委托加工物资成本的构成

对于有的企业而言，由于本身工艺或设备等条件的限制，难以完成对购入材料的加工改制任务，只能委托外单位加工完成，这就形成了委托加工物资。委托加工物资一般要经过“材料的发出——加工改制 ——完成入库”这一过程，在这一过程中使价值相应增加。所以，企业进行委托加工物资的核算要正确地反映和监督拨付加工物资、支付加工费用和税金、收回加工物资和剩余物资等几个环节。

委托加工物资的实际成本包括：

（1）加工中实际耗用物资的成本；

（2）支付的加工费用；

（3）应由成本负担的税金（包括按税法规定应计入成本的增值税和消费税等）；

（4）支付的往返运杂费。

（二）委托加工物资的核算

为了反映和监督委托加工物资增减变动及其结存情况，企业应当设置“委托加工物资”科目进行核算。该科目借方登记委托加工物资的实际成本（即发出的加工材料物资的实际成本以及支付的加工费和往返运杂费）；贷方登记加工完成验收入库的委托加工物资的实际成本，以及退回剩余材料的实际成本。期末余额在借方，反映企业尚未完工的委托加工物资的实际成本。委托加工物资也可以采用计划成本进行核算，其方法与库存商品类似。

“委托加工物资”科目应按加工合同、受托加工单位以及加工物资的品种等进行明细核算。其会计处理包括以下过程。

（1）拨付委托加工物资。企业发给外单位加工的物资，应将物资的实际成本由“原材料”“库存商品”等科目转入“委托加工物资”科目，借记“委托加工物资”科目，贷记“原材料”或“库存商品”等科目。

（2）支付加工费、增值税、运杂费等。企业支付的加工费、应负担的运杂费、增值税等，借记“委托加工物资”“应交税费——应交增值税（进项税额）”等科目，贷记“银行存款”等科目。

（3）缴纳的消费税。需要缴纳消费税的委托加工物资，其由受托方代扣代缴的消费税，应分别按以下情况处理。

① 委托加工的物资收回后直接用于销售的，委托方应将受托方代收代缴的消费税计入委托加工物资的成本，借记“委托加工物资”科目，贷记“应付账款”“银行存款”等科目。

② 委托加工的物资收回后用于连续生产应税消费品的，委托方应按准予抵扣的受托方代扣代缴的消费税额，借记“应交税费——应交消费税”科目，贷记“应付账款”“银行存款”等科目。

即需要交纳消费税的委托加工物资，由受托方代扣代缴的消费税，收回后用于直接销售的，计入“委托加工物资”科目；收回后用于继续加工应税消费品的，计入“应交税费——应交消费税”科目。

（4）加工完成收回加工物资。加工完成验收入库的物资和剩余物资。按加工收回物资的实际成本和剩余物资的实际成本，借记“库存商品”“原材料”等科目，贷记“委托加工物资”科目。

例 4-35　甲公司委托某量具厂加工一批量具，发出一批材料，计划成本 70 000 元，材料成本差异率 4%，以银行存款支付往返运杂费 4 700 元，用银行存款支付加工费 20 000 元、增值税 2 600 元，A 公司按规定取得相应的增值税专用发票。该量具已验收入库，其计划成本为 110 000 元。甲公司应编制如下会计分录。

（1）发出材料时：

借：委托加工物资　　72 800

　　贷：原材料　　70 000

　　　　材料成本差异　　2 800

(2) 支付往返运杂费时：

借：委托加工物资　　4 700

　　贷：银行存款　　4 700

(3) 支付加工费时：

借：委托加工物资　　20 000

　　应交税费——应交税费(进项税额)　　2 600

　　贷：银行存款　　22 600

(4) 加工完成验收入库：

借：周转材料——低值易耗品　　110 000

　　贷：委托加工物资　　97 500

　　　　材料成本差异　　12 500

例 4-36　A 公司委托 B 企业加工一批材料(属于应税消费品)。原材料成本为 200 000 元，支付的加工费为 30 000 元，增值税为 3 900 元，B 公司代扣代缴消费税 3 000 元，材料加工完毕验收入库，加工费等已经支付。收回的加工材料继续用于生产应税消费品。双方适用的增值税税率均为 13%。A 公司按规定取得相应的发票。A 公司按实际成本对原材料进行日常核算，有关会计处理如下。

(1) 发出委托加工材料：

借：委托加工物资　　200 000

　　贷：原材料　　200 000

(2) 支付加工费用：

借：委托加工物资　　30 000

　　应交税费——应交增值税(进项税额)　　3 900

　　　　　　——应交消费税　　3 000

　　贷：银行存款　　36 900

(3) 加工完成，收回委托加工原材料：

借：原材料　　230 000

　　贷：委托加工物资　　230 000

四、库存商品

(一) 库存商品的内容

库存商品是指企业已完成全部生产过程并已验收入库，合乎标准规格和技术条件，可以按照合同规定的条件送交订货单位，或可以作为商品对外销售的产品以及外购或委托加工完成验收入库用于销售的各种商品。库存商品具体包括库存产成品、外购商品、存放在门市部准备出售的商品、发出展览的商品、寄存在外的商品、接受来料加工制造的代制品和为外单位加工修理的代修品等。已完成销售手续但购买单位在月末未提取的产品，不应作为企业的库存商品。而应作为代管商品处理，单独设置代管商品备查簿进行登记。库存商品可以采用实际成本核算，也可以采用计划成本核算，其方法与原材料类似。采用计划成本核算时，库存商品实际成本与计划成本的差异，可单独设置“产品成本差异”科目核算。

为了反映和监督库存商品的增减变动及其结存情况，企业应当设置“库存商品”科目，借方登记验收入库的库存商品成本，贷方登记发出的库存商品成本，期末余额在借方，反映各种库存商品的实际成本或计划成本。

(二) 库存商品的账务处理

1. 产品完工并验收入库

对库存商品采用实际成本核算的企业，当库存商品生产完成并验收入库时，应按实际成本，借记“库存商品”科目，贷记“生产成本——基本生产成本”科目。

例 4-37 20×9 年 4 月，甲公司“商品入库汇总表”记载，已验收入库 A 产品 1 000 台，实际单位成本 5 000 元，合计 500 万元；B 产品 2 000 台，实际单位成本 1 000 元，合计 200 万元。甲公司应编制如下会计分录：

借：库存商品——A 产品　　5 000 000
　　　　　　——B 产品　　2 000 000
　贷：生产成本——基本生产成本（A 产品）　　5 000 000
　　　　　　　——基本生产成本（B 产品）　　2 000 000

2. 销售商品

企业销售商品、确认收入时，应结转其销售成本，借记“主营业务成本”等科目，贷记“库存商品”科目。

例 4-38 20×9 年 4 月，甲公司“商品发出汇总表”记载，当月销售 A 产品 500 台，销售 B 产品 1 500 台。该月 A 产品实际单位成本 5 000 元，B 产品实际单位成本 1 000 元。甲公司应编制如下会计分录。

借：主营业务成本——A 产品　　2 500 000
　　　　　　　　——B 产品　　1 500 000
　贷：库存商品——A 产品　　2 500 000
　　　　　　　——B 产品　　1 500 000

企业购入的商品可以采用进价或售价核算。采用售价核算的，商品售价和进价的差额，可通过“商品进销差价”科目核算。月末，应分摊已销商品的进销差价，将已销商品的销售成本调整为实际成本，借记“商品进销差价”科目，贷记“主营业务成本”科目。

商品流通企业的库存商品还可以采用毛利率法和售价金额核算法进行日常核算。

(1) 毛利率法，是指根据本期销售净额乘以上期实际（或本期计划）毛利率匡算本期销售毛利，并据以计算发出存货和期末存货成本的一种方法。其计算公式如下：

毛利率=（销售毛利/销售净额）×100%

销售净额=商品销售收入−销售退回与折让

销售毛利=销售净额×毛利率

销售成本=销售净额−销售毛利

期末存货成本=期初存货成本+本期购货成本−本期销售成本

这一方法是商品流通企业，尤其是商业批发企业常用的计算本期销售成本和期末库存商品成本的方法。商品流通企业由于经营商品的品种繁多，如果分品种计算商品成本，工作量将大大增加，而且一般来讲，商品流通企业同类商品的毛利率大致相同，采用这种存货计价方法既能减轻工作量，也能满足对存货管理的需要。

例 4-39 某商场采用毛利率法进行核算，20×9 年 4 月 1 日针织品存货 1 800 万元，本月购进 3 000 万元，本月销售收入 3 400 万元，上季度该类商品毛利率为 25%。本月已销售商品成本和月末库存商品成本计算如下：

本月销售收入=3 400（万元）

销售毛利=3 400×25%=850（万元）

本月销售成本=3 400−850=2 550（万元）

月末库存商品成本=1 800+3 000−2 550=2 250（万元）

(2) 售价金额核算法，是指平时商品的购入、加工收回、销售均按售价记账，售价与进价的差额通过“商品进销差价”科目核算，期末计算进销差价率和本期已销售商品应分摊的进销差价，并据以调整本月销售成本的一种方法。计算公式如下：

商品进销差价率=（期初库存商品进销差价+本期购入商品进销差价）/（期初库存商品售价+本期购入商品售价）×100%

本期销售商品应分摊的商品进销差价=本期商品销售收入×商品进销差价率

本期销售商品成本=本期商品销售收入-本期销售商品应分摊的商品进销差价

期末结存商品成本=期初库存商品的进价成本+本期购进商品的进价成本-本期销售商品成本

企业的商品进销差价率各期之间是比较均衡的，因此，也可以采用上期商品进销差价率分摊本期的商品进销差价。年度终了，应对商品进销差价进行核实调整。

对于从事商业零售业务的企业(如百货公司、超市等)，由于经营的商品种类、品种、规格等繁多，而且要求按商品零售价格标价，采用其他成本计算结转方法均较困难，因此广泛采用这一方法。

例 4-40 某商场采用售价金额核算法进行核算，20×9 年 7 月库存商品的进价成本为 100 万元，售价总额为 110 万元，本月购进该商品的进价成本为 75 万元，售价总额为 90 万元，本月销售收入为 120 万元。有关计算如下：

商品进销差价率=(10+15)/(110+90)×100%=12.5%

本期销售商品应分摊的商品进销差价=120×12.5%=15(万元)

本期销售商品成本=120-15=105(万元)

期末结存商品成本=100+75-105=70(万元)

第四节　存货的盘存

会计期末，为了客观地反映企业期末存货的实际价值，企业在编制资产负债表时，应当准确地计量“存货”项目的金额，即要确定期末存货的价值。正确地进行存货的计量，取决于存货数量的确定是否准确和采用何种期末计价原则。

一、存货数量的盘存方法

企业存货数量需要通过盘存来确定，常用的存货数量盘存方法主要有实地盘存制和永续盘存制两种。

(一) 实地盘存制

实地盘存制也称定期盘存制，会计期末通过对全部存货进行实地盘点以确定期末存货的结存数量，然后分别乘以各项存货的盘存单价，计算出期末存货的总金额，计入各有关存货科目，倒扎本期已耗用或已销售存货的成本。采用这种方法，企业平时只记录存货购进的数量与金额，不记录存货发出的数量与金额；会计期末，通过实地盘点确定存货的实际结存数量，并据以计算出期末存货的成本和当期耗用或已销售存货的成本，记入各有关存货科目的贷方。这一方法用于工业企业，称为“以存计耗”或“盘存计耗”；用于商品流通企业，称为“以存计销”或“盘存计销”。

“以存计耗”和“以存计销”以下列存货的基本等式为依据：

期初存货+本期购货=本期耗用或销货+期末存货

采用历史成本计价，则上述公式可改写为：

本期耗用或销货成本=期初存货成本+本期购货成本－期末存货成本

上式中，期初存货成本和本期购货成本可从账簿记录中取得，再通过实地盘存确定期末存货成本，即可计算出本期耗用(或销售)成本。

(二) 永续盘存制

永续盘存制也称账面盘存制，指对存货项目设置经常性的库存记录，即分别按品名、规格设置存货明细账，逐笔或逐日地登记收入和发出的存货，并随时计算结存数。通过会计账簿资料，就可以完整地反映存货的收入、发出和结存情况。在没有发生丢失和被盗的情况下，存货账户的余额应当与实际库存相符。

采用永续盘存制，并不排除对存货的实物盘点，为了核对存货账面记录，加强对存货的管理，每年至少应对存货进行一次全面盘点。具体盘点次数视企业内部控制要求而定。

(三)实地盘存制与永续盘存制的比较

实地盘存制和永续盘存制作为确定存货数量的两种方法，各有其优/缺点和实用性。

实地盘存制的主要优点是简化了存货的日常核算工作，但加大了期末的工作量。不仅如此，实地盘存制的主要缺点：一是不能随时反映存货的收入、发出和结存的动态，不便于管理人员掌握情况；二是容易掩盖存货管理中存在的自然和人为的损失。由于“以存计耗”和“以存计销”倒挤成本，从而使非正常销售或耗用的存货损失、差错，甚至因偷盗等原因所引起的短缺，全部挤入耗用或销货成本之内，掩盖了仓库管理上存在的问题，削弱了对存货的控制；采用这种方法只能到期末盘点时结转耗用或销货成本，而不能随时结转成本。所以，实地盘存制的实用性较差，仅适用于那些自然消耗大、数量不稳定的鲜活商品等。

永续盘存制的优点是有利于加强对存货的管理。在各种存货明细记录中，可以随时反映每一种存货收入、发出和结存的状态。通过账簿记录中的账面结存数，结合不定期的实地盘点，将实际盘存数与账存数相核对，可以查明溢余与短缺的原因；通过账簿记录还可以随时反映存货是否过多或不足，以便及时合理地组织货源，加速资金周转。永续盘存制的缺点是存货明细记录的工作量较大，存货品种规格繁多的企业更是如此。

企业可根据存货的类别和管理要求，对某些存货实行永续盘存制，而对另一些存货实行实地盘存制，但是不论采用何种方法，前后各期应保持一致。

二、存货清查结果的处理程序

存货清查结果的处理程序分为两个步骤。

(1)在报经有关部门处理前，根据“存货盘点报告表”，将盘盈和盘亏、毁损的存货先作为待处理财产损溢处理，同时按盘盈或盘亏、毁损的存货的实际成本调整存货的账面价值，使存货账实相符。

(2)在报经相关部门批准后，根据存货盘盈或盘亏、损毁的不同原因和处理结果，将待处理财产损溢分别结转到不同的会计科目，以落实经济责任。

盘盈的存货冲销“管理费用”；盘亏的存货中有责任人赔偿的部分计入“其他应收款”；属于一般经营损失部分计入“管理费用”；非常损失部分计入“营业外支出”。

三、存货盘盈、盘亏的处理

为了反映企业在财产清查中查明的各种存货的盘盈、盘亏和毁损情况，应设置“待处理财产损溢”科目，该科目下设两个明细科目“待处理流动资产损溢”和“待处理固定资产损溢”。该科目的借方登记存货的盘亏、毁损数额及盘盈的转销数额，贷方登记存货的盘盈数额及盘亏的转销数额。企业清查的各种存货损溢，应在期末结账前处理完毕，期末处理后，该科目应无余额。

(一)存货盘盈的账务处理

企业的各种存货，应定期清查盘点。发现盘盈的存货，按照实际成本或估计价值，借记“原材料”“库存商品”等科目，贷记“待处理财产损溢——待处理流动资产损溢”科目。在月末结算前查明原因，盘盈的存货一般是由于收发计量或核算上的误差等原因造成的，在按规定手续报经批准后，冲减当期的管理费用，借记“待处理财产损溢——待处理流动资产损溢”科目，贷记“管理费用”科目。

例 4-41 A 公司在财产清查中盘盈乙材料 100 千克，按 50 元/千克计算，经查属于材料收发计量方面的错误。A 公司应编制如下会计分录。

批准处理前：

借：原材料——乙材料	5 000	
贷：待处理财产损溢——待处理流动资产损溢		5 000

批准处理后：

借：待处理财产损溢——待处理流动资产损溢　　5 000

　　贷：管理费用　　5 000

（二）存货盘亏及毁损的账务处理

企业存货的盘亏、毁损，需按照规定报经批准后才能处理。在报经批准前，应根据“存货盘点报告表”，按存货的实际成本，做以下会计分录：

借：待处理财产损溢——待处理流动资产损溢

　　贷：原材料、库存商品等

　　　　应交税费——应交增值税（进项税额转出）

在报经批准后，存货盘亏、毁损应根据不同的情况分别处理：

（1）属于自然损耗产生的定额内损耗，计入管理费用。

（2）属于计量收发差错和管理不善等原因造成的存货短缺或毁损，应先扣除残料价值、可以收回的保险赔款和过失人的赔偿，然后将净损失计入管理费用。

（3）属于自然灾害或意外事故等非常原因造成的存货毁损，应先扣除残料价值、可以收回的保险赔款和过失人的赔偿，然后将净损失计入营业外支出。

例 4-42　甲公司在财产清查中发现毁损的 L 材料 300 千克，实际单位成本为 100 元/千克。经查属于材料保管员王莉的过失造成的，按规定由其个人赔偿 20 000 元，残料已办理入库手续，价值 2 000 元。经核定应转出增值税进项税额 3 900 元。甲公司应编制如下会计分录。

（1）批准处理前。

借：待处理财产损溢——待处理流动资产损溢　　33 900

　　贷：原材料　　30 000

　　　　应交税费——应交增值税（进项税额转出）　　3 900

（2）批准处理后。

① 由过失人赔偿部分：

借：其他应收款——王莉　　20 000

　　贷：待处理财产损溢——待处理流动资产损溢　　20 000

② 残料入库：

借：原材料　　2 000

　　贷：待处理财产损溢——待处理流动资产损溢　　2 000

③ 材料毁损净损失：

借：管理费用　　11 900

　　贷：待处理财产损溢——待处理流动资产损溢　　11 900

例 4-43　A 公司因洪水灾害造成一批材料毁损，成本 7 000 元，应转出增值税进项税额 910 元，应由保险公司赔偿 5 000 元。

批准处理前：

借：待处理财产损溢——待处理流动资产损溢　　7 910

　　贷：原材料　　7 000

　　　　应交税费——应交增值税（进项税额转出）　　910

批准处理后：

借：其他应收款——××保险公司　　5 000

　　营业外支出——非常损失　　2 910

　　贷：待处理财产损溢——待处理流动资产损溢　　7 910

思考题

1. 简述存货的概念及范围。
2. 存货历史成本的构成内容有哪些？
3. 存货发出的计价方法有哪些？各种方法的特点如何？
4. 试说明材料按计划成本法计价的会计处理过程。

练习题

习题一

【目的】练习存货按实际成本计价的核算。

【资料】A 公司为增值税一般纳税人，存货按实际成本计价，20×9 年 10 月发生下列经济业务。

1. 购入一批材料，增值税专用发票上注明甲材料的买价 300 000 元，增值税额 39 000 元。货款已用银行存款支付，材料未到。

2. 购入一批材料，增值税专用发票上注明乙材料的买价 500 000 元，增值税额 65 000 元。货款已于上月预付。同时，用银行存款支付材料运杂费 2 000 元，材料已验收入库。

3. 购入钢辊，增值税专用发票上注明其买价 100 000 元，增值税额为 13 000 元，对方包送货，钢辊已验收入库。货款未付。

4. 25 日收到 B 公司发来的一批丙材料，但未收到发票等结算凭证，款未付。31 日，发票账单仍未收到，按暂估价 200 000 元暂估入库。

5. 领用钢辊，实际成本 2 000 元，一次摊销。

6. 领用随同产品出售、不单独计价的包装袋 300 个，每个实际成本 3 元。

【要求】根据上述资料，编制会计分录。

习题二

【目的】练习存货按计划成本计价的核算。

【资料】B 公司为增值税一般纳税人，存货按计划成本计价，20×9 年 10 月发生下列经济业务。

1. 5 日，用银行存款 339 000 元购买甲材料，增值税专用发票上注明甲材料的买价 300 000 元，增值税额 39 000 元。同时用银行存款支付运杂费 20 000 元。甲材料已验收入库，其计划成本为 310 000 元。

2. 16 日，采购乙材料，增值税专用发票上注明乙材料的买价 400 000 元，增值税额 52 000 元。货款已用银行存款支付，材料未到。

3. 25 日，收到丙材料，但未收到结算凭证，货款未付；月末，仍未收到结算凭证，按暂估价 300 000 元暂估入库。

4. 本月生产领用甲材料 300 000 元，成本差异率为 3%。

【要求】根据上述资料，编制会计分录。

第五章 金 融 资 产

第一节 金融资产及其分类

一、金融资产的内容

金融资产，是指企业持有的现金、其他方的权益工具以及符合下列条件之一的资产。

(1) 从其他方收取现金或其他金融资产的合同权利。例如，企业的银行存款、应收账款、应收票据和贷款等均属于金融资产。再如，预付账款不是金融资产，因为其产生的未来经济利益是商品或服务，不是收取现金或其他金融资产的权利。

(2) 在潜在有利条件下，与其他方交换金融资产或金融负债的合同权利。

(3) 将来须用或可用企业自身权益工具进行结算的非衍生工具合同，且企业根据该合同将收到可变数量的自身权益工具。

(4) 将来须用或可用企业自身权益工具进行结算的衍生工具合同，但以固定数量的自身权益工具交换固定金额的现金或其他金融资产的衍生工具合同除外。其中，企业自身权益工具不包括应当按照《企业会计准则第 37 号——金融工具列报》分类为权益工具的可回售工具或发行方仅在清算时才有义务向另一方按比例交付其净资产的金融工具，也不包括本身就要求在未来收取或交付企业自身权益工具的合同。

金融资产通常是指企业的库存现金、银行存款、应收账款、应收票据、其他应收款、应收股利、应收利息、贷款、债权投资、股权投资、基金投资、衍生金融资产等。

本章不涉及以下金融资产的会计处理：

(1) 货币资金；

(2) 应收款项；

(3) 长期股权投资。

二、金融资产的分类

金融资产的分类是其确认和计量的基础。企业应当根据其管理金融资产的业务模式和金融资产的合同现金流量特征，将金融资产划分为以下三类：

(1) 以摊余成本计量的金融资产；

(2) 以公允价值计量且其变动计入其他综合收益的金融资产；

(3) 以公允价值计量且其变动计入当期损益的金融资产。

企业管理金融资产的业务模式，是指企业如何管理其金融资产以产生现金流量。业务模式决定企业所管理金融资产现金流量的来源是收取合同现金流量、出售金融资产还是两者兼有。金融资产的合同现金流量特征，是指金融工具合同约定的、反映相关金融资产经济特征的现金流量属性。

(一) 以摊余成本计量的金融资产

金融资产同时符合下列条件的，应当分类为以摊余成本计量的金融资产：

(1) 企业管理该金融资产的业务模式是以收取合同现金流量为目标的；

(2) 该金融资产的合同条款规定，在特定日期产生的现金流量，仅为对本金和以未偿付本金金额为基础的利息的支付。

例如，企业持有的政府债券等金融资产，其合同现金流量特征仅为对本金和以未偿付本金金额为基础的利息的支付。如果企业管理该金融资产的业务模式以收取合同现金流量为目标，则应分类为以摊余成本计量的金融资产。此外，企业日常业务中形成的应收账款、应收票据等金融资产，通常也都能够同时满足分类为以摊余成本计量的金融资产的条件。

在会计处理上，以摊余成本计量的金融资产具体可以划分为债权投资和应收款项两部分。其中，债权投资应当通过“债权投资”科目进行核算，应收款项应当分别通过“应收账款”“应收票据”“其他应收款”等科目进行核算。

（二）以公允价值计量且其变动计入其他综合收益的金融资产

金融资产同时符合下列条件的，应当分类为以公允价值计量且其变动计入其他综合收益的金融资产：

（1）企业管理该金融资产的业务模式既以收取合同现金流量为目标又以出售该金融资产为目标；

（2）该金融资产的合同条款规定，在特定日期产生的现金流量，仅为对本金和以未偿付本金金额为基础的利息的支付。

例如，企业持有的普通公司债券的合同现金流量是到期收回本金和按约定利率在合同到期时收取固定或浮动利息的权利。在没有其他特殊安排的情况下，普通债券的合同现金流量一般情况下可能符合仅为对本金和以未偿付本金金额为基础的利息支付的要求。如果企业管理该债券的业务模式既以收取合同现金流量为目标又以出售该债券为目标，则该债券应当分类为以公允价值计量且其变动计入其他综合收益的金融资产。

在会计处理上，以公允价值计量且其变动计入其他综合收益的金融资产，应当通过“其他债权投资”科目进行核算；指定为以公允价值计量且其变动计入其他综合收益的金融资产的非交易性权益工具投资，应当通过“其他权益工具投资”科目进行核算。

（三）以公允价值计量且其变动计入当期损益的金融资产

企业分类为以摊余成本计量的金融资产和以公允价值计量且其变动计入其他综合收益的金融资产之外的金融资产，企业应当将其分类为以公允价值计量且其变动计入当期损益的金融资产。

1. 交易性金融资产

金融资产满足下列条件之一的，表明企业持有该金融资产的目的是交易性的：

（1）取得相关金融资产的目的，主要是为了近期出售。比如，企业以赚取差价为目的从二级市场购入的股票、债券、基金等。

（2）相关金融资产在初始确认时属于集中管理的可辨认金融工具组合的一部分，且有客观证据表明近期实际存在短期获利模式。比如，企业基于其投资策略和风险管理的需要，将某些金融资产进行组合从事短期获利活动，对于组合中的金融资产，应采用公允价值计量。并将其相关公允价值变动计入当期损益。

（3）相关金融资产属于衍生工具。衍生金融工具形成的资产通常应划分为交易性金融资产。比如，国债期货、远期合同、股指期货等，其公允价值变动大于零时，应将其相关变动金额确认为交易性金融资产，同时计入当期损益。但是，如果衍生工具被企业指定为有效套期关系中的套期工具，那么该衍生金融工具初始确认后的公允价值变动应根据其对应的套期关系（公允价值套期、现金流量套期或境外经营净投资套期）不同，采用相应的方法进行处理。

2. 指定为以公允价值计量且其变动计入当期损益的金融资产

在初始确认时，如果能够消除或显著减少会计错配，企业可以将金融资产指定为以公允价值计量且其变动计入当期损益的金融资产。该指定一经做出，不得撤销。

会计错配，是指当企业以不同的会计确认方法和计量属性，对在经济上相关的资产和负债进行确认或计量而产生利得或损失时，可能导致的会计确认和计量上的不一致。

在会计处理上，交易性金融资产和指定为以公允价值计量且其变动计入当期损益的金融资产，应当通过“交易性金融资产”科目进行核算。

第二节 交易性金融资产

交易性金融资产，主要是指以公允价值计量且其变动计入当期损益的金融资产，即企业为了近期内出售而持有的金融资产。比如，企业以赚取差价为目的从二级市场购入的股票、债券、基金等。

一、交易性金融资产的初始计量

企业应设置“交易性金融资产”科目。核算企业以公允价值计量且其变动计入当期损益的金融资产的公允价值，按照交易性金融资产的类别和品种，分别“成本”“公允价值变动”进行明细核算。其中，“成本”明细科目反映交易性金融资产的初始入账金额；“公允价值变动”明细科目反映交易性金融资产在持有期间的公允价值变动金额。需要注意的是，企业持有的指定为以公允价值计量且其变动计入当期损益的金融资产，也通过“交易性金融资产”科目核算，划分为交易性金融资产的衍生金融资产，不通过“交易性金融资产”科目核算，应通过单独设置的“衍生工具”科目核算。因此，以下有关交易性金融资产的会计处理，包括指定为以公允价值计量且其变动计入当期损益的金融资产的会计处理，但不包括衍生金融资产的会计处理。

交易性金融资产应当按照取得时的公允价值作为初始入账金额，相关的交易费用应当在发生时直接计入当期损益。其中，交易费用是指可直接归属于购买、发行或处置金融工具的增量费用。增量费用是指企业没有发生购买、发行或处置相关金融工具的情形就不会发生的费用，包括支付给代理机构、咨询公司、券商、证券交易所、政府有关部门等的手续费、佣金、相关税费及其他必要支出，但不包括债券溢价、折价、融资费用、内部管理成本和持有成本等与交易不直接相关的费用。

取得交易性金融资产所支付价款中包含的已宣告但尚未发放的现金股利或已到付息期但尚未领取的债券利息的，应当单独确认为应收项目，不应计入交易性金融资产的初始入账金额。

企业取得以公允价值计量且其变动计入当期损益的金融资产时，其公允价值作为其初始确认金额，借记“交易性金融资产——成本”科目；按发生的交易费用，借记“投资收益”科目；按已到付息期但尚未领取的利息或已宣告但尚未发放的现金股利，借记“应收利息”或“应收股利”科目；按实际支付的金额，贷记“银行存款”或“其他货币资金——存出投资款”等科目。

例 5-1 2×18 年 4 月 10 日，甲公司委托某证券公司从上海证券交易所购入 A 上市公司股票 10 万股，并将其划分为交易性金融资产。该笔股票投资在购买日的公允价值为 100 万元。另支付相关交易费用金额为 2 500 元。甲公司应编制如下会计分录。

(1) 2×18 年 4 月 10 日，购买 A 上市公司股票时：

借：交易性金融资产——成本　　1 000 000

　　贷：其他货币资金——存出投资款　　1 000 000

(2) 支付相关交易费用时：

借：投资收益　　2 500

　　贷：其他货币资金——存出投资款　　2 500

二、交易性金融资产持有收益的确认

企业取得债券并分类为以公允价值计量且其变动计入当期损益的金融资产，在债券持有期间，应于每一资产负债表日或付息日计提债券利息，计入当期投资收益。企业取得股票并分类为以公允价值计量且其变动计入当期损益的金融资产，在持有期间，只有同时符合下列条件时，才能确认股利收入并计入当期投资收益：

(1) 企业收取股利的权利已经确立；

(2) 与股利相关的经济利益很可能流入企业；

(3)股利的金额能够可靠计量。

持有以公允价值计量且其变动计入当期损益的金融资产期间，被投资单位宣告发放的现金股利同时满足股利收入的确认条件时，投资方按应享有的份额，借记“应收股利”科目，贷记“投资收益”科目；资产负债表日或付息日，投资方按债券投资的面值和票面利率计提利息时，借记“应收利息”科目，贷记“投资收益”科目。收到上列现金股利或债券利息时，借记“银行存款”科目，贷记“应收股利”或“应收利息”科目。

例 5-2 2×18 年 1 月 1 日，甲公司购入乙公司发行的公司债券，该笔债券于 2×17 年 7 月 1 日发行，面值为 2 000 万元，票面利率为 5%。上年债券利息于下年初支付。甲公司将其划分为交易性金融资产，支付价款 2 050 万元(其中包含已宣告发放的债券利息 50 万元)，另支付交易费用 20 万元。2×18 年 2 月 5 日，甲公司收到该笔债券利息 50 万元。2×19 年年初，甲公司收到债券利息 100 万元。甲公司应编制如下会计分录。

(1)2×18 年 1 月 1 日，购入乙公司的公司债券时：

借：交易性金融资产——成本　　20 000 000
　　应收利息　　500 000
　　投资收益　　200 000
　　贷：银行存款　　20 700 000

(2)2×18 年 2 月 5 日，收到购买价款中包含的已宣告发放的债券利息时：

借：银行存款　　500 000
　　贷：应收利息　　500 000

(3)2×18 年 12 月 31 日，确认乙公司的债券利息收入时：

借：应收利息　　1 000 000
　　贷：投资收益　　1 000 000

(4)2×19 年年初，收到持有乙公司的债券利息时：

借：银行存款　　1 000 000
　　贷：应收利息　　1 000 000

三、交易性金融资产的期末计量

资产负债表日，以公允价值计量且其变动计入当期损益的金融资产的公允价值高于其账面余额的差额，借记“交易性金融资产——公允价值变动”科目，贷记“公允价值变动损益”科目；公允价值低于其账面余额的差额，借记“公允价值变动损益”科目；贷记“交易性金融资产——公允价值变动”科目。

例 5-3 承例 5-2 的资料，假定 2×18 年 6 月 30 日，甲公司购买的该笔债券的市价为 2 030 万元；2×18 年 12 月 31 日，甲公司购买的该笔债券的市价为 2 010 万元。甲公司应编制如下会计分录。

(1)2×18 年 6 月 30 日，确认该笔债券的公允价值变动损益时：

借：交易性金融资产——公允价值变动　　300 000
　　贷：公允价值变动损益　　300 000

(2)2×18 年 12 月 31 日，确认该笔债券的公允价值变动损益时：

借：公允价值变动损益　　200 000
　　贷：交易性金融资产——公允价值变动　　200 000

四、交易性金融资产的处置

处置交易性金融资产，主要指债券等有价证券的出售、转让等情形。出售以公允价值计量且其变动计入当期损益的金融资产时，应按实际收到的金额，借记“银行存款”科目；按该项交易性金融资产的成本，贷记“交易性金融资产——成本”科目，按该项交易性金融资产的公允价值变动，贷记或借记“交易性金融资产——公允价值变动”科目；按已计入应收项目但尚未收回的现金股利或债券利息，贷记“应收股利”或“应收利息”科目；按其差额，贷记或借记“投资收益”科目。同时，将原计入该金融资产的公允价值变动转出，借记或贷记“公允价值变动损益”科目，贷记或借记“投资收益”科目。

例 5-4 承例 5-2、5-3 的资料，假定 2×19 年 1 月 15 日，甲公司出售了所持有的乙公司债券，售价为 2020 万元。甲公司应编制如下会计分录。

借：银行存款　　20 200 000

　　贷：交易性金融资产——成本　　20 000 000

　　　　　　　　　　——公允价值变动　　100 000

　　　　投资收益　　100 000

同时：

借：公允价值变动损益　　100 000

　　贷：投资收益　　100 000

例 5-5 20×7 年 5 月 13 日，甲公司支付价款 1 060 000 元从二级市场购入乙公司发行的股票 100 000 股，每股价格 10.6 元(含已宣告但尚未发放的现金股利 0.60 元)，另支付交易费用 1 000 元。甲公司将持有的乙公司股权划分为交易性金融资产，且持有乙公司股权后对其无重大影响。

甲公司的其他相关资料如下：

(1)5 月 23 日，收到乙公司发放的现金股利；

(2)6 月 30 日，乙公司股票价格涨到每股 13 元；

(3)8 月 15 日，将持有的乙公司股票全部售出，每股售价 15 元。

假定不考虑其他因素，甲公司的账务处理如下：

(1)5 月 13 日，购入乙公司股票：

借：交易性金融资产——成本　　1 000 000

　　应收股利　　60 000

　　投资收益　　1 000

　　贷：银行存款　　1 061 000

(2)5 月 23 日，收到乙公司发放的现金股利：

借：银行存款　　60 000

　　贷：应收股利　　60 000

(3)6 月 30 日，确认股票价格变动：

借：交易性金融资产——公允价值变动　　300 000

　　贷：公允价值变动损益　　300 000

(4)8 月 15 日，出售乙公司股票：

借：银行存款　　1 500 000

　　贷：交易性金融资产——成本　　1 000 000

　　　　　　　　　　——公允价值变动　　300 000

　　　　投资收益　　200 000

同时：

借：公允价值变动损益　　300 000

　　贷：投资收益　　300 000

第三节　债权投资

债权投资，是指企业以购买债券等方式进行的投资。如购买公司债券、购买国库券等，均属于债权性投资。企业进行这种投资不是为了获得其他企业的剩余资产，而是为了获取高于银行存款利率的利息，并保证按期收回本息。

一、债权投资的初始计量

企业应当设置“债权投资”科目，核算取得的以摊余成本计量的债权投资，并按照债权投资的类别和品种，分别“成本”“利息调整”“应计利息”进行明细核算。其中，“成本”明细科目反映债权投资的面值；“利息调整”明细科目反映债权投资的初始入账金额与面值的差额，以及按照实际利率法分期摊销后该差额的摊余金额；“应计利息”明细科目反映企业计提的到期一次还本付息债权投资应计未付的利息。

债权投资应当按照取得时的公允价值与相关交易费用之和作为初始入账金额。如果实际支付的价款中包含已到付息期但尚未领取的债券利息，应单独确认为应收项目，不构成债权投资的初始入账金额。

企业取得的以摊余成本计量的债权投资，应按该投资的面值，借记“债权投资——成本”科目；按支付的价款中包含的已到付息期但尚未领取的利息，借记“应收利息”科目；按实际支付的金额，贷记“银行存款”等科目；按其差额，借记或贷记“债权投资——利息调整”科目。收到支付的价款中包含已到付息期但尚未领取的债券利息，借记“银行存款”科目，贷记“应收利息”科目。

例 5-6 2×18 年 1 月 1 日，美益公司从活跃市场上购入甲公司当日发行的面值为 100 万元、期限 3 年、票面利率 4%、每年 12 月 31 日付息、到期还本的债券并分类为以摊余成本计量的金融资产，实际支付购买价款（包括交易费用）100 万元。美益公司应编制如下会计分录：

借：债权投资——甲公司债券（成本）	1 000 000	
贷：银行存款		1 000 000

例 5-7 2×18 年 4 月 10 日，美益公司从活跃市场上购入乙公司当日发行的面值为 100 万元、期限 3 年、票面利率 6%、到期一次还本付息的债券并分类为以摊余成本计量的金融资产，实际支付购买价款（包括交易费用）109 万元。美益公司应编制如下会计分录：

借：债权投资——乙公司债券（成本）	1 000 000	
债权投资——乙公司债券（利息调整）	90 000	
贷：银行存款		1 090 000

例 5-8 2×18 年 4 月 10 日，美益公司从活跃市场上购入丙公司当日发行的面值为 100 万元、期限 3 年、票面利率 3%、到期一次还本付息的债券并分类为以摊余成本计量的金融资产，实际支付购买价款（包括交易费用）94 万元。美益公司应编制如下会计分录：

借：债权投资——丙公司债券（成本）	1 000 000	
贷：银行存款		940 000
债权投资——丙公司债券（利息调整）		60 000

二、债权投资利息收入的确认

（一）确认利息收入的方法

1. 债权投资的账面余额与摊余成本

以摊余成本计量的债权投资的账面余额，是指“债权投资”科目的账面实际余额。用公式表示如下：

账面余额=初始入账金额±利息调整累计摊销额

=面值±利息调整的摊余金额

债权投资的摊余成本，是指该金融资产的初始入账金额经下列调整后的结果：

（1）扣除已偿还的本金；

（2）加上或减去采用实际利率法将初始入账金额与到期日金额之间的差额进行摊销形成的累计摊销额（即利息调整的累计摊销额）；

（3）扣除累计计提的减值准备。

在会计处理上，以摊余成本计量的债权投资计提的损失准备是通过专门设置的“债权投资减值准备”科目单独核算的。从会计科目之间的关系来看，债权投资的摊余成本也可用下式表示：

摊余成本=“债权投资”科目的账面余额-“债权投资减值准备”科目的账面余额

因此，如果债权投资没有计提损失准备，其摊余成本等于账面余额。

2. 实际利率法

实际利率法是指按照金融资产的实际利率计算其摊余成本及各期利息收入的方法。实际利率，是指将金融资产在预期存续期间或适用的更短期间内的未来现金流量，折现为该金融资产当前账面价值所使用的利率。

企业应在债权投资持有期间，采用实际利率法，按照摊余成本和实际利率计算确认利息收入，计入投资收益。

计算公式为：

某期(年)应收取(或应计)的利息=票面金额×票面利率

某期(年)应确认的利息收入=该投资的期初摊余成本×实际利率

某期(年)应摊销的利息调整金额=该期应收取(或应计)的利息-该期应确认的利息收入

(二)分期付息债券利息收入的确认

以摊余成本计量的债权投资如为分期付息、一次还本的债券，企业应当于付息日或资产负债表日计提债券利息，计提的利息通过“应收利息”科目核算，同时确认利息收入。付息日或资产负债表日，按债权投资的面值和票面利率计算确定的利息，借记“应收利息”科目；按该债权投资的账面余额(即摊余成本)和实际利率计算确定的利息，贷记“投资收益”科目；按其差额，借记或贷记“债权投资——利息调整”科目。收到上列应计未收的利息时，借记“银行存款”科目，贷记“应收利息”科目。

企业一般采用实际利率计算确认利息收入，但若实际利率与票面利率差别较小，也可按票面利率计算确认利息收入，计入投资收益。

例 5-9　接例 5-6 的资料。2×18 年 1 月 1 日，美益公司从活跃市场上购入甲公司当日发行的面值为 100 万元、期限 3 年、票面利率 4%、每年 12 月 31 日付息、到期还本的债券并分类为以摊余成本计量的金融资产，实际支付购买价款 100 万元。

在持有期间每一付息日确认利息收入的会计处理如下：

债券利息=1 000 000×4%=40 000(元)

借：应收利息　　40 000

　　贷：投资收益　　40 000

收到债券利息时，做如下会计分录：

借：银行存款　　40 000

　　贷：应收利息　　40 000

例 5-10　2×09 年 1 月 1 日，甲公司支付价款 100 万元(含交易费用)从上海证券交易所购入 A 公司同日发行的 5 年期公司债券 12 500 份，债券票面价值总额为 1 250 000 元，票面年利率为 4.72%，于年末支付本年度债券利息(即每年利息为 59 000 元)，本金在债券到期时一次性偿还。

假定不考虑所得税、减值损失等因素，计算该债券的实际利率 r：

$$59\ 000\times(1+r)^{-1}+59\ 000\times(1+r)^{-2}+59\ 000\times(1+r)^{-3}+59\ 000\times(1+r)^{-4}+(59\ 000+1\ 250\ 000)\times(1+r)^{-5}=1\ 000\ 000$$

采用插值法，计算得出 r=10%。

表 5-1　利息收入与摊余成本余额计算表

单位：元

日期	现金流入 a =面值×4.72%	实际利息收入 b=期初 d×10%	已收回的本金 $c=a-b$	摊余成本余额 d=期初 $d-c$
2×09 年 1 月 1 日				1 000 000
2×09 年 12 月 31 日	59 000	100 000	−41 000	1 041 000

续表

日期	现金流入 a =面值×4.72%	实际利息收入 b=期初 d×10%	已收回的本金 $c=a-b$	摊余成本余额 d=期初 $d-c$
2×10 年 12 月 31 日	59 000	104 100	−45 100	1 086 100
2×11 年 12 月 31 日	59 000	108 610	−49 610	1 135 710
2×12 年 12 月 31 日	59 000	113 571	−54 571	1 190 281
2×13 年 12 月 31 日	59 000	118 719*	−59 719	1 250 000
小计	295 000	545 000	−250 000	1 250 000
2×13 年 12 月 31 日	1 250 000	—	1 250 000	0
合计	1 545 000	545 000	1 000 000	—

*尾数调整：1 250 000+59 000−1 190 281=118 719(元)。

根据表 5-1 中的数据，甲公司的有关账务处理如下。

(1)2×09 年 1 月 1 日，购入 A 公司债券。

借：债权投资——成本　1 250 000
　　贷：银行存款　1 000 000
　　　　债权投资——利息调整　250 000

(2)2×09 年 12 月 31 日，确认 A 公司债券实际利息收入、收到债券利息。

借：应收利息——A 公司　59 000
　　债权投资——利息调整　41 000
　　贷：投资收益　100 000
借：银行存款　59 000
　　贷：应收利息——A 公司　59 000

(3)2×10 年 12 月 31 日，确认 A 公司债券实际利息收入、收到债券利息。

借：应收利息——A 公司　59 000
　　债权投资——利息调整　45 100
　　贷：投资收益　104 100
借：银行存款　59 000
　　贷：应收利息——A 公司　59 000

(4)2×11 年 12 月 31 日，确认 A 公司债券实际利息收入、收到债券利息。

借：应收利息——A 公司　59 000
　　债权投资——利息调整　49 610
　　贷：投资收益　108 610
借：银行存款　59 000
　　贷：应收利息——A 公司　59 000

(5)2×12 年 12 月 31 日，确认 A 公司债券实际利息收入、收到债券利息。

借：应收利息——A 公司　59 000
　　债权投资——利息调整　54 571
　　贷：投资收益　113 571
借：银行存款　59 000
　　贷：应收利息——A 公司　59 000

(6)2×13 年 12 月 31 日，确认 A 公司债券实际利息收入、收到债券利息和本金。

借：应收利息——A 公司　59 000
　　债权投资——利息调整　59 719
　　贷：投资收益　118 719

借：银行存款　　59 000
　　贷：应收利息——A 公司　　59 000
借：银行存款　　1 250 000
　　贷：债权投资——成本　　1 250 000

（三）到期一次还本付息债券利息收入的确认

以摊余成本计量的债权投资如为到期一次还本付息的债券，企业应当于资产负债表日计提债券利息，计提的利息通过“债权投资——应计利息”科目核算，同时按实际利率法确认利息收入并摊销利息调整。资产负债表日，按债权投资的面值和票面利率计算确定的利息，借记“债权投资——应计利息”科目；按债权投资的账面余额和实际利率计算确定的利息，贷记“投资收益”科目；按其差额，借记或贷记“债权投资——利息调整”科目。

例 5-11　2×09 年 1 月 1 日，甲公司支付价款 1 250 000 元（含交易费用）从上海证券交易所购入 A 公司同日发行的 5 年期公司债券 10 000 份，债券票面价值总额为 1 000 000 元，票面年利率为 4.72%，到期一次还本付息。

假定不考虑所得税、减值损失等因素，计算该债券的实际利率 r：

$$59\ 000\times(1+r)^{-1}+59\ 000\times(1+r)^{-2}+59\ 000\times(1+r)^{-3}+59\ 000\times(1+r)^{-4}+(59\ 000+1\ 250\ 000)\times(1+r)^{-5}=1\ 000\ 000$$

采用插值法，计算得出 r=10%。

表 5-2　利息收入与摊余成本余额计算表

单位：元

日期	现金流入 a =面值×4.72%	实际利息收入 b=期初 d×10%	已收回的本金 c=a−b	摊余成本余额 d=期初 d−c
2×09 年 1 月 1 日				1 000 000
2×09 年 12 月 31 日	59 000	100 000	−41 000	1 041 000
2×10 年 12 月 31 日	59 000	104 100	−45 100	1 086 100
2×11 年 12 月 31 日	59 000	108 610	−49 610	1 135 710
2×12 年 12 月 31 日	59 000	113 571	−54 571	1 190 281
2×13 年 12 月 31 日	59 000	118 719*	−59 719	1 250 000
小计	295 000	545 000	−250 000	1 250 000
2×13 年 12 月 31 日	1 250 000	—	1250 000	0
合计	1 545 000	545 000	1000 000	—

*尾数调整：1 250 000+59 000−1 190 281=118 719（元）。

根据表 5-2 中的数据，甲公司的有关账务处理如下。

（1）2×09 年 1 月 1 日，购入 A 公司债券。

借：债权投资——成本　　1 250 000
　　贷：银行存款　　1 000 000
　　　　债权投资——利息调整　　250 000

（2）2×09 年 12 月 31 日，计算确认 A 公司债券实际利息收入。

借：债权投资——应计利息　　59 000
　　债权投资——利息调整　　41 000
　　贷：投资收益　　100 000

（3）2×10 年 12 月 31 日，计算确认 A 公司债券实际利息收入。

借：债权投资——应计利息　　59 000
　　债权投资——利息调整　　45 100
　　贷：投资收益　　104 100

(4) 2×11 年 12 月 31 日，计算确认 A 公司债券实际利息收入。

借：债权投资——应计利息　　59 000
　　债权投资——利息调整　　49 610
　　贷：投资收益　　108 610

(5) 2×12 年 12 月 31 日，计算确认 A 公司债券实际利息收入。

借：债权投资——应计利息　　59 000
　　债权投资——利息调整　　54 571
　　贷：投资收益　　113 571

(6) 2×13 年 12 月 31 日，计算确认 A 公司债券实际利息收入。

借：债权投资——应计利息　　59 000
　　债权投资——利息调整　　59 719
　　贷：投资收益　　118 719

(7) 2×14 年 1 月 1 日，收到 A 公司债券本金和利息。

借：银行存款　　1 545 000
　　贷：债权投资——成本　　1 250 000
　　　　债权投资——应计利息　　295 000

三、债权投资的处置

企业处置以摊余成本计量的债权投资时，应将所取得价款与债权投资账面价值之间的差额，计入投资收益。

处置以摊余成本计量的债权投资时，应按实际收到的处置价款，借记“银行存款”科目；按债权投资面值，贷记“债权投资——成本”科目；按应计未收的利息，贷记“应收利息”科目或“债权投资——应计利息”科目；按利息调整摊余金额，贷记或借记“债权投资——利息调整”科目；按其差额，贷记或借记“投资收益”科目。已计提信用减值准备的，还应同时结转信用减值准备。

例 5-12　2×18 年 1 月 1 日，美益公司从活跃市场上购入甲公司当日发行的面值为 1 000 000 元、期限 3 年、票面利率 4%、每年 12 月 31 日付息的债券。2×21 年 1 月 1 日债券到期，收回本金 1 000 000 元。美益公司应编制如下会计分录：

借：银行存款　　1 000 000
　　贷：债权投资——成本（甲公司债券）　　1 000 000

例 5-13　2×15 年 1 月 1 日，美益公司购入乙公司面值为 800 000 元、期限 5 年、票面利率 6%、每年 12 月 31 日付息、到期还本的债券，并分类为以摊余成本计量的金融资产。2×18 年 6 月 1 日，美益公司将该债券全部售出，实际收到价款 860 000 元。出售日，债券的成本为 800 000 元，利息调整（贷方余额）32 400 元，应计利息 24 000 元。美益公司应编制如下会计分录：

借：银行存款　　860 000
　　贷：债权投资——乙公司债券（成本）　　800 000
　　　　债权投资——乙公司债券（利息调整）　　32 400
　　　　债权投资——乙公司债券（应计利息）　　24 000
　　　　投资收益　　3 600

第四节　其他金融工具投资

一、其他债权投资

（一）其他债权投资的初始计量

企业应当设置“其他债权投资”科目，核算持有的以公允价值计量且其变动计入其他综合收益的债权投资，并按照其他债权投资的类别和品种，分别“成本”“利息调整”“应计利息”“公允价值变动”等进行明细核算。其中，“成本”明细科目反映其他债权投资的面值；“利息调整”明细科目反映其他债权投资的初始入账金额与其面值的差额，以及按照实际利率法分期摊销后该差额的摊余金额；“应计利息”明细科目反映企业计提的到期一次还本付息的其他债权投资应计未计的利息；“公允价值变动”明细科目反映其他债权投资的公允价值变动金额。

其他债权投资应当按取得该金融资产的公允价值和相关交易费用之和作为初始入账金额。如果支付的价款中包含已到付息期但尚未领取的利息，应单独确认为应收项目，不构成其他债权投资的初始入账金额。

企业取得以公允价值计量且其变动计入其他综合收益的金融资产(其他债权投资)时，应按其面值，借记“其他债权投资——成本”科目；按支付的价款中包含的已到付息期但尚未领取的利息，借记“应收利息”科目；按实际支付的金额，贷记“银行存款”等科目；按其差额，借记或贷记“其他债权投资——利息调整”科目。

收到支付的价款中包含的已到付息期但尚未领取的利息，借记“银行存款”科目，贷记“应收利息”科目。

例 5-14 2×16 年 1 月 1 日，A 公司购入 B 公司当日发行的面值 600 000 元、期限 3 年、票面利率 8%、每年 12 月 31 日付息、到期还本的债券，并分类为以公允价值计量且其变动计入其他综合收益的金融资产，实际支付购买价款 620 000 元。

借：其他债权投资——B 公司债券(成本)　　600 000
　　　　　　　——B 公司债券(利息调整)　　20 000
　贷：银行存款　　620 000

(二)其他债权投资利息收入的确认

其他债权投资在持有期间确认利息的方法与按摊余成本计量的债权投资相同，即采用实际利率法确认当期利息收入，计入投资收益。需要注意的是，在采用实际利率法确认其他债权投资的利息收入时，应当以不包括“公允价值变动”明细科目余额的其他债权投资账面余额和实际利率计算确定利息收入。

以公允价值计量且其变动计入其他综合收益的金融资产(其他债权投资)如为分期付息、一次还本的债券，应于付息日或资产负债表日，按照以其他债权投资的面值和票面利率计算确定的应收利息，借记“应收利息”科目，按照以其他债权投资的摊余成本(账面余额)(不包括“公允价值变动”明细科目的余额)和实际利率计算确定的利息收入，贷记“投资收益”科目，按其差额，借记或贷记“其他债权投资——利息调整”科目；收到上列应计未计的利息时，借记“银行存款”科目，贷记“应收利息”科目；其他债权投资如为到期一次还本付息的债券，应于资产负债表日，按照以其他债权投资的面值和票面利率计算确定的应收利息，借记“其他债权投资——应计利息”科目，按照以其他债权投资的摊余成本(账面余额)(不包括“公允价值变动”明细科目的余额)和实际利率计算确定的利息收入，贷记“投资收益”科目，按其差额，借记或贷记“其他债权投资——利息调整”科目。

例 5-15 接例 5-14 资料。A 公司 2×16 年 1 月 1 日购入的面值 600 000 元、期限 3 年、票面利率 8%、每年 12 月 31 日付息、到期还本、初始入账金额为 620 000 元的 B 公司债券，在持有期间采用实际利率法确认利息收入并确定账面余额(不包括“公允价值变动”明细科目的余额)的会计处理如下。

(1)计算实际利率。

由于 B 公司债券的初始入账金额高于面值，因此，实际利率一定低于票面利率，先按 7%作为折现率进行测算。查年金现值系数表和复利现值系数表可知，3 期、7%的年金现值系数和复利现值系数分别为 2.62431604 和 0.81629788。B 公司债券的利息和面值按 7%作为折现率计算的现值如下：

B 公司债券每年利息=600 000×8%=48 000(元)

B 公司债券的利息和面值的现值=48 000×2.62431604+600 000×0.81629788=615 746(元)

上式计算结果小于 B 公司债券的初始入账金额，说明实际利率小于 7%。再按 6%作为折现率进行测算。

查年金现值系数表和复利现值系数表可知，3 期、6%的年金现值系数和复利现值系数分别为 2.67301195 和 0.83961928。B 公司债券的利息和面值按 6%作为折现率计算的现值如下：

B 公司债券的利息和面值的现值=48 000×2.67301195+600 000×0.83961928=632 076（元）

上式计算结果大于 B 公司债券的初始入账金额，说明实际利率大于 6%。因此，实际利率介于 6%和 7%之间。使用插值法估算实际利率如下：

$$实际利率=6\%+(7\%-6\%)\times\frac{632\,076-620\,000}{632\,076-615\,746}=6.74\%$$

（2）采用实际利率法编制利息收入与账面余额（不包括“公允价值变动”明细科目的余额）计算表。

A 公司在购买日采用实际利率法编制的利息收入与账面余额计算表如表 5-3 所示。

表 5-3　利息收入与账面余额计算表

（实际利率法）

单位：元

日期	应收利息	实际利率（%）	利息收入	利息调整摊销	账面余额
2×16 年 1 月 1 日					620 000
2×16 年 12 月 31 日	48 000	6.74	41 788	6 212	613 788
2×17 年 12 月 31 日	48 000	6.74	41 369	6 631	607 157
2×18 年 12 月 31 日	48 000	6.74	40 843*	7 157*	600 000
合计	144 000		124 000	20 000	

*尾数调整

（3）编制各年确认利息收入并摊销利息调整的会计分录（各年收到债券利息的会计处理略）。

① 2×16 年 12 月 31 日。

借：应收利息　　48 000

　　贷：投资收益　　41 788

　　　　其他债权投资——B 公司债券（利息调整）　　6 212

② 2×17 年 12 月 31 日。

借：应收利息　　48 000

　　贷：投资收益　　41 369

　　　　其他债权投资——B 公司债券（利息调整）　　6 631

③ 2×18 年 12 月 31 日。

借：应收利息　　48 000

　　贷：投资收益　　40 843

　　　　其他债权投资——B 公司债券（利息调整）　　7 157

（三）其他债权投资的期末计量

其他债权投资的价值应按资产负债表日的公允价值反映，公允价值的变动计入其他综合收益。

资产负债表日，以公允价值计量且其变动计入其他综合收益的金融资产（其他债权投资）的公允价值高于其账面余额时，应按二者之间的差额，调增其他债权投资的账面余额，同时将公允价值变动计入其他综合收益，借记“其他债权投资——公允价值变动”科目，贷记“其他综合收益——其他债权投资公允价值变动”科目；其他债权投资的公允价值低于其账面余额时，应按二者之间的差额，调减其他债权投资的账面余额，同时按公允价值变动减记其他综合收益，借记“其他综合收益——其他债权投资公允价值变动”科目，贷记“其他债权投资——公允价值变动”科目。

例 5-16　接例 5-14 和例 5-15 的资料。A 公司持有的面值 600 000 元、期限 3 年、票面利率 8%、每年 12 月 31 日付息的 B 公司债券，2×16 年 12 月 31 日的市价（不包括应计利息）为 615 000 元，2×17 年 12 月 31 日的市价（不包括应计利息）为 608 000 元。

(1) 2×16 年 12 月 31 日，确认公允价值变动。

公允价值变动=615 000−613 788=1 212（元）

借：其他债权投资——B 公司债券（公允价值变动）　　1 212

　贷：其他综合收益——其他债权投资公允价值变动　　1 212

调整后 B 公司债券账面价值=613 788+1 212=615 000（元）

(2) 2×17 年 12 月 31 日，确认公允价值变动。

调整前 B 公司债券账面价值=615 000-6 631=608 369（元）

公允价值变动=608 000−608 369=−369（元）

借：其他综合收益——其他债权投资公允价值变动　　369

　贷：其他债权投资——B 公司债券（公允价值变动）　　369

调整后 B 公司债券账面价值=608 369−369=608 000（元）。

(四) 其他债权投资的处置

处置以公允价值计量且其变动计入其他综合收益的金融资产（其他债权投资）时，应按实际收到的处置价款，借记“银行存款”科目；按其他债权投资的面值，贷记“其他债权投资——成本”科目；按应计未收的利息，贷记“应收利息”科目或“其他债权投资——应计利息”科目；按利息调整摊余金额，贷记或借记“其他债权投资——利息调整”科目；按累计公允价值变动金额，贷记或借记“其他债权投资——公允价值变动”科目；按应从其他综合收益转出的信用减值准备累计金额，贷记或借记“其他综合收益——信用减值准备”科目；按上列差额，贷记或借记“投资收益”科目。同时，将原计入其他综合收益的累计利得或损失对应处置部分的金额转出，借记或贷记“其他综合收益——其他债权投资公允价值变动”科目，贷记或借记“投资收益”科目。

例 5-17　接例 5-14、例 5-15 和例 5-16 资料。2×18 年 3 月 1 日，A 公司将持有的面值 600 000 元、期限 3 年、票面利率 8%、每年 12 月 31 日付息、到期还本的 B 公司债券售出，实际收到出售价款 612 000 元。出售日，B 公司债券账面余额（2×17 年 12 月 31 日的公允价值）为 608 000 元，其中，成本 600 000 元，利息调整（借方）7 157 元，公允价值变动（借方）843 元（1 212−369）。

借：银行存款　　612 000

　贷：其他债权投资——B 公司债券（成本）　　600 000

　　　　　　　　　——B 公司债券（利息调整）　　7 157

　　　　　　　　　——B 公司债券（公允价值变动）　　843

　　投资收益　　4 000

借：其他综合收益——其他债权投资公允价值变动　　843

　贷：投资收益　　843

二、其他权益工具投资

(一) 其他权益工具投资的初始计量

企业应当设置“其他权益工具投资”科目，核算持有的指定为以公允价值计量且其变动计入其他综合收益的非交易性权益工具投资，并按照其他权益工具投资的类别和品种，分别“成本”和“公允价值变动”进行明细核算。其中，“成本”明细科目反映其他权益工具投资的初始入账金额，“公允价值变动”明细科目反映其他权益工具投资在持有期间的公允价值变动金额。

以公允价值计量且其变动计入其他综合收益的非交易性权益工具投资应当按取得时的公允价值和相关交易费用之和作为初始入账金额。如果支付的价款中包含已宣告但尚未发放的现金股利，则应单独确认为应收项目，不构成其他权益工具投资的初始入账金额。

企业取得以公允价值计量且其变动计入其他综合收益的非交易性权益工具投资时，应按其公允价值与交易费用之和，借记“其他权益工具投资——成本”科目；按支付的价款中包含的已宣告但尚未发放的现金股利，借记“应收股利”科目；按实际支付的金额，贷记“银行存款”等科目。

收到支付的价款中包含的已宣告但尚未发放的现金股利，借记“银行存款”科目，贷记“应收股利”科目。

例 5-18 2×16 年 4 月 15 日，美益公司按每股 8 元的价格从二级市场购入 F 公司每股面值 1 元的股票 100 000 股，并指定为以公允价值计量且其变动计入其他综合收益的金融资产，支付交易费用为 2 000 元。股票购买价格中包含每股 0.50 元已宣告但尚未领取的现金股利，该现金股利于 2×16 年 5 月 20 日发放。

（1）2×16 年 4 月 15 日，购入 F 公司股票。

初始入账金额=(8−0.50)×100 000+2 000=752 000（元）

应收现金股利=0.50×100 000=50 000（元）

借：其他权益工具投资——F 公司股票（成本）　　752 000

　　应收股利　　50 000

　　贷：银行存款　　802 000

（2）2×16 年 5 月 20 日，收到 F 公司发放的现金股利。

借：银行存款　　50 000

　　贷：应收股利　　50 000

（二）其他权益工具投资持有收益的确认

以公允价值计量且其变动计入其他综合收益的非交易性权益工具投资在持有期间，只有在同时满足股利收入的确认条件（见交易性金融资产持有收益的确认）时，才能确认为股利收入并计入当期投资收益。

持有其他权益工具投资期间，被投资方宣告发放的现金股利同时满足股利收入的确认条件时，投资方按应享有的份额，借记“应收股利”科目，贷记“投资收益”科目；收到发放的现金股利时，借记“银行存款”科目，贷记“应收股利”科目。

例 5-19 接例 5-18 的资料。美益公司持有 F 公司股票 100 000 股。2×17 年 4 月 15 日，F 公司宣告每股分派现金股利 0.30 元（该现金股利已同时满足股利收入的确认条件），并于 2×17 年 5 月 20 日发放。

（1）2×17 年 4 月 15 日，F 公司宣告分派现金股利。

应收现金股利=0.30×100 000=30 000（元）

借：应收股利　　30 000

　　贷：投资收益　　30 000

（2）2×17 年 5 月 20 日，收到 F 公司发放的现金股利。

借：银行存款　　30 000

　　贷：应收股利　　30 000

（三）其他权益工具投资的期末计量

其他权益工具投资的价值应按资产负债表日的公允价值反映，公允价值的变动计入其他综合收益。

资产负债表日，以公允价值计量且其变动计入其他综合收益的非交易性权益工具投资的公允价值高于其账面余额时，应按二者之间的差额，调增其他权益工具投资的账面余额，同时将公允价值变动计入其他综合收益，借记“其他权益工具投资——公允价值变动”科目，贷记“其他综合收益——其他权益工具投资公允价值变动”科目；其他权益工具投资的公允价值低于其账面余额时，应按二者之间的差额，调减其他权益工具投资的账面余额，同时按公允价值变动减记其他综合收益，借记“其他综合收益——其他权益工具投资公允价值变动”科目，贷记“其他权益工具投资——公允价值变动”科目。

例 5-20 接例 5-19 的资料。美益公司持有的 100 000 股 F 公司股票，2×16 年 12 月 31 日的每股市价为 8.50 元，2×17 年 12 月 31 日的每股市价为 7.80 元。2×16 年 12 月 31 日，F 公司股票按公允价值调整前的账面余额（即初始入账金额）为 752 000 元。

（1）2×16 年 12 月 31 日，调整其他权益工具投资账面余额。

公允价值变动=8.50×100 000−752 000=98 000（元）

借：其他权益工具投资——F 公司股票（公允价值变动）　　98 000
　　贷：其他综合收益——其他权益工具投资公允价值变动　　98 000

调整后 A 公司股票账面余额=752 000+ 98 000=8.50×100 000=850 000（元）。

（2）2×17 年 12 月 31 日，调整其他权益工具投资账面余额。

公允价值变动=7.80×100 000−850 000=−70 000（元）

借：其他综合收益——其他权益工具投资公允价值变动　　70 000
　　贷：其他权益工具投资——F 公司股票（公允价值变动）　　70 000

调整后 A 公司股票账面余额=850 000−70 000=7.80×100 000=780 000（元）

（四）其他权益工具投资的处置

处置其他权益工具投资时，应将取得的处置价款与该金融资产账面余额之间的差额，计入留存收益；同时，该金融资产原计入其他综合收益的累计利得或损失对应处置部分的金额应当从其他综合收益中转出，计入留存收益。其中，其他权益工具投资的账面余额，是指其他权益工具投资的初始入账金额加上或减去累计公允价值变动后的金额，即出售前最后一个计量日其他权益工具投资的公允价值。如果在处置其他权益工具投资时，已计入应收项目的现金股利尚未收回，还应从处置价款中扣除该部分现金股利之后，确定计入留存收益的金额。

处置以公允价值计量且其变动计入其他综合收益的非交易性权益工具投资时，应按实际收到的处置价款，借记“银行存款”科目；按其他权益工具投资的初始入账金额，贷记“其他权益工具投资——成本”科目；按累计公允价值变动金额，贷记或借记“其他权益工具投资——公允价值变动”科目；按上列差额，贷记或借记“盈余公积”“利润分配——未分配利润”科目。同时，将原计入其他综合收益的累计利得或损失对应处置部分的金额转出，借记或贷记“其他综合收益——其他权益工具投资公允价值变动”科目，贷记或借记“盈余公积”和“利润分配——未分配利润”科目。

例 5-21　接例 5-19 和例 5-20 的资料。2×18 年 2 月 20 日，美益公司将持有的 100 000 股 F 公司股票售出，实际收到价款 800 000 元。出售日，F 公司账面余额为 780 000 元（752 000+98 000−70 000），其中，成本 752 000 元，公允价值变动（借方）28 000 元（98 000−70 000）。美益公司按 10%提取法定盈余公积。

借：银行存款　　800 000
　　贷：其他权益工具投资——A 公司股票（成本）　　752 000
　　　　　　　　　　　　——A 公司股票（公允价值变动）　　28 000
　　　　盈余公积　　2 000
　　　　利润分配——未分配利润　　18 000

借：其他综合收益——其他权益工具投资公允价值变动　　28 000
　　贷：盈余公积　　2 800
　　　　利润分配——未分配利润　　25 200

第五节　金融资产的重分类

一、金融资产重分类的会计处理原则

对金融资产的分类一经确定，不得随意变更。在极为少见的情况下，企业可能会改变其管理金融资产的业务模式，从而导致对金融资产进行重分类。金融资产的重分类包括：

(1) 以摊余成本计量的金融资产重分类为以公允价值计量且其变动计入当期损益的金融资产或者重分类为以公允价值计量且其变动计入其他综合收益的金融资产；

(2) 以公允价值计量且其变动计入其他综合收益的金融资产重分类为以摊余成本计量的金融资产或者重分类为以公允价值计量且其变动计入当期损益的金融资产；

(3) 以公允价值计量且其变动计入当期损益的金融资产重分类为以摊余成本计量的金融资产或者重分类为以公允价值计量且其变动计入其他综合收益的金融资产。

需要注意的是，企业指定为以公允价值计量且其变动计入当期损益的金融资产和指定为以公允价值计量且其变动计入其他综合收益的非交易性权益工具投资，由于该指定一经做出不得撤销，因此，不能进行上述重分类。

企业改变其管理金融资产的业务模式时，应当按照规定对所有受影响的相关金融资产进行重分类。企业对金融资产进行重分类，应当自重分类日起采用未来适用法进行相关会计处理，不得对以前已经确认的利得、损失（包括减值损失或利得）或利息进行追溯调整。

重分类日，是指导致企业对金融资产进行重分类的业务模式发生变更后的首个报告期间的第一天。例如，甲上市公司决定于2×18年3月18日改变某金融资产的业务模式，则重分类日为2×18年4月1日（即下一个季度会计期间的期初）。乙上市公司决定于2×18年10月18日改变某金融资产的业务模式，则重分类日为2×19年1月1日（即下一个年度会计期间的期初）。

二、金融资产重分类的计量

（一）以摊余成本计量的金融资产的重分类

企业将一项以摊余成本计量的金融资产重分类为以公允价值计量且其变动计入当期损益的金融资产的，应当按照该资产在重分类日的公允价值进行计量。原账面价值与公允价值之间的差额计入当期损益。

企业将一项以摊余成本计量的金融资产重分类为以公允价值计量且其变动计入其他综合收益的金融资产的，应当按照该金融资产在重分类日的公允价值进行计量。原账面价值与公允价值之间的差额计入其他综合收益。该金融资产重分类不影响其实际利率和预期信用损失的计量。

例 5-22 2×16年1月1日，美益公司购入Y公司于当日发行的面值200 000元、期限5年、票面利率6%、每年12月31日付息的债券，并分类为以摊余成本计量的金融资产，实际支付购买价款（包括交易费用）208 660元，购买日确定的实际利率为5%。2×18年12月10日，美益公司决定改变管理Y公司债券的业务模式。2×18年12月31日，Y公司债券的账面余额为203 720元，其中，成本200 000元，利息调整3 720元；重分类日（2×19年1月1日），Y公司债券的公允价值为209 000元。

(1) 假定美益公司将Y公司债券重分类为以公允价值计量且其变动计入当期损益的金融资产。

借：交易性金融资产——Y公司债券（成本）　　209 000
　　贷：债权投资——Y公司债券（成本）　　200 000
　　　　　　　　——Y公司债券（利息调整）　　3 720
　　　　公允价值变动损益　　5 280

(2) 假定美益公司将Y公司债券重分类为以公允价值计量且其变动计入其他综合收益的金融资产。

借：其他债权投资——Y公司债券（成本）　　200 000
　　　　　　　　——Y公司债券（利息调整）　　3 720
　　　　　　　　——Y公司债券（公允价值变动）　　5 280
　　贷：债权投资——Y公司债券（成本）　　200 000
　　　　　　　　——Y公司债券（利息调整）　　3 720
　　　　其他综合收益——其他债权投资公允价值变动　　5 280

Y 公司债券重分类为以公允价值计量且其变动计入其他综合收益的金融资产后，仍以 5%作为实际利率，据以确认嗣后期间 Y 公司债券的利息收入。

(二) 以公允价值计量且其变动计入其他综合收益的金融资产的重分类

企业将一项以公允价值计量且其变动计入其他综合收益的金融资产重分类为以摊余成本计量的金融资产的，应当将之前计入其他综合收益的累计利得或损失转出，调整该金融资产在重分类日的公允价值，并以调整后的金额作为新的账面价值，即视同该金融资产一直以摊余成本计量。该金融资产重分类不影响其实际利率和预期信用损失的计量。

企业将一项以公允价值计量且其变动计入其他综合收益的金融资产重分类为以公允价值计量且其变动计入当期损益的金融资产的，应当继续以公允价值计量该金融资产。同时，企业应当将之前计入其他综合收益的累计利得或损失从其他综合收益转入当期损益。

(三) 以公允价值计量且其变动计入当期损益的金融资产的重分类

企业将一项以公允价值计量且其变动计入当期损益的金融资产重分类为以摊余成本计量的金融资产的，应当以其在重分类日的公允价值作为新的账面余额。

企业将一项以公允价值计量且其变动计入当期损益的金融资产重分类为以公允价值计量且其变动计入其他综合收益的金融资产的，应当继续以公允价值计量该金融资产。

对以公允价值计量且其变动计入当期损益的金融资产作上列重分类后，应当根据该金融资产在重分类日的公允价值确定其实际利率，即计算确定将该金融资产未来收回的利息和面值折算为现值恰好等于其重分类日公允价值的折现率。同时，企业应当自重分类日起对该金融资产适用金融资产减值的相关规定，并将重分类日视为初始确认日。

第六节 金融资产减值

一、金融资产减值概述

(一) 已发生信用减值

已发生信用减值，是指存在表明金融资产信用损失已实际发生的客观证据。当对金融资产预期未来现金流量具有不利影响的一项或多项事件发生时，该金融资产成为已发生信用减值的金融资产。金融资产已发生信用减值的证据包括下列可观察信息：

(1) 发行方或债务人发生重大财务困难；

(2) 债务人违反合同，如偿付利息或本金违约或逾期等；

(3) 债权人出于与债务人财务困难有关的经济或合同考虑，给予债务人在任何其他情况下都不会做出的让步；

(4) 债务人很可能破产或进行其他财务重组；

(5) 发行方或债务人财务困难导致该金融资产的活跃市场消失；

(6) 以大幅折扣购买或源生一项金融资产，该折扣反映了发生信用损失的事实。

金融资产发生信用减值，有可能是多个事件的共同作用所致，未必是可单独识别的事件所致。

(二) 预期信用损失

预期信用损失，是指以发生违约的风险为权重的金融资产信用损失的加权平均值。

信用损失，是指企业按照原实际利率折现的、根据合同应收的所有合同现金流量与预期收取的所有现金流量之间的差额，即全部现金短缺的现值。其中，对于企业购买或源生的已发生信用减值的金融资产，应按照该金融资产经信用调整的实际利率折现。

由于预期信用损失考虑付款的金额和时间分布，因此即使企业预计可以全额收款但收款时间晚于合同规定的到期期限，也会产生信用损失。

在估计现金流量时，企业应当考虑金融资产在整个预计存续期的所有合同条款（如提前还款、展期等）。企业所考虑的现金流量应当包括出售所持担保品获得的现金流量，以及属于合同条款组成部分的其他信用增级所产生的现金流量。

企业通常能够可靠估计金融资产的预计存续期。在极少数情况下，金融资产预计存续期无法可靠估计的，企业在计算确定预期信用损失时，应当基于该金融资产的剩余合同期间。

（三）以预期信用损失为基础进行减值处理的金融资产

企业应当以预期信用损失为基础，对下列项目进行减值会计处理并确认损失准备：

（1）分类为以摊余成本计量的金融资产和以公允价值计量且其变动计入其他综合收益的金融资产；

（2）租赁应收款；

（3）合同资产，是指企业已向客户转让商品而有权收取对价的权利，且该权利取决于时间流逝之外的其他因素；

（4）部分贷款承诺和财务担保合同。

损失准备，是指针对按照以摊余成本计量的金融资产、租赁应收款和合同资产的预期信用损失计提的准备，按照以公允价值计量且其变动计入当期损益的金融资产的累计减值金额以及针对贷款承诺和财务担保合同的预期信用损失计提的准备。

以预期信用损失为基础计提金融资产损失准备的方法，称预期信用损失法或预期信用损失模型。在预期信用损失法下，如果金融资产未发生信用减值，即不存在表明金融资产发生信用减值的客观证据，相关金融资产利息收入的确认应采用总额法；如果金融资产已发生信用减值，即已存在表明金融资产发生信用减值的客观证据，则相关金融资产利息收入的确认应采用净额法。总额法，是指按照未扣除累计计提的损失准备的金融资产账面余额和实际利率计算确认利息收入的方法。

二、计提金融资产损失准备的方法

（一）预期信用损失的三阶段模型

企业应当在每个资产负债表日评估相关金融资产的信用风险自初始确认后是否已显著增加，并按照下列情形分别计量其损失准备、确认预期信用损失及其变动。

1. *初始确认后信用风险并未显著增加的金融资产*

如果金融资产的信用风险自初始确认后并未显著增加，企业应当按照相当于该金融资产未来12个月内预期信用损失的金额计量其损失准备，无论企业评估信用损失的基础是单项金融资产还是金融资产组合，由此形成的损失准备的增加或转回金额，应当作为减值损失或利得计入当期损益。

未来12个月内预期信用损失，是指因资产负债表日后12个月内（若金融资产的预计存续期少于12个月，则为预计存续期）可能发生的金融资产违约事件而导致的预期信用损失，是整个存续期预期信用损失的一部分。

在信用风险并未显著增加的情况下，金融资产利息收入的确认应当采用总额法。

2. *初始确认后信用风险已显著增加但并未发生信用减值的金融资产*

如果金融资产的信用风险自初始确认后已显著增加但并没有客观证据表明已发生信用减值，企业应当按照相当于该金融资产整个存续期内预期信用损失的金额计量其损失准备。无论企业评估信用损失的基础是单项金融资产还是金融资产组合，由此形成的损失准备的增加或转回金额，应当作为减值损失或利得计入当期损益。

整个存续期预期信用损失，是指因金融资产整个预计存续期内所有可能发生的违约事件而导致的预期信用损失。

企业在前一会计期间已经按照相当于金融工具整个存续期内预期信用损失的金额计量了损失准备，但在当期资产负债表日，该金融工具已不再属于自初始确认后信用风险显著增加的情形的，企业应当在当期资产负债表日按照相当于未来 12 个月内预期信用损失的金额计量该金融工具的损失准备，由此形成的损失准备的转回金额应当作为减值利得计入当期损益。

在信用风险已显著增加但并未发生信用减值的情况下，金融资产利息的确认仍然采用总额法。

3. 初始确认后信用风险已显著增加且已发生信用减值的金融资产

如果金融资产的信用风险自初始确认后已显著增加且有客观证据表明已发生信用减值，企业应当按照相当于该金融资产整个存续期内预期信用损失的金额计量其损失准备。无论企业评估信用损失的基础是单项金融资产还是金融资产组合，由此形成的损失准备的增加或转回金额，应当作为减值损失或利得计入当期损益。

在信用风险已显著增加且已发生信用减值的情况下，金融资产利息收入的确认应当采用净额法。嗣后期间，若该金融资产因其信用风险有所改善而不再存在信用减值，并且这一改善在客观上可与发生的某一事件相联系(如债务人的信用评级被上调)，企业应当转按总额法确认利息收入。

(二)金融资产信用风险的评估

企业在评估金融资产的信用风险自初始确认后是否已显著增加时,应当考虑所有合理且有依据的信息，包括前瞻性信息。为确保自金融资产初始确认后信用风险显著增加即确认整个存续期预期信用损失，企业在一些情况下应当以组合为基础考虑评估信用风险是否显著增加。

企业在评估金融资产的信用风险自初始确认后是否已显著增加时，应当考虑金融资产预计存续期内发生违约风险的变化，而不是预期信用损失金额的变化。企业应当通过比较金融资产在资产负债表日发生违约的风险与在初始确认日发生违约的风险，以确定金融资产预计存续期内发生违约风险的变化情况。在为确定是否发生违约风险而对违约进行界定时，企业所采用的界定标准，应当与其内部针对相关金融资产的信用风险管理目标保持一致，并考虑财务限制条款等其他定性指标。

企业通常应当在金融资产逾期前确认该资产整个存续期预期信用损失。企业在确定信用风险自初始确认后是否显著增加时，企业无须付出不必要的额外成本或努力即可获得合理且有依据的前瞻性信息的，不得仅依赖逾期信息来确定信用风险自初始确认后是否显著增加；企业必须付出不必要的额外成本或努力才可获得合理且有依据的逾期信息以外的单独或汇总的前瞻性信息的，可以采用逾期信息来确定信用风险自初始确认后是否显著增加。

无论企业采用何种方式评估信用风险是否显著增加，通常情况下，如果逾期超过 30 日，则表明金融资产的信用风险已经显著增加。除非企业在无须付出不必要的额外成本或努力的情况下即可获得合理且有依据的信息，证明即使逾期超过 30 日，信用风险自初始确认后仍未显著增加。如果企业在合同付款逾期超过 30 日前已确定信用风险显著增加，则应当按照整个存续期的预期信用损失确认损失准备。如果交易对手方未按合同规定时间支付约定的款项，则表明该金融资产发生逾期。

企业在评估金融资产的信用风险自初始确认后是否已显著增加时，应当考虑违约风险的相对变化，而非违约风险变动的绝对值。在同一后续资产负债表日，对于违约风险变动的绝对值相同的两项金融资产，初始确认时违约风险较低的金融资产比初始确认时违约风险较高的金融资产的信用风险变化更为显著。

企业确定金融资产在资产负债表日只具有较低的信用风险的，可以假设该金融资产的信用风险自初始确认后并未显著增加。如果金融资产的违约风险较低，借款人在短期内履行其合同现金流量义务的能力很强，并且即便较长时期内经济形势和经营环境存在不利变化但未必一定降低借款人履行其合同现金流量义务的能力，该金融资产被视为具有较低的信用风险。

(三)金融资产预期信用损失的计量

企业计量金融资产预期信用损失的方法应当反映下列各项要素：

(1)通过评价一系列可能的结果而确定的无偏概率加权平均金额；

(2)货币时间价值；

(3)在资产负债表日无须付出不必要的额外成本或努力即可获得的有关过去事项、当前状况以及未来经济状况预测的合理且有依据的信息。

金融资产的信用损失，应当按照应收取的合同现金流量与预期收取的现金流量二者之间的差额以实际利率折算的现值计量。

企业应当以概率加权平均为基础对预期信用损失进行计量。企业对预期信用损失的计量应当反映发生信用损失的各种可能性，但不必识别所有可能的情形。在计量预期信用损失时，企业需考虑的最长期限为企业面临信用风险的最长合同期限(包括考虑续约选择权)，而不是更长期间，即使该期间与业务实践相一致。

(四)不适用预期信用损失的三阶段模型的金融资产减值处理

1. 购买或源生的已发生信用减值的金融资产

对于购买或源生的已发生信用减值的金融资产，企业应当在资产负债表日仅将自初始确认后整个存续期内预期信用损失的累计变动确认为损失准备。在每个资产负债表日，企业应当将整个存续期内预期信用损失的变动金额作为减值损失或利得计入当期损益。即使该资产负债表日确定的整个存续期内预期信用损失小于初始确认时估计现金流量所反映的预期信用损失的金额，企业也应当将预期信用损失的有利变动确认为减值利得。

对于购买或源生的已发生信用减值的金融资产，企业应当自初始确认起，按照该金融资产的摊余成本和经信用调整的实际利率计算确认利息收入。

2. 适用简化方法确认预期信用损失的金融资产

对于下列各项目，企业应当始终按照相当于整个存续期内预期信用损失的金额计量其损失准备。

(1)转让商品或提供服务交易形成的应收款项或合同资产，且符合下列条件：

①该项目未包含重大融资成分，或企业不考虑不超过一年的合同中的融资成分；

②该项目包含重大融资成分，同时企业做出会计政策选择，按照相当于整个存续期内预期信用损失的金额计量损失准备。企业应当将该会计政策选择适用于所有此类应收款项和合同资产，但可对应收款项类和合同资产类分别做出会计政策选择。

(2)租赁交易形成的租赁应收款，同时企业做出会计政策选择，按照相当于整个存续期内预期信用损失的金额计量损失准备。企业应当将该会计政策选择适用于所有租赁应收款，但可对应收融资租赁款和应收经营租赁款分别做出会计政策选择。

企业可对应收款项、合同资产和租赁应收款分别选择减值会计政策。

三、金融资产损失准备的会计处理

资产负债表日，企业应当以预期信用损失为基础，对摊余成本计量的(包括债权投资和应收款项)和以公允价值计量且其变动计入其他综合收益的债权投资(即其他债权投资)计提损失准备。以公允价值计量且其变动计入当期损益的金融资产和指定为以公允价值计量且其变动计入其他综合收益的非交易性权益工具投资，不计提损失准备。

(一)债权投资损失准备的会计处理

资产负债表日，企业应当对以摊余成本计量的债权投资的信用风险自初始确认后是否已显著增加进行评估，并按照预期信用损失的三阶段模型计量其损失准备、确认预期信用损失，借记“信用减值损失”科目，贷记“债权投资减值准备”科目；计提损失准备后，如果因债权投资信用风险有所降低，导致其预期信用损失减少，应按减少的预期信用损失金额转回已计提的损失准备和已确认的预期信用损失，借记“债权投资减值准备”科目，贷记“信用减值损失”科目。

(二)应收款项损失准备的会计处理

对于企业向客户转让商品或提供服务等交易形成的应收款项，按照相当于整个存续期内预期信用损失的金额计量其损失准备，不必采用预期信用损失的三阶段模型。由于应收款项通常属于短期债权，预计未来现金流量与其现值相差很小，在确定应收款项预期信用损失金额时，可以不对预计未来现金流量进行折现。因此，应收款项的预期信用损失应当按照应收取的合同现金流量与预期收取的现金流量二者之间的差额计量，即按照预期不能收回的应收款项金额计量。在会计实务中，经常使用的确定应收款项预期信用损失的具体方法有应收账款余额百分比法、账龄分析法、销货百分比法等。

应收款项损失准备的具体核算见第三章第四节“应收款项的期末计价”。

（三）其他债权投资损失准备的会计处理

企业对于持有的以公允价值计量且其变动计入其他综合收益的金融资产（其他债权投资），应当运用预期信用损失三阶段模型，在其他综合收益中确认其损失准备，并将减值损失或利得计入当期损益，且不应减少该金融资产在资产负债表中列示的账面价值。

资产负债表日，企业应当按照本期公允价值较上期的下跌金额，借记“其他综合收益——其他债权投资公允价值变动”科目，贷记“其他债权投资——公允价值变动”科目；同时，按照应于当期确认的预期信用损失金额，借记“信用减值损失”科目，贷记“其他综合收益——信用减值准备”科目。

对于已确认预期信用损失的其他债权投资，在随后的会计期间因其信用风险降低，导致其预期信用损失减少，应按减少的预期信用损失金额转回已确认的预期信用损失。资产负债表日，企业应当按照本期公允价值较上期的回升金额，借记“其他债权投资——公允价值变动”科目，贷记“其他综合收益——其他债权投资公允价值变动”科目；同时，按照应于当期转回的预期信用损失金额，借记“其他综合收益——信用减值准备”科目，贷记“信用减值损失”科目。

思 考 题

1. 简述金融资产及其分类。
2. 如何采用实际利率法确定金融资产的摊余成本？
3. 如何对债权投资进行确认？

练 习 题

习题一

【目的】练习交易性金融资产的会计处理。

【资料】20×9 年 4 月 1 日，甲公司购入乙公司股票，市场价值 1 800 万元，甲公司将其划分为交易性金融资产；支付价款 1 850 万元，其中，包含乙公司已宣告但尚未发放的现金股利 50 万元；另支付交易费用 10 万元。20×9 年 5 月 15 日，甲公司收到该现金股利 50 万元；20×9 年 6 月 30 日，该股票的市价为 1 820 万元；20×9 年 9 月 10 日，甲公司出售了所持有的乙公司的股票，售价为 1 880 万元。

【要求】根据以上资料，编制甲公司的会计分录。

习题二

【目的】练习债权投资的会计处理

【资料】20×9 年 1 月 1 日，甲公司支付价款 200 万元（含交易费用）从上海证券交易所购入 A 公司同日发行的 5 年期公司债券 25 000 份，债券票面价值总额为 250 万元，票面年利率为 4.72%，于年末支付本年度债券利息（即每年利息为 11.8 万元），本金在债券到期时一次性偿还。假定实际利率为 10%。

【要求】根据以上资料，编制甲公司的会计分录。

第六章 长期股权投资

第一节 长期股权投资的初始计量

一、长期股权投资概述

长期股权投资通常被投资企业长期持有，不准备随时出售，投资企业作为被投资单位的股东，按所持股份比例享有权益并承担责任。企业通过对其他单位的股权投资，以达到控制被投资单位，或对被投资单位施加重大影响，或为了与被投资单位建立密切关系，以分散经营风险的目的。股权投资通常具有投资大、投资期限长、风险大以及能为企业带来较大的利益等特点。

本章涉及的长期股权投资是指按照《企业会计准则第 2 号——长期股权投资》进行核算的权益性投资，主要包括以下三个方面。

(1) 投资方能够对被投资单位实施控制的权益性投资，即对子公司的投资。

控制，是指投资方拥有对被投资单位的权力，通过参与被投资单位的相关活动而享有可变回报，并且有能力运用对被投资单位的权力影响其回报金额。

因此，投资方要实现控制，必须具备两项基本因素：一是因涉入被投资方面享有可变回报；二是拥有对被投资单位的权力，并且有能力运用对被投资单位的权力影响其回报金额。投资方只有同时具备上述两个要素时，才能控制被投资方。

从控制的定义可以看出，要达到控制，投资方需要满足以下要求。

① 通过涉入被投资单位的活动享有的是可变回报。

可变回报，是不固定且可能随着被投资方业绩的变化而变化的回报，可以仅是正回报，也可能仅是负回报，或者同时包括正回报和负回报。

② 对被投资方拥有权力，并能够运用此权力影响回报金额。

投资方能够主导被投资方的相关活动时，称投资方对被投资方享有“权力”。权力通常表现为表决权，但有时也可能表现为其他合理安排。

表决权是对被投资方经营计划、投资方案、年度财务预算方案和决算方案、利润分配方案和亏损弥补方案、内部管理机构的设置、聘请或解聘公司经理及确定其报酬、公司的基本管理制度等事项进行表决而持有的权力。表决权比例通常与其出资比例或持股比例是一致的，但公司章程另有规定的除外。

控制一般存在于以下情况，如：

A. 投资企业直接拥有被投资单位 50%以上的表决权资本。

B. 投资企业虽然直接拥有被投资单位 50%或以下的表决权资本，但具有实质控制权的，投资企业对被投资单位是否具有实质控制权，可以通过以下一种或一种以上情形来判断：

a. 通过与其他投资者的协议，投资企业拥有被投资单位 50%以上的表决权资本。例如，A 公司拥有 B 公司 40%的表决权资本，C 公司拥有 B 公司 30%的表决权资本，D 公司拥有 B 公司 30%的表决权资本。A 公司与 C 公司达成协议，C 公司在 B 公司的权益由 A 公司代表。在这种情况下，A 公司实质上拥有 B 公司 70%的表决权资本的控制权，表明 A 公司实质上控制 B 公司。

b. 根据章程或协议，投资企业有权控制被投资单位的财务和经营政策。例如，A 公司拥有 B 公司 45%的表决权资本，同时，根据协议，B 公司的生产经营决策由 A 公司控制。

c. 有权任免被投资单位董事会等类似权力机构的多数成员。这种情况是指，虽然投资企业拥有被投资单位 50%或以下的表决权资本，但根据章程、协议等有权任免董事会的董事，以达到实质控制的目的。

d. 在董事会或类似权力机构会议上有半数以上投票权。这种情况是指，虽然投资企业拥有被投资单位 50%或以下的表决权资本，但能够控制被投资单位董事会或类似权力机构的会议，从而能够控制其财务和经营政策，使其达到实质上的控制。

投资企业能够对被投资单位实施控制的，被投资单位为其子公司，投资企业应将子公司纳入合并财务报表的范围。

企业对子公司的长期股权投资应当采用成本法核算，编制合并财务报表时，应当按照权益法进行调整。

⑵投资方与其他合营方一同对被投资单位实施共同控制且对被投资单位净资产享有权利的权益性投资，即对合营企业的投资。

共同控制，是指按照相关约定对某项安排所共有的控制，并且该安排的相关活动必须经过分享控制权的参与方一致同意后才能决策。相关活动，是指对某项安排的回报产生重大影响的活动。某项安排的相关活动应当根据具体情况进行判断，通常包括商品或劳务的销售和购买、金融资产的管理、资产的购买和处置、研究与开发活动以及融资活动等。在判断是否存在共同控制时，应当首先判断所有参与方或参与方组合是否集体控制该安排；其次再判断该安排相关活动的决策是否必须经过这些集体控制该安排的参与方一致同意。如果存在两个或两个以上的参与方组合能够集体控制某项安排的，不构成共同控制。仅享有保护性权力的参与方不享有共同控制。

投资企业与其他方对被投资单位实施共同控制的，被投资单位为其合营企业。在确定是否构成共同控制时，一般可以考虑以下情况作为确定基础。

① 任何一个合营方均不能单独控制合营企业的生产经营活动。

② 涉及合营企业基本经营活动的决策需要各合营方一致同意。

③ 各合营方可能通过合同或协议的形成任命其中的一个合营方对合营企业的日常活动进行管理，但是必须在各合营方已经一致同意的财务和经营政策范围内行使管理权。

⑶投资方对被投资单位具有重大影响的权益性投资，即对联营企业的投资。

重大影响，是指投资方对被投资方的财务和生产经营决策有参与决策的权利，但并不能够控制或与其他方一起共同控制这些政策的制定。投资企业能够对被投资单位施加重大影响的，被投资单位为其联营企业。当投资企业直接或通过子公司间接持有被投资单位 20%以上但低于 50%的表决权时，一般认为对被投资单位具有重大影响。此外，虽然投资企业直接拥有被投资单位 20%以下的表决权资本，但符合下列情况之一的，也应确认为对被投资单位具有重大影响。

① 在被投资单位的董事会或类似权力机构中派有代表。在这种情况下，由于在被投资单位的董事会或类似权力机构中派有代表，并享有相应的实质性的参与决策权，投资企业可以通过该代表参与被投资单位政策的制定，从而达到对被投资单位施加重大影响的目的。

② 参与被投资单位的政策制定过程。在这种情况下，由于可以参与被投资单位的政策制定过程，在制定政策过程中可以为其自身利益而提出建议和意见，由此可以对被投资单位施加重大影响。

③ 与被投资单位之间发生重要交易。有关的交易因对被投资单位的日常经营具有重要性，进而一定程度上可以影响到被投资单位的生产经营决策。

④ 向被投资单位派出管理人员。在这种情况下，管理人员有权力并负责被投资单位的财务和经营活动，从而能对被投资单位施加重大影响。

⑤ 向被投资单位提供关键技术资料。在这种情况下，由于被投资企业的生产经营需要依赖对方的技术或技术资料，从而表明投资企业对被投资单位具有重大影响。

需要注意的，存在上述一种或多种情形并不意味着投资方一定对被投资方具有重大影响，企业需要综合考虑所有事实和情况来做出恰当的判断。此外，在确定能否对被投资单位施加重大影响时，还应当考虑投资方和其他方持有的当期可执行潜在表决权在假定转换为对被投资单位的股权后产生的影响，如被投资单位发行的当期可转换公司债券、当期可执行认股权证、股份期权等潜在表决权因素。

二、长期股权投资的取得方式

长期股权投资的取得方式有：(1)企业合并取得的长期股权投资；(2)企业合并以外取得的长期股权投资，包括以支付现金取得的长期股权投资、以发行权益性证券方式取得的长期股权投资。

三、长期股权投资的初始计量

(一)企业合并形成的长期股权投资的初始计量

企业合并，是指将两个或者两个以上单独的企业合并形成一个报告主体的交易或事项。企业合并通常包括吸收合并、新设合并和控股合并三种形式。其中，吸收合并和新设合并均不形成投资关系，只有控股合并形成投资关系。因此，企业合并形成的长期股权投资，是指控股合并所形成的投资方(合并后的母公司)对被投资方(合并后的子公司)的股权投资。

企业合并形成的长期股权投资，应当按照下列规定确定其初始投资成本。

(1)同一控制下的企业合并，合并方以支付现金、转让非现金资产或承担债务方式作为合并对价的，应当在合并日按照被合并方所有者权益在最终控制方合并财务报表中的账面价值的份额作为长期股权投资的初始投资成本。长期股权投资初始投资成本与支付的现金、转让的非现金资产以及所承担债务账面价值之间的差额，应当调整资本公积；资本公积不足冲减的，调整留存收益。

合并方以发行权益性证券作为合并对价的，应当在合并日按照被合并方所有者权益在最终控制方合并财务报表中的账面价值的份额作为长期股权投资的初始投资成本。按照发行股份的面值总额作为股本，长期股权投资初始投资成本与所发行股份面值总额之间的差额，应当调整资本公积；资本公积不足冲减的，调整留存收益。

(2)非同一控制下的企业合并，购买方在购买日应当按照《企业会计准则第 20 号——企业合并》的有关规定确定的合并成本作为长期股权投资的初始投资成本。

合并方或购买方为企业合并发生的审计、法律服务、评估咨询等中介费用以及其他相关管理费用，应当于发生时计入当期损益。

本章不涉及企业合并形成的长期股权投资的会计核算。

(二)除企业合并形成的长期股权投资以外，其他方式取得的长期股权投资的初始计量

除企业合并形成的长期股权投资以外，其他方式取得的长期股权投资，应当按照下列规定确定其初始投资成本。

(1)以支付现金取得的长期股权投资，应当按照实际支付的购买价款作为初始投资成本，包括与取得长期股权投资直接相关的费用、税金及其他必要支出，但不包括被投资单位已宣告但尚未发放的现金股利或利润。实际支付的价款中包含已宣告发放而尚未领取的现金股利，应作为应收项目单独核算。

例 6-1 甲公司于 20×9 年 2 月 10 日，自公开市场中买入乙公司 20%的股份，实际支付价款 800 万元。在购买过程中支付手续费等相关费用 10 万元。该股份取得后能够对乙公司施加重大影响。

甲公司应当按照实际支付的购买价款作为取得长期股权投资的成本，其账务处理为：

借：长期股权投资——乙公司——成本	8 100 000	
贷：银行存款		8 100 000

(2)以发行权益性证券取得的长期股权投资，应当按照发行权益性证券的公允价值作为初始投资成本，但不包括被投资单位的已宣告但尚未发放的现金股利或利润。为发行权益性证券支付的手续费、佣金等与发行直接相关的费用，不构成长期股权投资的初始投资成本。这部分费用应自所发行证券的溢价发行收入中扣除，溢价收入不足冲减的，应依次冲减盈余公积和未分配利润。

例 6-2 20×9 年 3 月 5 日，A 公司通过增发 9 000 万股本公司普通股(每股面值 1 元)取得 B 公司 20%的股权，该 9 000 万股股份的公允价值为 15 600 万元。为增发该部分股份，A 公司向证券承销机构等支付

了 600 万元的佣金和手续费。假定 A 公司取得该部分股权后，能够对 B 公司的财务和生产经营决策施加重大影响。不考虑相关税费等其他因素影响。

A 公司应当以所发行股份的公允价值作为取得长期股权投资的成本，账务处理为：

借：长期股权投资　156 000 000
　贷：股本　90 000 000
　　资本公积——股本溢价　66 000 000

发行权益性证券过程中支付的佣金和手续费，应冲减权益性证券的溢价发行收入，账务处理为：

借：资本公积——股本溢价　6 000 000
　贷：银行存款　6 000 000

(3)通过非货币性资产交换取得的长期股权投资，其初始投资成本应当按照《企业会计准则第 7 号——非货币性资产交换》确定。

(4)通过债务重组取得的长期股权投资，其初始投资成本应当按照《企业会计准则第 12 号——债务重组》确定。

四、购买价款中包含的已宣告但尚未发放的现金股利或利润的处理

企业无论是以何种方式取得的长期股权投资，取得投资时，对于被投资单位已宣告但尚未发放的现金股利或利润应作为应收项目单独核算，不构成长期股权投资成本。

例 6-3　甲公司于 20×9 年 2 月 10 日，自公开市场中买入乙公司 20%的股份，实际支付价款 800 万元(其中包括已宣告但尚未发放的现金股利 300 000 元)。在购买过程中支付手续费等相关费用 10 万元。该股份取得后能够对乙公司施加重大影响。

甲公司应当按照实际支付的购买价款扣除已宣告但尚未发放的现金股利的差额作为取得长期股权投资的成本，其账务处理为：

借：长期股权投资——乙公司——成本　7 800 000
　应收股利——乙公司　300 000
　贷：银行存款　8 100 000

第二节　长期股权投资的后续计量

企业取得的长期股权投资，在确定其初始投资成本后，持续持有期间，视对被投资单位的影响程度等情况的不同，应分别采用成本法和权益法进行核算。对子公司的长期股权投资应当按成本法核算，对合营企业、联营企业的长期股权投资应当按权益法核算。

一、长期股权投资核算的成本法

(一)成本法的适用范围

成本法，是指对长期股权投资按投资成本计价的方法。

长期股权投资的成本法适用于企业持有的，能够对被投资单位实施控制的长期股权投资，即对子公司的长期股权投资，应当采用成本法核算。

(二)成本法核算的一般程序

(1)初始投资时，按照初始投资成本增加长期股权投资的账面价值。

(2)追加或收回投资应当调整长期股权投资的成本。在追加投资时，按照追加投资支付的成本及发生的相关交易费用增加长期股权投资的账面价值。

(3)被投资单位宣告分配的现金股利或利润(不包括在取得投资时实际支付的价款中被投资单位的已宣

告但尚未发放的现金股利或利润)，投资企业应当确认为当期投资收益。不管有关利润分配是属于对取得投资前还是取得投资后被投资单位实现净利润的分配。

投资企业在确认自被投资单位应分得的现金股利或利润后，应当考虑有关长期股权投资是否发生减值。在判断该类长期股权投资是否存在减值迹象时，应当关注长期股权投资的账面价值是否大于享有被投资单位净资产账面价值的份额等情况。出现类似情况时，企业应当按照《企业会计准则第 8 号——资产减值》的规定对长期股权投资进行减值测试，可收回金额低于长期股权投资账面价值的，应当计提减值准备。

(4)子公司将未分配利润或盈余公积转增股本(实收资本)，且未向投资方提供等值现金股利或利润的选择权时，投资方(母公司)并没有获得收取现金或者利润的权利，该项交易通常属于子公司自身权益结构的重分类，投资方(母公司)不应确认相关的投资收益。

(三)成本法的账务处理

1. 取得长期股权投资

取得长期股权投资时，应按照初始投资成本计价。即初始投资或追加投资时，按照初始投资或追加投资时的成本增加长期股权投资的账面价值。即投资时，按投出资金的初始成本，借记“长期股权投资”科目；按实际支付的价款中包含的已宣告但尚未发放的现金股利或利润，借记“应收股利”科目；按实际支付的款项，贷记“银行存款”等科目。

2. 持有长期股权投资期间被投资单位宣告发放现金股利或利润

长期股权投资持有期间被投资单位宣告发放现金股利或利润，对采用成本法核算的，投资企业享有的部分确认为当期投资收益。借记“应收股利”科目，贷记“投资收益”科目。不管有关利润分配是属于对取得投资前还是取得投资后被投资单位实现净利润的分配。

3. 实际收到现金股利或利润时，借记“银行存款”科目，贷记“应收股利”科目

例 6-4 甲公司于 20×8 年 4 月 10 日取得乙公司 60%的股权，成本为 1 200 万元。相关手续于当日完成，并能够对乙公司实施控制。20×9 年 2 月 6 日，乙公司宣告分派现金利润，甲公司按照持股比例可取得 10 万元。乙公司于 20×9 年 2 月 12 日实际分配利润。不考虑相关税费等其他因素的影响。甲公司应进行的账务处理为：

(1)20×8 年 4 月 10 日投资时：

借：长期股权投资——乙公司	12 000 000	
贷：银行存款		12 000 000

(2)20×9 年 2 月 6 日宣告分派利润时：

借：应收股利	100 000	
贷：投资收益		100 000

(3)20×9 年 2 月 12 日，收到分配的利润时：

借：银行存款	100 000	
贷：应收股利		100 000

4. 处置长期股权投资

处置长期股权投资时，按实际取得的价款与长期股权投资账面价值的差额确认为投资收益，并应同时结转已计提的长期股权投资减值准备。其会计处理是：企业处置长期股权投资时，应按实际收到的金额，借记“银行存款”等科目；按原已计提的减值准备，借记“长期股权投资减值准备”科目；按该项长期股权投资的账面余额，贷记“长期股权投资”科目；按尚未领取的现金股利或利润，贷记“应收股利”科目；按其差额，贷记或借记“投资收益”科目。

例 6-5 2×10 年 5 月 8 日，甲公司将持有的乙公司 60%的股权对外出售，实际取得价款 1 250 万元，款项已由银行收妥。该长期股权投资的账面价值为 1 200 万元。假定没有计提减值准备。甲公司应编制如下会计分录：

借：银行存款	12 500 000	

贷：长期股权投资——乙公司　　12 000 000
　　投资收益　　500 000

二、长期股权投资核算的权益法

(一) 权益法的适用范围

权益法，是指在取得长期股权投资时以初始投资成本计量，在投资持有期间根据投资企业享有被投资企业所有者权益的变动，投资企业按应享有(或分担)被投资企业所有者权益的份额调整其投资的账面价值的方法。

投资企业对被投资单位具有共同控制或重大影响的长期股权投资，即对合营企业投资及联营企业投资，应当采用权益法核算。

(二) 权益法核算的一般程序

权益法核算的一般程序如下。

(1) 初始投资或追加投资时，按照初始投资成本或追加投资的成本，增加长期股权投资的账面价值。

(2) 比较初始投资成本与投资时应享有被投资单位可辨认净资产公允价值份额，对于初始投资成本大于应享有被投资单位可辨认净资产公允价值份额的，不调整长期股权投资的账面价值；对于初始投资成本小于应享有被投资单位可辨认净资产公允价值份额的，应当按照二者之间的差额调增长期股权投资的账面价值，同时计入取得投资当期的损益(营业外收入)。

(3) 持有投资期间，随着被投资单位所有者权益的变动相应调整增加或减少长期股权投资的账面价值，并分别情况处理：对于因被投资单位实现净损益和其他综合收益而产生的所有者权益的变动，投资企业应当按照持股比例计算应享有的份额，增加或减少长期股权投资的账面价值，同时确认为当期投资损益和其他综合收益；对于被投资单位除净损益、其他综合收益及利润分配以外其他因素导致的所有者权益的变动，相应调整长期股权投资的账面价值，同时确认为资本公积——其他资本公积。

(4) 被投资单位宣告分配现金股利或利润时，投资企业按持股比例计算应分得的部分，相应冲减长期股权投资的账面价值。

值得注意的是，尽管在评估投资方对被投资单位是否具有重大影响时，应当考虑潜在表决权的影响，但在确定应享有的被投资单位实现的净损益、其他综合收益和其他所有者权益变动的份额时，潜在表决权所对应的权益份额不应予以考虑。

(三) 权益法的账务处理

1. 取得长期股权投资

取得长期股权投资时，按照投出资金的初始投资成本，借记“长期股权投资——成本”科目，贷记“银行存款”等科目。

然后比较长期股权投资的初始投资成本与投资时应享有被投资单位可辨认净资产公允价值份额。

如果长期股权投资的初始投资成本大于投资时应享有被投资单位可辨认净资产公允价值份额的，该部分差额是投资方在取得投资过程中通过作价体现出的与所取得股权份额相对应的商誉价值，这种情况下不要求调整已确认的初始投资成本。

如果长期股权投资的初始投资成本小于投资时应享有被投资单位可辨认净资产公允价值份额的，两者之间的差额体现为双方在交易作价过程中转让方的让步，按其差额，借记“长期股权投资——成本”科目，贷记“营业外收入”科目。

例 6-6　A 公司于 20×8 年 1 月取得 B 公司 30%的股权，支付价款 2 000 万元。取得投资时被投资单位可辨认净资产的公允价值为 6 000 万元(假定被投资单位各项可辨认净资产公允价值与其账面价值相同)。

A 公司在取得 B 公司的股权后，派人参与了 B 公司的生产经营决策。因能够对 B 公司施加重大影响，则 A 公司对 B 公司的投资应采用权益法核算，取得投资时，A 公司应进行如下会计处理：

借：长期股权投资——B公司——成本　　20 000 000
　　贷：银行存款　　20 000 000

例 6-7　A公司于20×8年1月取得B公司30%的股权，支付价款2 000万元。取得投资时被投资单位可辨认净资产公允价值为7 000万元(假定被投资单位各项可辨认净资产公允价值与其账面价值相同)。

则A公司应进行的处理为：

借：长期股权投资——B公司——成本　　20 000 000
　　贷：银行存款　　20 000 000
借：长期股权投资——B公司——成本　　1 000 000
　　贷：营业外收入　　1 000 000

2. 投资损益的确认

投资单位取得长期股权投资后，应当按照被投资单位实现的净利润或发生的净亏损，投资企业应享有或应分担的份额确认投资收益，同时相应调整长期股权投资的账面价值。即按应分享的收益份额，借记“长期股权投资——损益调整”科目，贷记“投资收益”科目；按应分担的亏损份额，借记“投资收益”科目，贷记“长期股权投资——损益调整”科目。投资单位应当在被投资单位账面净损益的基础上，考虑以下因素对被投资单位净损益的影响并进行适当调整后，作为确认投资收益的依据。

(1)被投资单位采用的会计政策及会计期间与投资单位不一致的，应当按照投资单位的会计政策及会计期间对被投资单位的财务报表进行调整，在此基础上确定被投资单位的损益。

(2)以取得投资时被投资单位各项可辨认资产等的公允价值为基础，对被投资单位的净损益进行调整后，作为确认投资收益的依据。

以取得投资时被投资单位固定资产、无形资产等的公允价值为基础计提的折旧额或摊销额，以及有关资产减值准备金额等对被投资单位净利润的影响。投资单位取得投资时，被投资单位有关资产、负债的公允价值与其账面价值不同的，未来期间，在计算归属于投资单位应享有的净利润或应承担的净亏损时，应考虑对被投资单位计提的折旧额、摊销额及资产减值准备金额等进行调整。

投资方在对被投资单位的净损益进行调整时，应考虑重要性原则，不具有重要性的项目可不予调整。投资企业无法合理确定取得投资时被投资单位可辨认资产、负债的公允价值与账面价值之间的差额不具有重要性的，或是其他原因导致无法取得对被投资单位的净损益进行调整所需资料的，可以以被投资单位的账面净利润为基础，经调整未实现的内部交易损益后，计算确认投资收益。

例 6-8　沿用例6-6，A公司于20×8年1月取得B公司30%的股权，20×8年度，B公司实现净利润800万元，A公司、B公司采用相同的会计政策。

由于投资时B公司各项资产、负债的账面价值与其公允价值相同，不需要对B公司的净利润进行调整，A公司应确认的投资收益为240万元(800万元×30%)，一方面增加长期股权投资的账面价值，另一方面确认投资收益。

A公司的会计处理如下：

借：长期股权投资——B公司——损益调整　　2 400 000
　　贷：投资收益　　2 400 000

例 6-9　甲公司于20×9年1月2日购入乙公司30%的股份，购买价款为2 000万元，自取得股份之日起派人参与乙公司的生产经营决策。取得投资日，乙公司可辨认净资产的公允价值为6 000万元，除下列项目外，其他资产、负债的公允价值与账面价值相同，如表6-1所示。

表 6-1　资产公允价值与账面价值差额表

单位：元

项目	账面原价	已提折旧或摊销	公允价值	原预计使用年限	剩余使用年限
存货	5 000 000		7 000 000		

续表

项目	账面原价	已提折旧或摊销	公允价值	原预计使用年限	剩余使用年限
固定资产	10 000 000	2 000 000	12 000 000	20	16
无形资产	6 000 000	1 200 000	8 000 000	10	8
小计	21 000 000	3 200 000	27 000 000		

假定乙公司 20×9 年实现净利润 6 000 000 元，其中在甲公司取得投资时的账面存货 5 000 000 元中有 80%对外出售。甲公司与乙公司的会计年度和采用的会计政策相同。固定资产、无形资产等均按直线法提取折旧或摊销，预计净残值均为 0。假定甲、乙公司间未发生其他任何内部交易。

甲公司在确定其应享有乙公司 20×9 年的投资收益时，应在乙公司实现净利润的基础上，根据取得投资时乙公司有关资产的账面价值与其公允价值差额的影响进行调整(假定不考虑相关税费等其他因素影响)：

调整后的净利润=6 000 000−(7 000 000−5 000 000)×80%−(12 000 000÷16−10 000 000÷20)
−(8 000 000÷8−6 000 000÷10)=3 750 000(元)

甲公司应享有份额=3 750 000×30% =1 125 000(元)

借：长期股权投资——乙公司——损益调整　　　1 125 000
　贷：投资收益　　　1 125 000

3. 取得现金股利或利润的处理

按照权益法核算的长期股权投资，持有投资期间，随着在被投资单位宣告分派现金股利或利润时，企业计算应分得的部分，借记“应收股利”科目，贷记“长期股权投资——损益调整”科目。收到分来的现金股利时，借记“银行存款”科目，贷记“应收股利”科目。收到被投资单位宣告分派的股票股利，不进行账务处理，但应在备查簿中登记。

例 6-10 2×12 年 7 月 1 日 A 公司对 B 公司投资，其投资占 B 公司表决权资本的 30%，并对 B 公司施加重大影响。A 公司对 B 公司的投资成本为 150 万元。假定 A 公司取得投资时，B 公司各项可辨认资产、负债的公允价值与其账面价值相同，取得投资时被投资单位可辨认净资产公允价值为 5 000 万元。两公司采用的会计政策和会计期间相同，双方未发生任何内部交易。2×12 年度，B 公司实现净利润 200 万元。2×13 年 3 月 18 日，B 公司宣告 2×12 年度利润分配方案，分配现金股利 120 万元。2×13 年度，B 公司实现净利润 300 万元。2×14 年 4 月 8 日，B 公司宣告 2×13 年度利润分配方案，分配现金股利 180 万元。要求：编制 A 公司的账务处理。

(1) A 公司 2×12 年 7 月 1 日投出资金时的会计分录为：

借：长期股权投资——成本　　　1 500 000
　贷：银行存款　　　1 500 000

(2) 确认 2×12 年的投资收益：

应确认的投资收益=2 000 000×30%×6/12=300 000(元)

借：长期股权投资——损益调整　　　300 000
　贷：投资收益　　　300 000

确认应收股利：

应收股利=1 200 000×30%×6/12=180 000(元)

借：应收股利　　　180 000
　贷：长期股权投资——损益调整　　　180 000

(3) 确认 2×13 年的投资收益：

应确认的投资收益=3 000 000×30%=900 000(元)

借：长期股权投资——损益调整　　　900 000
　贷：投资收益　　　900 000

确认应收股利：

$$应收股利=1\ 800\ 000\times30\%=540\ 000（元）$$

借：应收股利　　540 000

　　贷：长期股权投资——损益调整　　540 000

4. 超额亏损的确认

在权益法下，投资方确认应分担被投资单位发生的损失，原则上应以长期股权投资及其他实质上构成对被投资单位净投资的长期权益减记至零为限，投资方负有承担额外损失义务的除外。这里所讲的“其他实质上构成对被投资单位净投资的长期权益”，通常是指长期应收项目，如投资方对被投资单位的长期债权，该债权没有明确的清收计划且在可预见的未来期间不准备收回的，实质上构成对被投资单位的净投资，该项长期权益不包括投资方与被投资单位之间因销售商品、提供劳务等日常活动所产生的长期债权。

投资方在确认应分担被投资单位发生的亏损时，应按照以下顺序处理。

首先，减记长期股权投资的账面价值。

其次，在长期股权投资的账面价值减记至零的情况下（上述以长期股权投资的账面价值减记至零为限是指“长期股权投资——对××单位投资”科目，该科目由“成本”“损益调整”“其他权益变动”三个明细科目组成，账面价值减至零即意味着“对××单位投资”的这三个明细科目合计为零），考虑是否有其他构成长期权益的项目，如果有，则以其他实质上构成对被投资单位长期权益的账面价值为限，继续确认投资损失，冲减长期应收项目等的账面价值。

最后，在其他实质上构成对被投资单位长期权益的账面价值减记至零的情况下，如果按照投资合同或协议约定，投资方需要履行其他额外的损失赔偿义务，则需按预计将承担责任的金额确认预计负债，计入当期投资损失。

除按上述顺序已确认的损失以外仍有额外损失的，应在账外做备查登记，不再予以确认。

企业在实务操作过程中，在发生损失时，应借记“投资收益”科目，贷记“长期股权投资——损益调整”科目。在长期股权投资的账面价值减记至零以后，考虑其他实质上构成对被投资单位净投资的长期权益，继续确认投资损失，借记“投资收益”科目，贷记“长期应收款”等科目。因投资合同或协议约定导致投资企业需要承担额外义务的，按照或有事项准则的规定，对于符合确认条件的义务，应确认为当期损失，同时确认预计负债，应借记“投资收益”科目，贷记“预计负债”科目。除上述情况外仍未确认的应分担被投资单位的损失，应在账外备查登记。

在确认了有关的投资损失以后，被投资单位以后期间实现盈利的，应按以上相反顺序分别减记已确认的预计负债、恢复其他长期权益和长期股权投资的账面价值，同时确认投资收益。即应当按顺序分别借记“预计负债”“长期应收款”“长期股权投资”等科目，贷记“投资收益”科目。

例 6-11　甲公司持有乙公司 40%的股权，并能对乙公司施加重大影响。20×8 年 12 月 31 日，该项长期股权投资的账面价值为 2 000 万元，乙公司 20×9 年发生亏损 3 000 万元。假定甲公司取得投资时，乙公司各项可辨认资产、负债的公允价值与其账面价值相同。两公司采用的会计政策和会计期间也相同。

甲公司 20×9 年应确认的投资损失为 1 200 万元。确认上述投资后长期股权投资的账面价值变为 800 万元。

甲公司应编制的会计分录如下：

借：投资收益　　12 000 000

　　贷：长期股权投资——乙公司——损益调整　　12 000 000

如果乙公司 20×9 年的亏损额为 6 000 万元，则甲公司按其持股比例确认应分担的损失为 2 400 万元，但期初长期股权投资的账面价值仅为 2 000 万元，如果没有其他实质上构成对被投资单位净投资的长期权益项目，甲公司应确认的投资损失仅为 2 000 万元，超额损失在账外进行备查登记；如果在确认了 2 000 万元的投资损失后，甲公司账上仍有应收乙公司的长期应收款 800 万元（实质上构成对乙公司的净投资），则在长期应收款的账面价值大于 400 万元的情况下，应进一步确认投资损失 400 万元。甲公司应编制的会计分录如下：

借：投资收益　　24 000 000
　　贷：长期股权投资——乙公司——损益调整　　20 000 000
　　　　长期应收款——乙公司——超额亏损　　4 000 000

5. 被投资单位其他综合收益变动的处理

被投资单位其他综合收益发生变动，会导致其所有者权益总额发生变动，从而影响投资方在被投资方所有者权益中应享有的份额。因此，在权益法下，投资方应当按照归属于本企业的部分，相应调整长期股权投资的账面价值，同时增加或减少其他综合收益。

例 6-12　A 公司持有 B 公司 30%的股份，并对 B 公司施加重大影响，采用权益法核算。2×18 年 12 月 31 日，B 公司持有的一项成本为 500 万元的以公允价值计量且其变动计入其他综合收益的金融资产，公允价值升至 600 万元。B 公司按公允价值超过成本的差额 100 万元调增该项金额资产的账面价值，并计入其他综合收益，导致所有者权益发生变动。

A 公司应享有的其他综合收益份额=100×30%=30（万元）

A 公司应编制会计分录如下：

借：长期股权投资——A 公司（其他综合收益）　　300 000
　　贷：其他综合收益　　300 000

6. 被投资单位除净损益、其他综合收益及利润分配以外所有者权益的其他变动

被投资单位除净损益、其他综合收益和利润分配以外的所有者权益的其他变动，主要包括被投资单位接受其他股东的资本性投入、被投资单位发行可分离交易的可转换公司债券中包含的权益成分、以权益结算的股份支付、其他股东对被投资单位增资导致投资方持股比例变动等。投资方应按持股比例计算应享有的份额，调整长期股权投资的账面价值并计入资本公积（其他资本公积）。借记或贷记“长期股权投资——其他权益变动”科目，贷记或借记“资本公积——其他资本公积”科目，并在备查簿中予以登记。投资方在后续处置股权投资但对剩余股权仍采用权益法核算时，应按处置比例将这部分资本公积转入当期投资收益；对剩余股权终止权益法核算时，将这部分资本公积全部转入当期投资收益。

例 6-13　A 公司持有 B 公司 30%的股份，并对 B 公司施加重大影响。2×18 年，B 公司的母公司捐赠 B 公司 400 万元，该捐赠实质上属于资本性投入，B 公司将其计入资本公积（资本溢价）。不考虑其他因素，A 公司按权益法应编制的会计分录如下：

A 公司确认应享有被投资单位所有者权益的其他变动=400×30%=120（万元）

借：长期股权投资——B 公司（其他权益变动）　　1 200 000
　　贷：资本公积——其他资本公积　　1 200 000

7. 股票股利的处理

被投资单位分派的股票股利，投资企业不做账务处理，但应在除权日注明所增加的股数，以反映股份的变化情况。

8. 长期股权投资处置的核算

处置长期股权投资时，应相应结转与所售股权相对应的长期股权投资的账面价值。出售所得价款与处置长期股权投资账面价值之间的差额，应确认为处置损益。

采用权益法核算长期股权投资时，应按实际收到的金额，借记“银行存款”等科目；原已计提减值准备的，借记“长期股权投资减值准备”科目，按其账面余额，贷记“长期股权投资”科目；按尚未领取的现金股利或利润，贷记“应收股利”科目，按其差额，贷记或借记“投资收益”科目。

处置采用权益法核算的长期股权投资时，应当采用与被投资单位直接处置相关资产或负债相同的基础，对相关的其他综合收益进行会计处理，借记或贷记“其他综合收益”科目，贷记或借记“投资收益”科目。

处置采用权益法核算的长期股权投资时，还应当采用与被投资单位直接处置相关资产或负债相同的基础。对相关的资本公积——其他资本公积进行会计处理时，借记或贷记“资本公积——其他资本公积”科

目，贷记或借记“投资收益”科目。

在部分处置某项长期股权投资时，按该项投资的总平均成本确定处置部分的成本，并按相同的比例结转已计提的长期股权投资减值准备和相关的其他综合收益、资本公积金额。

例 6-14 C 公司原持有 D 公司 40%的股权，20×9 年 11 月 30 日，C 公司出售所持 D 公司 50%的股权，出售时 C 公司账面上对 D 公司长期股权投资的构成为：投资成本 3 600 万元，损益调整 960 万元，其他权益变动 600 万元，资本公积 300 万元，其他综合收益 400 万元。出售取得价款 2 610 万元。对剩余的 20%的股权（C 公司现持有 D 公司 20%的股权）仍采用权益法核算。

(1) C 公司确认处置损益的账务处理为：

借：银行存款	26 100 000	
贷：长期股权投资——成本		18 000 000
——损益调整		4 800 000
——其他权益变动		3 000 000
投资收益		300 000

(2) 除应将实际取得价款与出售长期股权投资的账面价值进行结转，确认为处置当期损益外，还应将原计入资本公积、其他综合收益的部分按比例转入当期损益。

借：资本公积——其他资本公积	1 500 000	
其他综合收益	2 000 000	
贷：投资收益		3 500 000

例 6-15 C 公司原持有 D 公司 40%的股权，20×9 年 11 月 30 日，C 公司出售所持 D 公司的全部股权。出售时 C 公司账面上对 D 公司长期股权投资的构成为：投资成本 3 600 万元，损益调整 960 万元，其他权益变动 600 万元，资本公积 300 万元，其他综合收益 400 万元。出售取得价款 5 200 万元。

(1) C 公司确认处置损益的账务处理为：

借：银行存款	52 000 000	
贷：长期股权投资——成本		36 000 000
——损益调整		9 600 000
——其他权益变动		6 000 000
投资收益		400 000

(2) 因 C 公司出售所持 D 公司的全部股权，应将原计入资本公积、其他综合收益的部分全部转入当期损益。

借：资本公积——其他资本公积	3 000 000	
其他综合收益	4 000 000	
贷：投资收益		7 000 000

三、长期股权投资减值

（一）长期股权投资减值金额的确定

投资方应当关注长期股权投资的账面价值是否大于享有被投资单位所有者权益账面价值的份额等类似情况。出现类似情况时，投资方应当按照《企业会计准则第 8 号——资产减值》对长期股权投资进行减值测试，可收回金额低于长期股权投资账面价值的，应当计提减值准备。

（二）长期股权投资减值的账务处理

企业对子公司、合营企业及联营企业的长期股权投资在资产负债表日存在可能发生减值的迹象时，其可收回金额低于账面价值的，应当将该长期股权投资的账面价值减记至可收回金额，减记的金额确认为减值损失，计入当期损益，同时计提相应的资产减值准备。

企业计提长期股权投资减值准备，应当设置“长期股权投资减值准备”科目核算。企业按应减记的金额，借记“资产减值损失”科目，贷记“长期股权投资减值准备”科目。

长期股权投资减值损失一经确认，在以后会计期间不得转回。

第三节 长期股权投资核算方法的转换

长期股权投资核算方法的转换，是指因追加投资或处置投资导致持股比例发生变动而将长期股权投资核算方法由成本法转换为权益法或者由权益法转换为成本法。

一、成本法转换为权益法

因处置投资导致对被投资单位的影响能力下降，由控制转为具有重大影响，或是与其他投资方一起实施共同控制的情况下，在投资企业的个别财务报表中，首先应按处置或收回投资的比例结转应终止确认的长期股权投资成本。在此基础上，将剩余的长期股权投资转为采用权益法核算，即应当比较剩余的长期股权投资成本与按照剩余持股比例计算原投资时应享有被投资单位可辨认净资产公允价值的份额，属于投资作价中体现的商誉部分，不调整长期股权投资的账面价值；属于投资成本小于应享有被投资单位可辨认净资产公允价值份额的，在调整长期股权投资成本的同时，应调整留存收益。对于原取得投资后至转变为权益法核算之间被投资单位实现的净损益中应享有的份额，一方面应调整长期股权投资的账面价值，同时对于原取得投资时至处置投资当期期初被投资单位实现的净损益（扣除已发放及已宣告发放的现金股利及利润）中应享有的份额，调整留存收益，对于处置投资当期期初至处置投资之日被投资单位实现的净损益中享有的份额，调整当期损益；其他原因导致被投资单位所有者权益变动中应享有的份额，在调整长期股权投资账面价值的同时，应当计入“其他综合收益”或“资本公积——其他资本公积”。

例 6-16 20×7 年 1 月 1 日，甲公司支付 600 万元取得乙公司 100%的股权，投资当时乙公司可辨认净资产的公允价值为 500 万元，商誉为 100 万元。20×7 年 1 月 1 日至 20×8 年 12 月 31 日，乙公司的净资产增加了 75 万元，其中按购买日公允价值计算实现的净利润为 50 万元，持有的非交易性权益工具投资以公允价值计量且其变动计入其他综合收益的金融资产的公允价值升值 25 万元。

20×9 年 1 月 8 日甲公司转让乙公司 60%的股权，收取现金 480 万元存入银行，转让后甲公司对乙公司的持股比例为 40%，能对其施加重大影响。20×9 年 1 月 8 日，即甲公司丧失对乙公司的控制权日，乙公司剩余 40%股权的公允价值为 320 万元。假定甲、乙公司提取盈余公积的比例均为 10%。假定乙公司未分配现金股利，并不考虑其他因素。甲公司的会计处理如下：

① 确认部分股权处置收益：

借：银行存款　　4 800 000

　　贷：长期股权投资　　3 600 000（即 6 000 000×60%）

　　　　投资收益　　1 200 000

② 对剩余股权改权益法核算：

借：长期股权投资　　300 000

　　贷：盈余公积　　20 000（即 500 000×40%×10%）

　　　　利润分配——未分配利润　　180 000（即 500 000×40%×90%）

　　　　投资收益　　100 000（即 250 000×40%）

经上述调整后，在个别财务报表中，剩余股权的账面价值为 270 万元（600×40%+30）。

二、公允价值计量或权益法转换为成本法

因追加投资原因导致原持有的分类为以公允价值计量且其变动计入当期损益的金融资产，或非交易性权益工具投资分类为公允价值计量且其变动计入其他综合收益的金融资产，以及对联营企业或合营企业的

投资转变为对子公司投资的，长期股权投资账面价值的调整应当按照本章关于对子公司投资初始计量的相关规定处理。

对于原作为金融资产，转换为采用成本法核算的对子公司投资的，如有关金融资产分类为以公允价值计量且其变动计入当期损益的金融资产，应当按照转换时的公允价值确认为长期股权投资，公允价值与其原账面价值之间的差额计入当期损益；如非交易性权益工具投资分类为以公允价值计量且其变动计入其他综合收益的金融资产，在按照转换时的公允价值确认长期股权投资，该公允价值与账面价值之间的差额计入当期损益外，原确认计入其他综合收益的前期公允价值变动亦应结转计入当期损益。

三、公允价值计量转换为权益法

投资企业对被投资单位不具有控制、共同控制或重大影响，按照金融工具确认和计量准则进行会计处理的，因追加投资等原因导致持股比例增加，使其能够对被投资单位实施共同控制或重大影响而转按权益法核算的，应在转换日，按照原股权的公允价值加上为取得新增投资而应支付对价的公允价值，作为改按权益法核算的初始投资成本；原股权投资于转换日的公允价值与账面价值之间的差额，以及原计入其他综合收益的累计公允价值变动转入改按权益法核算的当期损益。在此基础上，比较初始投资成本与获得被投资单位共同控制或重大影响时应享有被投资单位可辨认净资产公允价值份额之间的差额，前者大于后者的，不调整长期股权投资的账面价值；前者小于后者的，调整长期股权投资的账面价值，并记入当期营业外收入。

例 6-17 甲公司于 20×5 年 2 月取得乙公司 10%的股权，对乙公司不具有控制、共同控制和重大影响，甲公司将其分类为以公允价值计量且其变动计入其他综合收益的权益性金融资产，投资成本为 900 万元，取得时乙公司可辨认净资产公允价值总额为 8 400 万元(假定公允价值与账面价值相同)。

20×6 年 3 月 1 日，甲公司又以 1 800 万元取得乙公司 12%的股权，当日乙公司可辨认净资产公允价值总额为 12 000 万元。取得该部分股权后，按照乙公司章程规定，甲公司能够派人参与乙公司的财务和生产经营决策，将该项长期股权投资转为采用权益法核算。假定甲公司在取得对乙公司 10%的股权后，双方未发生任何内部交易。乙公司通过生产经营活动实现的净利润为 900 万元，未派发现金股利或利润。除所实现净利润外，未发生其他所有者权益变动事项。20×6 年 3 月 1 日，甲公司对乙公司投资的原 10%股权的公允价值为 1 300 万元，原计入其他综合收益的累计公允价值变动收益为 120 万元。

本例中，20×6 年 3 月 1 日，甲公司对乙公司投资的原 10%股权的公允价值为 1 300 万元，账面价值为 1 020 万元，差额计入损益；同时，因追加投资改按权益法核算，原计入其他综合收益的累计公允价值变动收益 120 万元转入损益。

甲公司对乙公司股权增持后，持股比例改为 22%，初始投资成本为 3 100 万元(1 300+1 800)，应享有乙公司可辨认净资产公允价值份额为 2 640 万元(12 000×22%)，前者大于后者 460 万元，不调整长期股权投资的账面价值。

甲公司对上述交易的会计处理如下。

(1)购买乙公司 12%的股权时：

借：长期股权投资——成本	18 000 000	
贷：银行存款		18 000 000

(2)将原持有的乙公司 10%的股权改按权益法核算：

借：长期股权投资——成本	13 000 000	
贷：其他权益工具投资		10 200 000
投资收益		2 800 000

(3)结转原计入其他综合收益的累计公允价值变动收益：

借：其他综合收益	1 200 000	
贷：投资收益		1 200 000

四、权益法转换为公允价值计量

投资企业对被投资单位有共同控制或重大影响，因部分处置等原因导致持股比例下降，不能再对被投资单位实施共同控制或重大影响的，应于失去共同控制或重大影响时，改按金融工具确认和计量准则的规定对剩余股权进行会计处理。即对剩余股权在改按公允价值计量时，公允价值与其原账面价值之间的差额计入当期损益。同时，原采用权益法核算的相关其他综合收益应当在终止采用权益法核算时，采用与被投资单位直接处置相关资产或负债相同的基础进行会计处理；因被投资单位除净损益、其他综合收益和利润分配以外的其他所有者权益变动而确认的所有者权益，应当在终止采用权益法时全部转入当期损益。

例 6-18 甲公司持有乙公司 30%的有表决权股份，能够对乙公司施加重大影响，对该股权投资采用权益法核算。20×8 年 10 月，甲公司将该项投资中的 50%对外出售，取得价款 1 800 万元。相关股权划转手续于当日完成。甲公司持有乙公司剩余 15%的股权，无法再对乙公司施加重大影响，转为以公允价值计量且其变动计入其他综合收益的金融资产核算。股权出售日，剩余股权的公允价值为 1 800 000 万元。

出售该股权时，长期股权投资的账面价值为 3 200 万元，其中投资成本为 2 600 万元，损益调整为 300 万元，因被投资单位的非交易性权益工具投资以公允价值计量且其变动计入其他综合收益的金融资产的累计公允价值变动享有部分为 200 万元，除净损益、其他综合收益和利润分配外的其他所有者权益变动为 100 万元。不考虑相关税费等其他因素影响。甲公司的会计处理如下。

(1) 确认有关股权投资的处置损益：

借：银行存款	18 000 000	
贷：长期股权投资——乙公司（成本）		13 000 000
长期股权投资——乙公司（损益调整）		1 500 000
长期股权投资——乙公司（其他综合收益）		1 000 000
长期股权投资——乙公司（其他权益变动）		500 000
投资收益		2 000 000

(2) 由于终止采用权益法核算，将原确认的相关其他综合收益全部转入当期损益：

借：其他综合收益	2 000 000	
贷：投资收益		2 000 000

(3) 由于终止采用权益法核算，将原计入资本公积的其他所有者权益变动全部转入当期损益：

借：资本公积——其他资本公积	1 000 000	
贷：投资收益		1 000 000

(4) 剩余股权投资转为以公允价值计量且其变动计入其他综合收益的金融资产，当日公允价值为 1 800 万元，账面价值为 1 600 万元，两者差异计入当期投资收益：

借：其他权益工具投资	18 000 000	
贷：长期股权投资——乙公司（成本）		13 000 000
长期股权投资——乙公司（损益调整）		1 500 000
长期股权投资——乙公司（其他综合收益）		1 000 000
长期股权投资——乙公司（其他权益变动）		500 000
投资收益		2 000 000

五、成本法转换为公允价值计量

投资企业因持有被投资单位的股份而能够对被投资单位实施控制，其后因部分处置等原因导致持股比例下降，不能再对被投资单位实施控制，同时对被投资单位亦不具有共同控制能力或重大影响的，应将剩余股权改按金融工具确认和计量准则的要求进行会计处理，并于丧失控制权日将剩余股权按公允价值重新计量，公允价值与其账面价值的差额计入当期损益。

例 6-19 甲公司持有乙公司 60%的股权并能控制乙公司，投资成本为 1 500 万元，按成本法核算。20×8 年 10 月 12 日，甲公司出售所持乙公司股权的 90%给非关联方，所得价款为 1 800 万元，剩余 10%股权于丧失控制权日的公允价值为 200 万元，甲公司将其分类为以公允价值计量且其变动计入当期损益的金融资产。假定不考虑其他因素，甲公司于丧失控制权日的会计处理如下：

(1) 出售股权：

借：银行存款	18 000 000
贷：长期股权投资	13 500 000（即 15 000 000×90%）
投资收益	4 500 000

(2) 剩余股权的处理：

借：交易性金融资产	2 000 000
贷：长期股权投资	1 500 000（即 15 000 000×10%）
投资收益	500 000

思 考 题

1. 投资成本如何确认和计量？
2. 投资损益如何确认和计量？
3. 如何评价长期股权投资成本法和权益法的核算？在核算中有何区别？
4. 简述长期股权投资成本法和权益法核算的适用范围。

练 习 题

习题一

【目的】练习长期股权投资成本法的核算。

【资料】甲公司 20×9 年 4 月 2 日购入乙公司股份 80 000 股，每股价格 26 元，另支付相关税费 5 000 元。甲公司所持乙公司股份占乙公司有表决权资本的 60%，并能够对乙公司实施控制。乙公司于 20×9 年 5 月 2 日宣告分派 20×8 年度的现金股利，每股 0.2 元。

【要求】做出甲公司的账务处理。

习题二

【目的】练习长期股权投资权益法的核算。

【资料】A 公司 20×7 年 1 月 1 日，以 700 万元投资于 B 公司，占 B 公司所有者权益的 30%。取得投资时 B 公司可辨认净资产的公允价值为 2 800 万元。A 公司对 B 公司实施共同控制。20×7 年，B 公司实现税后利润 1 300 万元，并分配利润 500 万元。A 公司于 20×8 年 3 月 18 日收到 B 公司分来的利润。

【要求】做出 A 公司的账务处理。

第七章　固 定 资 产

第一节　固定资产概述

一、固定资产的定义和确认条件

(一) 固定资产的定义

固定资产是指同时具有下列两个特征的有形资产：

(1) 为生产商品、提供劳务、出租或经营管理而持有；

(2) 使用寿命超过一个会计年度。

从固定资产的定义看，固定资产具有以下三个特征。

(1) 为生产商品、提供劳务、出租或经营管理而持有。

企业持有固定资产的目的是为了生产商品、提供劳务、出租或经营管理，即企业持有的固定资产是企业的劳动工具或手段，而不是用于出售的产品。

(2) 使用寿命超过一个会计年度。

固定资产的使用寿命是指企业使用固定资产的预计期间，或者该固定资产所能生产产品或提供劳务的数量。通常情况下，固定资产的使用寿命是指使用固定资产的预计期间，如自用房屋建筑物的使用寿命表现为企业对该建筑物的预计使用年限。对于某些机器设备或运输设备等固定资产，其使用寿命表现为该固定资产所能生产产品或提供劳务的数量，如汽车或飞机等，按其预计行驶或飞行里程估计使用寿命。

(3) 固定资产是有形资产。

固定资产具有实物特征，这一特征将固定资产与无形资产区别开来。有些无形资产可能符合固定资产的其他特征，如无形资产为生产商品、提供劳务而持有，使用寿命超过一个会计年度，但是由于其没有实物形态，所以不属于固定资产。

(二) 固定资产的确认条件

一项资产如果要作为固定资产加以确认，则首先需要符合固定资产的定义，其次还要符合固定资产的确认条件。固定资产应当同时满足下列条件，才能予以确认。

1. 与该固定资产有关的经济利益很可能流入企业

资产最重要的特征是预期会给企业带来经济利益。企业在确认固定资产时，需要判断与该固定资产有关的经济利益是否很可能流入企业。如果与该固定资产有关的经济利益很可能流入企业，并同时满足固定资产确认的其他条件，那么企业应将其确认为固定资产；否则，不应将其确认为固定资产。

2. 该固定资产的成本能够可靠计量

成本能够可靠计量是资产确认的一项基本条件。企业在确定固定资产成本时必须取得确凿证据，但是有时需要根据所获得的最新资料，对固定资产的成本进行合理的估计。例如，企业对于已达到预定可使用状态但尚未办理竣工决算的固定资产，需要根据工程预算、工程造价或工程实际发生的成本等资料，按估计价值确定其成本，办理竣工决算后，再按照实际成本调整原来的暂估价值。

二、固定资产的分类

企业的固定资产种类繁多，规格不一，为加强管理，便于组织会计核算，有必要对其进行科学、合理的分类。根据不同的管理需要和不同的分类标准，可以对固定资产进行不同的分类。固定资产主要有以下几种分类方法。

（一）按经济用途分类

固定资产按经济用途分类，可分为生产经营用固定资产和非生产经营用固定资产。

（1）生产经营用固定资产是指直接服务于企业生产、经营过程的各种固定资产，如生产经营用的房屋、建筑物、机器、设备、器具、工具等。

（2）非生产经营用固定资产是指不直接服务于生产、经营过程的各种固定资产，如食堂、浴室等使用的房屋、设备和其他固定资产等。

按照固定资产的经济用途分类，可以归类反映和监督企业生产经营用固定资产和非生产经营用固定资产之间，以及生产经营用各类固定资产之间的组成和变化情况，借以考核和分析企业固定资产的利用情况，促使企业合理地配备固定资产，充分发挥其效用。

（二）按使用情况分类

固定资产按使用情况分类，可分为使用中的固定资产、未使用的固定资产和不需用的固定资产。

（1）使用中的固定资产是指正在使用中的经营性和非经营性固定资产。由于季节性经营或大修理等原因暂时停止使用的固定资产，仍属于企业使用中的固定资产；企业出租给其他单位使用的固定资产和内部替换使用的固定资产也属于使用中的固定资产。

（2）未使用的固定资产是指已完工或已购建的尚未交付使用的新增固定资产，以及因进行改建、扩建等原因暂停使用的固定资产，如企业购建的、尚待安装的固定资产，经营任务变更停止使用的固定资产等。

（3）不需用的固定资产是指本企业多余或不适用的各种固定资产。

按照固定资产使用情况分类，有利于反映企业固定资产的使用情况及其比例关系，便于分析固定资产利用效率，挖掘固定资产的使用潜力，促使企业合理地使用固定资产，也便于企业合理地计提固定资产的折旧。

（三）按所有权分类

固定资产按所有权分类，可分为自有固定资产和租入固定资产。

（1）自有固定资产是指企业拥有的可以自由地支配使用的固定资产。

（2）租入固定资产是指企业采用租赁方式从其他单位租入的固定资产。企业对租入的固定资产依照租赁合同拥有使用权，同时负有支付租金的义务，但资产的所有权属于出租单位。租入的固定资产可分为经营性租入固定资产和融资租入固定资产。

这种分类的作用在于分析和考核企业固定资产的实有数额及其利用情况，以及分析和考核自有和租入固定资产的经济效益。

（四）按经济用途和使用情况综合分类

采用这一分类方法，可把企业的固定资产分为以下七大类。

（1）生产经营用固定资产。

（2）非生产经营用固定资产。

（3）租出固定资产（在经营租赁方式下出租给外单位使用的固定资产）。

（4）未使用固定资产。

（5）不需用固定资产。

（6）土地（过去已经估价单独入账的土地。因征地而支付的补偿费，应计入与土地有关的房屋、建筑物的价值内，不单独作为土地价值入账。企业取得的土地使用权不能作为固定资产管理）。

（7）融资租入固定资产（企业以融资租赁方式租入的固定资产，在租赁期内应试同自有固定资产管理）。

由于企业的经营性质不同，经营规模各异，因此对固定资产的分类不可能完全一致，企业可以根据各自的具体情况和经营管理、会计核算的需要进行相应的分类。企业应当根据《企业会计准则第 4 号——固定资产》所规定的固定资产的定义，结合本企业的具体情况，制定适合本企业的固定资产目录、分类方法、每类或每项固定资产的折旧年限、折旧方法，作为进行固定资产核算的依据。

未作为固定资产管理的工具、器具等，作为低值易耗品核算。

第二节　固定资产的初始计量

固定资产应当按照成本进行初始计量。固定资产成本是指企业为购建某项固定资产达到预定可使用状态前所发生的一切合理的、必要的支出。这些支出包括直接发生的价款、相关税费、运杂费、包装费和安装成本等，也包括间接发生的，如应承担的借款利息、外币借款折算差额及应分摊的其他间接费用。

企业固定资产的取得方式不同，初始计量的方法也各不相同。

一、外购的固定资产

企业外购固定资产的成本包括购买价款、相关税费，以及使固定资产达到预定可使用状态前所发生的可归属于该项资产的场地整理费、运输费、装卸费、安装费和专业人员服务费等。

购入的固定资产按其营运方式的不同，分为不需要安装的固定资产和需要安装的固定资产。

为了核算企业固定资产增减，企业应设置“固定资产”科目，该科目借方登记增加固定资产的原价，贷方登记减少固定资产的原价，期末借方余额反映企业固定资产的账面原价。企业应当设置“固定资产登记簿”和“固定资产卡片”，按照固定资产类别、使用部门和每项固定资产进行明细核算。

(一)购入不需要安装的固定资产

这种情况是指购入的固定资产不需要安装就可以直接交付使用，其会计核算比较简单，按购入固定资产的原价，借记“固定资产”科目；按增值税专用发票上注明的增值税额，借记“应交税费——应交增值税(进项税额)”科目；按实际支付的款项，贷记“银行存款”等科目。

例 7-1　威迪公司购入一台不需要安装的设备，增值税专用发票上列明的价款为 50 000 元，增值税额为 6 500 元，支付装卸、运杂费 1 500 元，款项以银行存款支付，有关会计分录如下。

借：固定资产　　51 500
　　应交税费——应交增值税(进项税额)　　6 500
　　贷：银行存款　　58 000

(二)购入需要安装的固定资产

这种情况是指购入的固定资产需要经过安装以后才能交付使用。在会计核算上，企业购入的需要安装的固定资产，以及发生的安装费用等均应通过“在建工程”科目核算，待安装完毕后再由“在建工程”科目转入“固定资产”科目。购入时，按实际支付的价款，借记“在建工程”“应交税费——应交增值税(进项税额)”科目，贷记“银行存款”科目。发生的安装费用等，借记“在建工程”科目，贷记“银行存款”等科目。安装完毕交付验收使用时，按“在建工程”科目汇集的实际成本(包括买价、包装费、运输费和安装费等)，作为固定资产的原价，借记“固定资产”科目，贷记“在建工程”科目。

例 7-2　华远公司购入一台需要安装的机器，增值税专用发票上列明的价款为 60 000 元，增值税额为 7 800 元，支付运杂费 3 000 元，货款及运杂费用银行存款支付；安装机器领用原为生产储备的材料 1 000 元，用现金支付安装人员劳务费 2 300 元；机器安装完毕，经验收合格并交付使用。其会计处理如下。

(1)通过银行转账支付机器价款和应负担的增值税 67 800 元。

借：在建工程　　60 000
　　应交税费——应交增值税(进项税额)　　7 800

贷：银行存款　　67 800

(2)用银行存款支付运杂费 3 000 元。

借：在建工程　　3 000

　贷：银行存款　　3 000

(3)安装机器领用材料 1 000 元，支付劳务费 2 300 元。

借：在建工程　　3 300

　贷：原材料　　1 000

　　库存现金　　2 300

(4)上述机器安装完毕交付使用。固定资产的入账价值应为：

60 000+3 000+3 300=66 300(元)

借：固定资产　　66 300

　贷：在建工程　　66 300

(三)以一笔款项购入多项没有单独标价的固定资产

在实务中，企业可能以一笔款项购入多项没有单独标价的固定资产，此时应按照各项固定资产公允价值比例对总成本进行分配，分别确定各项固定资产的成本。如果以一笔款项购入的多项资产中除固定资产外还包括其他资产，则也应按类似的方法予以处理。

例 7-3　20×9 年 4 月 21 日，甲公司向乙公司一次购入 3 套不同型号且具有不同生产能力的设备 A、B 和 C。甲公司为该批设备共支付价款 5 000 000 元，另付增值税 650 000 元、保险费 17 000 元、装卸费 3 000 元，全部以银行存款转账支付；假定 A、B 和 C 设备分别满足固定资产确认条件，公允价值分别为 1 560 000 元、2 340 000 元和 1 300 000 元。假定不考虑其他相关税费，甲公司的账务处理如下。

(1)确定应计入固定资产成本的金额，包括购买价款、保险费、装卸费等，即：

5 000 000+17 000+3 000=5 020 000(元)

(2)确定设备 A、B 和 C 的价值比例。

设备 A 应分配的固定资产价值比例为：

1 560 000÷(1 560 000+2 340 000+1 300 000)×100%=30%

设备 B 应分配的固定资产价值比例为：

2 340 000÷(1 560 000+2 340 000+1 300 000)×100%=45%

设备 C 应分配的固定资产价值比例为：

1 300 000÷(1 560 000+2 340 000+1 300 000)×100%=25%

(3)确定设备 A、B 和 C 各自的成本。

设备 A 的成本=5 020 000×30%=1 506 000(元)

设备 B 的成本=5 020 000×45%=2 259 000(元)

设备 C 的成本=5 020 000×25%=1 255 000(元)

(4)做会计分录。

借：固定资产——A　　1 506 000

　　　　——B　　2 259 000

　　　　——C　　1 255 000

　应交税费——应交增值税(进项税额)　　650 000

　贷：银行存款　　5 670 000

二、自行建造的固定资产

企业生产经营所需的固定资产，除外购等方式取得外，还经常根据生产经营的特殊需要利用自有的人力、物力条件自行建造，称为自制、自建固定资产。自制固定资产是指企业自己制造生产经营所需的机器设备等，如自制特殊需要的车床等；自建固定资产是指企业自行建造房屋、建筑物、各种设施，以及进行大型机器设备的安装工程(如大型生产线的安装工程)等，也称在建工程，包括施工前期准备工程、正在施工中的建筑工程、固定资产安装工程、改扩建工程和大修理工程等。在建工程按其实施的方式不同可分为自营工程和出包工程两种。

(一) 自行建造固定资产入账价值的确定

自行建造固定资产的成本，由建造该项资产达到预定可使用状态前所发生的必要支出构成，包括工程物资成本、人工成本、交纳的相关税费、应予资本化的借款费用及应分摊的间接费用等。

(二) 在建工程的核算

1. 自营工程

自营工程是指企业自行组织工程物资采购、自行组织施工人员从事工程施工的建筑工程和安装工程。在实务中，企业较少采用自营方式建造固定资产，多数情况下采用出包方式。企业如果以自营方式建造固定资产，则其成本应当按照直接材料、直接人工、直接机械施工费等计量。

为了核算企业的自营工程，企业应设置“在建工程”“工程物资”科目。

“在建工程”科目核算企业基建、更新改造等在建工程发生的支出，借方登记企业各项在建工程的实际支出，贷方登记完工工程转出的成本，期末借方余额反映企业尚未达到预定可使用状态的在建工程的成本。

“工程物资”科目核算企业为在建工程准备的各种物资的实际成本，包括工程用材料、尚未安装的设备及为生产准备的工器具等。该科目借方登记企业购入工程物资的成本，贷方登记领用工程物资的成本，期末借方余额反映企业为在建工程准备的各种物资的成本。“工程物资”科目应当按照“专用材料”“专用设备”“工器具”等进行明细核算。

自营工程的主要账务处理如下。

(1) 企业购入工程物资时，借记“工程物资”“应交税费——应交增值税(进项税额)”科目，贷记“银行存款”等科目。

(2) 在建工程领用工程物资时，借记“在建工程”科目，贷记“工程物资”科目。在建工程领用本企业原材料时，借记“在建工程”科目，贷记“原材料”等科目。在建工程领用本企业库存商品时，借记“在建工程”科目，贷记“库存商品”(或“主营业务收入”)、“应交税费——应交增值税(销项税额)”科目。

(3) 在建工程应负担的职工薪酬，借记“在建工程”科目，贷记“应付职工薪酬”科目。

辅助生产部门为工程提供的水、电、设备安装、修理、运输等劳务，借记“在建工程”科目，贷记“生产成本——辅助生产成本”等科目。

在建工程发生的管理费、征地费、可行性研究费、临时设施费、公证费、监理费及应负担的税费等，借记“在建工程”科目，贷记“银行存款”等科目。

在建工程发生的借款费用满足资本化条件的，借记“在建工程”科目，贷记“长期借款”“应付利息”等科目。

在建工程全部报废或毁损的，应按其净损失，借记“营业外支出——非常损失”科目，贷记“在建工程”科目。

建设期间发生的工程物资盘亏、报废及毁损净损失，借记“在建工程”科目，贷记“工程物资”科目；盘盈的工程物资或处置净收益，做相反的会计分录。

(4) 在建工程完工已领出的剩余物资应办理退库手续，借记“工程物资”科目，贷记“在建工程”科目。

(5) 在建工程达到预定可使用状态时，结转在建工程成本，借记“固定资产”等科目，贷记“在建工程”科目。

所建造的固定资产已达到预定可使用状态，尚未办理竣工决算的，应当自达到预定可使用状态之日起，根据工程预算、造价或工程实际成本等，按暂估价值转入固定资产，并按有关计提固定资产折旧的规定，计提固定资产折旧。待办理竣工决算手续后再调整原来的暂估价值，但不需要调整原已计提的折旧额。

高危行业企业按照国家规定提取的安全生产费，应当计入相关产品的成本或当期损益，同时计入“专项储备”科目。企业使用提取的安全生产费时，属于费用性支出的，直接冲减专项储备。企业使用提取的安全生产费用形成固定资产的，应当通过“在建工程”科目归集所发生的支出，待安全项目完工达到预定可使用状态时确认为固定资产；同时，按照形成固定资产的成本冲减专项储备，并确认相同金额的累计折旧。该固定资产在以后期间不再计提折旧。

例 7-4 甲公司是一家煤矿企业，依据开采的原煤产量按月提取安全生产费，提取标准为每吨 10 元，假定每月原煤产量为 70 000 吨。20×9 年 7 月 8 日，经有关部门批准，该企业用银行存款购入一批需要安装的用于改造和完善矿井运输的安全防范设备，价款为 2 000 000 元，增值税进项税额为 260 000 元，安装过程中支付人工费 300 000 元，7 月 28 日安装完成。20×9 年 7 月 30 日，甲公司另支付安全检查费 150 000 元。假定 20×9 年 6 月 30 日，甲公司“专项储备——安全生产费”余额为 50 000 000 元。不考虑相关税费，甲公司的账务处理如下。

(1) 企业按月提取安全生产费：

借：生产成本	700 000	
贷：专项储备——安全生产费		700 000

(2) 购置安全防护设备：

借：在建工程——××设备	2 000 000	
应交税费——应交增值税（进项税额）	260 000	
贷：银行存款		2 260 000
借：在建工程——××设备	300 000	
贷：应付职工薪酬		300 000
借：应付职工薪酬	300 000	
贷：银行存款		300 000
借：固定资产	2 300 000	
贷：在建工程——××设备		2 300 000
借：专项储备——安全生产费	2 300 000	
贷：累计折旧		2 300 000

(3) 支付安全生产检查费：

借：专项储备——安全生产费	150 000	
贷：银行存款		150 000

2. 出包工程

出包工程是指企业通过招标方式将工程项目发包给建造承包商，由建造承包商组织施工的建筑工程和安装工程。

企业以出包方式建造固定资产，其成本由建造该项固定资产达到预定可使用状态前所发生的必要支出构成，包括发生的建筑工程支出、安装工程支出，以及需分摊计入的待摊支出。待摊支出是指在建设期间发生的、不能直接计入某项固定资产价值，而应由所建造固定资产共同负担的相关费用，包括为建造工程发生的管理费、可行性研究费、临时设施费、公证费、监理费、应负担的税金、符合资本化条件的借款费用、建设期间发生的工程物资盘亏、报废及毁损净损失，以及负荷联合试车费等。

企业采用出包方式进行的自制、自建固定资产工程，其工程的具体支出在承包单位核算。在这种方式下，“在建工程”科目实际成为企业与承包单位的结算科目，企业将与承包单位结算的工程价款作为工程成本，通过“在建工程”科目核算。

企业采用出包方式建造固定资产发生的支出，需分摊计入固定资产价值的待摊支出，应按下列公式进行分摊：

待摊支出分摊率=累计发生的待摊支出÷(建筑工程支出+安装工程支出)×100%

×××工程应分摊的待摊支出=(×××工程的建筑工程支出+×××工程的安装工程支出)×待摊支出分摊率

其账务处理如下。

企业出包的在建工程，按合理估计的出包工程进度和合同规定结算的进度款，借记“在建工程——建筑工程”“在建工程——安装工程”科目，贷记“银行存款”等科目。

工程完工时，按合同规定补付的工程款，借记“在建工程——建筑工程”科目，贷记“银行存款”等科目。

企业将需要安装设备运抵现场安装时，借记“在建工程——在安装设备——××设备”科目，贷记“工程物资——××设备”科目。

企业为建造固定资产发生的待摊支出，借记“在建工程——待摊支出”科目，贷记“银行存款”“应付职工薪酬”等科目。

分摊待摊支出时，借记“在建工程——建筑工程”科目，贷记“在建工程——待摊支出”等科目。

在建工程达到预定可使用状态时，按实际发生的全部支出，借记“固定资产”科目，贷记“在建工程——建筑工程”“在建工程——安装工程”等科目。

例 7-5 甲公司将一幢厂房的建造工程出包给丙公司承建，按合理估计的出包工程进度和合同规定向丙公司结算进度款 60 万元，工程完工后，收到丙公司有关工程结算单据，补付工程款 40 万元，工程完工并达到预定可使用状态。甲公司应编制如下会计分录。

(1)按合理估计的出包工程进度和合同规定向丙公司结算进度款时：

借：在建工程	600 000	
贷：银行存款		600 000

(2)补付工程款时：

借：在建工程	400 000	
贷：银行存款		400 000

(3)工程完工并达到预定可使用状态时：

借：固定资产	1 000 000	
贷：在建工程		1 000 000

三、投资者投入的固定资产

企业对投资者投资转入的机器设备等固定资产，一方面反映本企业固定资产的增加，另一方面要反映投资者投资额的增加。投资者投入固定资产的成本，应当按照投资合同或协议约定的价值确定，但合同或协议约定价值不公允的除外。转入固定资产时，借记“固定资产”科目，贷记“实收资本”或“股本”科目。

例 7-6 甲企业收到乙企业投入的一台固定资产，乙企业记录的该固定资产的账面原价为 200 000 元，已提折旧 30 000 元；甲企业接受投资时，双方同意按原固定资产的净值确认投资额。甲企业有关的会计处理如下。

借：固定资产	170 000	
贷：实收资本		170 000

四、租入的固定资产

企业在生产经营过程中，由于生产经营的临时性或季节性需要，或者出于融资等方面的考虑，对于生产经营所需的固定资产可以采用租赁的方式取得。租赁是指在一定期间内，出租人将资产的使用权让与承租人以获取对价的合同。在租赁开始日，承租人和出租人应当根据与租赁资产所有权相关的风险和报酬归属于出租人或承租人的程度，将租赁分为融资租赁和经营租赁。融资租赁是指实质上转移了与租赁资产所有权有关的几乎全部风险和报酬的租赁，其所有权最终可能转移，也可能不转移。经营租赁是指除融资租赁以外的其他租赁。融资租赁的处理见本书第十二章。

从承租人(租入资产方)的角度看，采用经营租赁方式租入的资产，主要是为了解决生产经营的季节性、临时性的需要，并不是长期拥有，租赁期限相对较短；资产的所有权仍归属出租方，企业只是在租赁期内拥有资产的使用权；租赁期满，企业将资产退还给出租人。也就是说，在这种租赁方式下，与租赁资产相关的风险和报酬仍然归属于出租人。

鉴于经营租赁的上述特点，作为承租人的企业，对租入的资产不需要也不应该作为本企业的资产计价入账，也不需计提折旧；租入的固定资产在会计上，只有支付租金的业务，支付的租金按权责发生制原则计入各期的成本、费用。同时，企业应设置备查簿做备查登记，租入的固定资产由出租方提取折旧。

例 7-7 某企业由于季节性生产经营的需要，在每年 9～12 月份的农产品收购季节，需租入货运汽车以满足进货之需，假设 20×4 年 9 月租入汽车 10 辆，租期为 4 个月，每月租金 40 000 元，共 160 000 元，租金于开始时一次付清。有关会计处理如下。

(1) 预付租金：

借：其他应付款　　160 000

　　贷：银行存款　　160 000

(2) 分四期摊销：

借：销售费用　　40 000

　　贷：其他应付款　　40 000

五、盘盈的固定资产

盘盈的固定资产是指按同类或类似资产的市场价格，减按该项资产的新旧程度估计的价值损耗后的余额，或者在同类或类似固定资产不存在活跃市场时，按该项固定资产的预计未来现金流量现值，借记“固定资产”科目，贷记“以前年度损益调整”科目。

盘盈的固定资产应作为前期差错处理。

例 7-8 某企业在固定资产清查过程中，发现一台没有入账的设备，其重置完全价值为 20 000 元，约七成新。有关会计分录如下。

借：固定资产　　14 000

　　贷：以前年度损益调整　　14 000

六、存在弃置费用的固定资产

特殊行业的特定固定资产，对其进行初始计量时，还应当考虑弃置费用。弃置费用通常是指根据国家法律和行政法规、国际公约等规定，企业承担的环境保护和生态恢复等义务所确定的支出，如油气资产、核电站核设施等的弃置和恢复环境义务。对此，企业应当将弃置费用的现值计入相关固定资产的成本，同时确认相应的预计负债。在固定资产的使用寿命内，按照预计负债的摊余成本和实际利率计算确定的利息费用，并应当在发生时计入财务费用。一般工商企业的固定资产发生的报废清理费用不属于弃置费用，应当在发生时作为固定资产处置费用处理。

第三节　固定资产的后续计量

固定资产的后续计量主要包括固定资产折旧的计提、减值损失的确定，以及后续支出的计量。其中，固定资产的减值应当按照《企业会计准则——资产减值》处理。

一、固定资产折旧

固定资产折旧是指在固定资产使用寿命内，按照确定的方法对应计折旧额进行的系统分摊。其中，应计折旧额是指应当计提折旧的固定资产原价扣除其预计净残值后的金额，已计提减值准备的固定资产还应当扣除已计提的固定资产减值准备累计金额。

企业应当根据固定资产的性质和使用情况，合理确定固定资产的使用寿命和预计净残值。固定资产预计使用寿命和预计净残值、折旧方法等，一经确定不得随意变更。

(一)影响固定资产计提折旧的因素

1. 固定资产原价

固定资产原价是指固定资产的成本。

2. 预计净残值

预计净残值是指假定固定资产的预计使用寿命已满并处于使用寿命终了的预期状态，企业目前从该项资产处置中获得的扣除预计处置费用后的金额。

3. 固定资产减值准备

固定资产减值准备是指固定资产已计提的固定资产减值准备累计金额。固定资产计提减值准备后，应当在剩余使用寿命内，根据调整后的固定资产账面价值(固定资产账面余额扣除累计折旧和累计减值准备后的金额)和预计净残值重新计算确定折旧率和折旧额。

4. 预计使用寿命

预计使用寿命是指企业使用固定资产的预计期间，或者该固定资产所能生产产品或提供劳务的数量。固定资产预计使用寿命通常指固定资产预计经济使用年限，即折旧年限，它通常短于固定资产的实物年限。

企业确定固定资产使用寿命时，应当考虑下列因素。

(1)该项资产预计生产能力或实物产量。

(2)该项资产预计有形损耗和无形损耗，指固定资产在使用过程中，由于正常使用和自然力的作用而引起的使用价值和价值的损失，如设备使用中发生磨损、房屋建筑物受到自然侵蚀等。

(3)法律或类似规定对资产使用的限制。例如，某固定资产的使用寿命可能受法律或者类似规定的约束。如果对于融资租赁的固定资产，根据《企业会计准则第 21 号——租赁》规定，能够合理确定租赁期届满时将会取得租赁资产所有权的，则应当在租赁资产使用寿命内计提折旧；如果无法合理确定租赁期届满时能够取得租赁资产所有权的，则应当在租赁期与租赁资产使用寿命两者中较短的期间内计提折旧。

固定资产折旧年限的长短，直接影响各期应提折旧额的计算，但折旧年限是很难确切估计的，为了避免企业人为地延长或缩短折旧年限，合理计算固定资产的转移价值，企业应根据国家有关规定，结合本企业的具体情况合理地确定折旧年限，作为计提折旧的依据。

(二)固定资产计提折旧的范围

确定固定资产计提折旧的范围，一是要从空间范围上确定哪些固定资产应该提取折旧，哪些固定资产不应该提取折旧；二是要从时间范围上确定应提折旧的固定资产从什么时间开始提取折旧，从什么时间停止提取折旧。

企业应当对所有固定资产计提折旧，但是，已提足折旧仍继续使用的固定资产等除外，即除下列情况外，企业应对所有固定资产计提折旧。

(1)已提足折旧仍继续使用的固定资产。

(2)按规定单独作价作为固定资产入账的土地。

在确定计提折旧的范围时，还应注意以下几点。

(1)固定资产应当按月计提折旧，对于当月增加的固定资产，当月不计提折旧，而从下月起计提折旧；对于当月减少的固定资产，当月仍计提折旧，而从下月起不提折旧。

(2) 固定资产提足折旧后，无论能否继续使用，均不再提取折旧；提前报废的固定资产，也不再补提折旧。所谓提足折旧是指已经提足该项固定资产的应计折旧额。

(3) 已达到预定可使用状态但尚未办理竣工决算的固定资产，应当按照估计价值确定其成本，并计提折旧；待办理竣工决算手续后再按实际成本调整原来的暂估价值，但不需要调整原已计提的折旧额。

(三) 固定资产的折旧方法

计提折旧的方法很多，有年限平均法、工作量法、双倍余额递减法、年数总和法等。由于固定资产折旧方法的选用直接影响企业成本、费用的计算，并影响企业的收入和纳税，从而也影响国家的财政收入，因此国家历来对于折旧方法的选用有较严格的规定。企业应在国家规定的范围内，根据固定资产所含经济利益预期实现方式选择折旧计算方法。折旧方法一经确定，不得随意变更。如需变更，则应当在财务报表附注中予以说明。

1. 年限平均法

年限平均法又称直线法，是指将固定资产的应计折旧额均衡地分摊到固定资产预计使用寿命内的一种方法。采用这种方法计算的每期折旧额均是相等的。计算公式如下：

$$\text{年折旧率}=\frac{1-\text{预计净残值率}}{\text{预计使用年限}}\times 100\%$$

$$\text{月折旧率}=\text{年折旧率}\div 12$$

$$\text{月折旧额}=\text{固定资产原价}\times\text{月折旧率}$$

例 7-9 某企业有一设备，原价为 800 000 元，预计可使用 20 年，按照有关规定，该设备报废时的预计净残值率为 3%。该设备的折旧率和折旧额的计算如下：

$$\text{年折旧率}=\frac{1-3\%}{20}\times 100\%=4.85\%$$

$$\text{月折旧率}=4.85\%\div 12=0.4042\%$$

$$\text{月折旧额}=800\,000\times 0.4042\%=3\,233.60\text{（元）}$$

上述计算的折旧率是按个别固定资产单独计算的，称为个别折旧率，即某项固定资产在一定期间的折旧额与该项固定资产原价的比率。此外，还有分类折旧率和综合折旧率。

分类折旧率是指固定资产分类折旧额与该类固定资产原价的比率。

综合折旧率是指企业在某一期间全部固定资产折旧额与全部固定资产原价的比率。

采用年限平均法计算固定资产折旧虽然比较简便，但它也存在着一些明显的局限性。首先，固定资产在不同使用年限内所提供的经济效益是不同的。一般来讲，固定资产在其使用前期的工作效率相对较高，所带来的经济利益也就多；而在其使用后期，工作效率一般呈下降趋势，因而所带来的经济利益也就逐渐减少。年限平均法不考虑这一事实，这是不合理的。其次，固定资产在不同的使用年限发生的维修费用也不一样。固定资产的维修费用将随着其使用时间的延长而不断增加，而年限平均法也没有考虑这一因素。

当固定资产各期的负荷程度相同，各期应分摊相同的折旧费，这时采用年限平均法计算折旧是合理的。但是，若固定资产各期负荷程度不同，采用平均年限法计算折旧时，则不能反映固定资产的实际使用情况，提取的折旧数与固定资产的损耗程度也不相符。

2. 工作量法

工作量法是根据实际工作量计算每期应提折旧额的一种方法。这种方法弥补了年限平均法只重使用时间、不考虑使用强度的缺陷，其计算公式为：

$$\text{单位工作量折旧额}=\frac{\text{固定资产原价}\times(1-\text{预计净残值率})}{\text{预计总工作量}}$$

$$\text{某项固定资产月折旧额}=\text{该项固定资产当月工作量}\times\text{单位工作量折旧额}$$

例 7-10 某企业的一辆运货卡车的原价为 60 000 元，预计总行驶里程为 50 万千米，预计报废时的净残值率为 5%，本月行驶 4 000 千米。该辆汽车的月折旧额计算如下：

单位里程折旧额=60 000×(1−5%)÷500 000=0.114(元/千米)

本月折旧额=4 000×0.114=456(元)

3. 双倍余额递减法

双倍余额递减法是指在不考虑固定资产预计净残值的情况下，根据每期期初固定资产账面净值(固定资产原价减累计折旧后的金额)和双倍的直线法折旧率计算固定资产折旧的一种方法。

双倍余额递减法是加速折旧方法的一种。加速折旧法也称快速折旧法或递减折旧法，其特点是在固定资产有效使用年限的前期多提折旧，后期则少提折旧，从而相对加快折旧的速度，以使固定资产成本在有效使用年限中加快得到补偿。

计算公式为：

$$年折旧率=\frac{2}{预计使用寿命(年)}\times 100\%$$

月折旧率=年折旧率÷12

月折旧额=固定资产净值×月折旧率

由于双倍余额递减法不考虑固定资产的残值收入，因此在应用这种方法时必须注意不能使固定资产的账面折余价值降低到它的预计残值收入以下，即实行双倍余额递减法计提折旧的固定资产，应当在其固定资产折旧年限到期以前两年内，将固定资产净值扣除预计净残值后的余额平均摊销。

例 7-11 某企业一项固定资产的原价为 60 000 元，预计使用年限为 5 年，预计净残值 200 元。按双倍余额递减法计算折旧，每年的折旧额计算如下。

$$年折旧率=\frac{2}{5}\times 100\%=40\%$$

第一年应提的折旧额=60 000×40%=24 000(元)

第二年应提的折旧额=(60 000−24 000)×40%=14 400(元)

第三年应提的折旧额=(60 000−24 000−14 400)×40%=8 640(元)

从第四年起改按年限平均法(直线法)计提折旧。

第四、第五年的年折旧额=(60 000−24 000−14 400−8 640−200)÷2=6 380(元)

4. 年数总和法

年数总和法又称年限合计法，是指将固定资产的原价减预计净残值的余额乘一个以固定资产尚可使用的寿命为分子、以预计使用寿命逐年数字之和为分母的逐年递减的分数计算每年的折旧额。计算公式如下。

$$年折旧率=\frac{尚可使用寿命}{预计使用寿命的年数总和}\times 100\%$$

或者

$$年折旧率=\frac{预计使用寿命-已使用年限}{预计使用寿命\times(预计使用寿命+1)\div 2}\times 100\%$$

月折旧率=年折旧率÷12

月折旧额=(固定资产原价−预计净残值)×月折旧率

例 7-12 某项固定资产的原价为 50 000 元，预计使用年限为 5 年，预计净残值为 2 000 元。采用年数总和法计算的各年折旧额如表 7-1 所示。

表 7-1　固定资产折旧计算表

单位：元

年份	尚可使用年限	固定资产原价-预计净残值	变动折旧率	年折旧额	累计折旧
1	5	48 000	5/15	16 000	16 000
2	4	48 000	4/15	12 800	28 800
3	3	48 000	3/15	9 600	38 400
4	2	48 000	2/15	6 400	44 800
5	1	48 000	1/15	3 200	48 000

年数总和法也是加速折旧法的一种。采用加速折旧法后，在固定资产使用的早期多提折旧，后期少提折旧，其递减的速度逐年加快。加快折旧速度的目的是使固定资产成本在估计耐用年限内加快得到补偿。

在加速折旧法下，一般月折旧额的计算采用公式：

月折旧额=(某)年折旧额÷12

即在加速折旧法下，每年折旧额不同，但在一年中的每月折旧额是相同的。

(四) 固定资产折旧的账务处理

固定资产计提折旧时，应以月初可提取折旧的固定资产账面原值为依据。企业各月计算提取折旧时，可以在上月计提折旧的基础上，对上月固定资产的增减情况进行调整后计算当月应计提的折旧额。

当月固定资产应计提的折旧额=上月固定资产计提的折旧额+上月增加固定资产应计提的折旧额-上月减少固定资产应计提的折旧额

为了核算固定资产的损耗，企业应设置“累计折旧”科目。“累计折旧”是固定资产的调整科目，贷方登记企业计提的固定资产折旧；借方登记处置固定资产转出的累计折旧；期末贷方余额，反映企业固定资产的累计折旧额。

固定资产应当按月计提折旧，计提的折旧应当计入“累计折旧”科目，并根据用途计入相关资产的成本或当期损益。

(1) 企业基本生产车间所使用的固定资产，其计提的折旧应计入制造费用。

(2) 管理部门所使用的固定资产，其计提的折旧应计入管理费用。

(3) 专设销售部门所使用的固定资产，其计提的折旧应计入销售费用。

(4) 自行建造固定资产过程中使用的固定资产，其计提的折旧应计入在建工程成本。

(5) 经营租出的固定资产，其计提的折旧应计入其他业务成本。

(6) 未使用的固定资产，其计提的折旧应计入管理费用。

在我国的会计实务中，各月计提折旧的工作一般是通过编制“固定资产折旧计算表”来完成的。

例 7-13　某企业 20×4 年 5 月份的固定资产折旧计算表如表 7-2 所示。

表 7-2　固定资产折旧计算表

单位：元

使用部门	固定资产项目	上月折旧额	上月增加固定资产		上月减少固定资产		本月折旧额	分配费用
			原价	折旧额	原价	折旧额		
A 车间	厂房 机器设备 其他设备 小计	3 000 15 000 900 18 900					3 000 15 000 900 18 900	制造费用

续表

使用部门	固定资产项目	上月折旧额	上月增加固定资产		上月减少固定资产		本月折旧额	分配费用
			原价	折旧额	原价	折旧额		
B 车间	厂房	2 000					2 000	制造费用
	机器设备	12 000	40 000	200			12 200	
	小计	14 000	40 000	200			14 200	
C 车间	厂房	2 100					2 100	
	机器设备	14 000			30 000	900	13 100	
	小计	16 100			30 000	900	15 200	
厂部管理部门	房屋建筑物	1 200					1 200	管理费用
	运输工具	1 500					1 500	
	小计	2 700					2 700	
合计		51 700	40 000	200	30 000	900	51 000	

根据上述固定资产折旧计算表编制如下会计分录：

借：制造费用——折旧费（A 车间） 18 900
　　　　　　——折旧费（B 车间） 14 200
　　　　　　——折旧费（C 车间） 15 200
　　管理费用——折旧费 2 700
　　贷：累计折旧 51 000

二、固定资产的后续支出

企业的固定资产投入使用后，为了适应新技术发展的需要，或者为维护或提高固定资产的使用效能，往往需要对现有固定资产进行维护、改建、扩建或改良，这些支出就是固定资产的后续支出。固定资产的后续支出是指固定资产在使用过程中发生的更新改造支出、修理费用等。固定资产后续支出的确认条件与初始确认固定资产的条件相同，即该固定资产包含的经济利益很可能流入企业；该固定资产的成本能够可靠计量。不符合该确认条件的，应当在发生时计入当期损益。

（一）资本化的后续支出

与固定资产有关的后续支出，如果使可能流入企业的经济利益超过原先的估计，如延长了固定资产的使用寿命，使产品的质量实质性提高，或使产品的成本实质性降低，则应当计入固定资产账面价值，其增加后的金额不应超过该固定资产的可收回金额。固定资产的资本化后续支出一般为固定资产的改良。

固定资产改建、扩建也称固定资产改良。固定资产改良支出一般数额较大，受益期较长（超过一年），而且使固定资产的性能、质量等都有较大的改进。

企业为固定资产发生的支出符合下列条件之一者，应确认为固定资产改良支出：

(1) 使固定资产的使用年限延长；

(2) 使固定资产的生产能力提高；

(3) 使产品质量提高；

(4) 使生产成本降低；

(5) 使产品品种、性能、规格等发生良好的变化；

(6) 使企业经营管理环境或条件改善。

如果固定资产发生可资本化的后续支出，则企业一般应将该固定资产的原价、已计提的累计折旧和减值准备转销，将其账面价值转入在建工程，并停止计提折旧。发生的可资本化的后续支出，通过“在建工程”科目核算。在固定资产发生的后续支出完工并达到预定可使用状态时，再从在建工程转为固定资产，并按重新确定的使用寿命、预计净残值和折旧方法计提折旧。

例 7-14 甲公司是一家饮料生产企业，有关业务资料如下。

(1) 2×09 年 12 月，该公司自行建造了一条饮料生产线并投入使用，建造成本为 600 000 元；采用年限平均法计提折旧；预计净残值率为固定资产原价的 3%，预计使用年限为 6 年。

(2) 2×11 年 12 月 31 日，由于生产的产品适销对路，因此现有这条饮料生产线的生产能力已难以满足公司生产发展的需要，但若新建生产线则成本过高、周期过长，于是公司决定对现有生产线进行改扩建，以提高其生产能力。假定该生产线未发生过减值。

(3) 至 2×12 年 4 月 30 日，完成了对这条生产线的改扩建工程，达到预定可使用状态。改扩建过程中发生以下支出：用银行存款购买一批工程物资，增值税专用发票上注明的价款为 210 000 元，增值税额为 27 300 元，已全部用于改扩建工程；发生有关人员薪酬 84 000 元。

(4) 该生产线改扩建工程达到预定可使用状态后，大大提高了生产能力，预计尚可使用年限为 7 年。假定改扩建后的生产线的预计净残值率为改扩建后其账面价值的 4%；折旧方法仍为年限平均法。

假定甲公司按年度计提固定资产折旧，为简化计算过程，整个过程不考虑其他相关税费，甲公司的账务处理如下。

(1) 本例中，饮料生产线改扩建后生产能力大大提高，能够为企业带来更多的经济利益，改扩建的支出金额也能可靠计量，因此该后续支出符合固定资产的确认条件，应计入固定资产的成本。

固定资产后续支出发生前，该条饮料生产线的应计折旧额=600 000×(1−3%)=582 000(元)

年折旧额=582 000÷6=97 000(元)

2×10 年 1 月 1 日至 2×11 年 12 月 31 日两年间，各年计提固定资产折旧：

借：制造费用　　97 000

　　贷：累计折旧　　97 000

(2) 2×11 年 12 月 31 日，将该生产线的账面价值 406 000 元【600 000−(97 000×2)】转入在建工程：

借：在建工程——饮料生产线　　406 000

　　累计折旧　　194 000

　　贷：固定资产——饮料生产线　　600 000

(3) 发生改扩建工程支出：

借：工程物资　　210 000

　　应交税费——应交增值税(进项税额)　　27 300

　　贷：银行存款　　237 300

借：在建工程——饮料生产线　　294 000

　　贷：工程物资　　210 000

　　　　应付职工薪酬　　84 000

(4) 2×12 年 4 月 30 日，生产线改扩建工程达到预定可使用状态，转为固定资产：

借：固定资产——饮料生产线　　700 000

　　贷：在建工程——饮料生产线　　700 000

(5) 2×12 年 4 月 30 日，转为固定资产后，按重新确定的使用寿命、预计净残值和折旧方法计提折旧。

应计折旧额=700 000×(1−4%)=672 000(元)

月折旧额=672 000÷(7×12)=8 000(元)

2×12 年应计提的折旧额为 64 000 元(8 000×8)，会计分录为：

借：制造费用　　64 000

　　贷：累计折旧　　64 000

2×13 年至 2×18 年每年应计提的折旧额为 96 000 元(8 000×12)，会计分录为：

借：制造费用　　96 000

贷：累计折旧　　　　　　　　　　　　　　　　　　　96 000

2×19 年应计提的折旧额为 32 000 元(8 000×4)，会计分录为：

借：制造费用　　　　　　　　　　　　　　　　　　32 000

贷：累计折旧　　　　　　　　　　　　　　　　　　　32 000

企业发生的一些固定资产后续支出可能涉及替换原固定资产的某组成部分。例如，对某项机器设备进行检修时，发现其中的电机(未单独确认为一项固定资产)出现难以修复的故障，将其拆除，重新安装了一个新电机。在这种情况下，当发生的后续支出符合固定资产确认条件时，应将其计入固定资产成本，同时将被替换部分的账面价值扣除，以避免将替换部分的成本同时计入固定资产成本，导致固定资产成本重复计算。

例 7-15　20×9 年 6 月 30 日，甲公司一台生产用升降机械出现故障，经检修发现其中的发动机磨损严重，需要更换。该升降机械购买于 20×5 年 6 月 30 日，甲公司已将其整体作为一项固定资产进行核算，原价 400 000 元(其中的发动机在 20×5 年 6 月 30 日的市场价格为 85 000 元)，预计净残值为 0，预计使用年限为 10 年，采用年限平均法计提折旧。为继续使用该升降机械并提高工作效率，甲公司决定对其进行改造，为此购买了一台更大功率的电动机替代原发动机。新购置电动机的价款为 82 000 元，增值税税额为 10 660 元，款项已通过银行转账支付；改造过程中，发生其他费用 15 000 元，以银行存款支付。

假定原发动机磨损严重，没有任何价值。不考虑其他相关税费，甲公司的账务处理如下。

(1)固定资产转入在建工程。

本例中的更新改造支出符合固定资产的确认条件，应予资本化，同时应终止确认原发动机的价值，假定报废处理。20×9 年 6 月 30 日，原发动机的价值为：85 000−(85 000÷10)×4=51 000(元)。

借：营业外支出——非流动资产报废损失　　　　　　51 000

在建工程——升降机械　　　　　　　　　　　189 000

累计折旧　　　　　　　　　　　　　　　　　160 000(400 000÷10×4)

贷：固定资产——升降机械　　　　　　　　　　　400 000

(2)更新改造支出。

借：工程物资——新发动机　　　　　　　　　　　82 000

应交税费——应交增值税(进项税额)　　　　　10 660

贷：银行存款　　　　　　　　　　　　　　　　　92 660

借：在建工程——升降机械　　　　　　　　　　　97 000

贷：工程物资——新发动机　　　　　　　　　　　82 000

银行存款　　　　　　　　　　　　　　　15 000

(3)在建工程转回固定资产。

借：固定资产——升降机械　　　　　　　　　　　286 000

贷：在建工程——升降机械　　　　　　　　　　　286 000

(二)费用化的后续支出

与固定资产有关的修理费用的后续支出，不符合固定资产确认条件的，应当根据不同的情况分别在发生时计入当期管理费用或销售费用。

一般情况下，固定资产投入使用后，由于固定资产的磨损，各组成部分耐用程度不同，因此可能导致固定资产的局部损坏。为了维护固定资产的正常运转和使用，充分发挥其使用效能，企业将对固定资产进行必要的维护。固定资产修理分为中小修理和大修理。

1. 固定资产中小修理的核算

中小修理又称经常性修理，中小修理一般维修范围较小、间隔时间较短，一次修理费用较少，是维护和保持固定资产正常工作状态所进行的经常性修理。根据经常性修理的特点，在会计核算上一般将固定资产的日常修理费用在发生时直接计入当期损益。企业生产车间(部门)和行政管理部门等发生的固定资产修理费用等后续支出计入管理费用。企业专设销售机构的，其发生的与专设销售机构相关的固定资产修理费用等后续支出计入销售费用。企业固定资产更新改造支出不满足固定资产确认条件的，在发生时应直接计入当期损益。

例 7-16　某企业管理部门的车辆委托汽车修理厂进行日常保养，支付保养费 3 000 元，用银行存款转账支付。编制会计分录如下。

借：管理费用　　3 000

　　贷：银行存款　　3 000

例 7-17　20×9 年 6 月 8 日，甲公司对现有的一台管理用设备进行日常修理，修理过程中应支付的维修人员工资为 20 000 元。甲公司应编制如下会计分录。

借：管理费用　　20 000

　　贷：应付职工薪酬　　20 000

2. 固定资产大修理的核算

固定资产大修理同经常性修理相比，其修理范围大、费用支出多、修理次数少，它实际上是对固定资产的局部更新。根据大修理的特点，为使大修理收益期内的各期平均负担大修理费用，企业可以采用预提或待摊的方法进行核算。

(1)预提方法。

在会计核算中，如果采用预提方法核算固定资产的大修理费用，则必须通过“其他应付款”科目进行核算。企业每月根据计划预提大修理费用时，借记“管理费用”等科目，贷记“其他应付款”科目。按实际支出的大修理费用借记“其他应付款”科目，贷记“银行存款”“原材料”等科目。实际发生的大修理费用大于预提的大修理费用时，其差额可计入修理当月修理费用中；实际发生的大修理费用小于预提的大修理费用时，其差额可冲减修理当月的修理费用。

(2)待摊方法。

在会计核算中，如果采用待摊的方法核算固定资产的大修理费用，则必须通过“长期待摊费用”科目(摊销期在一年以上)进行核算。企业固定资产大修理发生大修理费用时，借记“长期待摊费用”科目，贷记“银行存款”“原材料”等科目。实际摊销时，借记“管理费用”等科目，贷记“长期待摊费用”科目。

长期待摊费用是指企业已经支出，但摊销期限在 1 年以上(不含 1 年)的各项费用，包括固定资产大修理支出、经营租赁租入固定资产的改良支出、开办费等。

长期待摊费用应当单独核算，在费用项目的受益期限内分期平均摊销。大修理费用采用待摊方式的，应当将发生的大修理费用在下一次大修理前平均摊销；经营租赁租入固定资产的改良支出应当在租赁期限与预计可使用年限两者孰短的期限内平均摊销；其他长期待摊费用应当在受益期内平均摊销。

例 7-18　某公司年初对办公用房进行大修理，领用修理备件及维修材料 165 000 元，以银行存款支付修理人员劳务费 15 000 元，修理费用总额为 180 000 元，在三年内分月平均摊销。

(1)发生修理费用时：

借：长期待摊费用　　180 000

　　贷：原材料　　165 000

　　　　银行存款　　15 000

(2)按月摊销修理费时：

借：管理费用　　5 000

　　贷：长期待摊费用　　5 000

第四节　固定资产处置

企业在生产经营过程中，为充分利用资金或根据需要，可以对一些固定资产进行处置：对那些不适用或不需用的固定资产进行出售转让；对那些由于使用而不断磨损的固定资产进行最终报废；由于技术进步等原因对固定资产进行提前报废；对由于遭受自然灾害等非常损失发生毁损的固定资产及时进行清理；用固定资产进行投资、捐赠、抵债，以及处理盘亏的固定资产，等等。

固定资产处置包括固定资产的出售、转让、报废或毁损、对外投资、非货币性资产交换、债务重组等。

一、固定资产终止确认的条件

固定资产满足下列条件之一的，应当予以终止确认。

1. 固定资产处于处置状态

处于处置状态的固定资产不再用于生产商品、提供劳务、出租或经营管理，因此不再符合固定资产的定义，应予终止确认。

2. 固定资产预期通过使用或处置不能产生未来经济利益

固定资产确认的条件之一是“与该固定资产有关的经济利益很可能流入企业”，如果一项固定资产预期通过使用或处置不能产生经济利益，就不再符合固定资产的定义和确认条件，应予终止确认。

二、固定资产处置的账务处理

企业通过“固定资产清理”科目，核算企业因出售、转让、报废或毁损、对外投资、非货币性资产交换、债务重组等原因转入清理的固定资产价值，以及在清理过程中所发生的清理费用和清理收入等。该科目借方登记企业因出售、转让、报废或毁损等原因转入清理的固定资产净额，以及其在清理过程中所发生的清理费用及结转的清理净收益等，贷方登记出售固定资产的变价收入、报废或毁损固定资产的残料价值、应收保险赔款及结转的清理净损失等。该科目期末借方余额表示尚未清理完毕固定资产的净损失，贷方余额表示尚未清理完毕固定资产的净收益。“固定资产清理”科目应当按照被清理的固定资产项目进行明细核算。其会计处理一般经过以下几个步骤。

(1)固定资产转入清理。企业将固定资产转入清理时，应按清理固定资产的净额，借记“固定资产清理”科目，按已提的折旧，借记“累计折旧”科目，按已计提的减值准备，借记“固定资产减值准备”科目，按固定资产原价，贷记“固定资产”科目。

(2)发生的清理费用。固定资产清理过程中发生的清理费用及应交的税费，也应计入“固定资产清理”科目，按实际发生的清理费用及应交的税金，借记“固定资产清理”科目，贷记“银行存款”“应交税费”等科目。

(3)收回出售固定资产的价款、残料价值和变价收入等，按实际收到的出售价款及残料变价收入等，借记“银行存款”“原材料”等科目，贷记“固定资产清理”“应交税费——应交增值税”科目。

(4)保险赔偿的处理。企业计算或收到的应由保险公司或过失人赔偿的报废、毁损固定资产的损失时，借记“银行存款”或“其他应收款”科目，贷记“固定资产清理”科目。

(5)清理净损益的处理。固定资产清理完成后的净损失，属于正常出售、转让所产生的利得或损失，借记或贷记“资产处置损益”科目，贷记或借记“固定资产清理”科目；属于已丧失使用功能正常报废所产生的损失，借记“营业外支出——非流动资产报废”科目，贷记“固定资产清理”科目；属于自然灾害等非正常原因造成的损失，借记“营业外支出——非常损失”科目，贷记“固定资产清理”科目。

例 7-19 某企业系增值税一般纳税人，2×19 年 7 月 10 日，将一台生产用的设备对外出售，该设备原价 800 000 元，已提折旧 600 000 元。在清理过程中，以银行存款支付清理费用 2 000 元。设备的变卖收入 80 000 元，增值税额为 10 400 元，取得的转让价款存入银行。编制会计分录如下。

(1)固定资产转入清理：

借：固定资产清理　　200 000
　　累计折旧　　600 000
　　贷：固定资产　　800 000

(2)支付清理费用：

借：固定资产清理　　2 000

　　贷：银行存款　　2 000

(3) 收到变价收入：

借：银行存款　　90 400

　　贷：固定资产清理　　80 000

　　　　应交税费——应交增值税(销项税额)　　10 400

(4) 结转固定资产清理的净损益：

借：资产处置损益　　122 000

　　贷：固定资产清理　　122 000

例 7-20　某公司的一辆运输卡车，原价 150 000 元，已提折旧 50 000 元，在一次交通事故中报废，收回保险公司赔款 80 000 元，卡车残料变价收入 5 000 元，已存入银行。编制会计分录如下。

(1) 将报废卡车转入清理：

借：固定资产清理　　100 000

　　累计折旧　　50 000

　　贷：固定资产　　150 000

(2) 收到保险公司赔款：

借：银行存款　　80 000

　　贷：固定资产清理　　80 000

(3) 登记残料变价收入：

借：银行存款　　5 000

　　贷：固定资产清理　　5 000

(4) 结转固定资产清理的净损益：

借：营业外支出——非流动资产报废　　15 000

　　贷：固定资产清理　　15 000

例 7-21　某企业出售一座建筑物，原价 2 000 000 元，已使用 6 年，计提折旧 300 000 元，支付清理费用 10 000 元，出售的价格收入为 2 900 000 元，选择适用简易计税方法计算缴纳增值税(应计提的城市建设维护税和教育费附加略，假定该企业对固定资产未计提减值准备)。编制会计分录如下。

(1) 固定资产转入清理：

借：固定资产清理　　1 700 000

　　累计折旧　　300 000

　　贷：固定资产　　2 000 000

(2) 支付清理费用：

借：固定资产清理　　10 000

　　贷：银行存款　　10 000

(3) 收到价款时：

借：银行存款　　2 900 000

　　贷：固定资产清理　　2 900 000

(4) 计算应交的增值税 (2 900 000−2 000 000)÷(1+5%)×5%=42 857.14(元)。

借：固定资产清理　　42 857.14

　　贷：应交税费——简易计税　　42 857.14

或将 (3) 和 (4) 合并编制会计分录为：

借：银行存款　　2 900 000

　　贷：固定资产清理　　2 857 142.86

应交税费——简易计税　　42 857.14

(5)结转固定资产清理后的净收益：

借：固定资产清理　　1 147 142.86

　贷：资产处置损益　　1 147 142.86

注：一般纳税人销售其2016年4月30日前取得(不含自建)的不动产，可以选择适用简易计税方法，以全部收入减该项不动产购置原价或取得不动产时的作价后的余额，按照5%的征收率在不动产所在地主管税务机关预缴增值税，向机构所在地主管税务机关申报缴纳增值税。

例7-22　某公司对希望工程捐赠旧计算机10台，原价50 000元，已提折旧10 000元；捐赠时，用银行存款支付运杂费1 000元。编制会计分录如下。

借：固定资产清理　　40 000

　累计折旧　　10 000

　贷：固定资产　　50 000

借：固定资产清理　　1 000

　贷：银行存款　　1 000

借：营业外支出——捐赠支出　　41 000

　贷：固定资产清理　　41 000

三、盘亏的固定资产

盘亏的固定资产，按其账面价值，借记“待处理财产损溢——待处理固定资产损溢”科目；按已提折旧，借记“累计折旧”科目；按该项固定资产已计提的减值准备，借记“固定资产减值准备”科目；按固定资产原价，贷记“固定资产”科目。在报批后，按盘亏固定资产的净额，借记“营业外支出——盘亏损失”科目，贷记“待处理财产损溢——待处理固定资产损溢”科目。

例7-23　A公司20×5年3月盘亏一台设备，原价300 000元，已提折旧200 000元，已报批处理。

(1)盘亏时：

借：待处理财产损溢——待处理固定资产损溢　　100 000

　累计折旧　　200 000

　贷：固定资产　　300 000

(2)报批后：

借：营业外支出——盘亏损失　　100 000

　贷：待处理财产损溢——待处理固定资产损溢　　100 000

四、固定资产减值

固定资产的初始入账价值是历史成本。由于固定资产使用年限较长，所以市场条件和经营环境的变化、科学技术的进步及企业经营管理不善等原因，都可能导致固定资产创造未来经济利益的能力大大下降，导致固定资产的真实价值有可能低于账面价值。因此，在期末必须对固定资产减值损失进行确认。

固定资产在资产负债表日存在可能发生减值的迹象时，其可收回金额低于账面价值的，企业应当将该固定资产的账面价值减记至可收回金额，减记的金额确认为减值损失，计入当期损益，同时计提相应的资产减值准备，借记“资产减值损失——计提的固定资产减值准备”科目，贷记“固定资产减值准备”科目。资产减值损失一经确认，在以后会计期间不得转回。

例7-24　20×8年12月31日，丁公司的某生产线存在可能发生减值的迹象。经计算，该机器的可收回金额合计为1 230 000元，账面价值为1 400 000元，以前年度未对该生产线计提过减值准备。

由于该生产线的可收回金额为1 230 000元，账面价值为1 400 000元。可收回金额低于账面价值，应按两者之间的差额170 000(1 400 000−1 230 000)计提固定资产减值准备。丁公司应编制如下会计分录。

借：资产减值损失——计提的固定资产减值准备　　170 000
　　贷：固定资产减值准备　　170 000

思考题

1．如何确定固定资产的原始价值？

2．对各种方式下取得的固定资产怎样进行会计处理？

3．影响折旧额的因素有哪些？

4．简述计提折旧的固定资产的范围。

5．固定资产折旧的方法有几种，各有什么特点？

练习题

习题一

【目的】练习固定资产增加的核算。

【资料】M 公司发生下列业务。

1．2×19 年 5 月购入一台不需安装的设备，增值税专用发票上注明价款 500 000 元、增值税额 65 000 元，运杂费 600 元，款项及运杂费用以银行存款支付。

2. 购入一台需安装的机器，增值税专用发票上注明价款 700 000 元、增值税额 91 000 元，运杂费 20 000 元。签发转账支票，支付货款及运杂费。

3．用银行存款支付安装费 50 000 元。

4．机器安装完毕，经验收投入使用。

【要求】编制 M 公司的会计分录。

习题二

【目的】练习固定资产出售、报废和清查的核算。

【资料】A 公司 2×19 年 10 月发生如下固定资产出售、报废和清查业务。

1．报废 1 台设备，其原价 600 000 元，已提折旧 550 000 元，残值变卖收入 20 000 元，已收存银行。发生清理费用 10 000 元，以现金支付。

2．A 公司因经营管理的需要，将 2×17 年 3 月购入的设备出售，开具的增值税专用发票上注明出售价款为 500 000 元、应交的增值税为 65 000 元，收到款项存入银行。设备账面原价 530 000 元，已提折旧 40 000 元，发生清理费用 1 200 元。

3．盘亏一台仪器，账面原价 71 000 元，已提折旧 35 000 元，列账待查。

4．上述盘亏设备均已申报审批。

【要求】根据以上资料编制固定资产的出售、报废、盘亏的会计分录。

第八章　无 形 资 产

第一节　无形资产的确认与初始计量

一、无形资产的定义与特征

无形资产是指企业拥有或控制的没有实物形态的、可辨认的非货币性资产，通常包括专利权、非专利技术、商标权、著作权、特许权、土地使用权等。无形资产具有以下特征。

(1) 无形资产不具有实物形态。

无形资产通常表现为某种权利、某种技术或某种获取利润的综合能力。它们不具有实物形态，看不见，摸不着，但却具有价值，或者能够使企业获得高于同行业一般水平的盈利能力，如非专利技术等。需要指出的是，某些无形资产的存在有赖于实物载体。例如，计算机软件需要存储在介质中，但这并不改变无形资产本身不具有实物形态的特性。在确定一项包含无形和有形要素的资产是属于固定资产，还是属于无形资产时，需要通过判断来加以确定，通常以哪个要素的资产更重要作为判断的依据。不具有实物形态是无形资产区别于其他资产的显著标志。

(2) 能够在较长的时期内使企业获得经济效益。

无形资产能够在多个生产经营期内使用，使企业长期受益，因而属于一项长期资产，企业为取得无形资产所发生的支出，属于资本性支出。

(3) 无形资产给企业提供未来经济效益的大小具有较大的不确定性。

这些无形资产的经济价值在很大程度上受企业外部因素的影响，其预期的获利能力不能准确地加以确定。无形资产的取得成本不能代表其经济价值，一项取得成本较高的无形资产可能为企业带来较少的经济效益，而取得成本较低的无形资产也可能给企业带来较大的利益。

(4) 无形资产具有可辨认性。

若要作为无形资产进行核算，则该资产必须是能够区别于其他资产并可单独辨认的，如企业持有的专利权、非专利技术、商标权、土地使用权、特许权等。满足下列条件之一的，应当认定为其具有可辨认性。

① 能够从企业中分离或划分出来，并能够单独或与相关合同、资产或负债一起，用于出售、转移、授予许可、租赁或交换。

② 源自合同性权利或其他法定权利，无论这些权利是否可以从企业或其他权利和义务中转移或分离出来。

(5) 无形资产属于非货币性资产。

非货币性资产是指企业持有的货币资金和将以固定或可确定的金额收取的资产以外的其他资产。无形资产在持有过程中为企业带来的未来经济利益的情况不确定，不属于以固定或可确定的金额收取的资产，属于非货币性资产。

二、无形资产的确认条件

无形资产应当在符合定义的前提下，同时满足下列条件的，才能予以确认。

(1) 与该无形资产有关的经济利益很可能流入企业。

作为无形资产确认的项目，必须具备产生的经济利益很可能流入企业这一特征。通常情况下，无形资产产生的经济利益可能包括在销售商品、提供劳务的收入中，或者企业使用该项无形资产而减少或节约的成本中，再或者体现在获得的其他经济利益中。例如，生产加工企业在生产工序中使用了某种知识产权，使其降低了未来生产成本，而不是增加未来收入。在实施这种判断时，需要对无形资产在预计使用寿命内可能存在的各种经济因素做出合理估计，并且应当有明确的证据支持，如企业是否有足够的人力资源、高素质的管理队伍、相关的硬件设备、相关的原材料等来配合无形资产为企业创造经济利益。同时，更为重要的是关注一些外界因素的影响，如是否存在相关的新技术、新产品冲击与无形资产相关的技术或据以生产的产品的市场等。在实施判断时，企业的管理当局应对无形资产的预计使用寿命内存在的各种因素做出最准确的估计。

(2) 该无形资产的成本能够可靠地计量。

成本能够可靠地计量是资产确认的一项基本条件。对于无形资产来讲，这个条件相对更为重要。例如，企业内部品牌、报刊名等，因其成本无法可靠计量，所以不能作为无形资产确认。又比如，一些高科技企业的科技人才，假定其与企业签订了服务合同，且合同规定其在一定期限内不能为其他企业提供服务。在这种情况下，虽然这些科技人才的知识在规定的期限内预期能够为企业创造经济利益，但由于这些技术人才的知识难以辨认，且形成这些知识所发生的支出难以计量，因而不能作为企业的无形资产加以确认。

三、无形资产的初始计量

无形资产通常按照实际成本进行初始计量，即以取得无形资产并使之达到预定用途而发生的全部支出作为无形资产的成本。对于不同来源取得的无形资产，其成本构成不尽相同。

(一) 外购无形资产

外购无形资产的成本包括购买价款、相关税费，以及直接归属于使该项资产达到预定用途所发生的其他支出。其中，直接归属于使该项资产达到预定用途所发生的其他支出包括无形资产达到预定用途所发生的专业服务费用、测试无形资产是否能够正常发挥作用的费用等，但不包括为引入新产品进行宣传发生的广告费用、管理费用及其他间接费用，也不包括在无形资产达到预定用途后发生的费用。

购买无形资产的价款超过正常信用条件延期支付的，实质上具有融资性质的，无形资产的成本应以购买价款的现值为基础确定。实际支付的价款与购买价款的现值之间的差额作为未确认的融资费用，在付款期间内采用实际利率法进行摊销，摊销金额除满足借款费用资本化条件的应计入无形资产成本外，其他的均应在信用期间内确认为财务费用，并计入当期损益。

为了核算企业无形资产的增减，企业应设置“无形资产”科目。该科目借方登记取得无形资产的成本，贷方登记出售无形资产转出的账面价值。该科目期末借方余额，反映企业无形资产的成本。该科目应按无形资产项目设置明细账，并进行明细核算。

购入无形资产时，按实际支付的价款，借记“无形资产”科目，贷记“银行存款”等科目。

例 8-1 某企业购入一项发明专利权，增值税专用发票上注明价款为 598 000 元，增值税额为 35 880 元，支付手续费 2 000 元，款项已通过银行转账支付。编制会计分录如下。

借：无形资产——专利权　　600 000（598 000+2 000）
　　应交税费——应交增值税（进项税额）　　35 880
　　贷：银行存款　　635 880

(二) 投资者投入的无形资产

投资者投入的无形资产，应当按照投资合同或协议约定的价值确定无形资产的取得成本。如果投资合同或协议约定价值不公允的，则应按无形资产的公允价值作为无形资产的初始成本入账。

投资者投入的无形资产，按投资各方确认的价值，借记“无形资产”科目，贷记“实收资本”或“股本”等科目。

例 8-2 乙公司接受甲投资者以其所拥有的非专利技术投资，双方商定的价值为 650 000 元，应交增值税进项税额为 39 000 元。已办妥相关手续。乙公司编制会计分录如下。

借：无形资产——非专利技术　　650 000

应交税费——应交增值税(进项税额)　　39 000
贷：实收资本　　689 000

在投资合同或协议约定价值不公允的情况下，应按无形资产的公允价值入账，按所确认的初始成本与实收资本或股本之间的差额调整资本公积。

例 8-3　某股份有限公司接受 B 公司以其所拥有的商标权进行投资，双方协议约定的价值为 2 000 万元，按照市场情况估计其公允价值为 3 000 万元，已办妥相关手续。该公司编制会计分录如下。

借：无形资产——商标权　　30 000 000
贷：实收资本——B 公司　　20 000 000
资本公积　　10 000 000

(三) 企业取得的土地使用权

企业取得的土地使用权，通常应当按照取得时所支付的价款及相关税费确认为无形资产。土地使用权用于自行开发建造厂房等地上建筑物时，土地使用权的账面价值不与地上建筑物合并计算其成本，而仍作为无形资产进行核算，土地使用权与地上建筑物分别进行摊销和提取折旧，但下列情况除外。

(1) 房地产开发企业取得的土地使用权用于建造对外出售的房屋建筑物，相关的土地使用权应当计入所建造的房屋建筑物成本。

(2) 企业外购的房屋建筑物，如果实际支付的价款中包括土地及建筑物的价值，则应当对支付的价款按照合理的方法(如公允价值比例)在土地使用权和地上建筑物之间进行分配；如果确实无法在土地使用权与地上建筑物之间进行合理分配的，则应当全部作为固定资产，按照固定资产确认和计量的规定进行处理。

企业改变土地使用权的用途，将其用于出租或增值目的时，应将其转为投资性房地产。

企业取得的土地使用权应作为无形资产核算。企业购入的土地使用权，或者以支付土地出让金方式取得的土地使用权，按照实际支付的价款及相关税费，借记"无形资产"科目，贷记"银行存款"等科目。

例 8-4　某企业从当地政府购入一块土地的使用权，以银行存款支付 1 250 000 元，准备自建写字楼。该企业编制会计分录如下。

借：无形资产——土地使用权　　1 250 000
贷：银行存款　　1 250 000

(四) 通过债务重组取得的无形资产

通过债务重组取得的无形资产是指企业作为债权人取得的债务人用于偿还债务的非现金资产，且企业作为无形资产管理的资产。通过债务重组取得的无形资产成本，应当按照《企业会计准则第 12 号——债务重组》确定。

(五) 通过非货币性资产交换取得的无形资产

通过非货币性资产交换取得的无形资产包括以投资、存货、固定资产或无形资产换入的无形资产等。通过非货币性资产交换取得的无形资产的成本，应当按照《企业会计准则第 7 号——非货币性资产交换》确定。

(六) 通过政府补助取得的无形资产

通过政府补助取得的无形资产的成本，应当按照公允价值计量；通过公允价值不能可靠取得的，应按照名义金额计量，即按照《企业会计准则第 16 号——政府补助》确认。

(七) 企业合并中取得的无形资产

企业合并中取得的无形资产的成本，应当按照《企业会计准则第 20 号——企业合并》确定。

第二节　内部研究开发支出的确认和计量

通常情况下，企业自创商誉及企业内部产生的无形资产不确认为无形资产，如企业内部产生的品牌、报刊名等。但是，由于确定研究开发费用是否符合无形资产的定义和相关性，能否或何时能够为企业产生预期未来经济利益，以及成本能否可靠地计量尚存在不确定因素，因此研究开发费用除要遵循无形资产确认和初始计量的一般要求外，还需要满足其他特定的条件，才能够确定为一项无形资产。

一、研究阶段和开发阶段的划分

对于企业自行进行的研究开发项目，应当区分研究阶段与开发阶段两个部分进行核算。

(一)研究阶段

研究阶段是指为获取新的科学或技术知识并理解它们而进行的独创性的有计划的调查。研究活动的例子包括为获取知识而进行的活动，研究成果或其他知识的应用研究、评价和最终选择；对材料、设备、产品、工序等项目的改良研究；对替代品的设计、配制、评估、筛选等。

研究阶段基本上是探索性的，是为进一步开发活动进行资料及相关方面的准备，已经进行的研究活动将来是否会转入开发、开发后是否会形成无形资产等均具有较大的不确定性。在这一阶段一般不会形成阶段性成果。

(二)开发阶段

开发阶段是指在进行商业性生产或使用前，将研究成果或其他知识应用于某项计划或设计，以生产出新的或具有实质性改进的材料、装置、产品等。开发活动的例子包括生产前或使用前的原型和模型的设计、建造和测试；具备新技术的工具、夹具、模具和冲模的设计；不具有商业性生产经济规模的试生产设施的设计、建造和运营；新的或经过改造的材料、设备、产品、工序、系统或服务所选定的替代品的设计、建造和测试等。

相对于研究阶段而言，开发阶段应当已完成研究阶段的工作，在很大程度上具备了形成一项新产品或新技术的基本条件。

二、研究阶段与开发阶段支出的确认

(一)研究阶段支出

考虑到研究阶段的探索性及其成果的不确定性，企业无法证明其能够带来未来经济利益的无形资产的存在，因此对于企业内部的研究开发项目，研究阶段的有关支出应当在发生时全部费用化，并计入当期损益(管理费用)。

(二)开发阶段支出

考虑到开发阶段的研究开发项目形成成果的可能性较大，因此如果企业能够证明该项目的开发支出符合无形资产的定义及相关确认条件，则可将其确认为无形资产。具体来讲，对于企业内部的研究开发项目，开发阶段的有关支出在同时满足下列五项条件的前提下，开发阶段的开支可以做资本化处理，并确认为无形资产，否则应当计入当期损益(管理费用)。

(1)完成该无形资产并使其能够使用或出售，已具备技术可行性，不存在技术上的障碍或其他不确定性。

企业在判断无形资产的开发在技术上是否具有可行性时，应当以目前阶段的成果为基础，并提供相关

证据和材料，证明企业进行开发所需的技术条件等已经具备，不存在技术上的障碍或其他不确定性。例如，企业已经完成了全部计划、设计和测试活动，这些活动是使资产能够达到设计规划书中的功能、特征和技术所必需的活动，或者经过专家鉴定等。

(2) 具备完成该无形资产并使用或出售的意图。

企业研究开发的项目形成成果以后，是对外出售，还是供自己使用并从使用中获得经济利益，应当根据企业管理层的意图而定。企业管理层应当能够说明其开发无形资产的目的，同时应具有完成该项无形资产开发并使其使用或出售的可能性。

(3) 无形资产产生未来经济利益的方式包括能够证明运用该无形资产生产的产品存在市场，或者无形资产本身存在市场。无形资产若在内部使用，则应证明其有用性。

如果有关的无形资产在形成后，主要用于生产新产品或新工艺，则企业应当对运用该无形资产生产的产品的市场情况进行可靠估计，应当能够证明所生产的产品存在市场，并能够带来经济利益的流入；如果有关无形资产开发以后主要用于对外出售，则企业应当能够证明市场上存在对该类无形资产的需求，开发以后存在外在的市场可以出售并能够带来经济利益的流入；如果无形资产开发以后，不是用于生产产品，也不是用于对外出售，而是在企业内部使用，则企业应能够证明其对企业的有用性。

(4) 有足够的技术、财务资源和其他资源支持，以完成该项无形资产的开发，并有能力使用或出售该无形资产。这一条件主要包括以下要求。

① 为完成该项无形资产的开发具有技术上的可靠性。开发无形资产并使其形成成果在技术上的可靠性，是继续开发活动的关键。因此，必须有确凿证据证明企业有足够的技术支持和技术能力继续开发该项无形资产。

② 财务资源和其他资源支持。财务资源和其他资源支持是能够完成该项无形资产开发的经济基础，因此企业必须能够说明为完成该项无形资产开发所需的财务资源和其他资源，是否能够足以支持完成该项无形资产的开发。

③ 能够证明企业可以取得无形资产开发所必需的技术、财务资源和其他资源，以及获得这些资源的相关计划等。如果企业自有资金不足以提供支持的，则应当能够证明存在外部其他方面的资金支持，如银行等金融机构声明愿意为该无形资产的开发提供所需资金等。

④ 有能力使用或出售该项无形资产以取得收益。

(5) 归属于该无形资产开发阶段的支出能够可靠地计量。

企业对于研究开发的支出应当单独核算，如直接发生的开发人员薪酬、材料费，以及相关设备折旧费等。在企业同时从事多项开发活动的情况下，所发生的支出同时用于支持多项开发活动的，应当按照合理的标准在各项开发活动之间进行分配；无法合理分配的，应予以费用化计入当期损益，而不应计入开发活动的成本。

(三) 无法区分研究阶段和开发阶段的支出

如果无法区分研究阶段和开发阶段的支出，则应当在发生时费用化，并计入当期损益(管理费用)。

三、内部开发的无形资产的计量

内部开发活动发生的无形资产的成本，由可直接归属于该资产的创造、生产并使该资产能够以管理层预定的方式运作的所有必要支出组成。可直接归属的成本包括开发该无形资产时耗用的材料、劳务成本、注册费，在开发该无形资产过程中使用的其他专利权和特许权的摊销，按照借款费用处理原则可以资本化的利息支出等。在开发无形资产过程中发生的，除上述可直接归属于无形资产开发活动之外的其他销售费用、管理费用等间接费用，无形资产达到预定用途前发生的可辨认的无效和初始运作损失，为运行该无形资产发生的培训支出等不构成无形资产的开发成本。

值得强调的是，内部开发无形资产的成本仅包括在满足资本化条件的时点至无形资产达到预定用途前发生的支出总和，对于同一项无形资产在开发过程中达到资本化条件之前已经费用化计入当期损益的支出不再进行调整。

四、内部研究开发费用的会计处理

（一）基本原则

企业内部研究开发无形资产，其在研究阶段的支出计入当期损益（管理费用）；开发阶段的支出符合资本化条件的予以资本化，不符合资本化条件的计入当期损益（管理费用）。如果确实无法区分研究阶段的支出和开发阶段的支出，应将其所发生的研发支出全部费用化，计入当期损益（管理费用）。

（二）具体的会计处理

企业应设置“研发支出”科目以核算企业进行研究开发无形资产过程中发生的各项支出。

“研发支出”科目应当按照研究开发项目，对“费用化支出”与“资本化支出”分别进行明细核算。“研发支出”科目期末借方余额，反映企业正在进行中的研究开发项目中满足资本化条件的支出。

(1) 企业自行开发无形资产发生的研发支出，不满足资本化条件的，借记“研发支出——费用化支出”科目；满足资本化条件的，借记“研发支出——资本化支出”科目，贷记“原材料”“银行存款”“应付职工薪酬”等科目。

(2) 企业以其他方式取得的正在进行中的研究开发项目，应按确定的金额，借记“研发支出——资本化支出”科目，贷记“银行存款”等科目。以后发生的研发支出，应当比照上述第一条原则进行处理。

(3) 研究开发项目达到预定用途形成无形资产的，应按“研发支出——资本化支出”科目的余额，借记“无形资产”科目，贷记“研发支出——资本化支出”科目。

(4) 期末，企业应将“研发支出”科目归集的费用化支出金额转入“管理费用”科目，借记“管理费用”科目，贷记“研发支出——费用化支出”科目。

例 8-5 某企业自行研究开发一项新产品专利技术，在研究开发过程中发生材料费 4 000 万元、人工薪酬 1 000 万元，以及其他费用 3 000 万元，总计 8 000 万元。其中，符合资本化条件的支出为 5 000 万元。期末，该专利技术已经达到预定用途。

借：研发支出——费用化支出	30 000 000	
——资本化支出	50 000 000	
贷：原材料		40 000 000
应付职工薪酬		10 000 000
银行存款		30 000 000

期末：

借：管理费用	30 000 000	
无形资产	50 000 000	
贷：研发支出——费用化支出		30 000 000
——资本化支出		50 000 000

第三节　无形资产的后续计量

一、无形资产使用寿命的确定

无形资产的后续计量以其使用寿命为基础。企业应当于取得无形资产时分析并判断其使用寿命。无形资产的使用寿命是有限的，应当估计该使用寿命的年限或构成使用寿命的产量等类似的计量单位数量；无法预见无形资产为企业带来未来经济利益的期限的，应当视为使用寿命不确定的无形资产。

（一）估计无形资产使用寿命应考虑的因素

无形资产的使用寿命包括法定寿命和经济寿命两个方面：某些无形资产的使用寿命受法律、规章或合同的限制，称为法定寿命；经济寿命则是指无形资产可以为企业带来经济利益的年限。

在估计无形资产的使用寿命时，应当综合考虑各方面相关因素的影响。其中，通常应当考虑的因素有：

⑴运用该资产生产的产品通常的寿命周期、可获得的类似资产使用寿命的信息；

⑵技术、工艺等方面的现实情况及对未来发展的估计；

⑶以该资产生产的产品或提供的服务的市场需求情况；

⑷现在或潜在的竞争者预期将采取的行动；

⑸为维持该资产产生未来经济利益的能力预期的维护支出，以及企业预计支付有关支出的能力；

⑹对该资产的控制期限，以及对该资产使用的法律或类似限制，如特许使用期间、租赁期等；

⑺与企业持有的其他资产使用寿命的关联性等。

例如，企业以支付土地出让金的方式取得一块土地 50 年的使用权，如果企业准备持续持有，在 50 年期间内没有计划出售，则该土地使用权预期为企业带来经济利益的期间为 50 年。

（二）无形资产使用寿命的确定

某些无形资产的取得源自合同性权利或其他法定权利，其使用寿命不应超过合同性权利或其他法定权利的期限。但如果企业使用资产的预期期限短于合同性权利或其他法定权利规定的期限，则应当按照企业预期使用的期限来确定其使用寿命。例如，企业取得的某项实用新型专利权，法律规定的保护期限为 15 年，企业预计运用该项实用新型专利权所生产的产品在未来 6 年内会为企业带来经济利益，则该项实用新型专利权的预计使用寿命为 6 年。

如果合同性权利或其他法定权利在到期时因续约等延续，则仅当有证据表明企业续约不需要付出重大成本时，续约期才能够包括在使用寿命的估计中。下列情况下，一般说明企业无须付出重大成本即可延续合同性权利或其他法定权利：有证据表明合同性权利或法定权利将重新延续，如果在延续之前需要第三方同意，则还需有第三方将会同意的证据；有证据表明为获得重新延续所必需的所有条件将被满足，以及企业为延续持有无形资产付出的成本与预期从重新延续中流入企业的未来经济利益相比不具有重要性。如果企业为延续无形资产持有期间付出的成本与预期从重新延续中流入企业的未来经济利益相比具有重要性，则该无形资产从本质上来看是企业获得的一项新的无形资产。

没有明确的合同或法律规定无形资产的使用寿命的，企业应当综合各方面因素进行判断，以确定无形资产能够为企业带来经济利益的期限。例如，与同行业的情况进行比较、参考历史经验，或者聘请相关专家进行论证等。

按照上述方法仍无法合理确定无形资产为企业带来经济利益期限的，该项无形资产应作为使用寿命不确定的无形资产。例如，企业取得了一项在过去几年中市场份额领先的畅销产品的商标。该商标按照法律规定还有 5 年的使用寿命，但是在保护期届满时，企业可每 10 年以较低的手续费申请延期，同时有证据表明企业有能力申请延期。此外，有关的调查表明，根据产品生产周期、市场竞争等方面情况综合判断，该商标将在不确定的期间内为企业带来现金流量。综合各方面情况，该商标可视为使用寿命不确定的无形资产。又如，企业通过公开拍卖取得一项出租车运营许可权，按照所在地的规定，以现有出租车运营许可权为限，不再授予新的运营许可权，而且在旧的出租车报废以后，有关的运营许可权可用于新的出租车。企业估计在有限的未来，将持续经营出租车行业。对于该运营许可权，从目前情况来看，由于其能够为企业带来未来经济利益的期限无法可靠地估计，因而应将其视为使用寿命不确定的无形资产。

（三）无形资产使用寿命的复核

企业至少应当于每年年度终了时，对使用寿命有限的无形资产的使用寿命进行复核。如果有证据表明无形资产的使用寿命与以前估计不同，则应当改变摊销期限，并按照会计估计变更进行处理。例如，企业使用的某项专利权，原预计使用寿命为 10 年，使用至第 3 年年末时，该企业计划再使用 2 年即不再使用。为此，在第 3 年年末，企业应当变更该项无形资产的使用寿命，并做会计估计变更处理。

企业应当在每个会计期间对使用寿命不确定的无形资产的使用寿命进行复核。如果有证据表明无形资产的使用寿命是有限的，则应当估计其使用寿命，并按照使用寿命有限的无形资产的处理原则进行会计处理。

二、使用寿命有限的无形资产摊销

使用寿命有限的无形资产，应在其预计的使用寿命内采用系统合理的方法对应摊销金额进行摊销。应摊销金额是指无形资产的成本扣除残值后的金额。已计提减值准备的无形资产，还应扣除已计提的无形资产减值准备累计金额。使用寿命有限的无形资产，其残值一般应当视为零。

（一）摊销期和摊销方法

无形资产的摊销期自其可供使用（其达到预定用途）时起至终止确认时止，即无形资产摊销的起始和停止日期为当月增加的无形资产，当月开始摊销；当月减少的无形资产，当月不再摊销。

在无形资产的使用寿命内系统地分摊其应摊销金额，存在多种方法。这些方法包括直线法、产量法等。企业选择的无形资产摊销方法，应当能够反映与该项无形资产有关的经济利益的预期消耗方式，并一致地运用于不同会计期间。例如，受技术陈旧因素影响较大的专利权和专有技术等无形资产，可采用类似固定资产加速折旧的方法进行摊销；有特定产量限制的特许经营权或专利权，应采用产量法进行摊销；无法可靠确定其预期实现方式的，应当采用直线法进行摊销。

无形资产的摊销一般应当计入当期损益，但如果某项无形资产是专门用于生产某种产品或其他资产的，其所包含的经济利益是通过转入到其所生产的产品或其他资产中实现的，则无形资产的摊销费用应当计入相关资产的成本。例如，某项专门用于生产过程中的专利技术，其摊销费用应构成所生产产品成本的一部分，计入制造该产品的制造费用。

持有的不进行摊销的待售无形资产，按照账面价值与公允价值减处置费用后的净额孰低进行计量。

（二）残值的确定

无形资产的残值一般为零，但下列情况除外：

(1) 有第三方承诺在无形资产使用寿命结束时购买该无形资产；

(2) 可以根据活跃市场得到无形资产预计残值信息，并且该市场在无形资产使用寿命结束时很可能存在。

无形资产的残值，意味着在其经济寿命结束之前，企业预计将会处置该无形资产，并且从该处置中获得收益。估计无形资产的残值应以资产处置时的可收回金额为基础，此时的可收回金额是指在预计出售日出售一项使用寿命已满且处于类似使用状况下，同类无形资产预计的处置价值（扣除相关税费）。残值确定以后，在持有无形资产的期间内，至少应于每年年末进行复核，预计其残值与原估计金额不同的，应按照会计估计变更进行处理。如果无形资产的残值重新估计以后高于其账面价值的，则无形资产不再摊销，直至残值降至低于账面价值时再恢复摊销。

（三）使用寿命有限的无形资产摊销的账务处理

使用寿命有限的无形资产应当在其使用寿命内，采用合理的摊销方法进行摊销。摊销时，应当考虑该项无形资产所服务的对象，并以此为基础将其摊销价值计入相关资产的成本或当期损益。

无形资产的应摊销金额为其入账价值扣除残值后的金额，已经计提无形资产减值准备的，还应扣除已经提取的无形资产减值准备金额。

企业应设置“累计摊销”科目，以核算企业对使用寿命有限的无形资产计提的累计摊销。“累计摊销”科目是“无形资产”的抵减科目，贷方反映计提的无形资产的摊销额，借方反映无形资产转出时冲销的累计摊销；期末贷方余额，反映企业无形资产累计摊销额。“累计摊销”科目应按无形资产项目进行明细核算。

企业按月计提无形资产摊销，借记“制造费用”“管理费用”“其他业务成本”等科目，贷记“累计摊销”科目。

例 8-6 某股份有限公司从外单位购得一项商标权，支付价款 3 000 万元，款项已支付，该商标权的使用寿命为 10 年，不考虑残值因素。该公司的账务处理如下。

(1) 取得无形资产时：

借：无形资产——商标权	30 000 000	
贷：银行存款		30 000 000

(2) 按年摊销时：

借：管理费用	3 000 000 (30 000 000÷10)	
贷：累计摊销		3 000 000

三、使用寿命不确定的无形资产

根据可获得的相关信息判断，如果无法合理估计某项无形资产的使用寿命，则应将其作为使用寿命不确定的无形资产进行核算。对于使用寿命不确定的无形资产，在持有期间内不需要进行摊销，但应当在每个会计期间进行减值测试。其减值测试的方法按照判断资产减值的原则进行处理，如果经减值测试表明已发生减值，则需要计提减值准备，其相关的账务处理为借记“资产减值损失”科目，贷记“无形资产减值准备” 科目。

第四节　无形资产的处置

无形资产的处置主要是指无形资产出售、出租、对外捐赠，或者无法为企业带来未来经济利益时，应予终止确认并转销(报废)。以下重点介绍无形资产出售、无形资产出租和无形资产报废。

一、无形资产出售

企业出售某项无形资产，表明企业放弃无形资产的所有权，应将其所取得的价款与该无形资产账面价值的差额计入当期损益。但是，值得注意的是，企业出售无形资产确认其利得的时点，应按照收入确认中的相关原则进行确定。

出售无形资产时，应按实际收到的金额，借记“银行存款”等科目；按已计提的累计摊销，借记“累计摊销”科目；原已计提减值准备的，借记“无形资产减值准备”科目；按应支付的相关税费，贷记“应交税费”等科目；按其账面余额，贷记“无形资产”科目；按其差额，贷记或借记“资产处置损益”科目。

例 8-7 甲公司为增值税一般纳税人，将其拥有的一项商标权出售，取得的不含税收入为 8 000 000 元，增值税额为 480 000 元。该商标权的账面余额为 7 000 000 元，累计摊销额为 3 500 000 元，已计提的减值准备为 2 000 000 元。甲公司的账务处理如下。

借：银行存款	8 000 000	
累计摊销	3 500 000	
无形资产减值准备	2 000 000	
贷：无形资产——商标权		7 000 000
应交税费——应交增值税(销项税额)		480 000
资产处置损益		6 020 000

例 8-8 某企业将拥有的一项专利权出售，取得收入 150 000 元，该专利权的账面余额为 600 000 元，已计提的减值准备为 100 000 元，累计摊销额为 200 000。按税法规定可以免交增值税，编制会计分录如下：

借：银行存款　　150 000

　　累计摊销　　200 000

　　无形资产减值准备　　100 000

　　资产处置损益　　150 000

　　贷：无形资产——专利权　　600 000

二、无形资产出租

企业将所拥有的无形资产的使用权让渡给他人，并收取租金，属于与企业日常活动相关的其他经营活动取得的收入，在满足收入确认条件的情况下，应确认相关的收入及成本，并通过其他业务收支科目进行核算。

企业出租无形资产时所取得的租金收入，借记“银行存款”等科目，贷记“其他业务收入”“应交税费”等科目；摊销出租无形资产的成本并发生与出租相关的各种费用支出时，借记“其他业务成本”科目，贷记“累计摊销”等科目。

例 8-9 某企业转让其拥有的一项专利技术的使用权，转让一次收取的价款为 100 000 元(不含税)，已进账，同时因提供技术咨询服务，应付技术人员薪酬 12 000 元，为技术人员以现金报销交通费 1 000 元。该专利技术本月应摊销 5 000 元。适用的增值税税率为 6%。该企业应做如下会计分录：

(1) 取得该项专利权的使用费时：

借：银行存款　　106 000

　　贷：其他业务收入　　100 000

　　　　应交税费——应交增值税(销项税额)　　6 000

(2) 发生相关费用时：

借：其他业务成本　　18 000

　　贷：应付职工薪酬　　12 000

　　　　库存现金　　1 000

　　　　累计摊销　　5 000

三、无形资产报废

如果无形资产预期不能为企业带来经济利益(如该无形资产已被其他新技术所替代或超过法律保护期，不能再为企业带来经济利益的)，则应将其报废并予转销，其账面价值转作当期损益。转销时，应按已计提的累计摊销，借记“累计摊销”科目；原已计提减值准备的，借记“无形资产减值准备”科目；按其账面余额，贷记“无形资产”科目；按其差额，借记“营业外支出”科目。

例 8-10 甲企业的某项专利权已经不能给企业带来未来经济利益，甲企业按规定将其做报废处理。该无形资产的账面余额为 100 000 元，累计摊销的账面余额为 98 000 元。应做如下会计分录。

借：累计摊销　　98 000

　　营业外支出　　2 000

　　贷：无形资产——专利权　　100 000

思考题

1. 什么是无形资产？无形资产有哪些特征？
2. 无形资产的内容有哪些？
3. 简述无形资产摊销与固定资产折旧的区别。

4．无形资产如何计价？

5．无形资产的处置如何进行核算？

练 习 题

习题一

【目的】练习无形资产增加、减少及摊销的核算。

【资料】甲公司 20×9 年 10 月发生如下无形资产业务。

1．接受 A 企业商标权投资，该商标权的公允价值为 80 万元，双方协议价为 80 万元，法定有效期为 10 年。

2．以银行存款 300 万元购入一项无形资产（不考虑相关税费）。该无形资产的预计使用年限为 10 年。

3．甲公司 20×9 年年初开始自行研究开发一项新产品专利技术，在研究开发过程中发生材料费 500 万元、人工工资 200 万元，以及其他费用 100 万元，共计 800 万元，其中符合资本化条件的支出为 600 万元；20×9 年 12 月专利申请获得成功。甲公司估计该专利权的预计使用年限为 12 年。

【要求】根据上述资料编制有关无形资产增加、摊销的会计分录。（假定无形资产按年摊销，采用直线法摊销。）

习题二

【目的】练习无形资产转让、报废的核算。

【资料】甲公司 20×9 年无形资产业务有关的资料如下。

1．甲公司将其一项专利权转让给乙公司，该专利权的成本为 600 000 元，已摊销 250 000 元，实际取得的转让价款为 400 000 元（不含税），应交增值税 24 000 元，款项已存入银行。

2．20×9 年 12 月 31 日，甲公司某项专利的账面余额为 3 000 000 元，已摊销 2 800 000 元，未提减值准备。该专利权的残值为零。假定以该专利权生产的产品已没有市场，预期不能再为企业带来经济利益。甲公司按规定将该专利做报废处理。

【要求】编制甲公司无形资产转让、报废的会计处理。

第九章　投资性房地产

第一节　投资性房地产概述

一、投资性房地产的定义及特征

房地产是土地和房屋及其权属的总称。在我国，土地归国家或集体所有，企业只能取得土地使用权。因此，房地产中的土地是指土地使用权。房屋是指土地上的房屋等建筑物及构筑物。

投资性房地产，是指为赚取租金或资本增值，或者两者兼有而持有的房地产。

投资性房地产具有以下特征。

(1)投资性房地产是一种经营性活动。

投资性房地产的主要形式是出租建筑物、出租土地使用权，这实质上是一种让渡资产使用权行为。房地产租金就是让渡资产使用权取得的使用费收入，是企业为完成其经营目标所从事的经营性活动，以及与之相关的其他活动形成的经济利益总流入。投资性房地产的另一种形式是持有并准备增值后转让的土地使用权，尽管其增值收益通常与市场供求、经济发展等因素相关，但目的是为了增值后转让以赚取增值收益，也是企业为完成其经营目标所从事的经营性活动，以及与之相关的其他活动形成的经济利益总流入。

(2)投资性房地产在用途、状态、目的等方面区别于作为生产经营场所的房地产和用于销售的房地产。

企业持有的房地产除用作自身管理、生产经营活动场所和对外销售外，出现了将房地产用于赚取租金或增值收益的活动，甚至成为个别企业的主营业务。这就需要将投资性房地产作为一项资产核算和反映，与自用的厂房、办公楼等房地产和作为存货(已建完工商品房)的房地产加以区别，从而更加清晰地反映企业所持有房地产的构成情况和盈利能力。

二、投资性房地产的范围

投资性房地产主要包括已出租的土地使用权、持有并准备增值后转让的土地使用权和已出租的建筑物。

(一)已出租的土地使用权

已出租的土地使用权，是指企业通过出让或转让方式取得的，并以经营租赁方式出租的土地使用权。企业取得的土地使用权通常包括在一级市场上以交纳土地出让金的方式取得的土地使用权，也包括在二级市场上接受其他单位转让的土地使用权。企业将通过上述方式取得的土地使用权以经营租赁方式出租给其他单位的，属于投资性房地产。但是，对于以经营租赁方式租入土地使用权再转租给其他单位的，不能确认为投资性房地产。

例 9-1　甲企业与乙企业签订了一项经营租赁合同，乙企业将其持有使用权的一块土地出租给甲企业，以赚取租金，年租金 500 万元，租期 10 年。甲企业又将这块土地转租给丙企业，以赚取租金差价，为期 3 年。以上交易假设不违反国家有关规定。

本例中，对于甲企业而言，这项土地使用权不能予以确认，也不属于其投资性房地产。对于乙企业而言，自租赁期开始日起，这项土地使用权属于其投资性房地产。

(二)持有并准备增值后转让的土地使用权

持有并准备增值后转让的土地使用权，是指企业取得的，准备增值后转让的土地使用权。

土地使用权在我国属于稀缺资源，国家严格限制与之相关的投机行为，因此在我国实务中，持有并准备增值后转让的土地使用权的情况较少。

但是，按照国家有关规定认定的闲置土地，不属于持有并准备增值的土地使用权。

例 9-2 A 企业为实施企业环保战略。决定搬迁至郊区，原在市区的土地使用权停止自用，管理层决定继续持有这部分土地使用权，待其增值后转让以赚取增值收益。市区的这部分土地使用权属于 A 企业的投资性房地产。

(三) 已出租的建筑物

已出租的建筑物是指企业拥有产权并以经营租赁方式出租的房屋等建筑物，主要包括自行建造或开发活动完成后用于出租的建筑物，以及正在建造或开发过程中将来用于出租的建筑物。

企业在判断和确认已出租的建筑物时，应当把握以下要点。

(1) 用于出租的建筑物是指企业拥有产权的建筑物。企业以经营租赁方式租入再转租的建筑物不属于投资性房地产。

例 9-3 甲企业与乙企业签订了一项经营租赁合同，乙企业将其持有产权的两间门面房出租给甲企业，为期 5 年。甲企业一开始将这两间门面房用于自己经营餐馆。2 年后，由于连续亏损，甲企业将餐馆转租给丙公司，以赚取租金差价。

本例中，对于甲企业而言，这两间门面房产权不能予以确认，也不属于其投资性房地产。对于乙企业而言，则属于其投资性房地产。

(2) 已出租的建筑物是企业已经与其他方签订了租赁协议，约定以经营租赁方式出租的建筑物。通常应自租赁协议规定的租赁期开始日起，经营租出的建筑物才属于已出租的建筑物。对企业持有以备经营出租的空置建筑物或在建建筑物，如董事会或类似机构做出书面决议，明确表示将其用于经营出租且持有意图短期内不再发生变化的，即使尚未签订租赁协议，也应视为投资性房地产。这里的“空置建筑物”是指企业新购入、自行建造或开发完工但尚未使用的建筑物，以及不再用于日常生产经营活动且经整理后达到可经营出租状态的建筑物。

例 9-4 甲企业在当地房地产交易中心通过竞拍取得一块土地的使用权。甲企业按照合同规定对这块土地进行了开发，并在这块土地上建造了一栋商铺，拟短期内用于整体出租，且持有意图短期内不再发生变化，但尚未找到合适的承租人。

本例中，这栋商铺属于“空置建筑物”，属于投资性房地产。

例 9-5 乙企业在当地房地产交易中心通过竞拍取得一块土地的使用权。乙企业按照合同规定对这块土地进行了开发，并在这块土地上建造了一栋商铺，拟用于整体出租，但尚未开发完工。

本例中，该尚未开发完工的商铺不属于“空置建筑物”，不属于投资性房地产。

(3) 企业将建筑物出租，按租赁协议向承租人提供的相关辅助服务在整个协议中不重大的，应当将该建筑物确认为投资性房地产。如果企业将办公室出租并向承租人提供保安、维修等日常辅助服务，则企业应当将该建筑物确认为投资性房地产。

例 9-6 甲企业在中北路购买了一栋写字楼，共 12 层。其中，2～5 层经营出租给乙公司，6～12 层经营出租给丙公司，1 层经营出租给某家大型超市。甲企业同时为整栋楼提供保安、清洁、维修等日常辅助服务。

本例中，甲企业将写字楼出租，同时提供的辅助服务不重大。对于甲企业而言，这栋写字楼属于甲企业的投资性房地产。

三、不属于投资性房地产的项目

(一) 自用房地产

自用房地产是指为生产商品、提供劳务或经营管理而持有的房地产，如企业生产经营用的厂房和办公楼属于固定资产，企业生产经营用的土地使用权属于无形资产。自用房地产的特征在于服务于企业自身的生产经营，其价值会随着房地产的使用而逐渐转移到企业的产品或服务中去，通过销售商品或提供劳务为企业带来经济利益，包括自用建筑物(固定资产)和自用的土地使用权(无形资产)。

例如，企业出租给本企业职工居住的宿舍，虽然也收取租金，但间接为企业自身的生产经营服务，因此具有自用房地产的性质。

又如，企业拥有并自行经营的旅馆、饭店，旅馆、饭店的经营者在向顾客提供住宿服务的同时，还提供餐饮、娱乐等其他服务，其经营目的主要是通过向顾客提供服务取得服务收入，因此，该企业自行经营的旅馆、饭店是企业的经营场所，应当属于自用房地产。

（二）作为存货的房地产

作为存货的房地产通常是指房地产开发企业在正常经营过程中销售的或为销售而正在开发的商品房和土地。这部分房地产属于房地产开发企业的存货，其生产、销售构成企业的主营业务活动，产生的现金流量也与企业的其他资产密切相关。因此，具有存货性质的房地产不属于投资性房地产。

从事房地产开发的企业依法取得的，用于开发后出售的土地使用权，属于房地产开发企业的存货，即使房地产开发企业决定待增值后再转让其开发的土地，也不得将其确认为投资性房地产。

实务中，存在某项房地产，部分用于自用或作为存货出售，部分用于赚取租金或资本增值的情形。如果某项投资性房地产不同用途的部分能够单独计量和出售的，则应当分别确认为固定资产（或无形资产、存货）和投资性房地产。例如，甲开发商建造了一栋商住两用楼盘，一层出租给一家大型超市，已签订经营租赁合同；其余楼层均为普通住宅，正在公开销售中。这种情况下，如果一层商铺能够单独计量和出售，则应当确认为甲企业的投资性房地产，其余楼层为甲企业的存货，即开发产品。

第二节　投资性房地产的确认和初始计量

一、投资性房地产的确认条件

投资性房地产只有在符合定义并同时满足下列条件时才能予以确认。

（1）与该投资性房地产相关的经济利益很可能流入企业。

（2）该投资性房地产的成本能够可靠的计量。

对已出租的土地使用权、已出租的建筑物，其作为投资性房地产的确认时点一般为租赁期开始日，即土地使用权、建筑物进入出租状态、开始赚取租金的日期。但对企业持有以备经营出租的空置建筑物或在建建筑物，董事会或类似机构做出书面决议，明确表明将其用于经营出租且持有意图短期内不再发生变化的，即使尚未签订租赁协议，也应视为投资性房地产。对持有并准备增值后转让的土地使用权，其作为投资性房地产的确认时点为企业将自用土地使用权停止自用、准备增值后转让的日期。

投资性房地产应当按照成本进行初始计量。

二、投资性房地产的初始计量

（一）外购投资性房地产的初始计量

外购的土地使用权和建筑物，应当按照取得时的实际成本进行初始计量。取得时的实际成本，包括购买价款、相关税费和可直接归属于该资产的其他支出。

企业购入的房地产，部分用于出租（或资本增值）、部分自用，用于出租（或资本增值）的部分应予以单独确认的，应按照不同部分的公允价值总额的比例将成本在不同部分之间进行分配。

企业购入房地产，自用一段时间之后再改为出租或用于资本增值的，应当先将外购的房地产确认为固定资产或无形资产，自租赁期开始日或用于资本增值之日起，才能从固定资产或无形资产转换为投资性房地产。

采用成本模式进行后续计量的，企业应当在购入投资性房地产时，按照其实际成本，借记“投资性房地产”科目，贷记“银行存款”科目。采用公允价值模式进行后续计量的，企业应当在购入投资性房地产时，借记“投资性房地产——成本”科目，贷记“银行存款”科目。

例 9-7 20×8 年 8 月，美颐公司计划购入一栋写字楼用于对外出租。8 月 20 日，美颐公司与甲公司签订了经营租赁合同，双方约定自写字楼购买日起将这栋写字楼出租给甲公司，期限 3 年，每年租金 80 万元。20×8 年 9 月 20 日，美颐公司实际购入写字楼，支付价款共计 2 000 万元(假设不考虑相关税费，美颐公司采用成本模式进行后续计量)。

美颐公司应编制如下会计分录。

借：投资性房地产　　20 000 000

　　贷：银行存款　　20 000 000

(二) 自行建造的投资性房地产的初始计量

企业自行建造的投资性房地产，其成本由建造该项房地产达到预期可使用状态前发生的必要支出构成，包括土地开发费、建筑成本、安装成本、应予以资本化的借款费用、支付的其他费用和分摊的间接费用等。建造过程中发生的非正常性损失，直接计入当期损益，不计入建造成本。

采用成本模式进行后续计量的，自行建造的投资性房地产达到预定可使用状态时，应当按照确定的自行建造的投资性房地产成本，借记“投资性房地产”科目，贷记“在建工程”或“开发产品”科目。采用公允价值模式进行后续计量的，应按照确定的自行建造的投资性房地产成本，借记“投资性房地产——成本”科目，贷记“在建工程”或“开发产品”科目。

例 9-8 20×8 年 6 月，美颐公司从其他单位购入一块土地使用权，并在该块土地上开始自行建造三栋厂房。20×8 年 12 月，美颐公司预计厂房即将完工，遂开展对外招租业务，并与 A 公司签订了经营租赁合同，将其中的一栋厂房租赁给 A 公司使用，其余两栋自用。租赁合同约定，该厂房于完工时开始起租。20×8 年 12 月 25 日，三栋厂房同时完工(达到预定可使用状态)。该土地使用权的成本为 600 万元；三栋厂房的造价均为 1 000 万元，能够单独出售。(假设不考虑其他因素，美颐公司采用成本模式进行后续计量。)

美颐公司应编制如下会计分录。

土地使用权中的对应部分同时转换为投资性房地产：600×(1 000÷3 000)=200(万元)。

借：固定资产——厂房　　20 000 000

　　投资性房地产——厂房　　10 000 000

　　贷：在建工程　　30 000 000

借：投资性房地产——土地使用权　　2 000 000

　　贷：无形资产——土地使用权　　2 000 000

第三节　投资性房地产的后续计量

投资性房地产的后续计量有成本模式和公允价值模式两种，通常应采用成本模式计量，满足特定条件时也可以采用公允价值模式计量。但是，同一企业只能采用一种模式对所有投资性房地产进行后续计量，不得同时采用两种计量模式。

一、采用成本模式计量的投资性房地产

企业通常应当采用成本模式对投资性房地产进行后续计量。采用成本模式进行后续计量的投资性房地产，应当遵循以下会计处理规定。

(1) 按照固定资产或无形资产的有关规定，按期(月)计提折旧或进行摊销，借记“其他业务成本”等科目，贷记“投资性房地产累计折旧(摊销)”科目。

(2) 取得的租金收入，借记“银行存款”等科目，贷记“其他业务收入”等科目。

(3) 投资性房地产存在减值迹象的，应当适用资产减值的有关规定。经减值测试后确定发生减值的，应当计提减值准备，借记“资产减值损失”科目，贷记“投资性房地产减值准备”科目。已经计提减值准备的投资性房地产，其减值损失在以后的会计期间不得转回。

例 9-9 甲企业将一栋办公楼出租给乙公司使用，确认为投资性房地产，采用成本模式进行后续计量。假设该栋办公楼的成本为 1 800 万元，按照直线法计提折旧，使用寿命为 20 年，预计净残值为零。按照经营租赁合同约定，乙企业每月向甲企业支付租金 8 万元，当年 12 月，这栋办公楼发生减值迹象，经减值测试，其可收回金额为 1 200 万元，此时办公楼的账面价值为 1 500 万元，以前未计提减值准备。

甲企业的账务处理如下。

(1) 每月计提折旧。

每月计提折旧：1 800÷20÷12=7.5（万元）

借：其他业务成本　　75 000

　　贷：投资性房地产累计折旧　　75 000

(2) 每月确认租金收入。

借：银行存款（或其他应收款）　　80 000

　　贷：其他业务收入　　80 000

(3) 计提减值准备。

借：资产减值损失　　3 000 000

　　贷：投资性房地产减值准备　　3 000 000

二、采用公允价值模式计量的投资性房地产

企业只有存在确凿证据表明投资性房地产的公允价值能够持续可靠取得的情况下，才可以采用公允价值模式对投资性房地产进行后续计量。企业一旦选择公允价值计量模式，就应当对其所有投资性房地产均采用公允价值模式进行后续计量。

(1) 采用公允价值模式进行后续计量的投资性房地产，应当同时满足以下两个条件。

① 投资性房地产所在地有活跃的房地产交易市场。所在地，通常是指投资性房地产所在的城市。对于大中型城市，应当为投资性房地产所在的城区。

② 企业能够从活跃的房地产交易市场上取得同类或类似房地产的市场价格和其他相关信息，从而对投资性房地产的公允价值做出合理的估计。

对建筑物而言，同类或类似的房地产是指所处地理位置和地理环境相同、性质相同、结构类型相同或相近、新旧程度相同或相近、可使用状态相同或相近的建筑物；对土地使用权而言，同类或类似的房地产是指同一城区、同一位置区域、所处地理位置和地理环境相同或相近、可使用状态相同或相近的土地。

投资性房地产的公允价值是指市场参与者在计量日的有序交易中，出售该房地产所能收到的金额。确定投资性房地产的公允价值时，应当参照活跃市场上同类或类似房地产的现行市场价格（市场公开报价）；无法取得同类或类似的房地产现行市场价格的，应当参照活跃市场上同类或类似房地产的最近交易价格，并考虑交易情况、交易日期、所在区域等因素，从而对投资性房地产的公允价值做出合理的估计；也可以基于预计未来获得的租金收益和相关现金流量予以计量。

(2) 采用公允价值模式进行后续计量的投资性房地产，应当遵循以下会计处理规定。

① 不对投资性房地产计提折旧或摊销，企业应当以资产负债表日投资性房地产的公允价值为基础调整其账面价值，公允价值与原账面价值之间的差额计入当期损益。

在资产负债表日，投资性房地产的公允价值高于原账面价值的差额，借记“投资性房地产——公允价值变动”科目，贷记“公允价值变动损益”科目；公允价值低于原账面价值的差额，做相反的分录。

② 取得的租金收入，借记“银行存款”等科目，贷记“其他业务收入”等科目。

例 9-10 甲企业为从事房地产经营开发的企业。20×7 年 8 月，甲公司与乙公司签订租赁协议，约定将甲公司开放的一栋精装修的写字楼于开发完成的同时开始租赁给乙公司使用，租赁期为 10 年。当年 10 月 1 日，该写字楼开发完成并开始起租。写字楼的造价为 9 000 万元。由于该栋写字楼地处商业繁华区，所在城区有活跃的房地产交易市场，而且能够从房地产交易市场上取得同类房地产的市场报价，甲公司决

定采用公允价值模式对该项出租的房地产进行后续计量。20×7 年 12 月 31 日，该写字楼的公允价值为 9 200 万元。20×8 年 12 月 31 日，该写字楼的公允价值为 9 300 万元。

甲企业的账务处理如下。

(1)20×7 年 10 月 1 日，甲公司开发完成写字楼并出租。

借：投资性房地产——成本　　90 000 000

　　贷：开发成本　　90 000 000

(2)20×7 年 12 月 31 日，以公允价值为基础调整其账面价值，公允价值与原账面价值的差额计入当期损益。

借：投资性房地产——公允价值变动　　2 000 000

　　贷：公允价值变动损益　　2 000 000

(3)20×8 年 12 月 31 日，公允价值又发生变动。

借：投资性房地产——公允价值变动　　1 000 000

　　贷：公允价值变动损益　　1 000 000

三、投资性房地产后续计量模式的变更

为保证会计信息的可比性，企业对投资性房地产的计量模式一经确定便不得随意变更。只有在房地产市场比较成熟，能够满足采用公允价值模式条件的情况下，才允许企业对投资性房地产从成本模式计量变更为公允价值模式计量。但是，同一企业只能采用一种模式对所有投资性房地产进行后续计量，不得采用两种计量模式。

对投资性房地产由成本模式计量转为公允价值模式计量的，应当作为会计政策变更处理，根据计量模式变更时公允价值与账面价值的差额，调整期初留存收益(未分配利润)。

企业变更投资性房地产计量模式时，应当按照计量模式变更日投资性房地产的公允价值，借记“投资性房地产——成本”科目；按照已计提的折旧或摊销，借记“投资性房地产累计折旧(摊销)”科目；原已计提减值准备的，借记“投资性房地产减值准备”科目；按照原账面余额，贷记“投资性房地产”科目；按照公允价值与其账面价值之间的差额，贷记或借记“利润分配——未分配利润”“盈余公积”等科目。

已采用公允价值模式计量的投资性房地产，不得从公允价值模式转为成本模式。

例 9-11　甲企业将拥有的一栋写字楼租赁给乙公司使用，并一直采用成本模式进行后续计量。20×9 年 1 月 1 日，甲企业认为，出租给乙公司使用的写字楼，其所在地的房地产交易市场比较成熟，具备了采用公允价值模式计量的条件，决定对该项投资性房地产从成本模式计量转换为公允价值模式计量。该写字楼的原造价为 90 000 000 元，已计提折旧 2 700 000 元，账面价值为 87 300 000 元。20×9 年 1 月 1 日，该写字楼的公允价值为 95 000 000 元。假设甲企业按净利润的 10%计提盈余公积。

甲企业的账务处理如下。

借：投资性房地产——成本　　95 000 000

　　投资性房地产累计折旧　　2 700 000

　　贷：投资性房地产　　90 000 000

　　　　利润分配——未分配利润　　6 930 000

　　　　盈余公积　　770 000

【注：盈余公积=(95 000 000−87 300 000)×10%=770 000(元)】

第四节　投资性房地产的后续支出

一、资本化的后续支出

与投资性房地产有关的后续支出，满足投资性房地产确认条件的，应当计入投资性房地产成本。例如，

企业为了提高投资性房地产的使用效能，往往需要对投资性房地产进行改扩建而使其更加坚固耐用，或者通过装修而改善其室内装潢，改扩建或装修支出满足确认条件的，应当将其资本化。

采用成本模式计量的，投资性房地产进入改扩建或装修阶段后，应当将其账面价值转入改扩建工程。借记“投资性房地产——在建”“投资性房地产累计折旧”等科目，贷记“投资性房地产”科目。发生资本化的改扩建或装修支出，通过“投资性房地产——在建”科目归集，借记“投资性房地产——在建”科目，贷记“银行存款”等科目。改扩建或装修完成后，借记“投资性房地产”科目，贷记“投资性房地产——在建”科目。

采用公允价值模式计量的，投资性房地产进入改扩建或装修阶段后，应当将其账面价值转入改扩建工程，借记“投资性房地产——在建”科目，贷记“投资性房地产——成本”“投资性房地产——公允价值变动”等科目。发生资本化的改扩建或装修支出，借记“投资性房地产——在建”科目，贷记“银行存款”等科目。改扩建或装修完成后，借记“投资性房地产——成本”科目，贷记“投资性房地产——在建”科目。

企业对某项投资性房地产进行改扩建等再开发且将来仍作为投资性房地产的，在开发期间应继续将其作为投资性房地产，不计提折旧或摊销。

例 9-12 20×7 年 3 月，甲企业与乙企业的一项厂房经营租赁合同即将到期，该厂房按照成本模式进行后续计量，原价为 2 000 万元，已计提折旧 600 万元。为了提高厂房的租金收入，甲企业决定在租赁期满后对厂房进行改扩建，并与丙企业签订了经营租赁合同，约定自改扩建完工时将厂房出租给丙企业。3 月 15 日，与乙企业的经营租赁合同到期，厂房随即进入改扩建工程。同年 12 月 15 日，厂房改扩建工程完工，共发生支出 150 万元，均用银行存款支付，即日按照租赁合同出租给丙企业。

本例中，改扩建支出属于资本化的后续支出，应当计入投资性房地产的成本。

(1) 20×7 年 3 月 15 日，投资性房地产转入改扩建工程。

借：投资性房地产——厂房——在建　　14 000 000
　　投资性房地产累计折旧　　6 000 000
　　贷：投资性房地产——厂房　　20 000 000

(2) 20×7 年 3 月 15 日至同年 12 月 15 日，发生改扩建支出。

借：投资性房地产——厂房——在建　　1 500 000
　　贷：银行存款　　1 500 000

(3) 20×7 年 12 月 15 日，改扩建工程完工。

借：投资性房地产——厂房　　15 500 000
　　贷：投资性房地产——厂房——在建　　15 500 000

例 9-13 20×7 年 3 月，甲企业与乙企业的一项厂房经营租赁合同即将到期，为了提高厂房的租金收入，甲企业决定在租赁期满后对厂房进行改扩建，并与丙企业签订了经营租赁合同，约定自改扩建完工时将厂房出租给丙企业。3 月 15 日，与乙企业的经营租赁合同到期，厂房随即进入改扩建工程。同年 12 月 15 日，厂房改扩建工程完工，共发生支出 150 万元，即日起按照租赁合同出租给丙企业。3 月 15 日，厂房账面余额为 1 200 万元，其中成本 1 000 万元，累计公允价值变动 200 万元。假设甲企业对投资性房地产采用公允价值模式计量。本例中，改扩建支出属于资本化的后续支出，应当计入投资性房地产的成本。

(1) 20×7 年 3 月 15 日，投资性房地产转入改扩建工程。

借：投资性房地产——厂房——在建　　12 000 000
　　贷：投资性房地产——厂房——成本　　10 000 000
　　　　　　　　　　　　——公允价值变动　　2 000 000

(2) 20×7 年 3 月 15 日至同年 12 月 15 日，发生改建支出。

借：投资性房地产——厂房——在建　　1 500 000
　　贷：银行存款　　1 500 000

(3) 20×7 年 12 月 15 日，改扩建工程完工。

借：投资性房地产——厂房——成本　　13 500 000
　　贷：投资性房地产——厂房——在建　　13 500 000

二、费用化的后续支出

与投资性房地产有关的后续支出，不满足投资性房地产确认条件的，如果企业对投资性房地产进行日常维护所发生的支出，则应当在发生时计入当期损益，借记“其他业务成本”等科目，贷记“银行存款”等科目。

例 9-14　美颐公司对拥有的某项投资性房地产进行日常维修，用银行存款支付维修支出 3 万元。

本例中，日常维修支出属于费用化的后续支出，应当计入当期损益。

美颐公司的财务处理如下。

借：其他业务成本　　30 000
　　贷：银行存款　　30 000

第五节　投资性房地产的转换和处置

一、房地产的转换

（一）房地产的转换形式及转换日

房地产的转换是指房地产用途的变更。这里所讲的房地产转换是针对房地产用途发生改变而言的，而不是后续计量的转变。企业必须有确凿证据表明房地产用途发生改变，才能将投资性房地产转换为非投资性房地产，或者将非投资性房地产转换为投资性房地产，如将自用的办公楼改为出租等。这里的确凿证据包括两个方面：一是企业董事会或类似机构应当就改变房地产用途形成正式的书面决议；二是房地产因用途改变而发生实际状态上的改变，如从自用状态改为出租状态。房地产转换形式主要包括：

(1) 投资性房地产开始自用，即将投资性房地产转为自用房地产。在此种情况下，转换日为房地产达到自用状态，企业开始将其用于生产商品、提供劳务或经营管理的日期。

(2) 作为存货的房地产改为出租。通常指房地产开发企业将其持有的开发产品以经营租赁的方式出租，存货相应地转为投资性房地产。在这种情况下，转换日为房地产的租赁期开始日。租赁期开始日是指承租人有权行使其使用租赁资产权利的日期。

(3) 自用建筑物停止自用，改为出租。即企业将原本用于生产商品、提供劳务或经营管理的房地产改用于出租，固定资产相应地转换为投资性房地产。在此种情况下，转换日为租赁期开始日。

(4) 自用土地使用权停止自用，改用于赚取租金或资本增值。即企业将原本用于生产商品、提供劳务或经营管理的土地使用权改用于赚取租金或资本增值，该土地使用权相应地转换为投资性房地产。在此种情况下，转换日为土地使用权停止自用后，确定用于赚取租金或资本增值的日期。

(5) 房地产企业将用于经营出租的房地产重新开发用于对外销售，从投资性房地产转为存货。在这种情况下，转换日为租赁期满，企业董事会或类似机构做出书面决议，明确表明将其重新开发用于对外销售的日期。

（二）房地产转换的会计处理

1. 成本模式下的转换

(1) 投资性房地产转换为自用房地产。

企业将采用成本模式计量的投资性房地产转换为自用房地产时，应当按该项投资性房地产在转换日的账面余额、累计折旧、减值准备等，分别转入“固定资产”“累计折旧”“固定资产减值准备”等科目；按照投资性房地产的账面余额，借记“固定资产”或“无形资产”科目，贷记“投资性房地产”科目；按已计提的折旧或摊销，借记“投资性房地产累计折旧(摊销)”科目，贷记“累计折旧”或“累计摊销”科目；按已计提的减值准备，借记“投资性房地产减值准备”科目，贷记“固定资产减值准备”或“无形资产减值准备”科目。

例 9-15 20×7 年 8 月 1 日，甲企业将出租在外的厂房收回，开始用于本企业生产商品。该房地产在转换前采用成本模式计量，其账面价值为 2 800 万元，其中原价 5 000 万元，累计已计提折旧 2 200 万元。

甲企业的账务处理如下。

借：固定资产　　　　50 000 000
　　投资性房地产累计折旧　　　　22 000 000
　　贷：投资性房地产——厂房　　　　50 000 000
　　　　累计折旧　　　　22 000 000

(2) 投资性房地产转换为存货。

企业将采用成本模式计量的投资性房地产转换为存货时，应当按照该项投资性房地产在转换日的账面价值，借记“开发产品”科目；按已计提的折旧或摊销，借记“投资性房地产累计折旧(摊销)”科目；按已计提的减值准备，借记“投资性房地产减值准备”科目；按其账面余额，贷记“投资性房地产”科目。

(3) 自用房地产转换为投资性房地产。

企业将自用土地使用权或建筑物转换为以成本模式计量的投资性房地产时，应当按该项土地使用权或建筑物在转换日的原价、累计折旧、减值准备等，分别转入“投资性房地产”“投资性房地产累计折旧(摊销)”“投资性房地产减值准备”科目；按其账面余额，借记“投资性房地产”科目、贷记“固定资产”或“无形资产”科目；按已计提的折旧或摊销，借记“累计折旧”或“累计摊销”科目，贷记“投资性房地产累计折旧(摊销)”科目；原已计提减值准备的，借记“固定资产减值准备”或“无形资产减值准备”科目，贷记“投资性房地产减值准备”科目。

例 9-16 甲企业拥有一栋办公楼，用于本企业总部办公。20×8 年 9 月 20 日，甲企业与乙企业签订了经营租赁协议，将这栋办公楼整体出租给乙企业使用，租赁期开始日为 20×8 年 10 月 20 日，为期 3 年。20×8 年 10 月 20 日，这栋办公楼的账面原价为 3 000 万元，已提折旧 100 万元。

甲企业的账务处理如下。

借：投资性房地产——办公楼　　　　30 000 000
　　累计折旧　　　　1 000 000
　　贷：固定资产——办公楼　　　　30 000 000
　　　　投资性房地产累计折旧　　　　1 000 000

(4) 作为存货的房地产转换为投资性房地产。

企业将作为存货的房地产转换为以成本模式计量的投资性房地产时，应当按该项存货在转换日的账面价值，借记“投资性房地产”科目；原已计提跌价准备的，借记“存货跌价准备”科目；按其账面余额，贷记“开发产品”等科目。

例 9-17 B 公司是从事房地产开发业务的企业，20×8 年 10 月 18 日，B 公司与乙公司签订了租赁协议，将其开发的一栋写字楼出租给乙企业使用，租赁期开始日为 20×8 年 10 月 20 日。20×8 年 10 月 20 日，该写字楼的账面价值 5 000 万元，未计提存货跌价准备。

B 公司的账务处理如下。

借：投资性房地产——写字楼　　　　50 000 000
　　贷：开发产品　　　　50 000 000

2. 公允价值模式下的转换

(1) 投资性房地产转换为自用房地产。

企业将采用公允价值模式计量的投资性房地产转换为自用房地产时，应当以其转换当日的公允价值作为自用房地产的账面价值，公允价值与原账面价值的差额计入当期损益。

在转换日，按该项投资性房地产的公允价值，借记“固定资产”或“无形资产”科目；按该项投资性房地产的成本，贷记“投资性房地产——成本”科目，按该项投资性房地产的累计公允价值变动，贷记或借记“投资性房地产——公允价值变动”科目，按其差额，贷记或借记“公允价值变动损益”科目。

例 9-18 20×8 年 10 月 15 日，甲企业因租赁期满，将出租的写字楼收回，准备作为办公楼用于本企业的行政管理。20×8 年 12 月 1 日，该写字楼正式开始自用，并由投资性房地产转换为自用房地产，当日的公允价值为 4 800 万元。该项房地产在转换前采用公允价值模式计量，原账面价值为 4 750 万元，其中成本为 4 500 万元，公允价值变动为增值 250 万元。

甲企业的账务处理如下。

借：固定资产	48 000 000	
贷：投资性房地产——成本		45 000 000
投资性房地产——公允价值变动		2 500 000
公允价值变动损益		500 000

(2) 投资性房地产转换为存货。

企业将采用公允价值模式计量的投资性房地产转换为存货时，应当以其转换当日的公允价值作为存货的账面价值，公允价值与原账面价值的差额计入当期损益。

在转换日，按该项投资性房地产的公允价值，借记“开发产品”等科目，按该项投资性房地产的成本，贷记“投资性房地产——成本”科目；按该项投资性房地产的累计公允价值变动，贷记或借记“投资性房地产——公允价值变动”科目，按其差额，贷记或借记“公允价值变动损益”科目。

(3) 自用房地产转换为投资性房地产。

企业将自用土地使用权或建筑物转换为采用公允价值模式计量的投资性房地产时，应当按该项土地使用权或建筑物在转换日的公允价值，借记“投资性房地产——成本”科目，按已计提的累计摊销或累计折旧，借记“累计摊销”或“累计折旧”科目，原已计提减值准备的，借记“无形资产减值准备”“固定资产减值准备”科目，按其账面余额，贷记“无形资产”或“固定资产”；同时，转换日的公允价值小于账面价值的，按其差额，借记“公允价值变动损益”科目；转换日的公允价值大于账面价值的，按其差额，贷记“其他综合收益”科目。待该项投资性房地产处置时，因转换计入其他综合收益的部分应转入当期损益。

例 9-19 20×7 年 6 月，甲企业打算搬迁至新建办公楼，由于原办公楼处于商业繁华地段，甲企业准备将其出租，以赚取租金收入。20×7 年 10 月，甲企业完成了搬迁工作，原办公楼停止自用。20×7 年 12 月，甲企业与乙企业签订了租赁协议，将其原办公楼租赁给乙企业使用，租赁期开始日为 20×8 年 1 月 1 日，租赁期限为 3 年。20×8 年 1 月 1 日，该办公楼的公允价值为 40 000 万元，其原价为 50 000 万元，已计提折旧 9 250 万元。假设甲企业对出租的办公楼采用公允价值模式计量。

甲企业 20×8 年 1 月 1 日的账务处理如下。

借：投资性房地产——办公楼——成本	400 000 000	
累计折旧	92 500 000	
公允价值变动损益	7 500 000	
贷：固定资产		500 000 000

(4) 作为存货的房地产转换为投资性房地产。

企业将作为存货的房地产转换为采用公允价值模式计量的投资性房地产时，应当按该项存货在转换日的公允价值，借记“投资性房地产——成本”科目；原已计提跌价准备的，借记“存货跌价准备”科目；按其账面余额，贷记“开发产品”等科目。同时，转换日的公允价值小于账面价值的，按其差额借记“公允价值变动损益”科目；转换日的公允价值大于账面价值的，按其差额，贷记“其他综合收益”科目。待该项投资性房地产处置时，因转换计入其他综合收益的部分应转入当期损益。

例 9-20 甲企业是从事房地产开发业务的企业。20×7 年 3 月 10 日，甲企业与乙企业签订了租赁协议，将其开发的一栋写字楼整体出租给乙企业使用，租赁开始日为 20×7 年 4 月 15 日。该写字楼的账面余额为 4 500 万元，未计提存货跌价准备。假设转换后采用公允价值模式计量，20×7 年 4 月 15 日该写字楼的公允价值为 4 100 万元。

甲企业20×7年4月15日的账务处理如下。

借：投资性房地产——写字楼——成本　　41 000 000

　　公允价值变动损益　　4 000 000

　　贷：开发产品　　45 000 000

二、投资性房地产的处置

当投资性房地产被处置，或者永久退出使用且预计不能从其处置中取得经济利益时，应当终止确认该项投资性房地产。企业出售、转让、报废投资性房地产或发生投资性房地产毁损，应当将处置收入扣除其账面价值和相关税费后的金额计入当期损益。

(一)采用成本模式计量的投资性房地产的处置

处置采用成本模式计量的投资性房地产时，应当按实际收到的金额，借记“银行存款”等科目，贷记“其他业务收入”“应交税费——应交增值税(销项税额)”科目；按该项投资性房地产的账面价值，借记“其他业务成本”科目；按其账面余额，贷记“投资性房地产”科目；按照已计提的折旧或摊销，借记“投资性房地产累计折旧(摊销)” 科目；原已计提减值准备的，借记“投资性房地产减值准备”科目。

例9-21　甲公司将其出租的一栋写字楼确认为投资性房地产，采用成本模式计量。租赁期届满后，甲公司将该栋写字楼出售给乙公司，合同价款为7 000万元，乙公司已用银行存款付清。出售时，该栋写字楼的成本为3 000万元，已计提折旧1 500万元。不考虑相关税费。

甲公司的账务处理如下。

借：银行存款　　70 000 000

　　贷：其他业务收入　　70 000 000

借；其他业务成本　　15 000 000

　　投资性房地产累计折旧　　15 000 000

　　贷：投资性房地产——写字楼　　30 000 000

例9-22　甲企业为了满足市场需求、扩大再生产，将生产车间从市中心搬迁到郊区。20×6年3月，管理层决定，将原厂区陈旧厂房拆除平整后持有以备增值后转让。土地使用权的账面余额为3 000万元，已计提摊销900万元，剩余使用年限40年，按直线法摊销，不考虑残值。20×9年3月，甲企业将原厂区出售，取得转让收入4 000万元。不考虑相关税费。

甲企业的账务处理如下。

(1)转换日。

借：投资性房地产——土地使用权　　30 000 000

　　累计摊销　　9 000 000

　　贷：无形资产——土地使用权　　30 000 000

　　　　投资性房地产累计摊销　　9 000 000

(2)计提摊销(假设按年)。

每年应摊销的土地使用权的价值=(3 000−900)÷40=52.5(万元)

借：其他业务成本　　525 000

　　贷：投资性房地产累计摊销　　525 000

(3)出售时。

借：银行存款　　40 000 000

　　贷：其他业务收入　　40 000 000

借：其他业务成本　　28 425 000

投资性房地产累计摊销　　1 575 000
　　贷：投资性房地产——土地使用权　　30 000 000

(二)采用公允价值模式计量的投资性房地产的处置

处置采用公允价值模式计量的投资性房地产时，应当按实际收到的金额，借记“银行存款”等科目，贷记“其他业务收入”“应交税费——应交增值税(销项税额)”科目。按该项投资性房地产的账面余额，借记“其他业务成本”科目，按其成本，贷记“投资性房地产——成本”科目；按其累计公允价值变动，贷记或借记“投资性房地产——公允价值变动”科目；同时，将投资性房地产累计公允价值变动转入当期损益，借记或贷记“公允价值变动损益”科目，贷记或借记“其他业务收入”科目。按该项投资性房地产在转换日计入其他综合收益的金额，借记“其他综合收益”科目，贷记“其他业务收入”科目。

例 9-23　甲公司将其出租的一栋写字楼确认为投资性房地产。租赁期满后，甲公司将该栋写字楼出售给乙公司，合同价款为 28 000 万元，乙公司已用银行存款付清。

假设这栋写字楼原采用公允价值模式计量。出售时，该栋写字楼的成本为 21 000 万元，公允价值变动为贷方余额 4 000 万元，不考虑相关税费。

甲公司的账务处理如下。

借：银行存款　　280 000 000
　　贷：其他业务收入　　280 000 000
借：其他业务成本　　250 000 000
　　贷：投资性房地产——成本　　210 000 000
　　　　投资性房地产——公允价值变动　　40 000 000

同时，将投资性房地产累计公允价值变动转入其他业务收入。

借：公允价值变动损益　　40 000 000
　　贷：其他业务收入　　40 000 000

思 考 题

1. 何谓投资性房地产？投资性房地产的特征是什么？
2. 投资性房地产有哪两种后续计量模式？两种模式有何区别？
3. 投资性房地产处置核算与固定资产处置核算有何不同？
4. 投资性房地产核算的转换有何规定？

练 习 题

习题一

【目的】练习投资性房地产采用成本模式计量的核算。

【资料】甲公司为房地产开发公司，2×18 年发生下列经济业务。

1. 2×18 年 3 月，甲公司计划购入一栋写字楼用于对外出租。3 月 15 日，甲公司与乙公司签订了经营租赁合同，约定自写字楼购买日起将这栋写字楼出租给乙公司，租期为 5 年。4 月 5 日，甲公司实际购入写字楼，支付价款共计 3 000 万元(假设不考虑其他因素，甲公司采用成本模式进行后续计量)。

2. 2×18 年 5 月，计提上述出租的写字楼折旧 125 000 元。

3. 2×18 年 5 月，收到乙公司当月房租 196 200 元(含增值税 16 200 元)。

4. 甲公司将其出租的一栋写字楼确认为投资性房地产，采用成本模式计量。租赁期届满后，甲公司将该栋写字楼出售给乙公司，合同价款为 7 500 万元，乙公司已用银行存款付清。出售时，该栋写字楼的成本为 3 000 万元，已计提折旧 1 500 万元，假定不考虑相关税费。

【要求】根据上述经济业务，编制会计分录。

习题二

【目的】练习投资性房地产采用公允价值模式计量的核算。

【资料】丁公司为房地产开发公司。丁公司于 20×6 年 12 月 25 日将一建筑物对外出租并采用公允价值模式计量，租期为 5 年，每年底收取租金 218 万元（含增值税 18 万元）。出租当日，该建筑物的成本为 5 000 万元，已计提折旧 1 000 万元，尚可使用年限为 20 年，公允价值为 9 000 万元。20×7 年 12 月 31 日，该建筑物的公允价值为 9 500 万元；20×8 年 12 月 31 日，该建筑物的公允价值为 9 400 万元；20×9 年 1 月 10 日将该建筑物对外出售，收到 9 000 万元存入银行。假定不考虑相关税费。

【要求】编制丁公司上述经济业务的会计分录。

第十章　资产减值

第一节　资产减值概述

资产是指企业过去的交易或者事项形成的、由企业拥有或者控制的、预期会给企业带来经济利益的资源。资产的主要特征之一是它必须能够为企业带来经济利益的流入，如果资产不能为企业带来经济利益或者带来的经济利益低于其账面价值，那么该资产也就不能再予以确认，或者不能再以原账面价值予以确认，否则不符合资产的定义，也无法反映资产的实际价值。其结果会导致企业资产虚增和利润虚增。因此，当企业资产的可收回金额低于其账面价值时，即表明资产发生了减值，企业应当确认资产减值损失，并把资产的账面价值减记至可收回金额。

一、资产减值的概念及范围

资产减值，是指资产的可收回金额低于其账面价值。

企业所有资产在发生减值时，原则上都应当及时加以确认和计量，但由于不同资产的特性不同，其减值会计处理有所不同，所适用的具体准则也有所不同。比如，存货、采用公允价值模式进行后续计量的投资性房地产、建造合同形成的资产、由金融工具确认和计量准则所规范的金融资产等的减值等，分别适用存货、投资性房地产、建造合同、金融工具确认和计量等会计准则，具体内容由相关章节介绍，本章不涉及。

本章主要规范了企业非流动资产的减值会计处理问题，具体包括以下资产的减值：

(1) 对子公司、联营企业和合营企业的长期股权投资；

(2) 采用成本模式进行后续计量的投资性房地产；

(3) 固定资产；

(4) 生产性生物资产；

(5) 无形资产；

(6) 商誉；

(7) 探明石油天然气矿区权益和井及相关设施等。

二、资产减值的迹象

企业应当在资产负债表日判断资产是否存在可能发生减值的迹象。资产存在减值迹象的，应当进行减值测试，估计资产的可收回金额。可收回金额低于其账面价值的，应当按照可收回金额低于账面价值的差额，计提减值准备，确认减值损失。资产存在减值迹象是资产是否需要进行减值测试的必要前提，但是，因企业合并所形成的商誉和使用寿命不确定的无形资产，无论是否存在减值迹象，都应当至少于每年年度终了进行减值测试。对于尚未达到可使用状态的无形资产，因其价值通常具有较大的不确定性，也至少应当每年进行减值测试。

资产是否发生减值的迹象，主要从外部信息来源和内部信息来源两方面加以判断。

从企业外部信息来源来看，以下情况均属于资产可能发生减值的迹象，企业需要据此估计资产的可收回金额，决定是否需要确认减值损失。

(1) 资产的市价在当期大幅度下跌，其跌幅明显高于因时间的推移或者正常使用而预计的下跌。

(2) 企业经营所处的经济、技术或法律等环境以及资产所处的市场在当期或将在近期发生重大变化，从而对企业产生不利影响。

(3)市场利率或者其他市场投资报酬率在当期已经提高，从而影响企业计算资产预计未来现金流量现值的折现率，导致资产可收回金额大幅度降低。

从企业内部信息来源来看，以下情况均属于资产可能发生减值的迹象，企业需要据此估计资产的可收回金额，确定是否需要确认减值损失。

(1)有证据表明资产已经陈旧过时或者其实体已经损坏。

(2)资产已经或者将被闲置、终止使用或者计划提前处置。

(3)企业内部报告的证据表明资产的经济绩效已经低于或者将低于预期，如资产所创造的净现金流量或者实现的营业利润(或者损失)远远低于原来的预算或预计金额等。

(4)其他表明资产可能已经发生减值的迹象。

此外，采用成本法核算的长期股权投资，除取得投资时实际支付的价款或对价中包含的已宣告但尚未发放的现金股利或利润外，投资企业按照享有被投资单位宣告发放的现金股利或利润确认投资收益后，应当考虑长期股权投资是否发生了减值。在判断该类长期股权投资是否存在减值迹象时，应当关注长期股权投资的账面价值是否大于享有被投资单位净资产(包括相关商誉)账面价值的份额等类似情况。

第二节　资产可收回金额的计量

一、估计资产可收回金额的基本要求

资产可能发生减值迹象的，企业应当进行减值测试，估计可收回金额。资产的可收回金额，应当根据其公允价值减去处置费用后的净额与资产预计未来现金流量的现值两者之间较高者确定。因此，要估计资产的可收回金额，通常需要同时估计该资产的公允价值减去处置费用后的净额与资产预计未来现金流量的现值。但是在下列情况下，可以有例外或者做特殊考虑：

(1)如果资产的公允价值减去处置费用后的净额与资产预计未来现金流量的现值，只要有一项超过了资产的账面价值，就表明资产没有发生减值，不需再估计另一项金额。

(2)如果没有确凿证据或者理由表明，资产预计未来现金流量的现值显著高于其公允价值减去处置费用后的净额，可以将资产的公允价值减去处置费用后的净额视为资产的可收回金额。比如，企业持有待售的非流动资产，该资产在持有期间(处置之前)所产生的现金流量可能很少，其最终取得的未来现金流量往往就是资产的处置净收入，在这种情况下，以资产的公允价值减去处置费用后的净额作为其可收回金额是恰当的，因为资产的未来现金流量现值通常不会显著高于其公允价值减去处置费用后的净额。

(3)以前报告期间的计算结果表明，资产可收回金额远高于其账面价值，之后又没有发生消除这一差异的交易或者事项的，在资产负债表日可以不重新估计该资产的可收回金额。

(4)以前报告期间的计算与分析表明，资产可收回金额相对于某种减值迹象反应不敏感，在本报告期间又发生了该减值迹象的，可以不因该减值迹象的出现而重新估计该资产的可收回金额。比如，当期市场利率或市场投资报酬率上升，对计算资产未来现金流量现值采用的折现率影响不大的，可以不重新估计资产的可收回金额。

二、资产的公允价值减处置费用后的净额的确定

资产的公允价值减处置费用后的净额，通常反映的是资产如果被出售或者处置时可以收回的净现金收入。其中，资产的公允价值是指市场参与者在计量日发生的有序交易中，出售一项资产所能收到或者转移一项负债所需支付的价格。有序交易，是指在计量日前一段时期内相关资产或负债具有惯常市场活动的交易。清算等被迫交易不属于有序交易。处置费用是指可以直接归属于资产处置的增量成本，包括与资产处置有关的法律费用、相关税费、搬运费及为使资产达到可销售状态所发生的直接费用等，但是财务费用和所得税费用等不包括在内。

资产的公允价值减去处置费用后的净额，应当按照下列顺序确定：

首先，应当根据公平交易中资产的销售协议价格减去可直接归属于该资产处置费用的金额确定。这是估计资产的公允价值减去处置费用后的净额的最佳方法，企业应当优先采用这一方法。但在实务中，企业的资产往往都是内部持续使用的，取得资产的销售协议价格并不容易，在这种情况下，需要采用其他方法估计资产的公允价值减去处置费用后的净额。

其次，在资产不存在销售协议但存在活跃市场的情况下，应当根据该资产的市场价格减去处置费用后的金额确定。资产的市场价格通常应当按照资产的买方出价确定。如果难以获得资产在估计日的买方出价的，企业可以以资产最近的交易价格作为其公允价值减去处置费用后的净额的估计基础，其前提是在资产的交易日和估计日之间，有关的经济、市场环境等没有发生重大变化。

最后，在既不存在资产销售协议又不存在资产活跃市场的情况下，企业应当以可获取的最佳信息为基础，根据在资产负债表日假定处置该资产，熟悉情况的交易双方自愿进行公平交换愿意提供的交易价格减去资产处置费用后的金额，估计资产的公允价值减去处置费用后的净额。在实务中，该金额可以参考同行业类似资产的最近交易价格或者结果进行估计。

企业按照上述顺序仍然无法可靠估计资产的公允价值减去处置费用后的净额的，应当以该资产预计未来现金流量的现值作为其可收回金额。

三、资产预计未来现金流量的现值的确定

资产预计未来现金流量的现值，应当按照对资产在持续使用过程中和最终处置时所产生的预计未来现金流量，选择恰当的折现率进行折现后的金额加以确定。确定资产预计未来现金流量的现值，需要综合考虑资产预计未来现金流量、资产使用寿命和折现率三方面因素。其中，资产使用寿命的预计和固定资产、无形资产等准则规定的使用寿命预计方法相同。

（一）资产预计未来现金流量的确定

1. 确定资产预计未来现金流量的基础

为了确定资产预计未来现金流量，企业管理层应当在合理和有依据的基础上对资产剩余使用寿命内整个经济状况进行最佳估计，并将资产预计未来现金流量的估计，建立在经企业管理层批准的最近财务预算或预测数据基础上。出于数据可靠性和便于操作等方面的考虑，建立在预算或者预测基础上的资产预计未来现金流量最多涵盖5年，企业管理层如能证明更长的期间是合理的，可以涵盖更长的期间。

对于最近财务预算或者预测期之后的现金流量，企业应当以该预算或预测期之后年份稳定的或者递减的增长率为基础进行估计。企业管理层如能证明递增的增长率是合理的，可以以递增的增长率为基础进行估计，所使用的增长率除企业能够证明更高的增长率是合理的之外，不应当超过企业经营的产品、市场、所处的行业或者所在国家或者地区的长期平均增长率，或者该资产所处市场的长期平均增长率。在恰当、合理的情况下，该增长率可以是零或者是负数。

在经济环境经常变化的情况下，资产的实际现金流量与预计数往往会有出入，而且确定资产预计未来现金流量时的假设也有可能发生变化，因此，企业管理层每次在确定资产预计未来现金流量时，应当分析以前期间现金流量预计数与现金流量实际数出现差异的情况，以判断当期确定资产预计未来现金流量所依据的假设的合理性。通常情况下，企业管理层应当确保当期确定资产预计未来现金流量所依据的假设与前期实际结果相一致。

2. 确定资产预计未来现金流量应当包括的内容

确定资产预计未来现金流量应当包括下列各项：

(1)资产持续使用过程中预计产生的现金流入。

(2)为实现资产持续使用过程中产生的现金流入所必需的预计现金流出(包括为使资产达到预定可使用状态所发生的现金流出)。该现金流出应当是可直接归属于或者可通过合理而一致的基础分配到资产中的现

金流出。后者通常是指那些与资产直接相关的间接费用。

对于在建工程、开发过程中的无形资产等，企业在预计其未来现金流量时，应当包括预期为使该类资产达到预定可使用(或者可销售)状态而发生的全部现金流出数。

(3)资产使用寿命结束时，处置资产所收到或支付的净现金流量。该现金流量应当是在公平交易中，熟悉情况的交易双方自愿进行交易时，企业预期可从资产的处置中获取或者支付的、减去预计处置费用后的金额。

3. *确定资产预计未来现金流量应当考虑的主要因素*

(1)以资产的当前状况为基础确定资产预计未来现金流量。

企业的资产状况在使用过程中有时会因为改良、重组等原因而发生变化。但是，在确定资产预计未来现金流量时，应当以资产的当前状况为基础，不应当包括与将来可能会发生的、尚未做出承诺的重组事项或者与资产改良有关的预计未来现金流量。但是，企业未来发生的现金流出，如果是为了维持资产正常运转或者资产正常产出水平而必要的支出或者属于资产维护支出，应当在确定资产预计未来现金流量时将其考虑在内。

企业已经承诺重组的，在确定资产预计未来现金流量的现值时，预计的未来现金流入和流出数，应当反映重组所能节约的费用和由重组所带来的其他利益，以及因重组所导致的估计未来现金流出数。其中重组所能节约的费用和由重组所带来的其他利益，通常应当根据企业管理层批准的最近财务预算或者预测数据进行估计；因重组所导致的估计未来现金流出数应当根据或有事项准则确认的因重组所发生的预计负债金额进行估计。

(2)确定资产预计未来现金流量不应当包括筹资活动和所得税收付产生的现金流量。

企业的资产预计未来现金流量，不应当包括筹资活动产生的现金流入或者流出，主要是因为筹资活动与经营活动不同，筹资活动产生的现金流量不应当纳入资产预计未来现金流量，而且筹集资金的货币时间价值已经通过折现因素考虑在内。计算资产预计未来现金流量的现值采用的折现率是建立在所得税税前的基础上的，计算资产预计未来现金流量的现值也应当以所得税税前为基础，从而可以有效地避免计算资产预计未来现金流量的现值过程中可能出现的重复计算等问题。

(3)对通货膨胀因素的考虑应当和折现率相一致。

企业在确定资产预计未来现金流量和折现率时，应当在一致的基础上考虑因一般通货膨胀而导致物价上涨等因素的影响。如果折现率考虑了这一影响因素，那么确定资产预计未来现金流量也应当考虑这一影响因素。如果折现率没有考虑这一影响因素，那么确定资产预计未来现金流量也不应当考虑这一影响因素。总之，在考虑通货膨胀影响因素的问题上，资产预计未来现金流量的预计和折现率的预计，应当保持一致。

(4)内部转移价格应当予以调整。

在一些企业集团里，出于集团整体战略发展的考虑，某些资产生产的产品或者其他产出可能是供其集团内部其他企业使用或者对外销售的，所确定的交易价格或者结算价格基于内部转移价格，而内部转移价格很可能与市场交易价格不同。在这种情况下，为了如实测算企业资产的价值，就不应当简单地以内部转移价格为基础确定资产预计未来现金流量，而应当采用在公平交易前提下企业管理层能够达成的最佳的未来价格估计数进行预计。

4. *确定资产预计未来现金流量的方法*

确定资产预计未来现金流量，通常应当根据资产未来期间最有可能产生的现金流量进行预测。即使用单一的未来每期预计现金流量和单一的折现率计算资产未来现金流量的现值。

例 10-1 美颐公司拥有 A 固定资产，该固定资产剩余使用年限为 3 年，企业预计未来 3 年里在正常的情况下，该资产每年可为企业产生的净现金流量分别为：第一年 150 万元；第二年 80 万元；第三年 20 万元。该现金流量通常即为最有可能产生的现金流量，企业应以该现金流量的预计数为基础计算 A 固定资产的现值。

在实务中，有时影响资产预计未来现金流量的因素很多，情况较为复杂，带有很大的不确定性，为此，使用单一的现金流量可能并不会如实地反映资产创造现金流量的实际情况。此时，如果采用期望现金流量法更为合理，企业应当采用期望现金流量法计算资产预计未来现金流量。即根据每期现金流量期望值进行预计，每期现金流量期望值按照各种可能情况下的现金流量乘以相应的发生概率加总计算。

(二)折现率的预计

在资产减值测试中，计算资产预计未来现金流量时所使用的折现率现值应当是一个反映当前市场货币时间价值和资产特定风险的税前利率。该折现率是企业在购置或者投资资产时所要求的必要报酬率。

如果企业在计算资产预计未来现金流量时已经对资产特定风险的影响做了调整，那么折现率的估计不需要考虑这些特定风险。如果用于估计折现率的基础是税后的，应当将其调整为税前的折现率，以便与资产预计未来现金流量的估计基础相一致。

企业在确定折现率时，通常应当以该资产的市场利率为依据。如果该资产的市场利率无法从市场获得的，可以使用替代利率估计折现率。在估计替代利率时，企业应当充分考虑资产剩余使用寿命期间的货币时间价值和其他相关因素，如资产未来现金流量金额及其时间的预计离散程度、资产内在不确定性的定价等。如果资产预计未来现金流量已经对这些因素做了有关调整，则应当将这些因素予以剔除。

企业在估计替代利率时，可以根据加权平均资金成本、增量借款利率或者其他相关市场借款利率做适当调整后确定。调整时，应当考虑与资产预计未来现金流量有关的特定风险，以及其他有关政治风险、货币风险和价格风险等。

企业在估计资产预计未来现金流量的现值时，通常应当使用单一的折现率。但是，如果资产预计未来现金流量的现值对未来不同期间的风险差异或者利率的期限结构反应敏感，那么企业应当在未来不同期间采用不同的折现率。

(三)资产预计未来现金流量的现值的确定

在确定了资产预计未来现金流量和折现率的基础上，企业将该资产预计未来现金流量按照预计的折现率在预计期限内予以折现后，即可确定该资产预计未来现金流量的现值。其计算公式如下：

$$\text{资产预计未来现金流量的现值(PV)}=\sum[\text{第 } t \text{ 年资产预计未来现金流量(NCF)} \div (1+\text{折现率 } R)]^{t}$$

(四)外币未来现金流量及其现值的确定

随着我国企业日益融入世界经济体系和国际贸易的大幅度增加，企业使用资产所收到的未来现金流量有可能为外币，在这种情况下，企业应当按照以下顺序确定资产预计未来现金流量的现值：

(1)应当以该资产所产生的未来现金流量的结算货币为基础预计未来现金流量，并按照该货币适用的折现率计算资产预计未来现金流量的现值。

(2)将该外币现值按照计算资产预计未来现金流量的现值当日的即期汇率进行折算，从而折现成按照记账本位币表示的资产预计未来现金流量的现值。

(3)在该现值基础上，将其与资产公允价值减去处置费用后的净额相比较，确定其可收回金额，再根据可收回金额与资产账面价值相比较，确定是否需要确认减值损失以及确认多少减值损失。

第三节　资产减值损失的确认与计量

一、资产减值损失确认与计量的一般原则

企业在对资产进行减值测试并计算了资产可收回金额后，如果资产可收回金额低于其账面价值，那么应当将资产的账面价值减记至可收回金额，减记的金额确认为资产减值损失，计入当期损益，同时计提相应的资产减值准备。这样，企业当期确认的减值损失应当反映在利润表中，而计提的资产减值准备应当作为相关资产的备抵项目，反映于资产负债表中，从而夯实企业资产价值，避免利润虚增，如实反映企业的

财务状况和经营成果。

资产减值损失确认后，减值资产的折旧或者摊销费用应当在未来期间做相应调整，以使该资产在剩余使用寿命内，系统地分摊调整后的资产账面价值(扣除预计净残值)。比如，固定资产计提了减值准备后，固定资产账面价值将根据计提的减值准备相应抵减。因此，在以后会计期间对该固定资产计提折旧时，应当以固定资产的账面价值(扣除预计净残值)为基础计提每期的折旧额。

考虑到固定资产、无形资产、商誉等资产发生减值后，一方面价值回升的可能性比较小，通常属于永久性减值；另一方面从会计信息谨慎性要求考虑，为了避免确认资产重估增值和操纵利润，资产减值损失一经确认，在以后会计期间不得转回。以前期间计提的资产减值准备，需要等到资产处置时(即在资产处置、出售、对外投资、以非货币性资产交换方式换出、在债务重组中抵偿债务)，企业应当将相关资产减值准备予以转出。

二、资产减值损失的账务处理

为了正确核算企业确认的资产减值损失和计提的资产减值准备，企业应当设置“资产减值损失”科目，按照资产类别进行明细核算，反映各类资产在当期确认的资产减值损失金额；同时，应当根据不同的资产类别，分别设置“固定资产减值准备”“在建工程减值准备”“投资性房地产减值准备”“无形资产减值准备”“商誉减值准备”“长期股权投资减值准备”“生产性生物资产减值准备”等科目。

当企业确定资产发生了减值时，应当根据所确认的资产减值金额，借记“资产减值损失”科目，贷记“固定资产减值准备”“在建工程减值准备”“投资性房地产减值准备”“无形资产减值准备”“商誉减值准备”“长期股权投资减值准备”“生产性生物资产减值准备”等科目。

期末，企业应当将“资产减值损失”科目余额转入“本年利润”科目，借记“本年利润”科目，贷记“资产减值损失”科目，结转后“资产减值损失”科目无余额。

各资产减值准备科目累计每期计提的资产减值准备，直至相关资产被处置时才予以转出，即资产减值损失一经确认，在以后会计期间不得转回。

例 10-2 A 企业 20×5 年 1 月 1 日对 B 企业长期股权投资(该项长期股权投资系以银行存款购买取得的)的账面价值为 450 000 元，持有 B 企业的股份为 75 000 股，并按权益法核算。同年 7 月 5 日，由于 B 企业所在地区发生洪水，企业被冲毁，大部分资产已损失，并难有恢复的可能，使其股票市价下跌为每股 2 元。A 企业提取该项投资的减值准备的会计处理如下：

应提减值准备=450 000−75 000×2=300 000(元)

借：资产减值损失　　300 000

　　贷：长期股权投资减值准备　　300 000

第四节　资产组的认定及减值处理

一、资产组的认定

资产，除特别规定外，包括单项资产和资产组。如果有迹象表明一项资产可能发生减值，那么企业应当以单项资产为基础估计其可收回金额。但是在企业难以对单项资产的可收回金额进行估计的情况下，应当以该资产所属的资产组为基础确定资产组的可收回金额。因此，资产组的认定就显得十分重要。

(一) 资产组的概念

资产组是指企业可以认定的最小资产组合，其产生的现金流入应当基本上独立于其他资产或者资产组产生的现金流入。资产组应当由创造现金流入相关的资产组成。

（二）认定资产组应当考虑的因素

（1）资产组的认定，应当以资产组产生的主要现金流入是否独立于其他资产或者资产组的现金流入为依据。因此，资产组能否独立产生现金流入是认定资产组的最关键因素。比如，企业的某一生产线、营业网点、业务部门等，如果能够独立于其他部门或者单位等创造收入、产生现金流入，或者其创造的收入和现金流入绝大部分独立于其他部门或者单位，且属于可认定的最小资产组合的，通常应将该生产线、营业网点、业务部门等认定为一个资产组。

例 10-3 某矿业公司拥有一个煤矿，与煤矿的生产和运输相配套，建有一条专用铁路。该铁路除非报废出售，其在持续使用中，难以脱离煤矿相关的其他资产而产生单独的现金流入，因此企业难以对专用铁路的可收回金额进行单独估计，专用铁路和煤矿等其他相关资产必须结合在一起，成为一个资产组，以估计该资产组的可收回金额。

在资产组的认定中，企业几项资产的组合生产的产品（或者其他产出）存在活跃市场的，无论这些产品（或者其他产出）是用于对外出售还是仅供企业内部使用，也表明这几项资产的组合能够独立产生现金流入，在符合其他相关条件的情况下，应当将这些资产的组合认定为资产组。

（2）资产组的认定，应当考虑企业管理层对生产经营活动的管理或者监控方式（如是按照生产线、业务种类还是按照地区或区域等）和对资产的持续使用或者处置的决策方式等。比如，企业各生产线都是独立生产、管理和监控的，则各生产线很可能应当认定为单独的资产组；如果某些机器设备是相互关联、相互依存的，其使用和处置是一体化决策的，则这些机器设备很可能应当认定为一个资产组。

例 10-4 某服装企业有童装、西装、衬衫三个工厂，每个工厂在核算、考核和管理等方面都相对独立，在这种情况下，每个工厂通常为一个资产组。

例 10-5 某家具制造商有 A 车间和 B 车间，A 车间专门生产家具部件（该家具部件不存在活跃市场），生产完后由 B 车间负责组装，该企业对 A 车间和 B 车间资产的使用和处置等决策是一体的，在这种情况下，通常应当将 A 车间和 B 车间认定为一个资产组。

（三）资产组认定后不得随意变更

资产组一经确定，在各个会计期间应当保持一致，不得随意变更。即资产组的各项资产构成通常不能随意变更。比如，甲设备在 20×6 年归属于 A 资产组，在无特殊情况下，该设备 20×7 仍然归属于 A 资产组，而不能随意变更至其他资产组。

但是，如果由于企业重组、变更资产用途等原因，导致资产组构成确需变更的，企业可以进行变更，但企业管理层应当证明该变更是合理的，并应当在财务报表附注中做相应说明。

二、资产组减值测试

资产组减值测试的原理和单项资产相同，即企业需要预计资产组的可收回金额并计算资产组的账面价值，并将两者进行比较，如果资产组的可收回金额低于其账面价值，那么应当按照差额确认相应的减值损失。减值损失金额应当按照以下顺序进行分摊。

（一）资产组账面价值和可收回金额的确定基础

资产组账面价值的确定基础应当与其可收回金额的确定方式相一致。资产组的可收回金额应当按照该资产组的公允价值减去处置费用后的净额与其预计未来现金流量的现值两者之间较高者确定。

资产组的账面价值包括可直接归属于资产组和可以合理且一致地分摊至资产组的资产账面价值，通常不应当包括已确认负债的账面价值，但如不考虑该负债金额就无法确定资产组可收回金额的除外。这是因为在预计资产组的可收回金额时，既不包括与该资产组的资产无关的现金流量，也不包括与已在财务报表中确认的负债有关的现金流量。因此，为了使资产组可收回金额的确定基础相一致，资产组的账面价值也不应当包括这些项目。

资产组在处置时如要求购买者承担一项负债（如环境恢复负债等），该负债金额已经确认并计入相关资产账面价值，而且企业只能取得包括上述资产和负债在内的单一公允价值减去处置费用后的净额的，为了比较资产组的账面价值和可收回金额，在确定资产组的账面价值及其预计未来现金流量的现值时，应当将已确认的负债金额从中扣除。

例 10-6 ABC 公司在某山区经营一座有色金属矿山，根据规定，公司在矿山完成开采后应当将该地区恢复原貌。恢复费用主要为山体表层复原费用(如恢复植被等)。因为山体表层必须在矿山开发前挖走，因此企业在山体表层挖走后，就应当确认一项预计负债，并计入矿山成本，假定其金额为 500 万元。

20×7 年 12 月 31 日，随着开采进展，公司发现矿山中的有色金属储量远低于预期，因此公司对矿山进行了减值测试。考虑到矿山的现金流量状况，整座矿山被认定为一个资产组。该资产组在 20×7 年年末的账面价值为 1 000 万元(包括确认的恢复山体原貌的预计负债)。

矿山(资产组)如果在 20×7 年 12 月 31 日对外出售，买方愿意出价 820 万元(包括恢复山体原貌成本，即已经扣减这一成本因素)，预计处置费用为 20 万元，因此该矿山的公允价值减去处置费用后的净额为 800 万元。

矿山的预计未来现金流量的现值为 1 200 万元，不包括恢复费用。

根据上述资料，为了比较资产组的账面价值和可收回金额，在确定资产组的账面价值及其预计未来现金流量的现值时，应当将已确认的负债金额从中扣除。

在本例中，资产组的公允价值减去处置费用后的净额为 800 万元，该金额已经考虑了恢复费用。该资产组预计未来现金流量的现值在考虑了恢复费用后为 700(即 1 200−500)万元。因此，该资产组的可回收金额为 800 万元。资产组的账面价值在扣除了已确认的恢复原貌预计负债后的金额为 500(即 1 000−500)万元。这样，资产组的可收回金额大于其账面价值，资产组没有发生减值，ABC 公司不应当确认资产减值损失。

(二) 资产组减值的会计处理

根据减值测试的结果，资产组的可收回金额低于其账面价值的，应当确认相应的减值损失。减值损失金额应当按照以下顺序进行分摊。

首先，递减分摊至资产组中商誉的账面价值。

其次，根据资产组中除商誉之外的其他各项资产的账面价值所占比重，按比例抵减其他各项资产的账面价值。

以上资产账面价值的抵减，应当作为各单项资产(包括商誉)的减值损失处理，计入当期损益。抵减后的各资产的账面价值不得低于以下三者之中最高者：该资产的公允价值减去处置费用后的净额(如可确定的)、该资产预计未来现金流量的现值(如可确定的)和零。因此而导致的未能分摊的减值损失金额，应当按照相关资产组中其他各项资产的账面价值所占比重进行分摊。

例 10-7 开华公司有一条生产光学器材的甲生产线，由 A、B、C 三部机器构成，成本分别为 40 万元、60 万元和 100 万元，使用年限为 10 年，预计净残值为零，以年限平均法计提折旧。三部机器均无法单独产生现金流量，但整条生产线构成完整的产销单位，属于一个资产组。20×7 年甲生产线所生产光学产品有替代产品上市，到 20×7 年年底导致开华公司光学产品销路锐减 40%，因此开华公司于 20×7 年年末对该条生产线进行减值测试。

20×7 年 12 月 31 日，A、B、C 三部机器的账面价值分别为 20 万元、30 万元、50 万元。估计 A 机器的公允价值减去处置费用后的净额为 15 万元，B、C 机器都无法合理估计其公允价值减去处置费用后的净额以及未来现金流量的现值。

整条生产线预计尚可使用 5 年。经估计生产线未来 5 年的现金流量及其折现率，得到其现值为 60 万元。由于开华公司无法合理估计其公允价值减去处置费用后的净额，因此以该生产线预计未来现金流量的现值为其可收回金额。

鉴于在 20×7 年 12 月 31 日，该生产线的账面价值为 100 万元，而其可收回金额为 60 万元，生产线的账面价值高于其可收回金额，因此该生产线已经发生了减值，因此开华公司应当确认资产减值损失 40 万元，并将该减值损失分摊到构成生产线的 3 部机器中。由于 A 机器的公允价值减去处置费用后的净额为 15 万元，因此，A 机器分摊减值损失后的账面价值不应低于 15 万元，具体分摊过程表 10-1 所示。

表 10-1 开华公司资产组减值损失明细表

单位：元

项　目	机器 A	机器 B	机器 C	整条生产线
账面价值	200 000	300 000	500 000	1 000 000
可收回金额				600 000
减值损失				400 000
减值损失分摊比例	20%	30%	50%	
分摊减值损失	50 000	120 000	200 000	370 000
分摊后账面价值	150 000	180 000	300 000	
尚未分摊的减值损失				30 000
二次分摊比例		37.5%	62.5%	
二次分摊减值损失		11 250	18 750	30 000
二次分摊后应确认的减值损失总额		131 250	218 750	400 000
二次分摊后账面价值	150 000	168 750	281 250	600 000

注：按照分摊比例，机器 A 应当分摊减值损失 80 000 元（400 000×20%），但由于机器 A 的公允价值减去处置费用后的净额为 150 000 元，因此机器 A 最多只能确认减值损失 50 000（即 200 000−150 000）元，未能分摊的减值损失 30 000（即 80 000−50 000）元，应当在机器 B 和机器 C 之间进行再分摊。

根据上述计算和分摊结果，构成甲生产线的机器 A、机器 B 和机器 C 应当分别确认减值损失 50 000 元、131 250 元和 218 750 元，账务处理如下：

借：资产减值损失——机器 A　　50 000
　　　　　　　　——机器 B　　131 250
　　　　　　　　——机器 C　　218 750
　贷：固定资产减值准备——机器 A　　50 000
　　　　　　　　　　——机器 B　　131 250
　　　　　　　　　　——机器 C　　218 750

三、总部资产的减值测试

企业总部资产包括企业集团或者事业部的办公楼、电子数据处理设备、研发中心等资产。总部资产的显著特征是难以脱离其他资产或者资产组产生独立的现金流入，而且其账面价值也难以完全归属于某一资产组。因此，总部资产通常难以单独进行减值测试，需要结合其他相关资产组或者资产组组合进行。资产组组合，是指由若干个资产组组成的最小资产组组合，包括资产组或者资产组组合，以及按合理方法分摊的总部资产部分。

在资产负债表日，如果有迹象表明某项总部资产可能发生减值，那么企业应当计算确定该总部资产所归属的资产组或者资产组组合的可收回金额，然后将其与相应的账面价值相比较，据以判断是否需要确认资产减值损失。

企业在对某一资产组进行减值测试时，应当首先认定所有与该资产组相关的总部资产。再根据相关总部资产能否按照合理和一致的基础分摊至该资产组，分别下列情况进行处理。

(1) 对于相关总部资产能够按照合理和一致的基础分摊至该资产组的部分，企业应当将该部分总部资产的账面价值分摊至该资产组，再据以比较该资产组的账面价值（包括已分摊的总部资产的账面价值部分）和可收回金额，并按照前述有关资产组减值损失处理的顺序和方法处理。

(2) 对于相关总部资产难以按照合理和一致的基础分摊至该资产组的，应当按照下列步骤处理：

首先，在不考虑相关总部资产的情况下，估计和比较资产组的账面价值和可收回金额，并按照前述有关资产组减值测试的顺序和方法处理；

其次，认定由若干个资产组组成的最小的资产组组合，该资产组组合应当包括所测试的资产组与可以按照合理和一致的基础将该部分总部资产的账面价值分摊其上的部分；

最后，比较所认定的资产组组合的账面价值(包括已分摊的总部资产的账面价值部分)和可收回金额，并按照前述有关资产组减值损失处理的顺序和方法处理。

思 考 题

1. 简述资产减值的会计处理。
2. 如何认定资产组？

第十一章 流动负债

负债是指企业过去的交易或者事项形成的，预期会导致经济利益流出企业的现时义务。

负债按其流动性可以分为流动负债和非流动负债。其中流动负债是指将在 1 年或者超过 1 年的一个营业周期内偿还的债务，主要包括短期借款、应付票据、应付账款、应付职工薪酬、应交税费、其他流动负债等。

我国各种流动负债应当按实际发生数额记账。负债已经发生而数额需要预计确定的，应当合理预计，待实际数额确定后，进行调整。

第一节 短期借款

一、短期借款概述

短期借款是指企业向银行或其他金融机构等借入的期限在一年以内(含一年)的各种借款。短期借款一般是企业为维持正常的生产经营所需的资金而借入的或者为抵偿某项债务而借入的。短期借款的债权人一般为银行、其他金融机构等。

二、短期借款的账务处理

企业应设置“短期借款”科目，核算企业向银行或其他金融机构等借入的期限在一年以下(含一年)的各种借款。“短期借款”科目应当按照借款种类和债权人进行明细核算。

企业借入的各种短期借款，借记“银行存款”科目，贷记“短期借款”科目。

在实际工作中，银行一般于每季度末收取短期借款利息，为此，企业的短期借款利息一般采用月末预提的方式进行核算。短期借款利息属于筹资费用，应计入“财务费用”科目。企业应当在资产负债表日按照计算确定的短期借款利息费用，借记“财务费用”科目，贷记“应付利息”科目；实际支付利息时，借记“应付利息”科目，贷记“银行存款”科目。

企业短期借款到期偿还本金时，借记“短期借款”科目，贷记“银行存款”科目。

例 11-1 龙发公司 20×4 年 4 月 1 日向银行借入期限为 6 个月的短期借款 300 万元，年利率为 5.31%，每季付息一次，到期还本。

龙发公司如果按月计算利息，编制分录如下。

(1) 20×4 年 4 月 1 日取得借款时：

借：银行存款　　3 000 000

　　贷：短期借款　　3 000 000

(2) 20×4 年 4 月 30 日、5 月 31 日、6 月 30 日计算利息 13 275 元(300 万元×5.31%÷12)，会计分录为：

借：财务费用　　13 275

　　贷：应付利息　　13 275

(3) 在银行结息日，支付第二季度利息，会计分录为：

借：应付利息　　39 825

　　贷：银行存款　　39 825

(4) 20×4 年 7 月 31 日、8 月 31 日计算利息 13 275 元，会计分录为：

借：财务费用　　13 275

　　贷：应付利息　　13 275

(5) 20×4 年 9 月 30 日，贷款到期，偿付本金及第三季度利息，分录为：

借：短期借款　　3 000 000
　　应付利息　　26 550
　　财务费用　　13 275
　贷：银行存款　　3 039 825

也可以在 20×4 年 9 月 30 日，计算 9 月份短期借款利息，分录同(4)。

20×4 年 9 月 30 日，贷款到期，偿付本金及第三季度利息时，分录变为：

借：短期借款　　3 000 000
　　应付利息　　39 825
　贷：银行存款　　3 039 825

第二节 应付票据

一、应付票据概述

应付票据，是由出票人出票，由承兑人允诺在指定日期无条件支付确定的金额给收款人或者持票人的票据。应付票据与应付账款不同，虽然都是由于交易而引起的流动负债，但应付账款是尚未结清的债务，而应付票据是一种期票，是延期付款的证明，有承诺付款的票据作为凭据。在我国，应付票据是在商品购销活动中由于采用商业汇票结算方式而发生的，由收款人(或承兑申请人)签发，承兑人承兑的商业汇票。商业汇票按承兑人的不同分为银行承兑汇票和商业承兑汇票，按是否带息分为带息票据和不带息票据。

企业应设置"应付票据"科目，核算企业购买材料、商品和接受劳务供应等而开出、承兑的商业汇票。为了加强对应付票据的核算与管理，企业应设置"应付票据备查簿"，详细登记每一应付票据的种类、号数、签发日期、到期日、票面金额、合同交易号、收款人姓名或单位名称，以及付款日期和金额等详细资料。应付票据到期付清时，应在备查簿内逐笔注销。

二、不带息应付票据的账务处理

我国商业汇票的付款期限最长不超过 6 个月。因此，将应付票据归于流动负债进行管理和核算。同时，由于应付票据的偿付时间较短，在会计实务中，一般按照开出、承兑的应付票据的面值入账。

(一) 发生应付票据

企业开出、承兑商业汇票或以承兑商业汇票抵付货款、应付账款时，借记"材料采购""原材料""库存商品""应付账款""应交税费——应交增值税(进项税额)"等科目，贷记"应付票据"科目。

签发银行承兑汇票，向银行支付银行承兑汇票的手续费应当计入当期的财务费用，借记"财务费用"科目，贷记"银行存款"科目。

(二) 偿还应付票据

应付票据到期支付票款时，应按账面余额予以结转，借记"应付票据"科目，贷记"银行存款"科目。

(三) 转销应付票据

应付商业承兑汇票到期，如企业无力支付票款，应将应付票据按账面余额转作应付账款，借记"应付票据"科目，贷记"应付账款"等科目。应付银行承兑汇票到期，如企业无力支付到期票款，承兑银行除凭票向持票人无条件付款外，对出票人未支付的汇票金额转作逾期贷款处理，并按每天 5‱计收罚息。企业无力支付到期银行承兑汇票，在接到银行转来的"××号汇票无款支付转入逾期贷款户"等有关凭证时，借记"应付票据"科目，贷记"短期借款"科目。对计收的利息，按短期借款利息的处理办法处理。

例 11-2 龙发公司 2×19 年 8 月 1 日购买一批甲材料，增值税专用发票上注明买价为 200 000 元，增值税额为 26 000 元，龙发公司签发了一张为期 3 个月的银行承兑汇票，用于结算货款。材料已验收入库。根据上述资料，龙发公司应做如下会计分录：

(1) 2×19 年 8 月 1 日，向银行交纳承兑手续费时：

借：财务费用　　113（226 000×5‱）

　贷：银行存款　　113

(2) 持票购料，收到发票账单：

借：原材料　　200 000

　应交税费——应交增值税（进项税额）　　26 000

　贷：应付票据　　226 000

(3) 2×19 年 11 月 1 日，票据到期时如龙发公司付款，分录为：

借：应付票据　　226 000

　贷：银行存款　　226 000

如龙发公司不能付款，承兑银行先代其付款，将应付票据转作逾期贷款，并每天按 5‱收取罚息，分录为：

借：应付票据　　226 000

　贷：短期借款　　226 000

(4) 假设龙发公司 30 天后，将欠款归还银行：

借：短期借款　　226 000

　财务费用　　3 390（226 000×5‱×30）

　贷：银行存款　　229 390

若是商业承兑汇票，则不需要通过银行办理而是由付款人承兑，因此也无须向银行交纳承兑手续费；若票据到期，企业无力支付，将“应付票据”转为“应付账款”，其他账务处理同上。

三、带息应付票据的账务处理

与不带息应付票据的会计处理不同之处是，企业开出、承兑的带息票据，应于期末计算应付利息，计入当期的财务费用，借记“财务费用”科目，贷记“应付票据”科目。

例 11-3 20×4 年 8 月 1 日，龙发公司签发为期 6 个月的商业承兑汇票，票面金额为 300 000 元，用于抵付前欠 A 公司的货款，票面利率为 3%。到期时无力支付货款。

龙发公司的账务处理如下。

(1) 20×4 年 8 月 1 日，签发票据抵付前欠货款时：

借：应付账款——A 公司　　300 000

　贷：应付票据　　300 000

(2) 每月月末计提利息，每月利息为 300 000×3%÷12=750（元）：

借：财务费用　　750

　贷：应付票据　　750

(3) 20×5 年 2 月 1 日票据到期时，龙发公司无力支付票款：

借：应付票据　　304 500

　贷：应付账款　　304 500

对于带息的票据，如果票据面额不大，在每月末，可以不预提票据利息，在票据到期时将利息一次计入到期当月的财务费用。

到期不能支付的带息应付票据，转入“应付账款”科目核算后，期末时不再计提利息。

我国目前使用的商业汇票为不带息的商业汇票。

第三节 应付账款

应付账款，是指企业因购买材料、商品或者接受劳务等经营活动应支付的款项。它是买卖双方在购销活动中由于取得物资与支付货款在时间上不一致而产生的负债。

它与应付票据相比，都是由于交易而引起的负债，都属于流动负债的性质。但两者亦有不同，应付账款是尚未结清的债务；而应付票据是延期付款的证明，以承诺付款的票据为依据。

一、应付账款的入账时间

应付账款的入账时间应以所购货物所有权的转移或承受劳务发生为标志。在实际工作中，应区别情况处理。在货物和发票账单同时到达的情况下，应付账款一般待货物验收入库后，才按发票账单登记入账。这主要是为了确认所购入的物资无论从质量上，还是从数量上或品种上都与合同上订明的条件相符，以避免发生入账后再验收入库时发生购入物资错漏、破损等问题再行调账。在物资和发票账单不是同时到达的情况下，由于应付账款要根据发票账单登记入账，有时候货物已到而发票账单要间隔较长时间才能到达，但由于这笔负债已经成立，应作为一项负债反映。因此，为在“资产负债表”上客观反映企业所拥有的资产和承担的债务，在实际中采用在月份终了将所购物资和应付债务估计入账，待下月初再用红字予以冲回的办法。

二、应付账款的核算

企业应设置“应付账款”科目，核算企业应付账款的发生、偿还、转销等情况。“应付账款”科目一般应按债权人设置明细科目进行明细核算。

（一）发生应付账款

应付账款一般按应付金额入账，而不按到期应付金额的现值入账。企业购入材料、商品等验收入库，但货款尚未支付，根据有关凭证（发票账单、随货同行发票上记载的实际价款或暂估价值），借记“材料采购”“在途物资”“原材料”“库存商品”等科目；按可抵扣的增值税额，借记“应交税费——应交增值税（进项税额）”等科目；按应付的金额，贷记“应付账款”科目。

企业接受供应单位提供劳务而发生的应付未付款项，根据供应单位的发票账单，借记“生产成本”“管理费用”等科目，贷记“应付账款”科目。支付时，借记“应付账款”科目，贷记“银行存款”等科目。

例 11-4 美益公司从 A 公司购入一批甲材料，增值税专用发票上注明买价为 500 000 元，增值税额为 65 000 元。对方包送货上门，材料已验收入库（材料采用实际成本计价），货款暂欠。根据发票账单，美益公司编制的会计分录如下。

借：原材料　　500 000

　　应交税费——应交增值税（进项税额）　　65 000

　　贷：应付账款——A 公司　　565 000

应付账款附有现金折扣的，应按照未扣除现金折扣前的应付账款总额入账。因在折扣期限内付款而获得的现金折扣，应在偿付应付账款时冲减财务费用。

例 11-5 美益公司从 A 公司购入一批甲材料，增值税专用发票上注明买价为 500 000 元，增值税额为 65 000 元。对方包送货上门，材料已验收入库（材料采用实际成本计价），货款暂欠。A 公司给予美益公司购货的现金折扣条件为：2/10，N/30。

美益公司应编制的会计分录如下。

购货时，根据发票账单：

借：原材料　　500 000

　　应交税费——应交增值税（进项税额）　　65 000

　　贷：应付账款——A 公司　　565 000

（二）偿还应付账款

当企业偿付应付账款时，应借记“应付账款”科目，贷记“银行存款”等科目；当企业开出、承兑的商业汇票抵付应付账款时，应借记“应付账款”科目，贷记“应付票据”科目。

例 11-6 承例 11-5，美益公司签发支票偿还 A 公司货款 565 000 元。

借：应付账款——A 公司　　565 000
　　贷：银行存款　　565 000

例 11-7 承例 11-5，美益公司在购货后第 8 天付款，则美益公司应编制的会计分录如下。

借：应付账款——A 公司　　565 000
　　贷：银行存款　　553 700
　　　　财务费用　　11 300

因美益公司在 10 天内付款，可以享受的现金折扣为：565 000×2%=11 300（元）。

（三）转销应付账款

应付账款一般在较短期限内支付，有些应付账款由于债权单位撤销或其他原因而无法支付，应按其账面余额计入营业外收入，借记“应付账款”科目，贷记“营业外收入——其他”科目。

例 11-8 美益公司无法支付的 B 公司的货款 100 000 元，现予核销。

借：应付账款——B 公司　　100 000
　　贷：营业外收入——其他　　100 000

第四节　应付职工薪酬

一、职工的概念

职工，是指与企业订立劳动合同的所有人员，含全职、兼职和临时职工；也包括虽未与企业订立正式劳动合同但由企业正式任命的人员，如董事会成员、监事会成员和内部审计委员会成员等。未与企业订立正式劳动合同或未由企业正式任命，但为企业提供与职工类似服务的人员，也属于职工的范畴，包括通过企业与劳务中介公司签订用工合同而向企业提供服务的人员。

二、职工薪酬的内容

职工薪酬，是指企业为获得职工提供的服务或解除劳动关系而给予的各种形式的报酬或补偿。企业提供给职工配偶、子女、受赡养人、已故员工遗属及其他受益人等的福利，也属于职工薪酬。职工薪酬包括短期薪酬、离职后福利、辞退福利和其他长期职工福利。

（一）短期薪酬

短期薪酬，是指企业在职工提供相关服务的年度报告期间结束后 12 个月内需要全部予以支付的职工薪酬，因解除与职工的劳动关系给予的补偿除外。因解除与职工的劳动关系给予的补偿属于辞退福利的范畴。短期薪酬主要包括以下方面的内容。

1. 职工工资、奖金、津贴和补贴

职工工资、奖金、津贴和补贴，是指按照构成工资总额的计时工资、计件工资、支付给职工的超额劳动报酬等的劳动报酬、为了补偿职工特殊或额外的劳动消耗和因其他特殊原因支付给职工的津贴，以及为了保证职工工资水平不受物价影响支付给职工的物价补贴等。企业的短期奖金计划属于短期薪酬，长期奖金计划属于其他长期职工福利。

2. 职工福利费

职工福利费是指企业为职工提供的除职工工资、奖金、津贴、补贴、职工教育经费、社会保险费及住房公积金等以外的福利待遇支出，包括发放给职工或为职工支付的各项现金补贴和非货币性集体福利：一是为职工卫生保健、生活等发放或支付的各项现金补贴和非货币性福利，包括职工因公负伤赴外地就医路费、职工疗养费用、防暑降温费等；二是企业尚未实行分离的内设集体福利部门所发生的设备、设施和人员费用；三是发放给在职职工的生活困难补助以及按规定发生的其他职工福利支出，如丧葬补助费、抚恤费、职工异地安家费、独生子女费等。

3. 医疗保险费、工伤保险费和生育保险费等社会保险费

社会保险费，是指企业按照国家规定的基准和比例计算，向社会保险经办机构缴纳的医疗保险费、工伤保险费和生育保险费。此外，以商业保险形式提供给职工的各种保险待遇也属于企业提供的职工薪酬。

4. 住房公积金

住房公积金，是指企业按照国家规定的基准和比例计算，向住房公积金管理机构缴存的住房公积金。

5. 工会经费和职工教育经费

工会经费和职工教育经费，是指企业为了改善职工文化生活、为职工学习先进技术和提高文化水平及业务素质、用于开展工会活动和职工教育及职业技能培训等相关支出。

6. 非货币性福利

非货币性福利，是指企业以自产产品或外购商品发放给职工作为福利，企业提供给职工无偿使用企业拥有的资产或租赁资产供职工无偿使用等，如提供给企业高级管理人员使用的住房等，或者向职工提供企业支付了一定补贴的商品或服务等(如以低于成本的价格向职工出售住房等)。

7. 短期带薪缺勤

短期带薪缺勤，是指企业支付工资或提供补偿的职工缺勤，包括年休假、病假、短期伤残、婚假、产假、丧假、探亲假等。职工在短期带薪缺勤期间，按照规定可以获得全部或部分工资。

8. 短期利润分享计划

短期利润分享计划，是指因职工提供服务而与职工达成的基于利润或其他经营成果提供薪酬的协议。比如，企业对部分职工按照当期实现的净利润超过目标金额部分的10%予以奖励。

9. 其他短期薪酬

其他短期薪酬，是指除上述薪酬以外的其他为获得职工提供的服务而给予的短期薪酬。

(二) 离职后福利

离职后福利，是指企业为获得职工提供的服务而在职工退休或与企业解除劳动关系后，提供的各种形式的报酬和福利，短期薪酬和辞退福利除外。

(三) 辞退福利

辞退福利，是指企业在职工劳动合同到期之前解除与职工的劳动关系，或者为鼓励职工自愿接受裁减而给予职工的补偿。辞退福利主要包括以下内容。

(1) 职工没有选择权的辞退福利。这是指在职工劳动合同尚未到期前，不论职工本人是否愿意，企业决定解除与职工的劳动关系而给予的补偿。

(2) 职工有选择权的辞退福利。这是指在职工劳动合同尚未到期前，为鼓励职工自愿接受裁减而给予的补偿，职工有权选择继续在职或接受补偿离职。

辞退福利通常采取在解除劳动关系时一次性支付补偿的方式，也有通过提高退休后养老金或其他离职后福利的标准，或者在职工不再为企业带来经济利益后，将职工工资支付到辞退后未来某一期间的方式。

（四）其他长期职工福利

其他长期职工福利，是指除短期薪酬、离职后福利、辞退福利之外所有的职工薪酬，包括长期带薪缺勤、长期残疾福利、长期利润分享计划和长期奖金计划等。

三、短期薪酬的确认和计量

（一）短期薪酬的确认

企业应当在职工提供服务的会计期间，将短期职工薪酬确认为一项流动负债，计入“应付职工薪酬”科目，并根据职工所在部门、提供服务的性质和受益对象等情况，将短期职工薪酬计入当期损益或资产成本，具体分为以下几种情况。

(1)应由企业生产的产品或提供的劳务负担的短期薪酬，计入相关产品成本或劳务成本，借记“生产成本”“劳务成本”“制造费用”等科目，贷记“应付职工薪酬”科目。

(2)符合资本化条件，应当计入固定资产、无形资产等初始成本的工程部门、研发部门的短期薪酬，借记“固定资产”“在建工程”“研发支出——资本化支出”等科目，贷记“应付职工薪酬”科目。不符合资本化条件的研发部门职工的短期薪酬，应当计入当期损益，借记“研发支出——费用化支出”等科目，贷记“应付职工薪酬”科目。

(3)公司管理部门的管理人员、董事会成员、监事会成员以及销售部门的销售人员等的短期薪酬，在发生时直接计入当期损益，借记“管理费用”“销售费用”等科目，贷记“应付职工薪酬”科目。

（二）短期薪酬的计量

1. 职工工资、奖金、津贴和补贴的计量

企业发生的职工工资、奖金、津贴和补贴等短期薪酬，应当根据职工提供服务情况和工资标准等计算计入职工薪酬的工资总额，并按照受益对象计入当期损益或相关资产成本，借记“生产成本”“制造费用”“管理费用”“销售费用”等科目，贷记“应付职工薪酬——工资”科目。

企业应当设置“应付职工薪酬”明细账，按照职工类别分设账页，按照薪酬的组成内容分设专栏，根据“工资单”或“工资汇总表”进行登记。企业应按劳动薪酬制度的规定，根据考勤记录、工时记录、产量记录、工资标准、工资等级等，编制“工资单”（亦称工资结算单、工资表、工资计算表等），计算各种工资。“工资单”的格式和内容，由企业根据实际情况自行规定。财务会计部门应将“工资单”进行汇总，编制“工资汇总表”。

从应付职工薪酬中扣还的各种款项（如代垫的水电费、应由个人承担的社会保险费、个人所得税等），借记“应付职工薪酬——工资”科目，贷记“其他应收款”“应付职工薪酬——社会保险费”“应付职工薪酬——住房公积金”“应交税费——应交个人所得税”等科目。

发放工资时，借记“应付职工薪酬——工资”科目，贷记“银行存款”科目。

例 11-9 恒欣公司 20×4 年 8 月，分配工资如下：

生产工人工资 100 000 元、车间管理人员工资 10 000 元、厂部管理人员工资 45 000 元、专设销售机构业务员工资 20 000 元；同时，签发支票，委托银行代发工资，并按规定代扣个人所得税 1 120 元、养老保险 14 000 元、失业保险 525 元、医疗保险 3 500 元，住房公积金 17 500 元。根据资料，恒欣公司应编制如下会计分录。

(1)分配薪酬时：

借：生产成本	100 000	
制造费用	10 000	
管理费用	45 000	
销售费用	20 000	
贷：应付职工薪酬——工资		175 000

(2) 发放薪酬时：

借：应付职工薪酬——工资　　138 355

　　贷：银行存款　　138 355

(3) 结转代扣款项：

借：应付职工薪酬——工资　　36 645

　　贷：应交税费——应交个人所得税　　1 120

　　　　应付职工薪酬——社会保险费　　18 025

　　　　应付职工薪酬——住房公积金　　17 500

2. 职工福利费的计量

企业发生的职工福利费，应当在实际发生时根据实际发生额计入当期损益或相关资产成本。

如企业向职工食堂、生活困难职工等支付职工福利费时，借记“应付职工薪酬——职工福利”科目，贷记“银行存款”“库存现金”等科目。同时，借记“生产成本”“制造费用”“管理费用”等科目，贷记“应付职工薪酬——职工福利”科目。

例 11-10　A 公司本月食堂报销员工中餐费 2 000 元。

借：应付职工薪酬——职工福利　　2 000

　　贷：库存现金　　2 000

同时：

借：管理费用　　2 000

　　贷：应付职工薪酬——职工福利　　2 000

3. 医疗保险费、工伤保险费、生育保险费等社会保险费和住房公积金的计量

企业为职工缴纳的医疗保险费、工伤保险费、生育保险费等社会保险费和住房公积金，应当在职工为其提供服务的会计期间，根据规定的计提基础和计提比例确定相应的职工薪酬金额，并确认相关负债，按照受益对象计入当期损益或相关资产成本。一般为：计算应由企业承担的医疗保险费、工伤保险费、生育保险费等社会保险费和住房公积金时，按职工所在部门，分别计入成本或费用。

借：生产成本

　　制造费用

　　管理费用

　　销售费用等

　　贷：应付职工薪酬——社会保险费

　　　　　　　　　　——住房公积金

交纳社会保障费、住房公积金时，应借记“应付职工薪酬——社会保险费”“应付职工薪酬——住房公积金”等科目，贷记“银行存款”科目。

例 11-11　A 公司管理人员本月工资总额为 200 000 元，按工资总额的 0.7%计算应由企业缴纳的生育保险费。

借：管理费用　　1 400

　　贷：应付职工薪酬——社会保险费　　1 400

例 11-12　A 公司管理人员本月工资总额为 200 000 元，按工资总额的 8%计算应由企业缴纳的医疗保险费。

借：管理费用　　16 000

　　贷：应付职工薪酬——社会保险费　　16 000

例 11-13　A 公司管理人员本月工资总额为 200 000 元，按 10%计算应由企业缴纳的住房公积金。

借：管理费用　　20 000

　　贷：应付职工薪酬——住房公积金　　20 000

4. 工会经费和职工教育经费的计量

工会经费按工资总额的 2%计算提取，成立工会组织的，上缴一半给当地总工会，另一半留给基层工会使用；未成立工会组织的，全部上交当地总工会。

从 2018 年 1 月 1 日起，职工教育经费按工资总额的 8%计算提取。职工教育经费用于职工的培训、后续教育等。

企业按规定提取的工会经费、职工教育经费，应当在职工为其提供服务的会计期间，根据规定的计提基础和计提比例确定相应的职工薪酬金额，并确认相关负债，按照受益对象计入当期损益或相关资产成本。计提工会经费、职工教育经费时，借记“生产成本”“制造费用”“管理费用”“销售费用”等科目，贷记“应付职工薪酬——工会经费”“应付职工薪酬——职工教育经费”科目。

例 11-14 承例 11-9 的资料，A 公司按 2%计提工会经费，会计分录如下。

借：生产成本　　2 000
　　制造费用　　200
　　管理费用　　900
　　销售费用　　400
　　贷：应付职工薪酬——工会经费　　3 500

当上缴工会经费时，借记“应付职工薪酬——工会经费”科目，贷记“银行存款”科目。

当使用职工教育经费时，借记“应付职工薪酬——职工教育经费”科目，贷记“银行存款”科目。

例 11-15 公司用转账支票支付职工培训费 12 000 元。

借：应付职工薪酬——职工教育经费　　12 000
　　贷：银行存款　　12 000

5. 非货币性福利的计量

企业向职工提供非货币性福利的，应当按照公允价值计量，公允价值不能可靠计量的，可以采用成本计量。如企业以其自产产品作为非货币性福利发放给职工的，应当按照该产品的公允价值和相关税费确定职工薪酬金额，并计入当期损益或相关资产成本。相关收入的确认、销售成本的结转以及相关税费的处理，与企业正常商品销售的会计处理相同。企业以外购的商品作为非货币性福利提供给职工的，应当按照该商品的公允价值和相关税费确定职工薪酬金额，并计入当期损益或相关资产成本。

(1) 以自产产品或外购商品发放给职工作为福利。

企业以其自产产品作为非货币性福利发放给职工的，应确认主营业务收入，借记“应付职工薪酬——非货币性福利”科目，贷记“主营业务收入”“应交税费——应交增值税(销项税额)”科目，同时结转相关成本。同时根据受益对象，计入当期成本、费用。

例 11-16 甲公司为一家彩电生产企业，共有职工 200 名。2×19 年 11 月，公司以其生产的成本为 3 000 元的液晶彩电和外购的每台不含税价格为 1 000 元的电暖气作为福利发放给公司每名职工。该型号液晶彩电的售价为每台 5 000 元(不含税)，甲公司适用的增值税税率为 13%；甲公司以银行存款支付了购买的电暖气的价款和增值税进项税额，并取得了增值税专用发票，增值税税率为 13%。

① 决定发放非货币性福利——液晶彩电：

假定 200 名职工中有 170 名为直接参加生产的职工，30 名为总部管理人员。

彩电的增值税销项税额 =170×5 000×13%+30×5 000×13%=130 000(元)

借：生产成本　　960 500[即 170×5 000×(1+13%)]
　　管理费用　　169 500[即 30×5 000×(1+13%)]
　　贷：应付职工薪酬——非货币性福利　　1 130 000

② 实际发放非货币性福利——液晶彩电：

借：应付职工薪酬——非货币性福利　　1 130 000

贷：主营业务收入　　1 000 000
　　应交税费——应交增值税（销项税额）　　130 000

借：主营业务成本　　600 000
　　贷：库存商品　　600 000

③ 决定发放非货币性福利——电暖气：

借：库存商品　　200 000
　　应交税费——应交增值税（进项税额）　　26 000
　　贷：银行存款　　226 000

电暖气的进项税额=200×1 000×13% =26 000（元）

借：生产成本　　192 100[即 170×1 000×（1+13%）]
　　管理费用　　33 900[即 30×1 000×（1+13%）]
　　贷：应付职工薪酬——非货币性福利　　226 000

④ 发放电暖气时：

借：应付职工薪酬——非货币性福利　　226 000
　　贷：库存商品　　200 000
　　　　应交税费——应交增值税（进项税额转出）　　26 000

（2）将企业拥有的房屋等资产无偿提供给职工使用或租赁住房等资产供职工无偿使用。

企业无偿向职工提供住房等固定资产使用的，按应计提的折旧额，借记“管理费用”“生产成本”“制造费用”等科目，贷记“应付职工薪酬——非货币性福利”科目；同时，借记“应付职工薪酬——非货币性福利”科目，贷记“累计折旧”科目。租赁住房等资产供职工无偿使用的，按每期应支付的租金，借记“管理费用”“生产成本”“制造费用”等科目，贷记“应付职工薪酬——非货币性福利”科目；企业支付供职工无偿使用的住房等资产发生的租金，借记“应付职工薪酬——非货币性福利”科目，贷记“银行存款”科目。

例 11-17　乙公司决定为每位部门经理提供自建单位宿舍免费使用，同时为每位副总裁租赁一套住房免费使用。乙公司部门经理共有 20 名，副总裁共有 5 名。假定每间单位宿舍月折旧额为 1 000 元，每套住房月租金为 8 000 元。乙公司的账务处理如下。

（1）计提单位宿舍折旧：

借：管理费用　　20 000
　　贷：应付职工薪酬——非货币性福利　　20 000

借：应付职工薪酬——非货币性福利　　20 000
　　贷：累计折旧　　20 000

（2）确认住房租金费用：

借：管理费用　　40 000
　　贷：应付职工薪酬——非货币性福利　　40 000

借：应付职工薪酬——非货币性福利　　40 000
　　贷：其他应付款　　40 000

6. 短期带薪缺勤的计量

短期带薪缺勤应当根据其性质及其职工享有的权利，分为累积带薪缺勤和非累积带薪缺勤两类。

（1）累积带薪缺勤。

累积带薪缺勤，是指带薪缺勤权利可以结转至下期的带薪缺勤，本期尚未用完的带薪缺勤权利可以在未来一定期间继续使用。企业应当在职工提供了服务从而增加了其未来享有的带薪缺勤权利时，确认与累积带薪缺勤相关的职工薪酬，并以累积未行使权利而增加的预期支付金额进行计量。

有些累积带薪缺勤在职工离开企业时，对于未行使的权利，职工有权获得现金支付。如果职工在离开企业时能够获得现金支付的，企业应当确认企业必须支付的、职工全部累积未行使的权利的金额。如果职工在离开企业时不能获得现金支付的，则企业应当根据资产负债表日累积未行使的权利而导致的预期支付的追加金额，作为累积带薪缺勤费用进行预计。

(2) 非累积带薪缺勤。

非累积带薪缺勤，是指带薪缺勤权利不能结转至下期的带薪缺勤，本期尚未用完的带薪缺勤权利将予以取消，并且职工离开企业时也无权获得现金支付。企业职工享有的婚假、产假、丧假、探亲假、病假期间的工资通常属于非累积带薪缺勤。由于职工提供服务本身不能增加其能够享受的福利金额，企业在职工缺勤时不应当计提相关费用和负债；企业应当在职工实际发生缺勤的会计期间确认与非累积带薪缺勤相关的职工薪酬。通常情况下，与非累积带薪缺勤相关的职工薪酬已经包括在企业每期向职工发放的工资等薪酬中，因此不必额外做相应的账务处理。

例 11-18 美益公司从 2×18 年起开始实行累积带薪缺勤制度。公司财务部门的一名会计每个工作日的日标准工资为 240 元。根据公司相关制度规定：该会计每年有 10 天的带薪休假。对其当年未用的休假，可以无限期向后结转，而且在其离开公司时以现金结算。2×18 年，该会计实际休假 5 天。

分析：在本例中，由于美益公司实行累积带薪缺勤制度，而且在员工离开公司时以现金结算，因此美益公司应当于 2×18 年年末确认该会计未使用的累积带薪缺勤。

该会计未使用的累积带薪缺勤=(10−5)×240=1 200(元)

2×18 年年末，美益公司应编制的会计分录为：

借：管理费用　　1 200

　　贷：应付职工薪酬——累积带薪缺勤　　1 200

7. 短期利润分享计划的计量

企业有短期利润分享计划的，如规定当职工在企业工作了特定期限后，能够享有按照企业净利润的一定比例计算的薪酬，企业应当进行相应的会计处理。

短期利润分享计划同时满足下列条件的，企业应当确认相关的应付职工薪酬，并计入当期损益或相关资产成本。

(1) 企业因过去事项导致现在具有支付职工薪酬的法定义务或推定义务。

(2) 因短期利润分享计划所产生的应付职工薪酬义务金额能够可靠估计。属于下列三种情形之一的，视为义务金额能够可靠估计：

① 在财务报告批准报出之前企业已确定应支付的薪酬金额；

② 该短期利润分享计划的正式条款中包括确定薪酬金额的方式；

③ 过去的惯例为企业确定推定义务金额提供了明显证据。

企业在计量短期利润分享计划产生的应付职工薪酬时，应当反映职工因离职而没有享受短期利润分享计划支付的可能性。如果企业预期在职工为其提供相关服务的年度报告期间结束后 12 个月内，不需要全部支付短期利润分享计划产生的应付职工薪酬，那么该利润分享计划应当适用其他长期职工福利的有关规定。

企业根据经营业绩或职工贡献等情况提取的奖金，属于奖金计划，应当比照短期利润分享计划进行处理。

例 11-19 A 公司于 2×18 年年初制定和实施了一项短期利润分享计划，以对公司管理层进行激励。该计划规定，公司全年计划实现净利润 2 000 万元，如果在公司管理层的努力下完成的净利润超过 2 000 万元，公司管理层将可以分享超过 2 000 万元净利润部分的 20%作为额外薪酬。截至 2×18 年年末，A 公司实现净利润 3 000 万元。如果不考虑离职等其他因素，则 A 公司管理层按照短期利润分享计划可以分享利润 200 万元[(3 000−2 000)×20%]作为其额外的薪酬。

A 公司 2×18 年 12 月 31 日的相关账务处理如下：

借：管理费用　　2 000 000

　　贷：应付职工薪酬——利润分享计划　　2 000 000

四、离职后福利的确认和计量

离职后福利包括退休福利（如养老金和一次性的退休支付）及其他离职后福利（如离职后人寿保险和离职后医疗保障）。

离职后福利计划，是指企业与职工就离职后福利达成的协议，或者企业为向职工提供离职后福利制定的规章或办法等。企业应当按照承担的风险和义务情况，将离职后福利计划分类为设定提存计划和设定受益计划两种类型。

1. 设定提存计划

设定提存计划，是指向独立的基金缴存固定费用后，企业不再承担进一步支付义务的离职后福利计划；

对于设定提存计划，企业应当根据在资产负债表日在职工为其提供服务的会计期间，将根据设定提存计划计算的应缴存金额确认为负债，并计入当期损益或相关资产成本。

例 11-20　美益公司为管理人员设立了一项企业年金，每月该企业按照每个管理人员工资的 8%向独立于美益公司的年金基金缴存企业年金，年金基金将计入该管理人员个人账户并负责基金的运作。该管理人员退休时可以一次性获得其个人账户的累积额，包括公司历年来的缴存额以及相应的投资收益。公司除了按照约定向年金基金缴存之外不再负有其他义务，既不享有缴存资金产生的收益，也不再承担投资风险。因此，该福利计划为设定提存计划。20×6 年，按照计划安排，该企业向年金基金缴存的金额为 160 万元。美益公司应编制的会计分录为：

借：管理费用　　1 600 000

　　贷：应付职工薪酬　　1 600 000

借：应付职工薪酬　　1 600 000

　　贷：银行存款　　1 600 000

2. 设定受益计划

企业应当采用预期累计福利单位法和适当的精算假设，确认和计量设定受益计划所产生的义务，并计入当期损益或其他综合收益。

五、辞退福利的核算

企业向职工提供辞退福利的，应当在企业不能单方面撤回因解除劳动关系计划裁减建议所提供的辞退福利时，企业确认涉及支付辞退福利的重组相关的成本或费用时两者孰早日，确认辞退福利产生的职工薪酬负债，并计入当期损益。

企业有详细、正式的重组计划并且该重组计划已对外公告时，表明已经承担了重组义务。重组计划包括重组涉及的业务、主要地点、需要补偿的职工人数及其岗位性质、预计重组支出、计划实施时间等。

企业应当按照辞退计划条款的规定，合理预计并确认辞退福利产生的职工薪酬负债，并具体考虑下列情况。

（1）对于职工没有选择权的辞退计划，企业应当根据计划条款规定拟解除劳动关系的职工数量、每一职位的辞退补偿确认职工薪酬负债。

（2）对于自愿接受裁减建议的辞退计划，由于接受裁减的职工数量不确定，企业应当根据《企业会计准则——或有事项》规定，预计将会接受裁减建议的职工数量，根据预计的职工数量和每一职位的辞退补偿等确认职工薪酬负债。

（3）对于辞退福利预期在年度报告期结束后 12 个月内完全支付的，应当适用短期薪酬的相关规定。

（4）对于辞退福利预期在年度报告期结束后 12 个月内不能完全支付的，应当适用其他长期职工福利的有关规定。

企业在确定提供的经济补偿是否为辞退福利时，应当区分辞退福利和正常退休养老金。辞退福利是在职工与企业签订的劳动合同到期前，企业根据法律与职工本人或职工代表(如工会)签订的协议，或者基于商业惯例，承诺当其提前终止对职工的雇佣关系时支付的补偿，引发补偿的事项是辞退。

对于职工虽然没有与企业解除劳动合同，但未来不再为企业提供服务，不能为企业带来经济利益，企业承诺提供实质上具有辞退福利性质的经济补偿的，如内部退休(内退)的情况，在其正式退休日期之前应当比照辞退福利处理，在其正式退休之后，应当按照离职后福利处理。

实施内退计划的，企业应当比照辞退福利处理。在内退计划符合《企业会计准则第 9 号——职工薪酬》规定的确认条件时，企业应当按照内退计划规定，将自职工停止提供服务日至正常退休日期间，企业拟支付的内退职工工资和缴纳的社会保险费等，确认为应付职工薪酬，一次性计入当期损益，不能在职工内退后各期分期确认因支付内退职工工资和为其缴纳的社会保险费等产生的义务。

因解除与职工的劳动关系给予的补偿，借记“管理费用”科目，贷记“应付职工薪酬”科目。

六、其他长期职工福利

企业向职工提供的其他长期职工福利，符合设定提存计划条件的，应当按照设定提存计划的有关规定进行会计处理。企业向职工提供的其他长期职工福利，符合设定受益计划条件的，确认和计量其他长期职工福利净负债或净资产。

在报告期末，企业应当将其他长期职工福利产生的职工薪酬成本确认为下列组成部分：

(1) 服务成本；

(2) 其他长期职工福利净负债或净资产的利息净额；

(3) 重新计量其他长期职工福利净负债或净资产所产生的变动。

为了简化相关会计处理，上述项目的总净额应计入当期损益或相关资产成本。

长期残疾福利水平取决于职工提供服务期间长短的，企业应当在职工提供服务的期间确认应付长期残疾福利义务，计量时应当考虑长期残疾福利支付的可能性和预期支付的期限；长期残疾福利与职工提供服务期间长短无关的，企业应当在导致职工长期残疾的事件发生的当期确认应付长期残疾福利义务。

第五节 应交税费

企业在一定时期内取得的营业收入和实现的利润，要按规定向国家交纳各种税费，这些应交税费，应按照权责发生制的原则确认，在未交之前暂时停留在企业，形成一项负债。

企业依法交纳的各种税费，主要有增值税、消费税、资源税、企业所得税、土地增值税、城市维护建设税、房产税、土地使用税、车船税、印花税、耕地占用税、个人所得税、教育费附加、矿产资源补偿费等。由企业代扣代交的个人所得税，也通过“应交税费”科目核算。

企业应设置“应交税费”科目，核算企业按照税法规定应交纳的各种税费。“应交税费”科目按应交税费的内容设账进行明细核算。

一、应交增值税

(一) 增值税概述

增值税是以在境内销售货物、无形资产或者不动产，提供服务，以及进口货物的单位和个人的增值额征收的一种流转税。按照纳税人的经营规模及会计核算的健全程度，增值税纳税人分为一般纳税人和小规模纳税人。年应税销售额超过财政部和国家税务总局规定标准(500 万元)的纳税人为一般纳税人，未超过标准的纳税人为小规模纳税人。

增值税实行比例税率，自 2019 年 4 月 1 日起，一般纳税人的税率具体规定如下。

(1)销售或者进口除基本生活必需品之外的货物，提供加工、修理修配或者有形资产租赁服务，适用的增值税税率为13%。

(2)销售或者进口保证基本生活必需品，包括农产品(含粮食)、食用食物油，自来水、天然气、书刊、农药、化肥、电子出版物、音像制品、食用盐等商品，适用的增值税税率为9%。

(3)提供交通运输、邮政、基础电信、建筑、不动产租赁、销售不动产、转让土地使用权，适用的增值税税率为9%。

(4)提供金融服务、研发和技术服务、信息提供服务、文化创意服务、物流辅助服务、鉴证咨询服务等，适用的增值税税率为6%。

(5)零税率，即税率为零，仅适用于法律不限制或不禁止的报关出口货物，以及输往保税区、保税工厂、保税仓库的货物。零税率不但不需要缴税，还可以退还以前纳税环节所缴纳的增值税。

一般纳税人应纳增值税额，根据当期销项税额减去当期进项税额计算确定；小规模纳税人应纳增值税额，按照销售额和规定的征收率计算确定。

各国实行的增值税在计算增值额时一般都实行税款抵扣制度，即在计算企业应纳税款时，要扣除商品在以前生产环节已负担的税款，以避免重复征税。依据实行增值税的各个国家允许扣除已纳税款的扣除项目范围的大小，增值税分为生产型增值税、收入型增值税和消费型增值税三种类型。它们之间的主要区别在于对购入固定资产的处理上。生产型增值税在计算增值额时，对购入的固定资产及其折旧均不予扣除。收入型增值税对于购置用于生产、经营的固定资产，允许将已提折旧的价值额予以扣除。消费型增值税允许将用于生产、经营的固定资产价值中已含的税款，在购置当期全部一次扣除。2009年1月1日起我国实行消费型增值税。

在税收征管上，从世界各国来看，一般都实行凭购物发票进行抵扣。按照《中华人民共和国增值税暂行条例》规定，企业购进货物或接受应税劳务支付的增值税(即进项税额)，可以从销售货物或提供劳务按规定收取的增值税(即销项税额)中抵扣。

按照规定，如果企业在购进货物或者接受应税劳务时，没有按照规定取得并保存增值税扣税凭证，那么其进项税额不能从销项税额中抵扣。在会计核算中，如果企业不能取得有关的扣税证明，则购进货物或接受应税劳务支付的增值税额不能作为进项税额，其已支付的增值税只能计入购进货物或接受劳务的成本。

(二)一般纳税人企业的会计处理

为了核算企业应交增值税的发生、抵扣、交纳、退税及转出等情况，一般纳税人企业应在“应交税费”科目下设置“应交增值税”“未交增值税”“预交增值税”“待抵扣进项税额”“待认证进项税额”“待转销项税额”“简易计税”“转让金融商品应交增值税”“代扣代交增值税”等明细科目。

(1)“应交增值税”明细科目核算企业购进货物或接受应税劳务支付的增值税额、销售货物或提供应税劳务应收取的增值税额、出口货物退税、转出已支付或应分担的增值税等。

一般纳税人在“应交税费——应交增值税”科目内分别设置“进项税额”“销项税额抵减”“已交税金”“转出未交增值税”“转出多交增值税”“减免税款”“出口抵减内销产品应纳税额”“销项税额”“出口退税”“进项税额转出”等专栏，并按规定进行核算。

①“进项税额”专栏，记录一般纳税人购进货物、无形资产或不动产、加工修理修配劳务、服务而支付或负担的、准予从当期销项税额中抵扣的增值税额。

②“销项税额抵减”专栏，记录一般纳税人按照现行增值税制度规定因扣减销售额而减少的销项税额。

③“已交税金”专栏，记录一般纳税人当月已交纳的应交增值税额。

④“转出未交增值税”和“转出多交增值税”专栏，分别记录一般纳税人月度终了转出当月应交未交或多交的增值税额。

⑤“减免税款”专栏，记录一般纳税人按现行增值税制度规定准予减免的增值税额。

⑥“出口抵减内销产品应纳税额”专栏，记录实行“免、抵、退”办法的一般纳税人按规定计算的出

口货物的进项税抵减内销产品的应纳税额。

⑦“销项税额”专栏，记录一般纳税人销售货物、无形资产或不动产、加工修理修配劳务、服务应收取的增值税额。

⑧“出口退税”专栏，记录一般纳税人出口货物、加工修理修配劳务、服务、无形资产按规定退回的增值税额。

⑨“进项税额转出”专栏，记录一般纳税人购进货物、无形资产或不动产、加工修理修配劳务、服务等发生非正常损失以及其他原因而不应从销项税额中抵扣、按规定转出的进项税额。

一般纳税人“应交税费——应交增值税”账户格式如表 11-1 所示。

表 11-1 “应交税费——应交增值税”账户格式

……	借方							贷方					借或贷	余额
……	合计	进项税额	销项税额抵减	已交税金	减免税款	出口抵减内销产品应纳税额	转出未交增值税	合计	销项税额	出口退税	进项税额转出	转出多交增值税		

(2)“未交增值税”明细科目，核算一般纳税人月度终了从“应交增值税”或“预交增值税”明细科目转入当月应交未交、多交或预交的增值税额，以及当月交纳以前期间未交的增值税额。

“应交税费——未交增值税”明细账期末借方余额，反映企业尚未抵扣的增值税。贷方余额反映企业尚未交纳的增值税。该明细账采用三栏式格式，其账户格式如表 11-2 所示。

表 11-2 “应交税费——未交增值税”账户格式

年		凭证		摘要	借方	贷方	借或贷	余额
月	日	字	号					

(3)“预交增值税”明细科目，核算一般纳税人转让不动产、提供不动产经营租赁服务、提供建筑服务、采用预收款方式销售自行开发的房地产项目等，以及其他按现行增值税制度规定应预交的增值税额。

(4)“待抵扣进项税额”明细科目，核算一般纳税人已取得增值税扣税凭证并经税务机关认证，按照现行增值税制度规定准予以后期间从销项税额中抵扣的进项税额。包括：一般纳税人自 2016 年 5 月 1 日后取得并按固定资产核算的不动产或者 2016 年 5 月 1 日后取得的不动产在建工程，按现行增值税制度规定准予以后期间从销项税额中抵扣的进项税额；实行纳税辅导期管理的一般纳税人取得的尚未交叉稽核比对的增值税扣税凭证上注明或计算的进项税额。

(5)“待认证进项税额”明细科目，核算一般纳税人由于未经税务机关认证而不得从当期销项税额中抵扣的进项税额。包括：一般纳税人已取得增值税扣税凭证，按照现行增值税制度规定准予从销项税额中抵扣，但尚未经税务机关认证的进项税额；一般纳税人已申请稽核但尚未取得稽核相符结果的海关缴款书进项税额。

(6)“待转销项税额”明细科目，核算一般纳税人销售货物、加工修理修配劳务、服务、无形资产或不动产，已确认相关收入(或利得)但尚未发生增值税纳税义务而需于以后期间确认为销项税额的增值税额。

(7)“简易计税”明细科目，核算一般纳税人采用简易计税方法发生的增值税计提、扣减、预交、交纳等业务。

(8)“转让金融商品应交增值税”明细科目，核算增值税纳税人转让金融商品发生的增值税额。

(9)“代扣代交增值税”明细科目，核算纳税人购进在境内未设经营机构的境外单位或个人在境内的应税行为代扣代缴的增值税。

小规模纳税人只需在“应交税费”科目下设置“应交增值税”明细科目，不需要设置上述专栏及除“转让金融商品应交增值税”“代扣代交增值税”外的明细科目。

实行增值税的一般纳税企业，从税务角度看，一是可以使用增值税专用发票，企业销售货物或提供劳务可以开具增值税专用发票（或完税凭证或购进免税农产品凭证下同）；二是购入货物取得的增值税专用发票上注明的增值税额可以用销项税额抵扣；三是如果企业销售货物或提供应税劳务采用销售额和销项税额合并定价方法的，按公式“销售额=含税销售额÷（1+增值税税率）”还原为不含税销售额，并按不含税销售额计算销项税额。

根据上述特点，一般纳税企业在账务处理上的主要特点：一是在购进阶段，会计处理时实行价与税的分离政策，价与税分离的依据为增值税专用发票上注明的价款和增值税，属于价款的部分计入购入货物的成本，属于增值税额的部分计入进项税额；二是在销售阶段，销售价格中不再含税，如果定价时含税，应还原为不含税价格作为销售收入，按公式“销售额=含税销售额÷（1+增值税税率）”还原为不含税销售额，并按不含税销售额计算销项税额。

1．增值税进项税额的会计处理

当期进项税额，是指纳税人当期购进货物或者接受劳务已交纳的增值税额，进项税额可以从销项税额中予以抵扣。根据我国增值税税法规定，允许从当期销项税额中抵扣进项税额的情形，主要包括以下几类：

(1) 从销售方取得的增值税专用发票上注明的增值税额；

(2) 从海关取得的海关进口专用缴款书上注明的增值税额；

(3) 购进农产品，按照农产品收购发票或者销售发票上注明的农产品买价和9%的扣除率计算的进项税额；

(4) 从境外单位或个人购进服务、无形资产或者不动产，自税务机关或者扣缴义务人取得的解缴税款的完税凭证上注明的增值税额。

在上述4种情形下，企业可以将增值税的进项税额，借记“应交税费——应交增值税（进项税额）”科目。

企业从国内采购的物资或接受的应税劳务等，根据增值税专用发票上记载的应计入采购成本或应计入加工修理修配等物资成本的金额，借记“固定资产”“工程物资”“无形资产”“材料采购”“在途物资”“原材料”“库存商品”“管理费用”“生产成本”“制造费用”“委托加工物资”等科目；根据增值税专用发票上注明的可抵扣的增值税额，借记“应交税费——应交增值税（进项税额）”科目；按应付或实际支付的总额，贷记“应付账款”“应付票据”“银行存款”“其他货币资金”等科目。购入物资发生的退货，做相反的会计分录。

例 11-21 美益公司2×19年5月购入一批甲材料，增值税专用发票上注明的甲材料价款为200 000元，增值税额为26 000元，材料已验收入库，货款已用银行存款支付。该企业采用实际成本对原材料进行核算。该企业的有关会计分录如下：

借：原材料——甲材料	200 000	
应交税费——应交增值税（进项税额）	26 000	
贷：银行存款		226 000

例 11-22 美益公司2×19年5月购入一台不需要安装设备，价款300 000元，增值税专用发票上注明的增值税额39 000元，款项尚未支付，供货单位包送货上门，该企业的有关会计分录如下：

借：固定资产	300 000	
应交税费——应交增值税（进项税额）	39 000	
贷：应付账款		339 000

按照《中华人民共和国增值税暂行条例》（简称《增值税暂行条例》）规定，企业购入免征增值税货物，一般不能够抵扣增值税销项税额。但是对于企业购进免税农产品，可以按买价和规定的扣除率计算进项税额，并准予从销项税额中抵扣。企业购进免税农产品，按买价和规定的扣除率（9%）计算进项税额，借记“应交税费——应交增值税（进项税额）”科目，按买价减去按规定计算的进项税额后的差额，借记“材料采购”“原材料”“库存商品”等科目，按应付或实际支付的价款，贷记“应付账款”“银行存款”等科目。

例 11-23 A公司为面粉加工企业，收购一批小麦，实际支付价款100万元，规定的扣除率为9%，收购的小麦已验收入库，货款已用银行存款支付。该企业的有关会计分录如下：

进项税额–购买价款×扣除率=100×9%=9（万元）

借：原材料　　910 000

　　应交税费——应交增值税（进项税额）　　90 000

　　贷：银行存款　　1 000 000

2. 进项税额转出、待抵扣进项税额的会计处理

按照增值税有关规定，一般纳税人购进货物、加工修理修配劳务、服务、无形资产或不动产，用于简易计税方法计税项目、免征增值税项目、集体福利、购进的旅客运输服务、贷款服务、餐饮服务、娱乐服务、居民日常服务等个人消费等，其进项税额不得从销项税额中抵扣的，应当计入相关成本费用，不通过“应交税费——应交增值税（进项税额）”科目核算。

因企业购进的货物发生非常损失，以及将购进货物改变用途（如用于非应税项目、集体福利或个人消费等），导致原已计入进项税额但按现行增值税制度规定不得从销项税额中抵扣的，应当将进项税额转出。借记“待处理财产损溢”“应付职工薪酬”等科目，贷记“应交税费——应交增值税（进项税额转出）”科目。

如果一般纳税人企业将购进时已全额抵扣进项税额的货物或服务改变用途，用于房屋等不动产在建工程的，其已抵扣进项税额的40%部分应当转出，留到以后期间再予以抵扣，借记“应交税费——待抵扣进项税额”科目，贷记“应交税费——应交增值税（进项税额转出）”科目。

例 11-24 某工业企业为增值税一般纳税人，本期购入一批材料，增值税专用发票上注明的甲材料价款为800 000元，增值税额为104 000元，材料已验收入库，货款已用银行存款支付。该企业采用实际成本对原材料进行核算。材料入库后，该企业将该批材料全部用于发放职工福利。根据该项经济业务，该企业的有关会计分录如下。

材料入库时：

借：原材料——甲材料　　800 000

　　应交税费——应交增值税（进项税额）　　104 000

　　贷：银行存款　　904 000

用于发放职工福利时：

借：应付职工薪酬——职工福利　　904 000

　　贷：原材料　　800 000

　　　　应交税费——应交增值税（进项税额转出）　　104 000

例 11-25 某工业企业为增值税一般纳税人，本期购入一批材料，增值税专用发票上注明的甲材料价款为800 000元，增值税额为104 000元，材料已验收入库，货款已用银行存款支付。该企业采用实际成本对原材料进行核算。材料入库后，该企业将该批材料全部用于办公楼工程建设项目。根据该项经济业务，该企业的有关会计分录如下。

材料入库时：

借：原材料——甲材料　　800 000

　　应交税费——应交增值税（进项税额）　　104 000

　　贷：银行存款　　904 000

工程领用材料时：

借：在建工程　　800 000

　　贷：原材料　　800 000

借：应交税费——待抵扣进项税额　　41 600（即104 000×40%）

　　贷：应交税费——应交增值税（进项税额转出）　　41 600

第二年，允许抵扣剩余的增值税时：

借：应交税费——应交增值税（进项税额）　　41 600

　　贷：应交税费——待抵扣进项税额　　41 600

注：按照国家税务总局2016年第15号公告《关于发布〈不动产进项税额分期抵扣暂行办法〉的公告》的规定，增值税一般纳税人在2016年5月1日后取得并在会计制度上按固定资产核算的不动产，以及在2016年5月1日后发生的不动产在建工程，其进项税额应按照本办法有关规定分2年从销项税额中抵扣，第一年抵扣比例为60%，第二年抵扣比例为40%。其中，纳税人新建、改建、扩建、修缮、装饰不动产，属于不动产在建工程。

因此，如果纳税人在2016年5月1日后购进货物和设计服务、建筑服务，用于新建不动产，上述进项税额中，60%的部分于取得扣税凭证的当期从销项税额中抵扣；40%的部分为待抵扣进项税额，于取得扣税凭证的当月起第13个月从销项税额中抵扣。

3. 增值税销项税额的会计处理

当期销项税额，是指纳税人发生应税行为按照销售额和增值税税率计算并收取的增值税额。

一般纳税人在发生应税行为时，应向购买方开出增值税专用发票或普通发票，按照发票上注明的税额，贷记“应交税费——应交增值税（销项税额）”科目。

企业销售货物、加工修理修配劳务、服务、无形资产或不动产，应当按应收或已收的金额，借记“应收账款”“应收票据”“银行存款”等科目；按取得的收入金额，贷记“主营业务收入”“其他业务收入”等科目。按现行增值税制度规定计算的销项税额，贷记“应交税费——应交增值税（销项税额）”科目。发生的销售退回，做相反的会计分录。

例11-26 美益公司2×19年6月销售A产品100件，每件不含税价400元，增值税税率为13%，美益公司给客户开具增值税专用发票。发票上注明总售价40 000元，增值税额5 200元。货款及增值税已收存银行。美益公司的有关会计分录如下：

借：银行存款　　45 200
　贷：主营业务收入　　40 000
　　应交税费——应交增值税（销项税额）　　5 200

此外，企业将自产、委托加工或购买的货物分配给股东，应当参照企业销售商品或者提供应税劳务进行会计处理。

企业的有些交易和事项从会计角度看不属于销售行为，不能确认销售收入，但是按照税法规定，应视同对外销售处理，计算应交增值税。视同销售需要交纳增值税的事项，如企业将自产、委托加工或购买的货物作为投资、分配给股东或投资者、无偿赠送他人等，将自产、委托加工的货物用于集体福利或个人消费等。在这些情况下，企业应当借记“在建工程”“长期股权投资”“应付职工薪酬”“营业外支出”等科目；按产品的售价确认收入，贷记“主营业务收入”科目；按销售产品的售价计算的销项税额，贷记“应交税费——应交增值税（销项税额）”科目。

例11-27 C公司将生产的钢材用于自建的厂房工程，该产品的成本为200 000元，对外销售价（计税价格）为300 000元，适用的增值税税率为13%，C公司的有关会计分录如下：

借：在建工程　　300 000
　应交税费——应交增值税（进项税额）　　23 400（即300 000×13%×60%）
　　　　——待抵扣进项税额　　15 600（即300 000×13%×40%）
　贷：主营业务收入　　300 000
　　应交税费——应交增值税（销项税额）　　39 000（即300 000×13%）

4. 出口退税的会计处理

企业出口产品按规定退税的，按应收的出口退税额，借记“其他应收款”科目，贷记“应交税费——应交增值税（出口退税）”科目。

5. 差额征税的会计处理

一般纳税人企业提供应税服务，按照营业税改征增值税有关规定允许从销售额中扣除其支付给其他单位或个人价款的，在收入采用总额法确认的情况下，减少的销项税额应借记“应交税费——应交增值税（销项税额抵减)”科目；在采用净额法确认的情况下，按照增值税有关规定确定的销项税额计入“应交税费——应交增值税(销项税额)”科目。

例 11-28 某旅游企业为增值税一般纳税人，选择差额征税的方式。该企业本期向旅游服务购买方(游客)收取含税价款 530 000 元(含增值税 30 000 元)，应支付给其他接团旅游企业的旅游费用和其他单位的相关费用为 424 000 元，其中因允许扣减销售额而减少的销项税额为 24 000 元。

假设该旅游企业采用总额法确认收入，根据该项经济业务，企业可做如下账务处理：

借：银行存款　　530 000
　　贷：主营业务收入　　500 000
　　　　应交税费——应交增值税(销项税额)　　30 000
借：主营业务成本　　400 000
　　应交税费——应交增值税(销项税额抵减)　　24 000
　　贷：应付账款　　424 000

例 11-29 某客运场站为增值税一般纳税人，为客运公司提供客源组织、售票、检票、发车、运费结算等服务。该企业选择差额征税的方式。以其取得的全部价款和价外费用，扣除支付给承运方运费后的余额为销售额。本期该企业向游客收取车票款项 530 000 元，应向客运公司支付 477 000 元；剩下的 53 000 元中，50 000 元作为销售额，3 000 元为增值税销项税额。根据该项经济业务，企业可做如下账务处理：

借：银行存款　　530 000
　　贷：主营业务收入　　50 000
　　　　应交税费——应交增值税(销项税额)　　3 000
　　　　应付账款　　477 000

6. 转出多交增值税和未交增值税的会计处理

为了分别反映增值税一般纳税人欠交增值税款和待抵扣增值税的情况，确保企业及时足额上交增值税，避免出现企业用以前月份欠交增值税抵扣以后月份未抵扣的增值税的情况，企业应在“应交税费”科目下设置“未交增值税”明细科目，核算企业月份终了从“应交税费——应交增值税”科目转入的当月未交或多交的增值税；同时，在“应交税费——应交增值税”科目下设置“转出未交增值税”和“转出多交增值税”专栏。月份终了，企业计算出当月应交未交的增值税，借记“应交税费——应交增值税(转出未交增值税)”科目，贷记“应交税费——未交增值税”科目；当月多交的增值税，借记“应交税费——未交增值税”科目，贷记“应交税费——应交增值税(转出多交增值税)”科目。经过结转后，月份终了，“应交税费——应交增值税”明细账没有余额；“应交税费——未交增值税”借方余额，反映企业尚未抵扣的增值税；“应交税费——未交增值税”贷方余额，反映企业欠交的增值税。

例 11-30 龙发公司 2×19 年 8 月发生销项税额合计 340 000 元，进项税额 480 000 元，进项税额转出 20 000 元，本月转出多交增值税 120 000(即 340 000+20 000−480 000)元，龙发公司的有关会计分录如下：

借：应交税费——未交增值税　　120 000
　　贷：应交税费——应交增值税(转出多交增值税)　　120 000

7. 交纳增值税的会计处理

企业当月交纳当月的增值税，通过“应交税费——应交增值税(已交税金)”科目核算，借记：“应交税费——应交增值税(已交税金)”科目，贷记“银行存款”科目。当月交纳以前各期未交的增值税，通过“应交税费——未交增值税”科目，借记“应交税费——未交增值税”科目，贷记“银行存款”科目。

企业预交增值税，借记“应交税费——预交增值税”科目，贷记“银行存款”科目。月末，企业应将“预交增值税”明细科目余额转入“未交增值税”明细科目，借记“应交税费——未交增值税”科目，贷记“应交税费——预交增值税”科目。

例 11-31 美益公司 2×19 年 8 月交纳 7 月增值税 166 000 元。美益公司的有关会计分录如下：

借：应交税费——未交增值税　　　166 000

　　贷：银行存款　　　166 000

8. 增值税税控系统专用设备和技术维护费用抵减增值税额的会计处理

按增值税有关规定，初次购买增值税税控系统专用设备支付的费用以及交纳的技术维护费允许在增值税应纳税额中全额抵减。企业购入增值税税控系统专用设备，按实际支付或应付的金额，借记“固定资产”科目，贷记“银行存款”“应付账款”等科目。按规定抵减的增值税应纳税额，借记“应交税费——应交增值税(减免税款)”科目，贷记“管理费用”科目。

企业发生技术维护费，按实际支付的金额，借记“管理费用”科目，贷记“银行存款”等科目。按规定抵减的增值税应纳税额，借记“应交税费——应交增值税(减免税款)”科目，贷记“管理费用”科目。

例 11-32 美益公司2×18年8月18日交纳2×18年8月21日至2×19年8月20日的国税税控系统技术维护费280元，用现金付讫。美益公司编制的会计分录如下：

借：管理费用　　　280

　　贷：库存现金　　　280

借：应交税费——应交增值税(减免税款)　　　280

　　贷：管理费用　　　280

(三)小规模纳税人企业的会计处理

小规模纳税人企业的特点有：一是小规模纳税人企业销售货物或者提供应税劳务，一般情况下，只能开具普通发票，不能开具增值税专用发票；二是小规模纳税人企业不享有进项税额的抵扣权，其购进货物或接受应税劳务支付的增值税直接计入有关货物的成本。

因此，小规模纳税人企业只需设置“应交税费——应交增值税”明细科目，不需要在“应交增值税”明细科目中设置专栏。小规模纳税人企业“应交税费——应交增值税”明细账，应采用三栏式账页。

小规模纳税人企业购进货物或接受应税劳务支付的增值税，直接计入有关货物的成本，借记“材料采购”“在途物资”“原材料”“库存商品”等科目，贷记“银行存款”等科目。

小规模纳税人企业销售商品或提供应税劳务，按实现的营业收入和按规定收取的增值税额，借记“应收账款”“应收票据”“银行存款”“预收账款”等科目；按发票上注明的增值税额(或按规定计算的增值税额)，贷记“应交税费——应交增值税”科目；按实现的营业收入，贷记“主营业务收入”等科目。发生的销售退回，做相反的会计分录。

小规模纳税人企业交纳增值税时，应借记“应交税费——应交增值税”科目，贷记“银行存款”科目。

小规模纳税人企业发生的增值税税控系统技术维护费，按实际支付的金额，借记“管理费用”科目，贷记“银行存款”等科目。按规定抵减的增值税应纳税额，借记“应交税费——应交增值税”科目，贷记“管理费用”科目。

例 11-33 B公司为小规模纳税人(适用的增值税征收率为3%)，2×19年8月从A公司购进一批乙材料，增值税普通发票上注明价款为50 000元，增值税额为6 500元。A公司代垫运杂费2 000元，材料已验收入库(该企业按实际成本对存货进行计价)，货款及运杂费暂欠。B公司的有关会计分录如下：

借：原材料　　　58 500

　　贷：应付账款——A公司　　　58 500

例 11-34 B公司为小规模纳税人，2×19年8月销售产品取得收入82 400元，款收存银行。B公司的有关会计分录如下：

不含税价=82 400÷(1+3%)=80 000(元)

应交的增值税=80 000×3%=2 400(元)

借：银行存款　　　82 400

贷：主营业务收入　　80 000

应交税费——应交增值税　　2 400

此外，企业购入材料不能取得增值税专用发票的，比照小规模纳税人企业进行处理，发生的增值税计入材料采购成本，借记“材料采购”“在途物资”“原材料”等科目，贷记“银行存款”等科目。

二、应交消费税

(一) 消费税概述

为了正确引导消费方向，国家在普遍征收增值税的基础上，选择部分消费品，再征收一道消费税。消费税，是指在我国境内生产、委托加工和进口应税消费品的单位和个人，按其流转额交纳的一种税。应税消费品目前为烟、酒及酒精、化妆品、贵重首饰及珠宝玉石、鞭炮焰火、成品油、汽车轮胎、摩托车、小汽车、高尔夫球及球具、高档手表、游艇、木制一次性筷子、实木地板等。

消费税的征收方法采取从价定率、从量定额和复合计征三种方法。

实行从价定率方法计征的应纳税额的税基为销售额，以不含增值税的销售额为税基，按照税法规定的税率计算。企业的销售收入包含增值税的，应将其换算为不含增值税的销售额。目前，我国的消费税税率在5%～56%之间。其具体计算公式为：

应纳消费税额=销售额×比率税率

实行从量定额方法计征的消费税，根据按税法确定的企业应税消费品的数量和单位应税消费品应缴纳的消费税计算确定。其具体计算公式为：

应纳消费税额=销售数量×定额税率

实行复合计征法的消费税，既规定了比例税率，又规定了定额税率，其应纳税额实行从价定率和从量定额相结合的复合计征方法。复合计征方法目前只适用于卷烟和白酒应交消费税的计算。其具体计算公式为：

应纳消费税额=销售额×比率税率+销售数量×定额税率

(二) 应交消费税的会计处理

1. 销售应税消费品的会计处理

企业销售应税消费品应交纳的消费税，通过“税金及附加”科目核算。企业按规定计算出应交的消费税，借记“税金及附加”科目，贷记“应交税费——应交消费税”科目。

例 11-35 某企业为增值税一般纳税人，增值税税率为13%，消费税税率为10%。本期销售应纳消费税产品不含增值税价为300 000元，款收存银行。产品已经发出，符合收入确认条件，款项尚未收到。该企业有关会计分录如下：

应交增值税=300 000×13%=39 000(元)

应交消费税=300 000×10%=30 000(元)

借：银行存款　　339 000

贷：主营业务收入　　300 000

应交税费——应交增值税(销项税额)　　39 000

借：税金及附加　　30 000

贷：应交税费——应交消费税　　30 000

2. 自产自用应税消费品的会计处理

企业将生产的应税消费品用于对外投资，或用于在建工程、非生产机构等其他方面，按规定应交纳的消费税，应计入有关成本。借记“长期股权投资”“固定资产”“在建工程”“营业外支出”等科目，贷记“应交税费——应交消费税”科目。

例 11-36 企业将自产的化妆品发给职工，该化妆品的成本 10 000 元，对外不含增值税售价 40 000 元，增值税税率为 13%，消费税税率为 30%。该企业有关会计分录如下：

应交增值税=40 000×13%=5 200（元）

应交消费税=40 000×30%=12 000（元）

借：应付职工薪酬	57 200	
贷：主营业务收入		40 000
应交税费——应交增值税（销项税额）		5 200
应交税费——应交消费税		12 000
借：主营业务成本	10 000	
贷：库存商品		10 000

3. 委托加工应税消费品的会计处理

企业如有应交消费税的委托加工物资，一般应由受托方代收代缴税款。这里的委托加工物资，是指由委托方提供原料和主要材料，受托方只收取加工费和代垫部分辅助材料加工的应税消费品。对于由受托方提供原材料生产的应税消费品，或者受托方先将原材料卖给委托方，然后再接受加工的应税消费品，以及由受托方以委托方名义购进原材料生产的应税消费品，都不作为委托加工应税消费品，而应当按照销售自制应税消费品交纳消费税。委托加工的应税消费品直接出售的，不再征收消费税。

受托方按应扣税款金额，借记“应收账款”“银行存款”等科目，贷记“应交税费——应交消费税”科目。受托加工或翻新改制金银首饰按照规定由受托方交纳消费税。

委托加工应税消费品收回后，直接用于销售的，委托方应将受托方代收代缴的消费税计入委托加工物资的成本，借记“委托加工物资”等科目，贷记“应付账款”“银行存款”等科目；待委托加工应税消费品销售时，不需要再交纳消费税。委托加工物资收回后用于连续生产应税消费品，所纳税款按规定准予抵扣的，应按已由受托方代收代缴的消费税，借记“应交税费——应交消费税”科目，贷记“应付账款”“银行存款”等科目，待用委托加工的应税消费品生产出应纳消费税产品销售时，再交纳消费税。

例 11-37 A公司委托B公司加工应交消费税的一批材料（非金银首饰）。A公司甲原材料成本为200 000元，支付的加工费为 30 000 元，增值税为 3 900 元；B 公司代收代缴消费税 3 000 元，材料加工完毕验收入库，加工费等已经支付。双方适用的增值税税率均为 13%。A 公司按规定取得相应的发票。A 公司按实际成本对原材料进行日常核算。A 公司收回的委托加工材料直接用于对外销售。A 公司有关会计分录如下。

（1）发出委托加工材料：

借：委托加工物资	200 000	
贷：原材料——甲材料		200 000

（2）支付加工费用：

借：委托加工物资	33 000	
应交税费——应交增值税（进项税额）	3 900	
贷：银行存款		36 900

（3）加工完成，收回委托加工材料：

借：原材料	233 000	
贷：委托加工物资		233 000

4. 进口应税消费品的会计处理

企业进口应税物资在进口环节应交的消费税，计入该项物资的成本，借记“固定资产”“材料采购”等科目，贷记“银行存款”科目。

例 11-38 甲企业从国外进口一批需要交纳消费税的商品，商品价值 200 万元，进口环节需要交纳的消费税为 40 万元，需要交纳的增值税为 26 万元（不考虑其他税费），采购的商品已经验收入库，货款尚未支付，税款已经用银行存款支付。甲企业有关会计分录如下：

借：库存商品　　2 400 000
　　应交税费——应交增值税（进项税额）　　260 000
　　贷：应付账款　　2 000 000
　　　　银行存款　　660 000

5．出口应税消费品的会计处理

免征消费税的出口应税消费品分别不同情况进行账务处理：属于生产企业直接出口应税消费品或通过外贸企业出口应税消费品，按规定直接予以免税的，可以不计算应交消费税；属于委托外贸企业代理出口应税消费品的生产企业，应在计算消费税时，按应交消费税额，借记“应收账款”科目，贷记“应交税费——应交消费税”科目。应税消费品出口收到外贸企业退回的税金时，借记“银行存款”科目，贷记“应收账款”科目。发生退关、退货而补交已退的消费税，做相反的会计分录。

6．交纳消费税的会计处理

企业交纳的消费税，借记“应交税费——应交消费税”科目，贷记“银行存款”科目。

三、应交资源税

资源税，是对在我国境内开采矿产品或者生产盐的单位和个人征收的一种税。我国对绝大多数矿产品实施从价计税，应纳税额的计算公式为：

应纳税额=销售额×税率

也有的矿产品实行从量定额征收，按照应税产品的课税数量和规定的单位税额计算，应纳税额的计算公式为：

应纳税额=课税数量×单位税额

企业按规定计算出销售应税产品应交纳的资源税，借记“税金及附加”科目，贷记“应交税费——应交资源税”科目；实际交纳资源税时，借记“应交税费——应交资源税”科目，贷记“银行存款”科目。

例 11-39　某企业对外销售某种资源税应税矿产品 2 000 吨，每吨应交资源税 5 元。该企业有关会计分录如下：

借：税金及附加　　10 000
　　贷：应交税费　　应交资源税　　10 000

四、应交企业所得税

企业的生产、经营所得和其他所得，依照有关所得税暂行条例及其实施细则的规定需要交纳所得税。企业按照一定方法计算计入损益的所得税，借记“所得税费用”等科目，贷记“应交税费——应交所得税”等科目。

交纳的企业所得税，借记“应交税费——应交所得税”科目，贷记“银行存款”科目。

例 11-40　龙发公司 20×5 年第二季度计算应交所得税 60 000 元，并按时交纳。该企业有关的会计分录如下：

借：所得税费用　　60 000
　　贷：应交税费——应交所得税　　60 000
借：应交税费——应交所得税　　60 000
　　贷：银行存款　　60 000

五、应交土地增值税

土地增值税是指在我国境内有偿转让国有土地使用权及地上建筑物和其他附着物产权的单位和个人，就其土地增值额征收的一种税。土地增值额是指转让房地产所取得的收入减除规定扣除项目金额后的余额。企业转让房地产所取得的收入，包括货币收入、实物收入和其他收入。计算土地增值额的主要扣除项目有：（1）取得土地使用权所支付的金额；（2）开发土地的成本、费用；（3）新建房屋及配套设施的成本、费用，或者旧房及建筑物的评估价格；(4)与转让房地产有关的税金等。

在会计处理时，企业计算交纳的土地增值税在“应交税费”科目下设置“应交土地增值税”明细科目核算。兼营房地产业务的企业，按应由当期收入负担的土地增值税，借记“税金及附加”科目，贷记“应交税费——应交土地增值税”科目。转让的国有土地使用权连同地上建筑物及其附着物一并在“固定资产”或“在建工程”科目核算的，转让时应交纳的土地增值税，借记“固定资产清理”“在建工程”科目，贷记“应交税费——应交土地增值税”科目。企业在项目全部竣工结算前转让房地产取得的收入，按税法规定预交的土地增值税，借记“应交税费——应交土地增值税”科目，贷记“银行存款”科目；待该项房地产销售收入实现时，再按上述销售业务的会计处理方法进行处理。该项目全部竣工，办理结算后进行清算，收到退回多交的土地增值税，借记“银行存款”科目，贷记“应交税费——应交土地增值税”科目，补交的土地增值税做相反的会计分录。

例 11-41 某企业对外转让一栋厂房，根据税法规定计算的应交土地增值税为 27 000 元。该企业有关的会计分录如下。

(1)计算应交的土地增值税：

借：固定资产清理　　27 000

　　贷：应交税费——应交土地增值税　　27 000

(2)企业交纳土地增值税：

借：应交税费——应交土地增值税　　27 000

　　贷：银行存款　　27 000

例 11-42 20×9 年 8 月 31 日，主营房地产开发的新大地公司按规定计算出当月出售房地产应缴纳的土地增值税为 12 000 000 元。新大地公司应编制的会计分录为：

借：税金及附加　　12 000 000

　　贷：应交税费——应交土地增值税　　12 000 000

六、应交城市维护建设税

城市维护建设税(简称“城建税”)是以增值税、消费税为计税依据征收的一种税。其纳税人为交纳增值税、消费税的单位和个人，税率因纳税人所在地不同从 1%～7%不等。公式为：

应纳税额=(当期应交增值税+当期应交消费税)×适用税率

企业按规定计算的城市维护建设税，借记“税金及附加”科目，贷记“应交税费——应交城市维护建设税”科目；实际交纳时，借记“应交税费——应交城市维护建设税”科目，贷记“银行存款”科目。

例 11-43 龙发公司 20×5 年 7 月应交增值税 100 000 元。龙发公司适用的城市维护建设税税率为 7%。该企业有关的会计分录如下。

(1)计算应交的城市维护建设税：

应交的城市维护建设税为：100 000×7%=7 000(元)

借：税金及附加　　7 000

　　贷：应交税费——应交城市维护建设税　　7 000

(2)交纳城市维护建设税时：

借：应交税费——应交城市维护建设税　　7 000

　　贷：银行存款　　7 000

七、应交房产税、应交土地使用税、应交车船税、应交印花税

(一)房产税

房产税是国家对在城市、县城、建制镇和工矿区征收的由产权所有人交纳的一种税。房产税依照房产原值一次减除 10%～30%后的余额计算交纳。没有房产原值作为依据的，由房产所在地税务机关参考同类房产核定；房产出租的，以房产租金收入为房产税的计税依据。

（二）土地使用税

土地使用税是国家为了合理利用城镇土地，调节土地级差收入，提高土地使用效益，加强土地管理而开征的一种税，以纳税人实际占用的土地面积为计税依据，依照规定税额计算征收。

（三）车船税

车船税由拥有并使用车船的单位和个人按照适用税额计算交纳。

企业按规定计算应交的房产税、土地使用税、车船税时，借记“税金及附加”科目，贷记“应交税费——应交房产税(应交土地使用税、应交车船税)”科目。

交纳房产税、土地使用税、车船税时，借记“应交税费——应交房产税、(应交土地使用税、应交车船税)”科目，贷记“银行存款”科目。

（四）印花税

印花税是对书立、领受购销合同等凭证行为征收的税款，实行由纳税人根据规定自行计算应纳税额，购买并一次贴足印花税票的交纳方法。应纳税凭证包括：购销、加工承揽、建设工程承包、财产租赁。货物运输、仓储保管、借款、财产保险、技术合同或具有合同性质的凭证；产权转移书据；营业账簿；权利、许可证照等。纳税人根据应纳税凭证的性质，分别按比例税率或者按件定额计算应纳税额。

企业交纳的印花税，是由纳税人根据规定自行计算应纳税额以购买并一次贴足印花税票的方法交纳的税款。即企业交纳的印花税，不会发生应付未付税款的情况，不需要预计应纳税金额，同时也不存在与税务机关结算或清算的问题，因此企业交纳的印花税不需要通过“应交税费”科目核算，于购买印花税票时，直接借记“税金及附加”科目，贷记“银行存款”科目。

例 11-44 龙发公司 20×5 年 7 月交纳印花税 30 000 元。该企业有关的会计分录如下：

借：税金及附加　　　　30 000

　　贷：银行存款　　　　30 000

八、应交耕地占用税

耕地占用税是国家为了利用土地资源，加强土地管理，保护农用耕地而征收的一种税。耕地占用税以实际占用的耕地面积计税，按照规定税额一次征收。

企业交纳的耕地占用税，不需要通过“应交税费”科目核算。企业按规定计算交纳的耕地占用税，借记“在建工程”科目，贷记“银行存款”科目。

九、应交个人所得税

企业按规定计算应代扣代缴的职工个人所得税，借记“应付职工薪酬”科目，贷记“应交税费——应交个人所得税”科目。

企业交纳个人所得税时，借记“应交税费——应交个人所得税”科目，贷记“银行存款”科目。

例 11-45 某企业结算本月应付职工工资总额 200 000 元，代扣职工个人所得税 2 000 元。该企业有关的会计分录如下：

借：应付职工薪酬——工资　　　　2 000

　　贷：应交税费——应交个人所得税　　　　2 000

十、应交的教育费附加、矿产资源补偿费

教育费附加是为了发展教育事业而向企业征收的附加费用。企业按应交流转税(应交纳的增值税、消费税)的一定比例(3%)计算交纳。地方教育费附加，按应交流转税的一定比例(2%或 1.5%，由地方决定交纳比例)计算交纳。

矿产资源补偿费是对在我国领域和其他管辖海域开采矿产资源而征收的一项费用，矿产资源补偿费按照矿产品销售收入的一定比例计征，由采矿人交纳。

企业按规定计算出应交纳的教育费附加、地方教育费附加、矿产资源补偿费时，借记“税金及附加”等科目，贷记“应交税费——应交教育费附加(应交地方教育费附加、应交矿产资源补偿费)”科目。实际交纳时，借记“应交税费——应交教育费附加(应交地方教育费附加、应交矿产资源补偿费)”科目，贷记“银行存款”科目。

例 11-46 A 公司本月交纳增值税 100 000 元，按规定计算应交的教育费附加 3 000 元、地方教育费附加 1 500 元。该企业有关的会计分录如下：

借：税金及附加	4 500	
贷：应交税费——应交教育费附加		3 000
——应交地方教育费附加		1 500

第六节 其他流动负债

企业的流动负债除短期借款、应付票据、应付账款、应交税费、应付职工薪酬外，还包括应付利息、应付股利、其他应付款等。

一、预收账款

预收账款是买卖双方协议商定，由购货方预先支付一部分货款给供货方而发生的一项负债。预收账款的核算应视企业的具体情况而定。如果预收账款比较多，可以设置“预收账款”科目；预收账款不多的，也可以不设置“预收账款”科目，直接计入“应收账款”科目的贷方。

二、应付利息

应付利息，是指企业按照合同约定应当定期支付的利息。企业应当设置“应付利息”科目，核算企业应支付的利息。

企业采用合同约定的名义利率计算确定利息费用时，应按合同约定的名义利率计算确定的应付利息的金额，计入“应付利息”科目，借记“财务费用”、“在建工程”等科目，贷记“应付利息”科目；实际支付利息时，借记“应付利息”科目，贷记“银行存款”科目。

三、应付股利

应付股利是指企业根据股东大会或类似机构审议批准的利润分配方案确定分配给投资者的现金股利或利润。企业通过“应付股利”科目，核算企业确定或宣告支付但尚未实际支付的现金股利或利润。该科目按照投资者设置明细科目进行明细核算。

企业根据股东大会或类似机构审议批准的利润分配方案，确认应支付的现金股利或利润时，借记“利润分配——应付股利”科目，贷记“应付股利”科目。实际支付现金股利或利润的，借记“应付股利”科目，贷记“银行存款”等科目。

企业董事会或类似机构通过的利润分配方案中拟分配的现金股利或利润，不做账务处理，但应在附注中披露。企业分配的股票股利不通过“应付股利”科目核算。

例 11-47 A 有限责任公司有甲、乙两个股东，分别占注册资本的 20%和 80%。20×4 年度实现净利润 100 万元，经股东大会批准，在 20×5 年 5 月对 20×4 年度实现的利润进行分配，其中分配给投资者利润 30 万元。股利已用银行存款支付。A 有限责任公司的有关会计分录为：

甲股东应分配的股利=300 000×20%=60 000(元)

乙股东应分配的股利=300 000×80%=240 000(元)

借：利润分配——应付股利	300 000	
贷：应付股利——甲股东		60 000

——乙股东　　240 000

借：应付股利——甲股东　　60 000

——乙股东　　240 000

贷：银行存款　　300 000

四、其他应付款

其他应付款是指企业除了应付票据、应付账款、应付职工薪酬、应交税费、应付股利等经营活动以外的其他应付、暂收的款项，如应付租入固定资产和包装物的租金、存入保证金等。具体包括：

(1)应付经营租入固定资产和包装物租金；

(2)存入保证金(如出租包装物押金等)；

(3)应付、暂收所属单位、个人的款项，如代扣的水电费。

在我国会计核算中，对于企业发生的应付、暂收款项，应设置“其他应付款”科目进行核算。“其他应付款”科目应当按照其他应付款的项目和对方单位(或个人)设置明细科目进行明细核算。

企业发生的应付、暂收款项，借记“银行存款”“管理费用”等科目，贷记“其他应付款”科目；支付时，借记“其他应付款”科目，贷记“银行存款”等科目。

例 11-48　收到出租给 B 公司包装物的押金 1 000 元，已存入银行。

借：银行存款　　1 000

贷：其他应付款——B 公司　　1 000

例 11-49　计算应付 A 公司租入固定资产租金 2 000 元。

借：管理费用　　2 000

贷：其他应付款——A 公司　　2 000

思考题

1. 简述应交增值税的核算要点。
2. 各种税金如何进行核算?
3. 职工薪酬如何进行核算?
4. 企业“应交税费”科目核算的内容包括哪些?
5. 哪些人员属于企业的职工?
6. 什么是短期薪酬? 具体包括哪些内容?
7. 短期薪酬中的非货币性福利如何计量?
8. “税金及附加”科目核算哪些税费?
9. 一般纳税人企业增值税进项税额转出的情形有哪些?
10. 逾期未能支付的应付票据在会计上应如何处理?

练习题

习题一

【目的】练习应付账款的核算。

【资料】某企业购入一批材料，增值税专用发票上列明全部价款为 200 000 元，增值税额为 26 000 元。合同约定付款条件为货到后按 3/10、N/30 进行付款，现已将货物验收入库。

【要求】请据此分别按下列条件分别采用总价法进行有关会计处理。

1. 货到后第 8 天付款。

2. 货到后第 28 天付款。

习题二

【目的】练习增值税的核算。

【资料】D 公司为一般纳税人，增值税税率为 13%，20×9 年 6 月月初未抵扣的进项税额为 30 万元。本月发生下列业务。

1. 6 月购进一批材料，价款为 300 万元，增值税额为 39 万元，款未付。

2. 6 月销售产品收入 700 万元，增值税额为 91 万元，款收存银行。

3. 对外投资领用库存商品 60 万元，计税价格 100 万元。

【要求】

1. 做出购买材料、销售商品、对外投资的会计分录。

2. 计算本月的应交增值税。

3. 月末结转增值税的账务处理。

习题三

【目的】练习其他流动负债的核算。

【资料】F 公司为增值税一般纳税人企业，适用的增值税税率为 13%。F 公司 20×9 年 6 月发生下列经济业务。

1. 交纳印花税 65 000 元。

2. 交纳增值税 168 000 元。

3. 发放职工工资 150 000 元。

4. 支付前欠 B 公司货款 500 000 元。

5. 支付到期银行承兑汇票的票款 200 万元。

6. 交纳企业所得税 80 000 元。

7. 签发银行承兑汇票 300 万元，支付 D 公司货款。

8. 取得借款 200 万元，期限为一年。

【要求】根据上述业务，编制会计分录。

第十二章　非流动负债

非流动负债是指偿还期限在一年或者超过一年的一个营业周期以上的负债，包括长期借款、应付债券、长期应付款等。它除了具有负债的共同特点外，还具有如下特点：

(1)债务偿还的期限较长，一般可以超过一年或者一个营业周期以上；

(2)债务的金额较大；

(3)债务偿还的方式多样，可以分期偿还本息，可以分次付息、到期还本，也可以到期一次还本付息。

由于非流动负债偿还期限较长且金额较大，未来应付的金额与其现值之间的差额较大，因此对于非流动负债从理论上说应该按其现值入账。《企业会计准则第 22 号——金融工具确认和计量》规定，长期借款、应付债券和长期应付款应当按其公允价值和相关交易费用之和作为初始确认金额，同时采用实际利率法，按摊余成本进行后续计量。

第一节　长期借款

一、长期借款概述

长期借款是指企业从银行或其他金融机构借入的期限在一年以上(不含一年)的各项借款，一般用于固定资产的购建、改扩建工程、大修理工程以及为了保持长期经营能力等方面。企业筹集的长期借款，按其偿还方式可分为一次偿还的长期借款和分期偿还的长期借款；按付息方式可分为还本时一次付息和在借款期限内分期付息的长期借款；按借款条件可分为抵押借款、担保借款和信用借款；按借入的币种可分为人民币借款和外币借款。

由于长期借款的使用关系到企业的生产经营规模和效益，企业除了要遵守有关的贷款规定，还要监督借款的使用、按期支付长期借款的利息以及按规定的期限归还借款本金等。因此，长期借款会计处理的基本要求是反映和监督企业长期借款的借入、借款利息的结算和借款本金的归还情况，促使企业遵守信贷纪律、提高信用等级，同时也要确保长期借款发挥效益。

二、长期借款的账务处理

企业应设置“长期借款”科目，用来核算长期借款的取得、归还以及利息确认等情况。并设置“本金”“利息调整”等明细科目进行明细核算。

长期借款的账务处理包括取得长期借款、发生借款利息、归还长期借款等环节。

(一)取得长期借款

企业借入长期借款，应按实际收到的金额，借记“银行存款”科目，贷记“长期借款——本金”科目，按借贷之间的差额，借记“长期借款——利息调整”科目。

例 12-1　龙发公司于 20×3 年 11 月 1 日向银行借入为期 3 年的借款 400 万元，年利率 8.4%(到期一次还本付息，不计复利)。龙发公司用该借款于当日购买不需安装的一台设备，价款为 300 万元，增值税额为 39 万元，另支付运杂费等费用 10 万元，设备已于当日投入使用。龙发公司的有关会计分录如下：

(1)取得借款时：

借：银行存款　　4 000 000

　　贷：长期借款　　4 000 000

(2) 支付设备款及运杂费时：

借：固定资产　　3 100 000

　应交税费——应交增值税（进项税额）　　390 000

　贷：银行存款　　3 490 000

（二）发生长期借款利息

企业应当在资产负债表日确认长期借款利息费用，按照长期借款的摊余成本和实际利率计算确定的利息费用，符合资本化条件的部分，借记“在建工程”科目，不符合资本化条件的部分，借记“财务费用”科目；按借款本金和合同利率计算确定的应付未付的利息，贷记“应付利息”科目，按其差额，贷记“长期借款——利息调整”科目。

例 12-2　承例 12-1 龙发公司于 20×3 年 11 月 30 日计提长期借款利息。龙发公司的有关会计分录如下：

借：财务费用　　28 000

　贷：长期借款——应计利息　　28 000

20×3 年 11 月 30 日计提的长期借款利息=4 000 000×8.4% ÷ 12=28 000（元）

20×3 年 12 月至 20×6 年 10 月月末计提利息分录同上。

（三）偿还长期借款

企业偿还长期借款的本金时，应按归还的金额，借记“长期借款——本金”科目，贷记“银行存款”科目；按归还的利息，借记“应付利息”科目，贷记“银行存款”科目。

例 12-3　承例 12-1 龙发公司 20×6 年 11 月 1 日，偿还该笔银行借款本息。龙发公司的有关会计分录如下：

借：长期借款——本金　　4 000 000

　　　　　——应计利息　　1 008 000

　贷：银行存款　　5 008 000

第二节　应付债券

一、应付债券概述

应付债券是指企业为筹集长期资金而发行的超过一年以上的债券。债券是指企业为筹集长期使用资金而发行的一种书面凭证。企业通过发行债券取得资金是以将来履行归还购买债券者的本金和利息的名义作为保证的。企业应当设置“企业债券备查簿”，详细登记每一债券的票面金额、票面利率、还本付息期限与方式、发行总额、发行日期和编号、委托代售单位、转换股份等信息。企业债券到期结清时，应当在备查簿内逐笔注销。

发行公司债券筹集的资金，必须用于审批机关批准的用途，不得用于弥补亏损和非生产性支出。

债券一般通过银行、信托投资公司或其他金融机构发行，也可由企业自己发行。发行的方式通常有包销、代销和直接发售三种，企业可根据实际情况选择发行方式。

企业债券的发行价格的高低一般取决于债券票面金额、债券票面利率、发行当时的市场利率以及债券期限的长短等因素。债券发行有面值发行、溢价发行和折价发行三种情况。企业债券按其面值出售的，称为面值发行。此外，债券还可能按低于或高于其面值的价格出售，即溢价发行和折价发行。溢价发行是指债券按高于其面值的价格发行；折价发行是指债券以低于其面值的价格发行。

无论是按面值发行，还是溢价或折价发行，均按债券面值计入“应付债券”科目的“面值”明细科目，实际收到的价款与面值的差额，计入“利息调整”明细科目。债券的溢价或折价，在债券的存续期间内进行摊销，摊销方法可采用实际利率法。

二、应付债券的账务处理

为了总括反映债券发行和归还等情况，企业应设置“应付债券”科目，核算企业为筹集长期资金而发行的债券本金和利息。该科目贷方登记应付债券的本金和利息，借方登记归还的债券本金和利息，期末贷方余额表示企业尚未偿还的债券本息。发行一年期及一年期以内的短期债券，在“交易性金融负债”科目核算，不在“应付债券”科目核算。

“应付债券”科目应当按照“面值”“利息调整”“应计利息”等进行明细核算。企业发行的可转换公司债券，应在“应付债券”科目设置“可转换公司债券”明细科目进行核算。

(一)面值发行债券的账务处理

1. 发行债券

企业按面值发行债券时，应按实际收到的金额，借记“银行存款”等科目，按债券票面金额，贷记“应付债券——面值”科目。

2. 计算债券利息

发行长期债券的企业，应按期计提利息。我国发行的债券一般都是到期一次还本付息或分次付息，到期一次还本。对于按面值发行的债券，应于资产负债表日，按面值与票面利率计算的利息，借记“在建工程”“财务费用”等科目，按票面利率计算确定的应付未付利息，贷记“应付债券——应计利息”科目(一次还本付息债券)或“应付利息”科目(分次付息，到期一次还本的债券)。

3. 到期还本付息

长期债券到期，支付债券本息时，借记“应付债券——面值”“应付债券——应计利息”(或应付利息)等科目，贷记“银行存款”等科目。

例 12-4 A 公司 20×2 年 1 月 1 日发行 3 年期、到期时一次还本付息、票面年利率 6%(不计复利)、面值总额为 100 万元的债券，假定年利率等于实际利率。该债券按面值发行。发行成功，款收存银行，该债券款用于生产经营。

(1)发行债券时：

借：银行存款	1 000 000	
贷：应付债券——面值		1 000 000

(2)每年年末计提利息：1 000 000×6%=60 000(元)

借：财务费用	60 000	
贷：应付债券——应计利息		60 000

(3)到期还本付息：

借：应付债券——面值	1 000 000	
应付债券——应计利息	180 000	
贷：银行存款		1 180 000

(二)溢价发行债券的账务处理

1. 发行债券

企业溢价发行债券时，应按实际收到的金额，借记“银行存款”科目，按债券票面金额，贷记“应付债券——面值”科目。按实际收到的款项与票面金额之间的差额(即溢价总额)，贷记“应付债券——利息调整”科目。

2. 计算债券利息

溢价发行的债券，对于一次还本付息的债券，应于资产负债表日，按摊余成本和实际利率计算确定的长期债券的利息费用，借记“在建工程”“财务费用”等科目；按票面利率计算确定的应付未付利息，贷记“应付债券——应计利息”科目；按其差额，借记“应付债券——利息调整”科目。

对于分期付息、到期一次还本的长期债券，资产负债表日，应按摊余成本和实际利率计算确定的长期债券的利息费用，借记“在建工程”“财务费用”等科目；应按票面利率计算确定的应付未付利息，贷记“应付利息”科目；按其差额，借记“应付债券——利息调整”科目。实际利率与合同约定的名义利率差异不大的，也可以采用合同约定的名义利率计算确定利息费用。

3. 到期还本付息

长期债券到期，支付债券本息时，借记“应付债券——面值”“应付债券——应计利息”（或应付利息）等科目，贷记“银行存款”等科目。

例 12-5 2×14 年 12 月 31 日，甲公司经批准发行 5 年期、一次还本、分次付息的公司债券 1 000 万元，实际发行价格为 10 432 700 元，债券利息在每年 12 月 31 日支付，票面利率为年利率 6%。假定债券发行时的市场利率为 5%。该债券筹款用于生产经营。

(1) 2×14 年 12 月 31 日发行债券时：

借：银行存款	10 432 700	
贷：应付债券——面值		10 000 000
——利息调整		432 700

(2) 2×15 年 12 月 31 日计算利息费用时：

应付利息=10 000 000×6%=600 000（元）

应计入财务费用的利息费用=10 432 700×5%=521 635（元）

摊销的溢价=600 000−521 635=78 365（元）

借：财务费用	521 635	
应付债券——利息调整	78 365	
贷：应付利息		600 000

2×15 年 12 月 31 日，支付利息时：

借：应付利息	600 000	
贷：银行存款		600 000

(3) 2×16 年 12 月 31 日计算利息费用时：

应付利息=10 000 000×6%=600 000（元）

应计入财务费用的利息费用=（10 432 700−78 365）× 5%=517 716.75（元）

摊销的溢价=600 000−517 716.75= 82 283.25（元）

借：财务费用	517 716.75	
应付债券——利息调整	82 283.25	
贷：应付利息		600 000

2×16 年 12 月 31 日，支付利息时：

借：应付利息	600 000	
贷：银行存款		600 000

2×17 年、2×18 年计算利息的处理同 2×16 年，具体数据如表 12-1 所示。

(4) 2×19 年 12 月 31 日，计算应付的债券利息，摊销债券溢价：

借：财务费用	505 062.94	
应付债券——利息调整	94 937.06	
贷：应付利息		600 000

2×19 年 12 月 31 日，到期还本和最后一年利息：

借：应付债券——面值　　10 000 000

　　应付利息　　600 000

　　贷：银行存款　　10 600 000

表 12-1　利息费用一览表

单位：元

付息日期	支付利息	利息费用	摊销的溢价	应付债券摊余成本
2×14 年 12 月 31 日				10 432 700.00
2×15 年 12 月 31 日	600 000	521 635.00	78 365.00	10 354 335.00
2×16 年 12 月 31 日	600 000	517 716.75	82 283.25	10 272 051.75
2×17 年 12 月 31 日	600 000	513 602.59	86 397.41	10 185 654.34
2×18 年 12 月 31 日	600 000	509 282.72	90 717.28	10 094 937.06
2×19 年 12 月 31 日	600 000	505 062.94*	94 937.06*	10 000 000.00
合　计	3 000 000	2 567 300.00	432 700.00	

*尾数调整。

(三) 折价发行债券的账务处理

1. 发行债券

企业折价发行债券时，应按实际收到的金额，借记“银行存款”科目；按债券票面金额，贷记“应付债券——面值”科目。按实际收到的款项与票面金额之间的差额(即折价总额)，借记“应付债券——利息调整”科目。

2. 计算债券利息

折价发行债券时，如果是一次还本付息的债券，应于资产负债表日，按摊余成本和实际利率计算确定的长期债券的利息费用，借记“在建工程”“财务费用”等科目；按票面利率计算确定的应付未付利息，贷记“应付债券——应计利息”科目；按其差额，贷记“应付债券——利息调整”科目。

如果是分期付息、到期一次还本的长期债券，资产负债表日，应按摊余成本和实际利率计算确定的长期债券的利息费用，借记“在建工程”“财务费用”等科目；应按票面利率计算确定的应付未付利息，贷记“应付利息”科目；按其差额，贷记“应付债券——利息调整”科目。实际利率与合同约定的名义利率差异不大的，也可以采用合同约定的名义利率计算确定利息费用。

3. 到期还本付息

长期债券到期，支付债券本息时，借记“应付债券——面值”“应付债券——应计利息”(或应付利息)等科目，贷记“银行存款”等科目。

(四) 可转换公司债券

可转换公司债券是指发行人依照法定程序发行、在一定期间内依据约定的条件可以转换成股份的公司债券。可转换公司债券既有债券的性质，又有股票的性质。债券持有者在转换期间内行使转换的权利，将债券转换为股份，则债券持有者成为企业的股东，享受股东的权利；债券持有者在转换期间内未行使转换权利，未将债券转换为股份的，则债券持有者作为债权人，有权要求企业清偿债券本息。由于可转换公司债券具有双重性质，债券持有者可享受股东的权利，或享受债权人的权利，风险较小，因而一般可转换公司债券的利率较低，企业通过发行可转换公司债券，以较低的筹资成本取得长期使用资金。同时，从发行企业角度考虑，如果发行企业直接增加股票有困难的，通过发行可转换公司债券，在债券持有者不需要追加投资的情况下，使其成为企业的股东，企业可达到增资的目的。

我国发行可转换公司债券采取记名式无纸化发行方式。可转换公司债券的最短期限为 3 年，最长期限为 5 年。企业发行的可转换公司债券，应当在初始确认时将其包含的负债成分和权益成分进行分拆，将负债成分确认为应付债券；将权益成分确认为其他权益工具。应当先对负债成分的未来现金流量进行折现确定负债成分的初始确认金额，再按发行价格总额扣除负债成分初始确认金额后的金额确定权益成分的初始确认金额。发行可转换公司债券发生的交易费用，应当在负债成分和权益成分之间按照各自的相对公允价值进行分摊。企业发行可转换公司债券的有关账务处理如下。

企业发行可转换公司债券在"应付债券"科目下设置"可转换公司债券"明细科目核算。企业应按实际收到的款项，借记"银行存款"等科目；按可转换公司债券包含的负债成分的面值，贷记"应付债券——可转换公司债券(面值)"科目；按权益成分的公允价值，贷记"其他权益工具"科目；按借贷双方之间的差额，借记或贷记"应付债券——可转换公司债券(利息调整)"科目。

对于可转换公司债券的负债成分，在转换为股份前，其会计处理与一般公司债券相同，即按照实际利率和摊余成本确认利息费用，按照面值和票面利率确认应付债券的应付利息，差额作为利息调整。

可转换公司债券持有人行使转换权利，将其持有的债券转换为股票的，企业应按可转换公司债券的余额，借记"应付债券——可转换公司债券(面值)""应付债券——应付利息(或应付利息)"科目，借记或贷记"应付债券——可转换公司债券(利息调整)"科目；按其权益成分的金额，借记"其他权益工具"科目，按股票面值和转换的股数计算的股票面值总额，贷记"股本"科目，按其差额，贷记"资本公积——股本溢价"科目。如用现金支付的不可转换股票的部分，还应贷记"库存现金""银行存款"等科目。

第三节　递延收益

一、递延收益核算的内容

递延收益，是指不能计入当期损益，而应当在以后期间确认为收益的负债。递延收益的核算内容主要包括企业因政府补助形成的递延收益。

本章主要介绍政府补助形成的递延收益。

政府补助是指企业从政府无偿取得货币性资产或非货币性资产。

(一)政府补助的特征

(1)政府补助是来源于政府的经济资源。对于企业收到的来源于其他方的补助，如有确凿证据表明政府是补助的实际拨付者，其他方只起到代收代付作用的，则该项补助也属于来源于政府的经济资源。

(2)政府补助是无偿的。即企业取得来源于政府的经济资源，不需要向政府交付商品或服务等对价。无偿性是政府补助的基本特征。这一特征将政府补助与政府作为企业所有者投入的资本、政府购买服务等互惠性交易区别开来。

需要说明的是，政府补助通常附有一定条件，这与政府补助的无偿性并无矛盾。无偿性只是政府为了推行其宏观经济政策，对企业使用政府补助的时间、使用范围和方向进行了限制。政府补助附有的条件，主要包括政策条件和使用条件。

(1)政策条件。政府补助是政府为了鼓励或扶持某个企业、区域或领域的发展给予的一种财政支持，具有很强的政策性。因此，政府补助的政策条件(即申报条件)是不可缺少的。企业只有符合相关政策的规定，才有资格申报政府补助。符合政策规定的，不一定都能得到政府补助；不符合政策规定、不具备申报政府补助资格的，不能取得政府补助。例如，政府向企业提供的产业技术研究与开发资金补助，其政策条件为企业申报的产品或技术必须是符合国家政策的新产品、新技术。

(2)使用条件。企业已获批准取得政府补助的，应当按照政府相关文件等规定的用途使用政府补助。否则，政府有权按规定责令其改正、终止资金拨付，甚至收回已拨付的资金。例如，企业从政府无偿取得的农业产业化资金，必须用于相关文件中规定的农业产业化项目。

(二) 政府补助的主要形式

政府补助通常为货币性资产形式，最常见的就是通过银行转账的方式拨付；但由于历史原因也存在无偿划拨非货币性资产的情况，随着市场经济的逐步完善，这种情况已趋于消失。政府补助的主要形式一般包括政府对企业的财政拨款、财政贴息、税费返还，以及无偿给予的非货币性资产等。

1. 财政拨款

财政拨款是政府为了支持企业而无常拨付的款项。为了体现财政拨款的政策引导作用，这类拨款通常具有严格的政策条件，只有符合申报条件的企业才能申报拨款；同时附有明确的使用条件，政府在批准拨款时就规定了资金的具体用途。

2. 财政贴息

财政贴息是指政府为支持特定领域或区域发展，根据国家宏观经济形势和政策目标，对承贷企业的银行贷款利息给予的补贴。财政贴息的补贴对象通常是符合申报条件的某类项目，如农业化项目、中小企业技术创新项目等。贴息项目通常是综合性项目，包括设备购置、人员培训、研发费用、人员开支、购买服务等；也可以是单向的，如仅限于固定资产贷款项目。

3. 税收返还

税收返还是政府向企业返还的税款，属于以税收优惠形式给予的一种政府补助。税收返还主要包括先征后返的所得税和先征后退、即征即退的流转税，其中，流转税包括增值税、消费税等。实务中，还存在税收奖励的情况，若采用先据实征收、再以现金返还的方式，在本质上也属于税收返还。

除税收返还外，税收优惠还包括直接减征、免征、增加计税抵扣额、抵免部分税额等形式。这类税收优惠体现了政府导向，但政府并未直接向企业无偿提供资产，因此不作为企业会计准则规范的政府补助处理。但是，部分减免税款需要按照政府补助准则进行会计处理。

(三) 政府补助的分类

根据政府补助准则的规定，政府补助应当分为与资产相关的政府补助和与收益相关的政府补助。这是因为两类政府补助给企业带来经济利益或者弥补相关成本或费用的形式不同，从而在具体账务处理上存在差别。

1. 与资产相关的政府补助

与资产相关的政府补助，是指企业取得的、用于购建或以其他方式形成长期资产的政府补助。通常情况下，相关补助文件会要求企业将补助资金用于取得长期资产。长期资产将在较长的期间内给企业带来经济利益，会计上有两种处理方法可供选择，一是将与资产相关的政府补助确认为递延收益；二是将补助冲减相关资产的账面价值，以反映长期资产的实际取得成本。

2. 与收益相关的政府补助

与收益相关的政府补助，是指除与资产相关的政府补助之外的政府补助。此类补助主要是用于补偿企业已发生或即将发生的费用或损失。此类补助主要是对期间费用或生产成本的补偿，受益期间相对较短，所以通常在满足补助所附条件时计入当期损益或冲减相关资产的账面价值。

二、递延收益的会计处理

(一) 政府补助的确认条件

政府补助同时满足下列条件的，才能予以确认：

(1) 企业能够满足政府补助所附条件；

(2) 企业能够收到政府补助。

政府补助应当确认为损益，但要根据政府补助与企业日常活动的关系进行确认。与企业日常活动相关的政府补助，应当按照经济业务实质，计入其他收益或冲减相关成本费用。与企业日常活动无关的政府补助，应当计入营业外收支。

（二）政府补助的计量

政府补助为货币性资产的，应当按照收到或应收的金额计量。政府补助为非货币性资产的，应当按照公允价值计量；公允价值不能可靠取得的，按照名义金额计量。

政府补助的无偿性决定了其应当最终计入损益而非直接计入所有者权益。其会计处理有两种方法：一是总额法，将政府补助全额确认为收益；二是净额法，将政府补助作为相关成本费用的扣减，与企业日常活动相关的政府补助，应当按照经济业务实质，计入其他收益或冲减相关成本费用。与企业日常活动无关的政府补助，计入营业外收入或冲减相关损失。通常情况下，若政府补助是营业利润之中的项目，或该补助与日常销售行为密切相关（如增值税即征即退）等，则认为该政府补助与日常活动相关。

（三）与资产相关的政府补助的会计核算

与资产相关的政府补助，应当冲减相关资产的账面价值或确认为递延收益。实务中存在政府无偿给予企业长期非货币性资产的情况，如无偿给予的土地使用权、天然起源的天然林等。对无偿给予的非货币性资产，企业应当按照公允价值或名义金额对此类补助进行计量。企业在收到非货币性资产时，应当借记有关资产科目，贷记“递延收益”科目。企业收到与资产相关的政府补助确认为递延收益的，应当在相关资产使用寿命内按照合理、系统的方法分期计入损益，借记“递延收益”，贷记“其他收益”或“营业外收入”科目。按照名义金额（1 元）计量的政府补助，直接计入当期损益。

例 12-6 按照国家有关政策，企业购置环保设备可以申请补贴以补偿其环保支出。2×19 年 3 月 3 日，A 公司向政府有关部门提交了 201 万元的补助申请，作为对其购置环保设备的补贴。2×19 年 4 月 15 日，A 公司收到了政府补助款 201 万元。2×19 年 5 月 18 日，A 公司购入不需安装的环保设备，购置设备的实际成本为 240 万元，增值税额为 31.20 万元，使用寿命为 5 年，2×22 年 5 月 28 日，该企业出售了这台设备，取得价款 904 000 元。

A 公司的账务处理如下。

方法一：A 公司选择总额法进行会计处理。

（1）2×19 年 4 月 15 日收到财政拨款，确认递延收益：

借：银行存款	2 010 000	
贷：递延收益		2 010 000

（2）2×19 年 5 月 18 日购入设备：

借：固定资产	2 400 000	
应交税费——应交增值税（进项税额）	312 000	
贷：银行存款		2 712 000

（3）在该项固定资产使用期间（2×19 年 6 月至 2×22 年 5 月），每月计提折旧和分摊递延收益（按直线法计提折旧）：

每月应计提折旧=2 400 000 ÷ 5 ÷ 12=40 000（元）

每月应分配递延收益=2 010 000 ÷ 5 ÷ 12=33 500（元）

借：制造费用	40 000	
贷：累计折旧		40 000
借：递延收益	33 500	
贷：其他收益		33 500

（4）2×22 年 5 月 28 日出售设备时，同时转销递延收益余额：

已计提折旧数额=40 000×(7+12+12+5)=1 440 000(元)

借：固定资产清理　　960 000
　　累计折旧　　1 440 000
　　贷：固定资产　　2 400 000

借：银行存款　　904 000
　　贷：固定资产清理　　800 000
　　　　应交税费——应交增值税(销项税额)　　104 000

借：营业外支出　　160 000
　　贷：资产处置损益　　160 000

已分配递延收益=33 500×(7+12+12+5)=1 206 000(元)

尚未分配的递延收益=2 010 000−1 206 000=804 000(元)

将尚未分配的递延收益直接转入当期损益：

借：递延收益　　804 000
　　贷：营业外收入　　804 000

方法二：A公司选择净额法进行会计处理。

(1)2×19年4月15日收到财政拨款，确认递延收益：

借：银行存款　　2 010 000
　　贷：递延收益　　2 010 000

(2)2×19年5月18日购入设备：

借：固定资产　　2 400 000
　　应交税费——应交增值税(进项税额)　　312 000
　　贷：银行存款　　2 712 000

借：递延收益　　2 010 000
　　贷：固定资产　　2 010 000

(3)在该项固定资产使用期间(2×19年6月至2×22年5月)，每月计提折旧(按直线法计提折旧)：

每月应计提折旧=(2 400 000−2 010 000)÷5÷12=6 500(元)

借：制造费用　　6 500
　　贷：累计折旧　　6 500

(4)2×22年5月28日出售设备时：

已计提折旧数额=6 500×(7+12+12+5)=234 000(元)

借：固定资产清理　　156 000
　　累计折旧　　234 000
　　贷：固定资产　　390 000(即2 400 000−2 010 000)

借：银行存款　　904 000
　　贷：固定资产清理　　800 000
　　　　应交税费——应交增值税(销项税额)　　104 000

借：固定资产清理　　644 000(即800 000−156 000)
　　贷：资产处置损益　　644 000

(四)与收益相关的政府补助的处理

(1)用于补偿企业以后期间的相关成本费用或损失的，在收到时应当判断企业能否满足政府补助所附条件。如收到时暂时无法确定，则应当先作为预收款项计入“其他应付款”科目。待客观情况表明企业能够满足政府补助所附条件后，再确认递延收益；如收到补助时，客观情况表明企业能够满足政府补助所附条件，则应当确认递延收益，并在确认相关费用或损失的期间，计入当期损益或冲减相关成本。

例 12-7 美亚阀门有限公司(以下简称美亚公司)于2×16年3月15日与企业所在地地方政府签订协议。根据协议约定，当地政府向美亚公司提供1 000万元奖励资金，用于企业的人才激励和人才引进计划，美亚公司必须按年向当地政府报送详细的资金使用计划并按规定用途使用资金。协议同时还约定，美亚公司自获得奖励起8年内注册地址不得迁出本区，否则政府有权追回奖励资金。美亚公司2×16年4月15日收到1 000万元补助资金，分别在2×17年12月、2×18年12月、2×19年12月使用了300万元、300万元、400万元，用于发放给高管年度奖金。

本例中，美亚公司在实际收到政府补助资金时，应当先判断是否满足递延收益确认条件。如果暂时无法确定美亚公司能否满足政府补助所附条件(即在未来8年内注册地址不得迁出本区)，则应当将收到的补助资金先计入“其他应付款”科目，待客观情况表明企业能够满足政府补助所附条件后，再转入“递延收益”科目。如果客观情况表明美亚公司在未来8年内离开该地区的可能性很小，如通过成本效益分析认为美亚公司迁离该地区的成本大大高于收益，则美亚公司在收到补助资金时应当计入“递延收益”科目，实际按规定用途使用补助资金时，再结转计入当期损益。

美亚公司选择将该政府补助冲减管理费用，其账务处理如下。

① 2×16年4月15日美亚公司实际收到补贴资金，并根据客观情况判断美亚公司未来8年内离开该地区的可能性很小：

借：银行存款	10 000 000	
贷：递延收益		10 000 000

② 2×17年12月、2×18年12月、2×19年12月美亚公司将补贴资金发放高管奖金时：

借：递延收益	3 000 000	
贷：管理费用		3 000 000
借：递延收益	3 000 000	
贷：管理费用		3 000 000
借：递延收益	4 000 000	
贷：管理费用		4 000 000

(2)用于补偿企业已发生的相关成本费用或损失的，直接计入当期损益或冲减相关成本。

这类补助通常与企业已经发生的行为有关，是对企业已经发生的成本费用或损失的补偿，或是对企业过去行为的奖励。

例 12-8 乙企业销售其自主开发生产的动漫软件，按照国家有关规定，该企业的这种产品适用增值税即征即退政策，按13%的税率征收增值税后，对其增值税实际税负超过3%的部分，实行即征即退。2×19年7月，该企业实际交纳增值税150万元，实际退回40万元。由于软件企业即征即退增值税属于与企业的日常经营活动密切相关的补助，乙企业实际收到退回的增值税额时，账务处理如下：

借：银行存款	400 000	
贷：其他收益		400 000

第四节　其他非流动负债

一、租赁负债

租赁负债反映企业采用融资租赁方式，尚未支付的租赁付款额。

融资租赁，是指实质上转移了与租赁资产所有权有关的几乎全部风险和报酬的租赁。其所有权最终可能转移，也可能不转移。

（一）租赁负债的确认和计量

在租赁期开始日，承租人应当对租赁确认使用权资产和租赁负债。租赁负债应当按照租赁期开始日尚未支付的租赁付款额的现值进行初始计量。租赁期开始日，是指出租人提供租赁资产使其可供承租人使用的起始日期。在计算租赁付款额的现值时，承租人应当采用租赁内含利率作为折现率；无法确定租赁内含利率的，应当采用承租人增量借款利率作为折现率。

租赁付款额，是指承租人向出租人支付的与在租赁期内使用租赁资产的权利相关的款项。

（二）租赁负债的会计处理

1. 会计科目的设置

(1)设置“使用权资产”科目，核算企业融资租入的资产。使用权资产，是指承租人在租赁期内享有使用权利的租赁资产。使用权资产应当按照成本进行初始计量。该成本包括：租赁负债的初始计量金额；在租赁期开始日或之前支付的租赁付款额，存在租赁激励的，扣除已享受的租赁激励相关金额；承租人发生的初始直接费用；承租人为拆卸及移除租赁资产、复原租赁资产所在场地或将租赁资产恢复至租赁条款约定状态预计将发生的成本。

租赁激励，是指出租人为达成租赁向承租人提供的优惠，包括出租人向承租人支付的与租赁有关的款项、出租人为承租人偿付或承担的成本等。

初始直接费用，是指为达成租赁所发生的增量成本。增量成本是指若企业不取得该租赁，则不会发生的成本。承租人发生的初始直接费用，通常有印花税、佣金、律师费、差旅费、谈判费等。承租人发生的初始直接费用，应当计入租入资产价值。

(2)企业应设置“租赁负债”科目核算企业发生的应付融资租赁额。

(3)设置“未确认融资费用”科目，核算企业融资租入资产所发生的未实现融资费用。

2. 租赁开始日的会计处理

企业采用融资租赁方式租入的资产，应在租赁开始日按照成本进行初始计量，借记“使用权资产”科目；按照租赁期开始日尚未支付的租赁付款额的现值，贷记“租赁负债”科目；按发生的初始直接费用，贷记“银行存款”等科目。按照差额，借记“未确认融资费用”科目。

融资租赁资产一般应视同企业自有资产进行管理和核算，应计提使用权资产折旧。

3. 支付融资租赁费

支付购买价款时，借记“租赁负债”科目，贷记“银行存款”科目。

4. 租赁期届满时的会计处理

租赁期届满时，承租人对租赁资产的处理通常有三种情况，即返还、优惠续租和留购。

租赁期届满，承租人向出租人返还资产的，通常借记“租赁负债”“使用权资产累计折旧”科目，贷记“使用权资产”科目。

如果承租人行使优惠续租选择权，则应视同该项租赁一直存在而做出相应的会计处理。如果承租人在租赁期届满时没有续租，根据租赁协议规定向出租人支付违约金时，应当借记“营业外支出”科目，贷记“银行存款”科目。

在承租人享有优惠留购的情况下，支付购买价款(租金)时，借记“租赁负债”科目，贷记“银行存款”等科目。同时，借记“固定资产”科目，贷记“使用权资产”科目。

二、长期应付款

（一）长期应付款的内容

长期应付款，是指企业除长期借款和应付债券以外的其他各种长期应付款项，包括以补偿贸易方式购入固定资产和以分期付款方式购入固定资产发生的应付款项等。

（二）具有融资性质的延期付款购买资产

企业购买资产有可能延期支付有关价款。如果延期支付的购买价款超过正常信用条件、实质上具有融资性质的，所购资产的成本应当以延期支付购买价款的现值为基础确定。实际支付的价款与购买价款的现值之间的差额，应当在信用期间内采用实际利率法进行摊销，计入相关资产成本或当期损益。具体来说，企业购入资产超过正常信用条件延期支付实质上具有融资性质时，应按购买价款的现值，借记“固定资产”“在建工程”等科目；按应支付的价款总额，贷记“长期应付款”科目；按其差额，借记“未确认融资费用”科目。

按期支付价款时，借记“长期应付款”科目，贷记“银行存款”科目。

三、预计负债

企业在生产经营活动中可能存在债务担保、产品质量保证等具有较大的不确定性的经济事项，可能会对企业的财务状况和经营成果产生较大的影响。企业应当按照谨慎性原则，提前考虑或有事项可能会给企业带来的风险，及时确认、计量或披露相关信息。

或有事项，是指过去的交易或者事项形成的，其结果须由某些未来事项的发生或不发生才能决定的不确定事项。

（一）预计负债的内容

预计负债是指根据或有事项等相关准则确认的各项预计负债，包括对外提供担保、未决诉讼、未决冲裁、产品质量保证、重组义务、亏损合同，以及固定资产和矿区权益弃置义务等产生的预计负债。

（二）预计负债的确认

与或有事项相关的义务同时满足下列条件的，应当确认为预计负债：

(1) 该义务是企业承担的现时义务；

(2) 履行该义务很可能导致经济利益流出企业；

(3) 该义务的金额能够可靠地计量。

（三）预计负债的计量

预计负债的计量需要对未来经济利益的流出金额做出合理的估计，以确定最佳估计数，并要考虑预期可能得到的补偿金额。

预计负债应当按照履行相关现时义务所需支出的最佳估计数进行初始计量。

1. 最佳估计数的确定

(1) 所需支出存在一个连续范围，且该范围内各种结果发生的可能性是相同的，最佳估计数应当按照该范围内的中间值确定。

例 12-9 2×19 年 7 月，美益公司因合同违约而涉及一起诉讼案。根据企业的法律顾问判断，最终的判决很可能对美益公司不利。2×19 年 12 月 31 日，美益公司尚未接到法院的判决，须承担的赔偿金额也无法准确确定。不过据专业人士估计，赔偿金额可能是 80 万元至 100 万元之间的某一金额。

该事项符合预计负债的三项确认条件。美益公司应在 2×19 年 12 月 31 日的资产负债表中确认一项金额为 90 万元[(80+100)/2]的负债，同时在附注中进行披露。美益公司的会计处理如下：

借：营业外支出——赔偿支出　　900 000

　　贷：预计负债——未决诉讼　　900 000

(2) 所需支出不存在一个连续范围，或者虽然存在一个连续范围，该范围内各种结果发生的可能性不相同。在这种情况下，最佳估计数按照如下方法确定。

① 或有事项涉及单个项目的，按照最可能发生金额确定。

“涉及单个项目”，指或有事项涉及的项目只有一项，如一项未决诉讼或一项债务担保等。

例 12-10 2×19 年 7 月，美益公司涉及一起诉讼。根据类似案件的经验以及公司所聘律师的判断，美益公司在该起诉讼中胜诉的可能性有 40%，败诉的可能性有 60%。如果败诉，将要赔偿 100 万元。

该事项符合预计负债的三项确认条件，应确认的负债金额应为最可能发生金额 100 万元。美益公司编制的会计分录为：

借：营业外支出——赔偿支出	1 000 000	
贷：预计负债——未决诉讼		1 000 000

② 或有事项涉及多个项目的，按照各种可能结果及相关概率计算确定。

“涉及多个项目”，指或有事项涉及的项目不止一个，如产品质量保证中提出保修要求的可能有许多客户。

产品质量保证，通常指销售商或制造商在销售商品或提供劳务后，对客户提供服务的一种承诺。在约定期内(或终身保修)，若产品或劳务在正常使用过程中出现质量或与之相关的其他属于正常范围的问题，企业负有更换产品、免费或只收成本价进行修理等责任。为此，企业应当在符合确认条件的情况下，于销售成立时确认预计负债。

例 12-11 2×19 年第一季度，乙企业销售产品 3 万件，销售额为 12 000 万元。质保条款规定：产品售出后一年内发生正常质量问题，乙企业将免费负责修理。根据以往经验，较小质量问题的修理费为销售额的 1%；较大质量问题的修理费为销售额的 2%。据预测，本年度已售产品中，有 80%不会发生质量问题，15%发生较小质量问题，5%发生较大质量问题。2×19 年第一季度，实际发生维修费 280 000 元，其中：材料费 180 000 元，交通费等 100 000 元(用存款支付)。“预计负债——产品质量保证 ” 2×19 年年末余额为 20 000 元。乙企业的账务处理如下。

(1)确认与产品质量保证有关的预计负债：

2×19 年年末乙企业应确认的负债金额为：12 000×15%×1%+12 000×5%×2%=30(万元)

借：销售费用——产品质量保证	300 000	
贷：预计负债——产品质量保证		300 000

(2)发生产品质量保证费用(维修费)：

借：预计负债——产品质量保证	280 000	
贷：银行存款		100 000
原材料		180 000

思 考 题

1. 长期借款利息费用的列支渠道有哪些?
2. 债券溢价、折价的摊销对每期的利息费用有何影响?
3. 对应付融资租赁费如何进行会计处理?
4. 应付债券利息调整金额是怎样产生的? 应如何进行摊销?
5. 什么是可转换公司债券? 可转换公司债券应如何核算?

练 习 题

习题一

【目的】练习长期借款的核算。

【资料】恒达公司于20×3年11月1日向银行借入为期3年的借款1 000万元，年利率8.4%，每季付息，到期还本。

【要求】为恒达公司编制有关借款、计息及偿还本息时的会计分录。

习题二

【目的】练习应付债券的核算。

【资料】某企业20×4年1月1日发行3年期、面值为500万元的债券，票面利率为6%，假定债券发行时的市场利率为5%，企业按510万元的价格出售(债券发行费用略)，到期一次还本付息。该债券款用于生产经营，债券溢价采用实际利率法摊销。

【要求】编制债券发行、计提利息、到期还本付息的会计分录。

第十三章　所有者权益

所有者权益是企业资产扣除负债后由所有者享有的剩余权益。公司所有者权益又称为股东权益。所有者权益是所有者对企业资产的剩余索取权，它是企业资产中扣除债权人权益后应由所有者享有的部分，既可反映所有者投入资本的保值/增值情况，又体现保护债权人权益的理念。所有者权益具有以下特征：(1)除非发生减资、清算或分派现金股利，企业不需要偿还所有者权益；(2)企业清算时，只有在清偿所有的负债后，所有者权益才返还给所有者；(3)所有者凭借所有者权益能够参与企业利润的分配。所有者权益根据其核算内容和要求，可分为实收资本(或股本)、其他权益工具、资本公积、其他综合收益、盈余公积和未分配利润等。其中，盈余公积和未分配利润合称为留存收益。

第一节　实收资本与其他权益工具

一、实收资本概述

按照我国有关法律规定，投资者设立企业首先必须投入资本。实收资本是投资者投入企业形成法定资本的价值，所有者向企业投入的资本，在一般情况下无须偿还，可以长期周转使用。实收资本的构成比例，即投资者的出资比例或股东的股份比例，通常是确定所有者在企业所有者权益中所占的份额和参与企业财务经营决策的基础，也是企业进行利润分配或股利分配的依据，同时还是企业清算时确定所有者对净资产的要求权的依据。

我国《公司法》规定，股东可以用货币出资，也可以用实物、知识产权、土地使用权等可以用货币估价并可以依法转让的非货币性财产作价出资；但是，法律、行政法规规定不得作为出资的财产除外。企业应当对作为出资的非货币性财产评估作价，核实财产，不得高估或者低估作价。法律、行政法规对评估作价有规定的，从其规定。全体股东的货币出资金额不得低于有限责任公司注册资本的30%。不论以何种方式出资，投资者如在投资过程中违反投资合约或协议约定，不按规定如期缴足出资额，企业可以依法追究投资者的违约责任。

企业收到所有者投入企业的资本后，应根据有关原始凭证(如投资清单、银行通知单等)，分别不同的出资方式进行会计处理。

二、一般企业的实收资本

一般企业是指除股份有限公司以外的企业，如国有企业、有限责任公司和外商投资企业等。投资者投入资本的形式可以有多种，如投资者可以以现金投资，也可以用实物资产投资，符合国家规定比例的，还可以用无形资产投资等。

(一)有限责任公司投入资本

有限责任公司是指由一个(含一个)以上的股东共同出资，每个股东以其认缴的出资额对公司债务承担有限责任，公司以其全部资产对其债务承担责任的企业法人。

有限责任公司“实收资本”核算特点如下。

1. 按照公司章程所规定的出资方式、出资额和出资缴纳期限出资

有限责任公司的投资者可以是单一的，也可以不是单一的。如果不是单一的，各投资者怎样出资、出资额和何时出资必须事先约定，共同遵守；否则，企业的生产经营将无法正常进行，并破坏了事先约定

的投资者应承担的义务。一旦投资者某一方未按规定出资的，企业有权向该投资者追缴。经追缴仍不履行义务的，企业还可依诉讼程序，请求人民法院追究投资者的违约责任。

2. 所有者投入资本应区别情况处理

初建有限责任公司时，各投资者按照合同、协议或公司章程投入企业的资本，应全部记入“实收资本”科目，企业的实收资本应等于企业的注册资本。在企业增资扩股时，如有新投资者介入，新介入的投资者缴纳的出资额大于其按约定比例计算的其在注册资本中所占的份额部分，不计入“实收资本”科目，而作为资本公积，计入“资本公积”科目。

3. 转让出资应经其他投资者同意

有限责任公司的投资者是有限的，除以产权关系为纽带把各投资者联系在一起外，各投资者间的信誉、名誉、管理技能等，均可作为共同经营的先决条件。因此，在某个投资者要将其出资转让给有意介入的新投资者时，要事先经企业原有的其他超过半数的投资者同意。如果其他投资者有异议，应由其他投资者购买该转让的出资，如果不购买该转让的出资，视为同意转让。如其他投资者无异议，在同等条件下，原投资者具有优先购买权。

（二）一般企业的实收资本

一般企业的实收资本通过“实收资本”账户核算。

企业收到投资时，一般应做如下会计处理：

收到投资人投入的现金，应当以实际收到或者存入企业开户银行的金额，借记“银行存款”科目，贷记“实收资本”科目；收到投资人以实物资产投资的，应在办理实物产权转移手续时，借记有关资产科目，贷记“实收资本”科目；收到投资人以无形资产投资的，应按照合同、协议或公司章程规定，移交有关凭证时，借记“无形资产”科目，贷记“实收资本”科目。

1. 股东以现金投入

股东以现金投入的资本，企业应以实际收到或存入企业开户银行的金额作为实收资本入账。

例 13-1 美颐公司收到A公司投入的货币资金200万元，款项已经收妥入账。其会计分录为：

借：银行存款	2 000 000	
贷：实收资本——A公司		2 000 000

2. 外商以外币出资

外商投资企业的股东投入外币，按收汇当日的汇率折合成人民币作为银行存款的入账金额；合同约定汇率的，按合同约定汇率折合成人民币作为实收资本的入账金额，合同没有约定汇率的，按收到出资额当日汇率折算人民币作为实收资本的入账金额。因汇率不同产生的折合差额，作为资本公积处理。

例 13-2 美颐公司收到B公司（外商）投入的外币200 000美元，合同约定的汇率为1:7，收到投资当日汇率为1:7.1。账务处理为：

借：银行存款——美元户	1 420 000	
贷：实收资本——B公司		1 400 000
资本公积		20 000

3. 以非现金资产出资

股东除了以货币资金投资，也有可能是以实物资产或无形资产投资。接受的实物资产和无形资产投资，应按确定的价值（或实物的发票价值）及相关的税金作为实收资本入账。

例 13-3 某企业收到丙股东投入的一批原材料，评估确认不含税价值为300 000元，增值税专用发票列明税款为39 000元。该企业接受投资时的会计分录为：

借：原材料	300 000	
应交税费——应交增值税（进项税额）	39 000	
贷：实收资本——丙股东		339 000

例 13-4 A 公司由 B、C 两个公司共同投资设立，按出资协议，B 公司以现金出资 30 万元；C 公司以一套全新设备出资，增值税专用发票上注明价款 40 万元、增值税 5.2 万元。A 公司接受投资时的会计分录为：

借：银行存款	300 000	
固定资产	400 000	
应交税费——应交增值税（进项税额）	52 000	
贷：实收资本——B 公司		300 000
——C 公司		452 000

三、股份有限公司投入资本

股份有限公司是指全部资本由等额股份构成并通过发行股票筹集资本，股东以其所持股份对公司承担有限责任，公司以其全部资产对公司债务承担责任的企业法人。股份有限公司与有限责任公司的主要区别表现在：有限责任公司的全部资本不分为等额股份；有限责任公司向股东签发出资证明而不发行股票；公司股东转让出资，需经股东会讨论通过；股东人数限制在 1 人以上 50 人以下。与此相对应，股份有限公司的全部资本划分为等额股份；以发行股票方式筹集资本；股票可以交易或转让；股东人数有下限，没有上限。

股份有限公司与一般企业相比，其显著特点在于将企业资本划分为等额股份，并通过发行股票的方式筹集资本。股份有限公司股票发行的会计核算主要通过“股本”账户进行，且仅核算公司发行股票的面值。在“股本”账户下，按股票种类及股东名称设置明细账。具体来说，股份有限公司接受投入资本的核算有以下特点。

（一）企业根据不同的设立方式，选择不同的会计处理方法

股份有限公司设立有两种方式，即发起式和募集式。发起式设立的特点是公司的股份全部由发起人认购，不向发起人之外的任何人募集股份；募集式设立的特点是公司股份除发起人认购外，还可以采用向其他法人或自然人发行股票的方式进行募集。公司设立方式不同，涉及所有者权益的会计处理方法也不同，其主要区别有：

(1) 筹集资本的费用处理不同。发起式设立公司，因股东是固定的，无须聘请证券商（证券公司）向社会广泛募集。一般情况下，其筹集费用很低，如发生一些诸如股权证明的印刷费等少量费用，可以直接计入管理费用。而采用向社会发行股票的方式来募集资本，需要由企业发起人聘请证券商发行股票，由于募集式设立公司，除发起人认购外，还可以采用向其他法人或自然人发行股票的方式进行募集，因而发行的股票数量大，印刷费用高；另外从广大投资者认购到实际出缴资金，需要进行大量的工作。所以，支付给证券商的发行费用一般较高，在会计上应进行特别的处理。采用溢价发行股票的，其应付证券商的费用可以从溢价收入中支付；采用面值发行股票的，其支付给证券商的费用直接计入管理费用。

(2) 筹集资本的风险不同。发起式设立的公司，其所需资本由发起人一次认足，一般不会发生设立公司失败的情况，因此，其筹资风险小。社会募集股份，其筹资对象广泛，在资本市场不景气或股票的发行价格不恰当的情况下，有发行失败（即股票未被全部认购）的可能，因此，其筹资风险大。按照有关规定，发行失败损失由发起人负担，包括承担筹建费用、公司筹建过程中的债务、对认股人已缴纳的股款支付银行同期存款利息等责任。

（二）设置“股本”科目进行核算

股份有限公司与其他企业相比较，最显著的特点就是将企业的全部资本划分为等额股份，并通过发行股票的方式来筹集资本。股东以其所认购股份对公司承担有限责任。股份是很重要的指标。股票的面值与股份总数的乘积为股本，股本应等于企业的注册资本。为了直观地反映这一指标，在会计核算上股份公司应设置“股本”科目。

“股本”科目核算股东投入企业的股本，企业应将核定的股本总额、股份总数、每股面值，在股本账户中做备查记录。为提供企业股份的构成情况，企业应在“股本”科目下，按股东单位或姓名设置明细账。企业的股本应在核定的股本总额范围内，发行股票取得。但值得注意的是，企业发行股票取得的收入与股本总额往往不一致，公司发行股票取得的收入大于股本总额的，称为溢价发行；小于股本总额的，称为折价发行；等于股本总额的，称为面值发行。我国不允许企业折价发行股票。在采用溢价发行股票的情况下，企业应将相当于股票面值的部分计入“股本”科目，其余部分在扣除发行手续费、佣金等发行费用后计入“资本公积——股本溢价”科目。

四、实收资本增减变动的核算

实收资本也可能发生增减变化。《中华人民共和国公司登记管理条例》规定，公司增加注册资金的，有限责任公司股东认缴新增资本的出资和股份有限公司的股东认购新股，应当分别依据《公司法》设立有限责任公司缴纳出资和设立股份有限公司缴纳股款的有关规定执行。公司法定公积金转增注册资本的，验资证明应当载明留存的该项公积金不少于增资前公司注册资本的 25%。公司减少注册资本的，应当自公告之日起 45 日后申请变更登记，并应当提交公司在报纸上登载公司减少注册资本公告的有关证明和公司债务清偿或者债务担保情况的说明。公司减资后的注册资本不得低于法定的最低限额。公司变更实收资本的，应当提交依法设立的验资机构出具的验资证明，并应当按照公司章程载明的出资时间、出资方式缴纳出资。公司应当自足额缴纳出资或者股款之日起 30 日内申请变更登记。

(一) 实收资本增加的核算

1. 企业增加资本的一般途径

企业增加资本的一般途径有以下三条。一是将资本公积转为实收资本或者股本。会计上应借记“资本公积——资本溢价”或“资本公积——股本溢价”科目，贷记“实收资本”或“股本”科目。二是将盈余公积转为实收资本。会计上应借记“盈余公积”科目，贷记“实收资本”或“股本”科目。这里要注意的是，资本公积和盈余公积均属所有者权益，转为实收资本或者股本时，如为独资企业的，核算比较简单，直接结转即可；如为股份有限公司或有限责任公司的，应按原投资者所持股份同比例增加各股东的股权。三是所有者(包括原企业所有者和新投资者)投入。企业接受投资者投入的资本，借记“银行存款”“固定资产”“无形资产”“原材料”等科目，贷记“实收资本”或“股本”等科目。

例 13-5 甲、乙、丙三人共同投资设立了 A 有限责任公司，原注册资本为 400 万元，甲、乙、丙分别出资 50 万元、200 万元和 150 万元。为扩大经营规模，经批准，A 公司注册资本扩大为 500 万元，甲、乙、丙按照原出资比例分别追加 12.5 万元、50 万元和 37.5 万元。A 公司如期收到甲、乙、丙追加的现金投资。A 公司应编制如下会计分录：

借：银行存款	1 000 000	
贷：实收资本——甲公司		125 000
——乙公司		500 000
——丙公司		375 000

例 13-6 承例 13-5，因扩大经营规模，经批准，A 公司按原出资比例将资本公积 100 万元转增资本。A 公司应编制如下会计分录：

借：资本公积	1 000 000	
贷：实收资本——甲公司		125 000
——乙公司		500 000
——丙公司		375 000

例 13-7 承例 13-5，因扩大经营规模，经批准，A 公司按原出资比例将盈余公积 100 万元转增资本。A 公司应编制如下会计分录：

借：盈余公积　　1 000 000
　贷：实收资本——甲公司　　125 000
　　　　　　——乙公司　　500 000
　　　　　　——丙公司　　375 000

2. 股份有限公司发放股票股利

股份有限公司采用发放股票股利实现增资的，在发放股票股利时，按照股东原来持有的股数分配，如股东所持股份按比例分配的股利不足一股时，应采用恰当的方法处理。例如，股东会决议按股票面额的10%发放股票股利时（假如新股发行价格及面额与原股相同），对于所持股票不足10股的股东，将会发生不能领取一股的情况。在这种情况下，有两种方法可供选择，一是将不足一股的股票股利改为现金股利，用现金支付；二是由股东相互转让，凑为整股。无论采用哪种方法，都将改变企业的股权结构。

股东大会批准的利润分配方案中分配的股票股利，应在办理增资手续后，借记“利润分配”科目，贷记“股本”科目。

3. 可转换公司债券持有人行使转换权利

可转换公司债券持有人行使转换权利的，将其持有的债券转换为股票，按可转换公司债券的余额，借记“应付债券——可转换公司债券（面值、利息调整）”科目；按其权益成分的金额，借记“其他权益工具”科目；按股票面值和转换的股数计算的股票面值总额，贷记“股本”科目；按其差额，贷记“资本公积——股本溢价”科目。

4. 企业将重组债务转为资本

企业将重组债务转为资本的，应按债务重组准则的规定处理。

5. 以权益结算的股份支付的行权

以权益结算的股份支付换取职工或其他方提供服务的，应在行权日，按根据实际行权情况确定的金额，借记“资本公积——其他资本公积”科目；按应计入实收资本或股本的金额，贷记“实收资本”或“股木”科目。

（二）实收资本减少的核算

企业实收资本减少的原因大体有两种：一是资本过剩；二是企业发生重大亏损而需要减少实收资本。企业因资本过剩而减资，一般要发还股款。有限责任公司和一般企业发还投资的会计处理比较简单，按法定程序报经批准减少注册资本，借记“实收资本”科目，贷记“库存现金”“银行存款”等科目。

股份有限公司由丁采用的是发行股票的方式筹集股本，发还股款时，则要回购发行的股票，发行股票的价格与股票面值可能不同，回购股票的价格也可能与发行价格不同，会计处理较为复杂。股份有限公司因减少注册资本而回购本公司股份的，应按实际支付的金额，借记“库存股”科目，贷记“银行存款”等科目。注销库存股时，应按股票面值和注销股数计算的股票面值总额，借记“股本”科目；按注销库存股的账面余额，贷记“库存股”科目；按其差额，冲减股票发行时原计入资本公积的溢价部分，借记“资本公积——股本溢价”科目。回购价格超过上述冲减“股本”及“资本公积——股本溢价”科目的部分，应依此借记“盈余公积”“利润分配——未分配利润”等科目；如回购价格低于回购股份所对应的股本，所注销库存股的账面余额与所冲减股本的差额作为增加股本溢价处理，按回购股份所对应的股本面值，借记“股本”科目；按注销库存股的账面余额，贷记“库存股”科目；按其差额，贷记“资本公积——股本溢价”科目。

例 13-8　A公司20×3年12月31日的股本为100 000 000股，面值为1元，资本公积（股本溢价）为30 000 000元，盈余公积为40 000 000元。经股东大会批准，A公司以现金回购本公司股票20 000 000股并注销。假定A公司按每股2元回购股票，不考虑其他因素，A公司应编制如下会计分录。

（1）回购本公司股份时：

借：库存股　　40 000 000

贷：银行存款　　40 000 000

(2)注销本公司股份时：

借：股本　　20 000 000

资本公积——股本溢价　　20 000 000

贷：库存股　　40 000 000

应冲减的资本公积=20 000 000×2−20 000 000×1=20 000 000(元)

例 13-9　承例 13-8，假定 A 公司按每股 3 元回购股票，不考虑其他因素，A 公司应编制如下会计分录。

(1)回购本公司股份时：

借：库存股　　60 000 000

贷：银行存款　　60 000 000

(2)注销本公司股份时：

借：股本　　20 000 000

资本公积——股本溢价　　30 000 000

盈余公积　　10 000 000

贷：库存股　　60 000 000

应冲减的资本公积=20 000 000×3−20 000 000×1=40 000 000(元)

由于应冲减的资本公积大于公司现有的资本公积，所以只能冲减资本公积 3 000 万元，剩余 1 000 万元应冲减盈余公积。

例 13-10　承例 13-8，假定 A 公司按每股 0.9 元回购股票，其他条件不变，A 公司应编制如下会计分录。

(1)回购本公司股份时：

借：库存股　　18 000 000

贷：银行存款　　18 000 000

(2)注销本公司股份时：

借：股本　　20 000 000

贷：库存股　　18 000 000

资本公积——股本溢价　　2 000 000

应增加的资本公积=20 000 000×1−20 000 000×0.9=2 000 000(元)

由于折价回购，股本与库存股成本的差额 200 万元应作为增加资本公积处理。

五、其他权益工具

其他权益工具，是指企业发行的除普通股以外的归类为权益工具的各种金融工具，如企业发行的分类为权益工具的优先股等。

如果企业有其他权益工具，则需要在所有者权益类科目中增设“其他权益工具——优先股”科目核算该类业务。企业发行优先股收到的价款登记在该科目的贷方，可转换优先股转换为普通股的账面价值登记在该科目的借方，贷方余额反映发行在外的优先股账面价值。

例 13-11　M 公司发行归类于权益工具的可转换优先股 150 万股，实际收到价款 260 万元，其账务处理如下：

借：银行存款　　2 600 000

贷：其他权益工具——优先股　　2 600 000

例 13-12　承例 13-11，M 公司发行的可转换优先股 150 万股全部转换为普通股 50 万股，每股面值 1 元，其账务处理如下：

借：其他权益工具——优先股　　2 600 000
　贷：股本　　500 000
　　资本公积——股本溢价　　2 100 000

第二节　资本公积和其他综合收益

一、资本公积

(一) 资本公积概述

资本公积是企业收到投资者出资额超出其在注册资本(或股本)中所占份额的部分，以及直接计入所有者权益的利得和损失等。资本公积包括资本溢价(或股本溢价)和其他资本公积。

资本溢价(或股本溢价)是企业收到投资者的超出其在企业注册资本(或股本)中所占份额的投资。形成资本溢价(或股本溢价)的原因有溢价发行股票、投资者超额缴入资本等。

(二) 资本公积的核算

“资本公积”科目一般应当设置“资本溢价”或“股本溢价”“其他资本公积”明细科目。

1. 资本溢价或股本溢价的核算

(1) 资本溢价。

除股份有限公司外的其他类型的企业，在企业创立时，投资者认缴的出资额与注册资本一致，一般不会产生资本溢价。两个以上的投资者合资经营的企业(不含股份有限公司)，投资者依其出资份额对企业经营决策享有表决权；依其所认缴的出资额对企业承担有限责任。明确记录投资者认缴的出资额，真实地反映各投资者对企业享有的权利与承担的义务，是会计核算应注意的问题。为此，会计上应设置“实收资本”科目，核算企业投资者按照公司章程所规定的出资比例实际缴付的出资额。

在企业创立时，出资者认缴的出资额全部计入“实收资本”科目。在企业重组并有新的投资者加入时，为了维护原有投资者的权益，新加入的投资者出资额，并不一定全部作为实收资本处理。这是因为，在企业正常经营过程中投入的资金虽然与企业创立时投入的资金在数量上一致，但其获利能力却不一致。企业创立时，要经过筹建、试生产经营、为产品寻找市场、开辟市场等过程，从投入资金到取得投资回报，中间需要许多时间，并且这种投资具有风险性，在这个过程中资本利润率很低。而企业进行正常生产经营后，在正常情况下，资本利润率要高于企业初创阶段。而这高于初创阶段的资本利润是以初创时必要的垫支资本带来的，企业创办者为此付出了代价。因此，相同数量的投资，由于出资时间不同，其对企业的影响程度不同，由此而带给投资者的权利也不同，往往前者大于后者。所以，新加入的投资者要付出大于原有投资者的出资额，才能取得与原投资者相同的投资比例。另外，不仅原投资者原有投资从质量上发生了变化，就是从数量上也可能发生变化，这是因为企业经营过程中实现利润的一部分留在企业，形成留存收益，而留存收益也属于投资者权益，也要求其付出大于原有投资者的出资额，才能取得与原有投资者相同的投资比例。投资者投入的资本中按其投资比例计算的出资额部分，应计入“实收资本”科目，大于部分应计入“资本公积”科目。

例 13-13　B 有限责任公司由甲、乙、丙三位股东各自出资 100 万元而设立。设立时的实收资本为 300 万元。经过三年的经营，该企业留存收益为 180 万元。这时又有丁投资者有意参加该企业，并表示愿意出资 200 万元而仅占该企业股份的 25%。B 有限责任公司已收到该现金投资，假定不考虑其他因素，B 有限责任公司应编制如下会计分录：

借：银行存款　　2 000 000
　贷：实收资本——丁　　1 000 000

资本公积——资本溢价　　1 000 000

在本例中，B 有限责任公司收到丁投资者投入的现金投资 200 万元中，100 万元属于丁投资者在注册资本中所享有的份额，应记入“实收资本”科目，其余 100 万元属于资本溢价，应计入“资本公积——资本溢价”科目。

(2)股本溢价。

股份有限公司是以发行股票的方式筹集股本的，股票是企业签发的证明股东按其所持股份享有权利和承担义务的书面证明。由于股东按其所持企业股份享有权利和承担义务，为了反映和便于计算各股东所持股份占企业全部股本的比例，企业的股本总额应按股票的面值与股份总数的乘积计算。国家规定，实收股本总额应与注册资本相等。因此，为提供企业股本总额及其构成和注册资本等信息，在采用与股票面值相同的价格发行股票的情况下，企业发行股票取得的收入，应全部记入“股本”科目；在采用溢价发行股票的情况下，企业发行股票取得的收入，相当于股票面值部分记入“股本”科目；超出股票面值的部分计入“资本公积”科目。

需要注意的是，委托证券商代理发行股票而支付的手续费、佣金等，应从溢价发行收入中扣除，企业应按扣除手续费、佣金后的数额计入“资本公积”科目。

企业收到投资者投入的资本，借记“银行存款”“固定资产”“无形资产”等科目；按其在股本中所占份额，贷记 “股本”科目；按其差额，贷记“资本公积——股本溢价”科目。与发行权益性证券直接相关的手续费、佣金等交易费用，借记“资本公积——股本溢价”科目，贷记“银行存款”等科目。

例 13-14　A 公司委托××证券公司代理发行普通股 200 万股，每股面值 1 元，按每股 4 元的价格发行。A 公司与受托单位约定，按发行收入的 3%支付手续费，从发行收入中扣除。假如收到的股款已存入银行。A 公司应做如下会计分录：

A 公司收到受委托发行单位交来现金=2 000 000×4 × (1−3%)=7 760 000(元)

应计入“资本公积”科目的金额=溢价收入−发行手续费

=2 000 000×(4−1)−2 000 000×4 × 3%

=5 760 000(元)

借：银行存款　　7 760 000

　　贷：股本　　2 000 000

　　　　资本公积　　5 760 000

2. 其他资本公积的核算

其他资本公积，是指除资本溢价(或股本溢价)项目以外所形成的资本公积。

(1)以权益结算的股份支付。

以权益结算的股份支付换取职工或其他方提供服务的，应按照确定的金额，计入“管理费用”等科目，同时增加“资本公积——其他资本公积”。在行权日，应按实际行权的权益工具数量计算确定的金额，借记“资本公积——其他资本公积”科目；按计入实收资本或股本的金额，贷记“实收公积”或“股本”科目；并将其差额计入“资本公积——资本溢价”或“资本公积——股本溢价”。

(2)采用权益法核算的长期股权投资。

长期股权投资采用权益法核算的，被投资单位除净损益、其他综合收益和利润分配以外的所有者权益的其他变动，投资企业按照持股比例计算应分享的份额，应当增加或减少长期股权投资的账面价值，同时增加或减少资本公积——其他资本公积。当处置采用权益法核算的长期股权投资时，应当将原计入资本公积——其他资本公积的相关金额转入投资收益(除不能转入损益的项目外)。

例 13-15　C 有限责任公司于 20×2 年 1 月 1 日向 F 公司投资 800 万元，拥有该公司 20%的股份，并对该公司有重大影响，因而对 F 公司长期股权投资采用权益法核算。20×2 年 12 月 31 日，F 公司净损益之外的所有者权益增加了 100 万元。假定除此之外，F 公司的所有者权益没有变化，C 有限责任公司的持股比例没有变化，F 公司资产的账面价值与公允价值一致，不考虑其他因素。C 公司应编制如下会计分录：

借：长期股权投资——F 公司　　200 000

　　贷：资本公积——其他资本公积　　200 000

C 公司增加的资本公积=100×20%=20（万元）

本例中，C 有限责任公司对 F 公司长期股权投资采用权益法核算，持股比例未发生变化，F 公司发生了除净损益之外的所有者权益的其他变动，C 有限责任公司应按其持股比例计算应享有的 F 公司权益的数额 20 万元，作为增加其他资本公积处理。

3．资本公积转增资本的核算

按照《公司法》的规定，法定公积金（资本公积和盈余公积）转为资本时，所留存的该项公积金不得少于转增前公司注册资本的 25%。经股东大会或类似机构决议，用资本公积转增资本时，应冲减资本公积，同时按照转增前的实收资本（或股本）的结构或比例，将转增的金额记入“实收资本”（或“股本”）科目下各所有者的明细分类账。

二、其他综合收益

（一）其他综合收益概述

其他综合收益，是指企业根据其他会计准则规定未在当期损益中确认的各项利得和损失，包括以后会计期间不能重分类进损益的其他综合收益和以后会计期间满足规定条件时将重分类进损益的其他综合收益两类。

1．以后会计期间不能重分类进损益的其他综合收益项目

以后会计期间不能重分类进损益的其他综合收益项目，主要包括重新计量设定受益计划净负债或净资产导致的变动，按照权益法核算因被投资单位重新计量设定受益计划净负债或净资产变动导致的权益变动，投资企业按持股比例计算确认的该部分其他综合收益项目，以及在初始确认时，企业可以将非交易性权益工具指定为公允价值计量且其变动计入其他综合收益的金融资产，指定后不得撤销，即当该类非交易性权益工具终止确认时原计入其他综合收益的公允价值变动损益不得重分类进损益。

2．以后会计期间满足规定条件时将重分类进损益的其他综合收益项目

以后会计期间满足规定条件时将重分类进损益的其他综合收益项目，主要包括：符合条件的金融资产应当分类为以公允价值计量且其变动计入其他综合收益、对金融资产重分类按规定可以将原计入其他综合收益的利得或损失转入当期损益的部分、采用权益法核算的长期股权投资、作为存货的房地产或自用房地产转换为以公允价值模式计量的投资性房地产在转换日公允价值大于账面价值的部分、现金流量套期工具产生的利得或损失中属于有效套期的部分、外币财务报表折算差额等。

（二）其他综合收益的核算

1．采用权益法核算的长期股权投资

采用权益法核算的长期股权投资，按照被投资单位实现其他综合收益以及持股比例计算应享有或分担的金额，调整长期股权投资的账面价值，同时增加或减少其他综合收益。其会计处理为：借记（或贷记）“长期股权投资——其他综合收益”科目，贷记（或借记）“其他综合收益”科目；待该项股权投资处置时，将原计入其他综合收益的金额转入当期损益。

例 13-16　2×17 年 1 月 1 日，美益公司以银行存款 500 万元取得亿达公司 30%的股权，对其财务和经营决策具有重大影响，采用权益法进行核算。美益公司取得对亿达公司投资当日，亿达公司可辨认净资产的公允价值为 1 500 万元（亿达公司各项资产、负债的账面价值与公允价值均相等）。2×17 年年末，亿达公司持有一项其他债权投资，资产负债表日的公允价值高于其账面价值 50 万元（不考虑所得税影响）。美益公司在 2×17 年年末应编制的会计分录如下：

借：长期股权投资——其他综合收益　　150 000

　　贷：其他综合收益　　150 000

2. *作为存货的房地产或自用房地产转换为以公允价值模式计量的投资性房地产*

企业将作为存货的房地产转换为以公允价值模式计量的投资性房地产时，应当按该项房地产在转换日的公允价值，借记“投资性房地产——成本”科目，原已计提跌价准备的，借记“存货跌价准备”科目，按其账面余额，贷记“开发产品”等科目；转换日的公允价值小于账面价值的，按其差额，借记“公允价值变动损益”科目，转换日的公允价值大于账面价值的，按其差额，贷记“其他综合收益”科目。

例 13-17 甲企业是从事房地产开发业务的企业，20×7 年 3 月 10 日，甲企业与乙企业签订了租赁协议，将其开发的一栋写字楼整体出租给乙企业使用，租赁开始日为 20×7 年 4 月 15 日，该写字楼的账面余额 4 500 万元，未计提存货跌价准备，假设转换后采用公允价值模式计量，20×7 年 4 月 15 日该写字楼的公允价值为 9 500 万元。甲企业 20×7 年 4 月 15 日的账务处理如下：

借：投资性房地产——写字楼——成本　　95 000 000
　　贷：开发产品　　45 000 000
　　　　其他综合收益　　50 000 000

企业将自用房地产转换为以公允价值模式计量的投资性房地产时，应当按该项房地产在转换日的公允价值，借记“投资性房地产——成本”科目，原已计提减值准备的，借记“固定资产减值准备”科目，按其账面余额，贷记“固定资产”等科目；转换日的公允价值小于账面价值的，按其差额，借记“公允价值变动损益”科目，转换日的公允价值大于账面价值的，按其差额，贷记“其他综合收益”科目。

待该项投资性房地产处置时，因转换计入其他综合收益的部分应转入当期损益。

例 13-18 20×7 年 6 月，甲企业打算搬迁至新建办公楼，由于原办公楼处于商业繁华地段，甲企业准备将其出租，以赚取租金收入。20×7 年 10 月，甲企业完成了搬迁工作，原办公楼停止自用。20×7 年 12 月，甲企业与乙企业签订了租赁协议，将其原办公楼租赁给乙企业使用，租赁期开始日为 20×8 年 1 月 1 日，租赁期限为 3 年。20×8 年 1 月 1 日，该办公楼的公允价值为 50 000 万元，其原价为 30 000 万元，已计提折旧 14 250 万元。假设甲企业对出租的办公楼采用公允价值模式计量。甲企业 20×8 年 1 月 1 日的账务处理如下：

借：投资性房地产——办公楼——成本　　500 000 000
　　累计折旧　　142 500 000
　　贷：固定资产　　300 000 000
　　　　其他综合收益　　342 500 000

第三节 留存收益

留存收益是企业从历年实现的利润中提取或形成的留存于企业内部的积累，来源于企业的生产经营活动所实现的利润。留存收益是所有者权益的组成部分，是投资者的原始投资在企业内部滋生并留存下来的资本。这部分资本将重新投入生产经营，参加周转，以便企业扩大生产经营规模，创造更大的利润，或留待以后年度进行分配。留存收益由盈余公积和未分配利润组成。其中，盈余公积已被法律指定了用途，属于指定用途的留存收益，而未分配利润则是未指定用途的留存收益。

一、盈余公积

盈余公积是指企业按照规定从净利润中提取的各种积累资金，其性质是对企业留存收益的用途进行拨定，保证企业留有一定的积累，限制过量分配，以维护债权人的权益，有利于企业的持续经营和发展。

(一) 盈余公积的计提

盈余公积分为两种：法定盈余公积和任意盈余公积。两者的区别在于其各自提取的依据不同。前者以国家的法律或行政规章为依据提取；后者则由企业自行决定提取。

1. 法定盈余公积

法定盈余公积，是指企业按规定从净利润中提出的积累资金。法定，意味着提取时由国家法规强制规定。企业必须提取法定盈余公积，目的是确保企业不断积累资本，固本培源，自我壮大实力。《中华人民共和国公司法》规定，公司制企业的法定盈余公积按照税后利润的 10%提取，法定盈余公积累计额已达注册资本的 50%时可以不再提取。

2. 任意盈余公积

任意盈余公积是公司出于实际需要或采取审慎经营策略，从税后利润中提取的一部分留存利润。任意是出于自愿，而非外力强制，但也并不是随心所欲。任意盈余公积主要是公司制企业按照股东大会的决议提取。企业提取任意盈余公积的原因是多样的。例如，企业可能需要偿还一笔长期负债，也可能是为了控制本期股利的分派不至于过高等。任意盈余公积一经拨定用途就不能再供本期发放股利之用，因此提取任意盈余公积也可能是企业管理层对发放股利施加的限制。

值得注意的是，在计算提取盈余公积的基数时，不应包括企业年初未分配利润。

(二) 盈余公积的用途

企业提取的盈余公积主要可以用于以下几个方面。

1. 弥补亏损

企业发生亏损时，应由企业自行弥补。企业弥补亏损的渠道主要有以下三条。一是用以后年度税前利润弥补。按照现行制度规定，企业发生亏损时，可以用以后五年内实现的税前利润弥补，即税前利润弥补亏损的期间为五年。二是用以后年度税后利润弥补。企业发生的亏损经过五年期间未弥补足额的，尚未弥补的亏损应用所得税后的利润弥补。三是以盈余公积弥补亏损。企业以提取的盈余公积弥补亏损时，应当由公司董事会提议，并经股东大会批准。

2. 转增资本

企业将盈余公积转增资本时，必须经股东大会决议批准。在实际将盈余公积转增资本时，要按股东原有持股比例结转。

企业提取的盈余公积，无论是用于弥补亏损，还是用于转增资本，只不过是在企业所有者权益内部做结构上的调整。比如，企业以盈余公积弥补亏损时，实际是减少盈余公积留存的数额，以此抵补未弥补亏损的数额，并不引起企业所有者权益总额的变动；企业以盈余公积转增资本时，也只是减少盈余公积结存的数额，但同时增加企业实收资本或股本的数额，也并不引起所有者权益总额的变动。

盈余公积转增资本时，转增后留存的盈余公积的数额不得少于增资前公司注册资本的 25%。

3. 扩大上市公司生产经营

盈余公积的用途，并不是指其实际占用形态，提取盈余公积也并不是单独将这部分资金从企业资金周转过程中抽出。企业盈余公积的结存数，实际只表现企业所有者权益的组成部分，表明企业生产经营资金的一个来源而已，其形成的资金可能表现为一定的货币资金，也可能表现为一定的实物资产，如存货和固定资产等，随同企业的其他来源所形成的资金进行循环周转，用于企业的生产经营。

(三) 盈余公积的核算

为了核算反映盈余公积的形成及使用情况，企业应设置“盈余公积”科目。企业应当分别按“法定盈余公积”“任意盈余公积”进行明细核算。外商投资企业还应分别“储备基金”“企业发展基金”进行明细核算。

1. 提取盈余公积

企业按规定提取盈余公积时，借记“利润分配——提取法定盈余公积”“利润分配——提取任意盈余公积”科目，贷记“盈余公积——法定盈余公积”“盈余公积——任意盈余公积”科目。

例 13-19 某公司 20×9 年实现净利润 1 000 000 元。假定按照按 20×9 年实现净利润的 10%提取法定盈余公积、按 20%提取任意盈余公积。编制会计分录如下：

借：利润分配——提取法定盈余公积　　100 000
　　　　　　——提取任意盈余公积　　200 000
　贷：盈余公积——法定盈余公积　　100 000
　　　　　　　——任意盈余公积　　200 000

2. 盈余公积补亏

企业用盈余公积弥补亏损时，借记“盈余公积”科目，贷记“利润分配——盈余公积补亏”。

例 13-20　经股东大会批准，P 公司用任意盈余公积 800 000 元弥补以前年度亏损，P 公司应编制会计分录如下：

借：盈余公积——任意盈余公积　　800 000
　贷：利润分配——盈余公积补亏　　800 000

3. 盈余公积转增资本

企业用盈余公积转增资本时，借记“盈余公积”科目，贷记“实收资本”或“股本”科目。

例 13-21　因扩大经营规模需要，经批准，G 公司将法定盈余公积 400 000 元转增资本。假定不考虑其他因素，G 公司应编制的会计分录如下：

借：盈余公积——法定盈余公积　　400 000
　贷：实收资本　　400 000

4. 用盈余公积发放现金股利或利润

用盈余公积发放现金股利时，借记“盈余公积”科目，贷记“应付股利”科目。

例 13-22　H 股份有限公司 20×1 年 12 月 31 日普通股股本为 5 000 万股，每股面值 1 元，可供投资者分配的利润为 500 万元，盈余公积为 2 000 万元。20×2 年 3 月 20 日，股东大会批准了 20×1 年度利润分配方案，以 20×1 年 12 月 31 日为登记日，按每股 0.2 元发放现金股利。H 公司共需要分派 1 000 万元现金股利，其中动用可供投资者分配的利润 500 万元、盈余公积 500 万元。假定不考虑其他因素，H 公司应编制的会计分录如下。

(1) 发放现金股利时：

借：利润分配——应付现金股利　　5 000 000
　　盈余公积　　5 000 000
　贷：应付股利　　10 000 000

(2) 支付股利时：

借：应付股利　　10 000 000
　贷：银行存款　　10 000 000

5. 用盈余公积派送新股

企业经股东大会决议，用盈余公积派送新股，按派送新股计算的金额，借记“盈余公积”科目，按股票面值和派送新股总数计算的股票面值总额，贷记“股本”科目。

二、未分配利润

未分配利润是企业留待以后年度进行分配的结存利润，也是企业所有者权益的组成部分。相对于所有者权益的其他部分来讲，企业对于未分配利润的使用分配有较大的自主权。从数量上来讲，未分配利润是期初未分配利润，加上本期实现的净利润，减去提取的各种盈余公积和分出利润后的余额。未分配利润有两层含义：一是留待以后年度处理的利润；二是未指定特定用途的利润。

（一）利润分配的顺序

企业实现的净利润，应当按照规定进行分配。利润分配过程和结果，不仅关系到所有者的合法权益能否得到保证，而且还关系到企业能否长期、稳定地发展。

根据《公司法》等有关法规的规定，企业当年实现的净利润，一般应当按照如下顺序进行分配：

(1)提取法定盈余公积。

(2)提取任意盈余公积。

(3)向投资者分配利润。

(二)未分配利润的会计处理

企业应设置“利润分配”科目，核算企业利润的分配(或亏损的弥补)和历年分配(或弥补)后的积存余额。在“利润分配”科目下，应当分别按“提取法定盈余公积”“提取任意盈余公积”“应付现金股利或利润”“转作股本的股利”“盈余公积补亏”和“未分配利润”等进行明细核算。

“利润分配”科目年末余额，反映企业历年积存的未分配利润(或未弥补亏损)。

1. 分配股利或利润的会计处理

企业经股东大会或类似机构决议，分配给股东或投资者的现金股利或利润，借记“利润分配——应付现金股利或利润”科目，贷记“应付股利”科目。

经股东大会或类似机构决议，分配给股东的股票股利，应在办理增资手续后，借记“利润分配——转作股本的股利”科目，贷记“股本”科目。

2. 弥补亏损的会计处理

企业在生产经营过程中既可能发生盈利，也有可能出现亏损。企业在当年发生亏损的情况下，与实现利润相同，应当将本年发生的亏损从“本年利润”科目转入“利润分配——未分配利润”科目，借记“利润分配——未分配利润”科目，贷记“本年利润”科目，结转后“利润分配”科目的借方余额即为未弥补亏损的数额。然后通过“利润分配”科目核算有关亏损的弥补情况。

由于未弥补亏损形成的时间长短不同等原因，以前年度未弥补亏损有的可以以当年实现的税前利润弥补，有的则须用税后利润弥补。以当年实现的利润弥补以前年度结转的未弥补亏损，不需要进行专门的账务处理。企业应将当年实现的利润从“本年利润”科目转入“利润分配——未分配利润”科目的贷方，其贷方发生额与“利润分配——未分配利润”的借方余额自然抵补。无论是以税前利润还是以税后利润弥补亏损，其会计处理方法相同，所不同的只是两者计算交纳所得税时的处理不同而已，在以税前利润弥补亏损的情况下，其弥补的数额可以抵减当期企业应纳税所得额，而以税后利润弥补的数额，则不能作为纳税所得扣除处理。

例 13-23 某企业 20×2 年发生亏损 1 200 000 元。在年度终了时，企业应当结转本年发生的亏损，应编制会计分录如下：

借：利润分配——未分配利润	1 200 000	
贷：本年利润		1 200 000

3. 期末结转的会计处理

企业期末结转利润时，应将各损益类科目的余额转入“本年利润”科目，结平各损益类科目。结转后“本年利润”的贷方余额为当期实现的净利润，借方余额为当期发生的净亏损。年度终了，企业应将全年实现的净利润，自“本年利润”科目转入“利润分配——未分配利润”科目，借记“本年利润”科目，贷记“利润分配——未分配利润”科目，如为净亏损，做相反的会计分录，即借记“利润分配——未分配利润”科目，贷记“本年利润”科目。同时，将“利润分配”科目所属其他明细科目的余额转入“利润分配”科目的“未分配利润”明细科目。结转后，“利润分配”科目除“未分配利润”明细科目外，其他明细科目应无余额。

例 13-24 A 股份有限公司的股本为 100 000 000 元，每股面值 1 元。20×8 年年初未分配利润为贷方余额 80 000 000 元，20×8 年实现净利润 50 000 000 元。

假定公司按照 20×8 年实现净利润的 10%提取法定盈余公积、5%提取任意盈余公积，同时向股东按每股 0.2 元派发现金股利，按每 10 股送 3 股的比例派发股票股利。20×9 年 3 月 15 日，公司以银行存款支付了全部股利，新增股本也已经办理完股权登记和相关增资手续。A 公司的账务处理如下。

(1)20×8年度终了时，企业结转本年实现的净利润：

借：本年利润　　50 000 000

　　贷：利润分配——未分配利润　　50 000 000

(2)提取法定盈余公积和任意盈余公积：

借：利润分配——提取法定盈余公积　　5 000 000

　　　　　　——提取任意盈余公积　　2 500 000

　　贷：盈余公积——法定盈余公积　　5 000 000

　　　　　　　　——任意盈余公积　　2 500 000

(3)批准发放现金股利：

现金股利=100 000 000×0.2=20 000 000(元)。

借：利润分配——应付现金股利　　20 000 000

　　贷：应付股利　　20 000 000

(4)结转“利润分配”明细科目：

借：利润分配——未分配利润　　27 500 000

　　贷：利润分配——提取法定盈余公积　　5 000 000

　　　　　　　　——提取任意盈余公积　　2 500 000

　　　　　　　　——应付现金股利　　20 000 000

A公司20×8年年底“利润分配——未分配利润”科目的余额为：

$$80\ 000\ 000+50\ 000\ 000-27\ 500\ 000=102\ 500\ 000(\text{元})$$

即贷方余额为102 500 000元，反映企业的累计未分配利润为102 500 000元。

(5)20×9年3月15日，实际发放现金股利：

借：应付股利　　20 000 000

　　贷：银行存款　　20 000 000

(6)20×9年3月15日，发放股票股利：

$$100\ 000\ 000 \div 10\times3=30\ 000\ 000(\text{元})$$

借：利润分配——转作股本的股利　　30 000 000

　　贷：股本　　30 000 000

(7)20×9年3月，结转利润分配明细账户

借：利润分配——未分配利润　　30 000 000

　　贷：利润分配——转作股本的股利　　30 000 000

思考题

1. 比较有限责任公司和股份有限公司在实收资本(股本)核算方面的异同。
2. 实收资本减少变动应如何进行会计处理?
3. 什么是资本溢价?为什么会产生资本溢价?
4. 资本公积包括哪些内容?它同实收资本与盈余公积有何联系与区别?
5. 法定盈余公积的提取依据是什么?其有哪些用途?
6. 企业弥补前期亏损的途径有哪些?
7. 其他综合收益是如何形成的?有哪些主要类别?
8. 未分配利润是如何形成的?

练 习 题

习题一

【目的】 练习实收资本或股本的核算。

【资料】

1. A 有限责任公司接受 D 公司追加的投资 200 万元，已存入银行。

2. 某企业本期委托某证券公司代理发行普通股 800 万股，每股面值 1 元，发行价格为 2 元/股。企业与证券公司约定，证券公司按发行收入的 2%收取佣金，从发行收入中扣除。假定收到的股款已存入银行。

3. B 公司 20×9 年 12 月 31 日的股本为 100 000 000 股，面值为 1 元，资本公积（股本溢价）为 40 000 000 元，盈余公积为 50 000 000 元。经股东大会批准，B 公司以现金回购本公司股票 20 000 000 股并注销。假定 B 公司按每股 3 元回购股票，不考虑其他因素。

【要求】根据上述资料，编制会计分录。

习题二

【目的】练习利润分配的核算。

【资料】某公司 20×9 年实现净利润 5 000 000 元。根据《公司法》的规定，按 10%提取法定盈余公积，根据股东会决议，按 20%提取任意盈余公积。

【要求】根据资料，编制会计分录。

第十四章　收　　入

第一节　收入概述

一、收入的概念

收入，是指企业在日常活动中形成的、会导致所有者权益增加的、与所有者投入资本无关的经济利益的总流入。其中，日常活动是企业为完成其经营目标所从事的经常性活动，以及与之相关的其他活动。

比如，工业企业制造并销售产品、商品流通企业销售商品、保险公司签发保单、咨询公司提供咨询服务、软件企业为客户开发软件、安装公司提供安装服务、建筑企业提供建造服务、商业银行对外贷款、租赁公司出租资产等，均属于企业为完成其经营目标所从事的经常性活动，由此产生的经济利益的总流入构成收入。

收入只包括本企业经济利益的流入，不包括为第三方或客户代收的款项，如增值税、代收利息等。代收的款项，一方面增加企业的资产，一方面增加企业的负债。因此，不增加企业的所有者权益，也不属于本企业的经济利益，不能作为本企业的收入。

本章所说的收入不涉及企业对外出租资产收取的租金、进行债权投资收取的利息、进行股权投资取得的现金股利、保险合同取得的保费收入等。本章所称商品，既包括商品，也包括服务。

二、收入的分类

（一）按交易性质分类

收入按交易的性质，可分为商品销售收入、提供服务收入。

(1) 商品销售收入，是指企业通过销售商品或产品而取得的收入，如工业企业销售产品取得的收入、流通企业销售商品取得的收入等。

(2) 提供服务收入，是指企业通过提供各种服务实现的收入，如交通运输企业提供运输服务实现的收入、建筑企业提供建造服务实现的收入、金融企业提供各种金融服务实现的收入、咨询公司提供咨询服务实现的收入、软件企业为客户开发软件实现的收入、安装公司提供安装服务实现的收入、服务性企业提供客房餐饮等各类服务实现的收入等。

（二）按其在经营业务中的主次分类

收入按其在经营业务中的主次，分为主营业务收入和其他业务收入。

(1) 主营业务收入，是指企业为完成其经营目标所从事的经常性活动所实现的收入。不同行业的企业，具有不同的主营业务。例如，工业企业的主营业务是制造和销售产品，商业流通企业的主营业务是销售产品，咨询公司的主营业务是提供咨询服务，软件企业的主营业务是为客户开发软件，安装公司的主营业务是提供安装服务，建筑企业的主营业务是提供建造服务，等等。

(2) 其他业务收入，是指企业为完成其经营目标所从事的与经常性活动相关的活动实现的收入，如工业企业出租无形资产、出租包装物、销售原材料等实现的收入。

第二节 收入的确认和计量

收入的确认和计量大致分为五步：第一步，识别与客户订立的合同；第二步，识别合同中的单项履约义务；第三步，确定交易价格；第四步，将交易价格分摊至各单项履约义务；第五步，履行每一单项履约义务时确认收入。其中，第一步、第二步和第五步主要与收入的确认有关，第三步和第四步主要与收入的计量有关。

一、识别与客户订立的合同

本节所称合同，是指双方或多方之间订立的有法律约束力的权利、义务协议，合同包括书面形式、口头形式以及其他形式(如隐含于商业惯例或企业以往的习惯做法中等)。

(一)收入确认的原则

企业应当在履行了合同中的履约义务，即在客户取得相关商品控制权时确认收入。取得相关商品控制权，是指能够主导该商品的使用并从中获得几乎全部的经济利益，也包括有能力阻止其他方主导该商品的使用并从中获得经济利益。取得商品控制权包括以下三个要素。

(1)能力，即客户必须拥有现时权利，能够主导该商品的使用并从中获得几乎全部经济利益。如果客户只能在未来的某一期间主导该商品的使用并从中获益，则表明其尚未取得该商品的控制权。

(2)主导该商品的使用。客户有能力主导该商品的使用，是指客户有权使用该商品，或者能够允许或阻止其他方使用该商品。

(3)能够获得几乎全部的经济利益。商品的经济利益，是指该商品的潜在现金流量，既包括现金流入的增加，也包括现金流出的减少。客户可以通过很多方式直接或间接地获得商品的经济利益，如使用、消耗、出售或持有该商品、使用该商品提升其他资产的价值，以及将该商品用于清偿债务、支付费用或抵押等。

(二)收入确认的前提条件

企业与客户之间的合同同时满足下列条件的，企业应当在客户取得相关商品控制权时确认收入。

(1)合同各方已批准该合同并承诺将履行各自义务；

(2)该合同明确了合同各方与所转让的商品(或提供的服务，以下简称“转让的商品”)相关的权利和义务；

(3)该合同有明确的与所转让的商品相关的支付条款；

(4)该合同具有商业实质，即履行该合同将改变企业未来现金流量的风险、时间分布或金额；

(5)企业因向客户转让商品而有权取得的对价很可能收回。

在进行上述判断时，需要注意以下三点：

(1)合同约定的权利和义务是否具有法律约束力，需要根据企业所处的法律环境和实务操作进行判断，包括合同订立的方式和流程、具有法律约束力的权利和义务的时间等。对于合同各方均有权单方面终止完全未执行的合同，且无须对合同其他方做出补偿的，企业应当视为该合同不存在。其中，完全未执行的合同，是指企业尚未向客户转让任何合同中承诺的商品，也尚未收取且尚未有权收取已承诺商品的任何对价的合同。

(2)合同具有商业实质，是指履行该合同将改变企业未来现金流量的风险、时间分布或金额。关于商业实质，应按照非货币性资产交换中有关商业实质说明进行判断。

(3)企业在评估其因向客户转让商品而有权取得的对价是否很可能收回时，仅应考虑客户到期时支付对价的能力和意图(即客户的信用风险)。企业在进行判断时，应当考虑是否存在价格折让。存在价格折让的，应当在估计交易价格时进行考虑。企业预期很可能无法收回全部合同对价时，应当判断其原因是客户的信用风险还是企业向客户提供了价格折让所致。

对于不能同时满足上述收入确认的五个条件的合同，企业只有在不再负有向客户转让商品的剩余义务(如合同已完成或取消)，且已向客户收取的对价(包括全部或部分对价)无须退回时，才能将已收取的对价确认为收入；否则，应当将已收取的对价作为负债进行会计处理。其中，企业向客户收取无须退回的对价的，应当在已经将该部分对价所对应的商品的控制权转移给客户，并且已不再向客户转让额外的商品且不再负有此类义务时，将该部分对价确认为收入；或者，在相关合同已经终止时，将该部分对价确认为收入。

例 14-1 甲公司与乙公司签订合同，将一项专利技术授权给乙公司使用，并按其使用情况收取特许权使用费。甲公司评估认为，该合同在合同开始日满足根据合同确认收入的五个条件。该专利技术在合同开始日即授权给乙公司使用。在合同开始日后的第一年内，乙公司每季度向甲公司提供该专利技术的使用情况报告，并在约定的期间内支付特许权使用费。在合同开始日后的第二年内，乙公司继续使用该专利技术，但是乙公司的财务状况下滑，融资能力下降，可用现金不足，因此乙公司仅按合同支付了当年第一季度的特许权使用费，而后三个季度仅象征性地支付了部分金额。在合同开始日后的第三年内，乙公司继续使用甲公司的专利技术，但是甲公司得知，乙公司已经完全丧失了融资能力，且流失了大部分客户，因此乙公司的付款能力进一步恶化，信用风险显著升高。

本例中，该合同在合同开始日满足收入确认的五个条件，因此，甲公司在乙公司使用该专利技术的行为发生时，按照约定的特许权使用费确认收入。合同开始后的第二年，由于乙公司的信用风险升高，甲公司在确认收入的同时，应对乙公司的应收款项进行减值测试。合同开始后的第三年，由于乙公司的财务状况恶化，信用风险显著升高，甲公司对该合同进行了重新评估，认为不再满足“企业因向客户转让商品而有权取得的对价很可能收回”这一条件，因此，甲公司不再确认特许权使用费收入，同时对现有应收款项是否发生减值继续进行评估。

(三)合同合并

企业与同一客户(或该客户的关联方)同时订立或在相近时间内先后订立的两份或多份合同，在满足下列条件之一时，应当合并为一份合同进行会计处理：

(1)该两份或多份合同基于同一商业目的而订立并构成一揽子交易，如一份合同在不考虑另一份合同对价的情况下将会发生亏损；

(2)该两份或多份合同中的一份合同的对价金额取决于其他合同的定价或履行情况，如一份合同如果发生违约，将会影响另一份合同的对价金额；

(3)该两份或多份合同中所承诺的商品(或每份合同中所承诺的部分商品)构成单项履约义务。两份或多份合同合并为一份合同进行会计处理的，仍然需要区分每一份合同中包含的各单项履约义务。

(四)合同变更

本节所称合同变更，是指经合同各方同意对原合同范围或价格(或两者)做出的变更。合同各方可能以书面形式、口头形式以及其他形式(如隐含于商业惯例或企业以往的习惯做法中)批准合同变更。企业应当区分下列三种情形对合同变更分别进行会计处理。

1. 合同变更部分作为单独合同

合同变更增加了可明确区分的商品及合同价款，且新增合同价款反映了新增商品单独售价的，应当将该合同变更作为一份单独的合同进行会计处理。例如，在合同变更时，企业由于无须发生为发展新客户等所须发生的相关销售费用，可能会向客户提供一定的折扣，从而在新增商品单独售价的基础上予以适当调整。

2. 合同变更作为原合同终止及新合同订立

合同变更不属于上述第 1 种情形，且在合同变更日，已转让商品与未转让商品之间可明确区分的，应当视为原合同终止，同时，将原合同未履约部分与合同变更部分合并为新合同进行会计处理。

例 14-2 亮洁保洁公司与 A 公司签订合同，每周为 A 公司的办公楼提供保洁服务，合同期限为三年，A 公司每年向亮洁保洁公司支付服务费 10 万元(假定该价格反映了合同开始日该项服务的单独售价)。在第二年年末，合同双方对合同进行了变更，将第三年的服务费调整为 12 万元(假定该价格反映了合同变更日该项服务的单独售价)，同时以 35 万元的价格将合同期限延长三年(假定该价格不反映合同变更日该三年服务的单独售价)，即每年的服务费为 11.4 万元，于每年年初支付。上述价格不包含增值税。

本例中，在合同开始日，亮洁保洁公司认为其每周为客户提供的保洁服务是可明确区分的，但由于亮洁保洁公司向客户转让的是一系列实质相同且转让模式相同的、可明确区分的服务，因此将其作为单项履约义务。在合同开始的前两年，即合同变更之前，亮洁保洁公司每年确认收入 10 万元。在合同变更日，由于新增的三年保洁服务的价格不能反映该项服务在合同变更时的单独售价，因此该合同变更不能作为单独的合同进行会计处理，由于在剩余合同期间需提供的服务与已提供的服务是可明确区分的，亮洁保洁公司应当将该合同变更作为原合同终止，同时，将原合同中未履约的部分与合同变更合并为一份新合同进行会计处理。该新合同的合同期限为四年，对价为 47 万元，即原合同下尚未确认收入的对价 12 万元与新增的三年服务相应的对价 35 万元之和，新合同中亮洁保洁公司每年确认的收入为 11.75 万元(47 万元 ÷ 4 年)。

3. 合同变更部分作为原合同的组成部分

合同变更不属于上述第 1 种情形，且在合同变更日，已转让的商品与未转让的商品之间不可明确区分的，应当将该合同变更部分作为原合同的组成部分，在合同变更日重新计算履约进度，并调整当期收入和相应成本等。

例 14-3　2×19 年 1 月 15 日，甲建筑公司和客户签订了一项总金额为 1 200 万元的固定造价合同，在客户自有土地上建造一幢办公楼，预计合同总成本为 800 万元。假定该建造服务属于在某一时段内履行的履约义务，并根据累计发生的合同成本占合同预计总成本的比例确定履约进度。

截至 2×19 年年末，甲公司累计已发生成本 480 万元，履约进度为 60%(480 万元 ÷ 800 万元)。因此，甲公司在 2×19 年确认收入 720 万元(1 200 万元 × 60%)。

2×20 年年初，合同双方同意更改该办公楼屋顶的设计，合同价格和预计总成本因此而分别增加 300 万元和 150.5 万元。

在本例中，由于合同变更后拟提供的剩余服务与在合同变更日或之前已提供的服务不可明确区分(即该合同仍为单项履约义务)，因此，甲公司应当将合同变更作为原合同的组成部分进行会计处理。合同变更后的交易价格为 1 500 万元(1 200 万元+300 万元)，甲公司重新估计的履约进度为 50.50%[480 万元 ÷ (800 万元+150.5 万元)]，甲公司在合同变更日应额外确认收入 37.5 万元(1 500 万元 × 50.50%−720 万元)。

在合同变更日，如果未转让商品为上述第 2 种和第 3 种情形的组合，企业应当按照上述第 2 种或第 3 种情形的方式对合同变更后尚未转让(或部分未转让)商品进行会计处理。

二、识别合同中的单项履约义务

履约义务，是指合同中企业向客户转让可明确区分商品的承诺。履约义务既包括合同中明确的承诺，也包括由于企业已公开宣布的政策、特定声明或以往的习惯做法等导致合同订立时客户合理预期企业将履行的承诺。企业为履行合同而应开展的初始活动，通常不构成履约义务，除非该活动向客户转让了承诺的商品。

在合同开始日，企业应当对合同进行评估，识别该合同所包含的各单项履约义务，并确定各单项履约义务是在某一时段内履行，还是在某一时点履行，然后在履行了各单项履约义务时分别确认收入。

(一) 企业向客户转让可明确区分商品(或商品或服务的组织)的承诺

企业向客户承诺的商品同时满足下列条件的，应当作为可明确区分商品：

(1) 客户能够从该商品本身或者从该商品与其他易于获得的资源一起使用中受益，即该商品能够明确区分；

(2) 企业向客户转让该商品的承诺与合同中其他承诺可单独区分，即转让该商品的承诺在合同中是可明确区分的。企业确定了商品本身能够明确区分后，还应当在合同层面继续评估转让该商品(或提供该服务，以下简称“转让该商品”)的承诺是否与合同中其他承诺彼此之间可明确区分。

下列情形通常表明企业向客户转让该商品的承诺与合同中的其他承诺不可明确区分。

(1)企业需提供重大的服务以将该商品与合同中承诺的其他商品进行整合，形成合同约定的某个或某些组合产出转让给客户。例如，在企业为客户建造写字楼的合同中，企业向客户提供的砖头、水泥、人工等都能够使客户获益，但是，在该合同下，企业对客户承诺的是为其建造一栋写字楼，而并非提供这些砖头、水泥和人工等，企业需要提供重大的服务将这些商品或服务进行整合，以形成合同约定的一项组合产出(即写字楼)转让给客户。因此，在该合同中，砖头、水泥和人工等商品或服务彼此之间不能单独区分。

(2)该商品将对合同中承诺的其他商品予以重大修改或定制。例如，企业承诺向客户提供其开发的一款现有软件，并提供安装服务，虽然该软件无须更新或技术支持也可直接使用，但是企业在安装过程中需要在该软件现在基础上对其进行定制化的重大修改，以使其能够与客户现有的信息系统相兼容。此时，转让软件的承诺与提供定制化重大修改的承诺在合同层面是不可明确区分的。

(3)该商品与合同中承诺的其他商品具有高度关联性。也就是说，合同中承诺的每一单项商品均受到合同中其他商品的重大影响。例如，企业承诺为客户设计一种新产品并负责生产 10 个样品，企业在生产和测试样品的过程中需要对产品的设计进行不断的修正，导致已生产的样品均可能需要进行不同程度的返工。此时，企业提供的设计服务和生产样品的服务是不断交替反复进行的，二者高度关联，因此，在合同层面是不可明确区分的。

需要说明的是，企业向客户销售商品时，往往约定企业需要将商品运送至客户指定的地点。通常情况下，商品控制权转移给客户之前发生的运输活动不构成单项履约义务；相反，商品控制权转移给客户之后发生的运输活动可能表明企业向客户提供了一项运输服务，企业应当考虑该项服务是否构成单项履约义务。

(二)企业向客户转让一系列实质相同且转让模式相同的、可明确区分商品的承诺

企业应当将实质相同且转让模式相同的一系列商品作为单项履约义务，即使这些商品可明确区分。其中，转让模式相同，是指每一项可明确区分商品均满足在某一时段内履行履约义务的条件，且可采用相同方法确定其履约进度，如每天为客户提供保洁服务的长期劳务合同等。

企业在判断所转让的一系列商品是否实质相同时，应当考虑合同中承诺的性质，如果企业承诺的是提供确定数量的商品，则需要考虑这些商品本身是否实质相同；如果企业承诺的是在某一期间内随时向客户提供某项服务，则需要考虑企业在该期间内的各个时间段(如每天或每小时)的承诺是否相同，而并非具体的服务行为本身。例如，企业向客户提供 2 年的酒店管理服务(包括保洁、维修、安保等)，但没有具体的服务次数或时间的要求，尽管企业每天提供的具体服务不一定相同，但是企业每天对客户的承诺都是相同的，因此，该服务符合“实质相同”的条件。

企业为履行合同而应开展的初始活动，通常不构成履约义务，除非该活动向客户转让了承诺的商品。例如，某俱乐部为注册会员建立档案，该活动并未向会员转让承诺的商品，因此不构成单项履约义务。

三、确定交易价格

交易价格，是指企业因向客户转让商品而预期有权收取的对价金额。企业代第三方收取的款项(如增值税)以及企业预期将退还给客户的款项，应当作为负债进行会计处理，不计入交易价格。合同标价并不一定代表交易价格，企业应当根据合同条款，并结合以往的习惯做法等确定交易价格。在确定交易价格时，企业应当考虑可变对价、合同中存在的重大融资成分、非现金对价、应付客户对价等因素的影响。

(一)可变对价

企业与客户的合同中约定的对价金额可能会因折扣、价格折让、返利、退款、奖励积分、激励措施、业绩奖金、索赔、未来事项等因素而变化。此外，企业有权收取的对价金额将根据一项或多项或有事项的发生而收取不同对价金额的合同，也属于可变对价的情形。例如，企业售出商品但允许客户退货时，由于企业有权收取的对价金额取决于客户是否退货，因此该合同的交易价格是可变的。

企业在判断合同中是否存在可变对价时，不仅应当考虑合同条款的约定，还应当考虑下列情况：一是根据企业已公开宣布的政策、特定声明或者以往的习惯做法等，客户能够合理预期企业将会接受低于合同约定的对价金额，即企业会以折扣、返利等形式提供价格折让；二是其他相关事实和情况表明，企业在与客户签订合同时即意图向客户提供价格折让。合同中存在可变对价的，企业应当对计入交易价格的可变对价进行估价。

1. 可变对价最佳估计数的确定

企业应当按照期望值或最可能发生金额确定可变对价的最佳估计数。期望值是按照各种可能发生的对价金额及相关概率计算确定的金额。当企业拥有大量具有类似特征的合同，并能据此估计合同可能产生多个结果时，通常按照期望值估计可变对价金额。

最可能发生金额是一系列可能发生的对价金额中最可能发生的单一金额，即合同最可能产生的单一结果。当合同仅有两个结果时，通常按照最可能发生的金额(即合同最可能产生的单一结果)确定。当合同仅有两个可能结果时，通常按照最可能发生金额估计可变对价金额。

例 14-4 甲公司为其客户建造一栋厂房，合同约定的价款为 100 万元，当甲公司不能在合同签订之日起的 5 个月内竣工时，须支付 10 万元罚款。该罚款从合同价款中扣除。甲公司对合同结果的估计如下：工程按时完工的概率为 95%，工程延期的概率为 5%。假定上述金额均不含税。

本例中，由于该合同涉及两种可能结果，甲公司认为按照最可能发生金额能够更好地预测其有权获取的对价金额。因此，甲公司估计的交易价格为 100 万元，即最可能发生的单一金额。

企业采用期望值或最可能发生金额估计可变对价时，应当选择能够更好地预测其有权收取的对价金额的方法，不能在两种方法之间随意选择。对于某一事项的不确定性对可变对价金额的影响，企业应当在整个合同期间一致地采用同一种方法进行估计；对于类似的合同，应当采用相同的方法进行估计。但是，当存在多个不确定性事项均会影响可变对价金额时，企业可以采用不同的方法对其进行估计。

2. 计入交易价格的可变对价金额的限制

企业按照期望值或最可能发生金额确定可变对价金额之后，计入交易价格的可变对价金额还应该满足限制条件，即包含可变对价的交易价格，应当不超过在相关不确定性消除时，累计已确认的收入极可能不会发生重大转回的金额。企业在对此进行评估时，应当同时考虑收入转回的可能性及转回金额的比重。其中，“极可能”发生的概率应远高于“很可能(即可能性超过 50%)”，但不要求达到“基本确定(即可能性超过 95%)”；在评估收入转回金额的比重时，应同时考虑合同中包含的固定对价和可变对价。企业应当将满足上述限制条件的可变对价的金额计入交易价格。

每一资产负债表日，企业应当重新估计可变对价金额(包括重新评估对可变对价的估计是否受到限制)，以如实反映报告期末存在的情况以及报告期内发生的情况变化。

例 14-5 2×19 年 1 月 1 日，兴达公司与美益公司签订合同，向其销售 A 产品。合同约定，当美益公司在 2×19 年的采购量不超过 2 万吨时，价格为 3 500 元/吨(不含增值税，下同)；当美益公司在 2×19 年的采购量超过 2 万吨时，价格为 3 200 元/吨；美益公司在第一季度的采购量为 2 000 吨，第二季度的采购量为 8 300 吨。兴达公司预计美益公司全年的采购量将超过 2 万吨，因此全年采购量适用的产品价格均将调整为 3200 元/吨。

本例中，2×19 年第一季度，兴达公司根据以往经验估计美益公司全年采购量不会超过 2 万吨，兴达公司按照 3500 元/吨确认收入，满足在不确定性消除之后(美益公司全年的采购量确定之后)，累计已确认的收入将极可能不会发生重大转回的要求，因此兴达公司在第一季度确认的收入金额为 7 000 000(即 3 500×2 000)元。2×19 年第二季度，兴达公司对交易价格进行重新估计，由于预计美益公司全年的采购量将超过 2 万吨，因此按照 3200 元/吨确认收入，才满足极可能不会导致累计确认的收入发生重大转回的要求。因此，美益公司在第二季度确认的收入 25 960 000[即(8 300+2 000)×3 200−7 000 000]元。

(二)合同中存在的重大融资成分

当合同各方以在合同中(或者以隐含的方式)约定的付款时间为客户或企业就该交易提供了重大融资利

益时，则合同中即包含了重大融资成分，如企业以赊销的方式销售商品等。合同中存在重大融资成分的，企业应当按照假定客户在取得商品控制权时即以现金支付的应付金额（即现销价格）确定交易价格。在评估合同中是否存在融资成分以及该融资成分对于该合同而言是否重大时，企业应当考虑所有相关的事实和情况，包括：

（1）已承诺的对价金额与已承诺商品的现销价格之间的差额。

（2）企业将承诺的商品转让给客户与客户支付相关款项之间的预计时间间隔和相应的市场的现行利率的共同影响。企业向客户转让商品与客户支付相关款项之间虽然存在时间间隔，但两者之间的合同没有包含重大融资成分的情形有：

① 客户就商品支付了预付款，且可以自行决定这些商品的转让时间。例如，企业向客户出售其发行的储值卡，客户可随时到该企业持卡购物；再如，企业向客户授予奖励积分，客户可随时到该企业兑换这些积分等。

② 客户承诺支付的对价中有相当大的部分是可变的，该对价金额或付款时间取决于某一未来事项是否发生，且该事项实质上不受客户或企业控制。例如，按照实际销量收取的特许权使用费。

③ 合同承诺的对价金额与现销价格之间的差额是由于向客户或企业提供融资利益以外的其他原因所导致的，且这一差额与产生该差额的原因是相称的。例如，合同约定的支付条款是为了向企业或客户提供保护，以防止另一方未能依照合同充分履行其部分或全部义务。

合同中存在重大融资成分的，企业在确定该重大融资成分的金额时，应使用将合同对价的名义金额折现为商品的现销价格的折现率。该折现率一经确定，不得因后续市场利率或客户信用风险等情况的变化而变更。企业确定的交易价格与合同承诺的对价金额之间的差额，应当在合同期内采用实际利率法摊销。需要说明的是，企业应当在单个合同层面考虑融资成分是否重大，而不应在合同组合层面考虑这些合同中的融资成分的汇总影响对企业整体而言是否重大。

为简化实务操作，如果在合同开始日，企业预计客户取得商品控制权与客户支付价款间隔不超过一年的，可以不考虑合同中存在的重大融资成分。企业应当对类似情形下的类似合同一致地应用这一简化处理方法。

例 14-6 2×19 年 1 月 1 日，兴达公司与美益公司签订合同，向其销售一批产品。合同约定，该批产品将于两年之后交货。合同中包含两种可供选择的付款方式，即美益公司可以在两年后交付产品时支付 561.8 万元，或者在合同签订时支付 500 万元。美益公司选择在合同签订时支付货款。该批产品的控制权在交货时转移。2×19 年 1 月 1 日，兴达公司收到美益公司的货款。上述价格均不包含增值税，且假定不考虑相关税费的影响。

本例中，按照上述两种付款方式计算的内含利率为 6%，考虑到美益公司付款时间和产品交付时间之间的间隔以及现行市场利率水平，兴达公司认为该合同包含重大融资成分的影响。假定该融资费用不符合借款费用资本化的要求。兴达公司的账务处理如下。

（1）2×19 年 1 月 1 日收到货款：

借：银行存款　　5 000 000
　　未确认融资费用　　618 000
　　贷：合同负债　　5 618 000

（2）2×19 年 12 月 31 日确认融资成分的影响：

借：财务费用　　300 000（即 5 000 000×6%）
　　贷：未确认融资费用　　300 000

（3）2×20 年 12 月 31 日确认融资成分的影响：

借：财务费用　　318 000　（即 5 300 000×6%）
　　贷：未确认融资费用　　318 000

(4) 2×21 年 1 月 1 日交付产品：

借：合同负债　　5 618 000

　　贷：主营业务收入　　5 618 000

合同负债，是指企业已收或应收客户对价而应向客户转让商品的义务。企业在向客户转让商品之前，如果客户已经支付了合同对价或企业已经取得了无条件收取合同对价的权利，则企业应当在客户实际支付款项与到期支付款项较早的时点，将该已收或应收的款项确认并列示为合同负债。

合同资产，是指企业已向客户转让商品而有权收取对价的权利，且该权利取决于时间流逝之外的其他因素。应收款项是企业无条件收取合同对价的权利，只有在合同对价到期支付之前仅仅随着时间的流逝即可收款的权利，才是无条件的收款权。合同资产和应收款项都是企业拥有的有权收取对价的合同权利，二者的区别在于，应收款项代表的是无条件收取合同对价的权利，即企业仅仅随着时间的流逝即可收款，而合同资产并不是一项无条件收款权，该权利除了时间流逝之外，还取决于其他条件（如履行合同中的其他履约义务）才能收取相应的合同对价。因此，与合同资产和应收款项相关的风险是不同的，应收款项仅承担信用风险，而合同资产除信用风险之外，还可能承担其他风险，如履约风险等。合同资产的减值的计量、列报和披露应当按照相关金融工具准则的要求进行会计处理。

合同资产和合同负债应当在资产负债表中单独列示，并按流动性分别列示为“合同资产”或“其他非流动资产”以及“合同负债”或“其他非流动负债”。同一合同下的合同资产和合同负债应当以净额列示，不同合同下的合同资产和合同负债不能互相抵销。

（三）非现金对价

当企业因转让商品而有权向客户收取的对价是非现金形式时，如存货、固定资产、无形资产、股权、客户提供的广告服务等，企业通常应当按照非现金对价在合同开始日的公允价值确定交易价格。非现金对价公允价值不能合理估计的，企业应当参照其承诺向客户转让商品的单独售价间接确定交易价格。

非现金对价的公允价值可能会因对价的形式而发生变动（例如，企业有权向客户收取的对价是股票，股票本身的价格会发生变动），也可能会因为对价形式以外的原因而发生变动。合同开始日后，非现金对价的公允价值因对价形式以外的原因而发生变动的，应当作为可变对价，按照与计入交易价格的可变对价金额的限制条件相关的规定进行处理；合同开始日后，非现金对价的公允价值因对价形式而发生变动的，该变动金额不应计入交易价格。

（四）应付客户对价

企业在向客户转让商品的同时，需要向客户或第三方支付对价的，除为了自客户取得其他可明确区分商品的款项外，应当将该应付对价冲减交易价格，并在确认相关收入与支付（或承诺支付）客户对价二者中较晚的那个时点冲减当期收入。这里的应付客户对价还包括可以抵减应付企业金额的相关项目金额，如优惠券、兑换券等。

企业应付客户对价是为了向客户取得其他可明确区分商品的，应当采用与企业其他采购相一致的方式确认所购买的商品。企业应付客户对价超过向客户取得可明确区分商品公允价值的，超过金额应当冲减交易价格。向客户取得的可明确区分商品公允价值不能合理估计的，企业应当将应付客户对价全额冲减交易价格。

例 14-7　嘉利公司 2×19 年 1 月 1 日与鑫田公司（一家连锁超市）签订了一项销售 A 产品的一年期合同，鑫田公司承诺在合同期内至少购买 1 000 万元（不含税）的 A 产品。合同同时规定，嘉利公司须在合同开始时，向鑫田公司支付 100 万元的不可返还款，作为鑫田公司改造货架以适合摆放 A 产品的补偿。

本例中，由于嘉利公司并未取得对鑫田公司的任何控制权，因而向鑫田公司支付对价的目的并不是取得可明确区分的商品。嘉利公司应将该笔向鑫田公司支付的对价作为对合同交易价格的抵减，在确认转让 A 产品的收入时，按应付客户对价占商品交易价格的比例 10%（即 100÷1000×100%）冲减收入。2×19 年 1 月，嘉利公司向鑫田公司转让 A 商品 120 万元，则嘉利公司应确认的收入为 108（即 120−120×10%）万元。

四、将交易价格分摊至各单项履约义务

合同中包含两项或多项履约义务时，企业应当在合同开始日，按照各单项履约义务所承诺商品的单独售价的相对比例，将交易价格分摊至各单项履约义务。

单独售价，是指企业向客户单独销售商品的价格。企业在类似环境下向类似客户单独销售某商品的价格，应作为该商品的单独售价。单独售价无法直接观察的，企业应当综合考虑其能够合理取得的全部相关信息，采用市场调整法、成本加成法、余值法等方法合理估计单独售价。企业在估计单独售价时，应当最大限度地采用可观察的输入值，并对类似情况采用一致的估计方法。

(1)市场调整法，是指企业根据某商品或类似商品的市场售价，考虑本企业的成本和毛利等进行适当调整后的金额，确定其单独售价的方法。

(2)成本加成法，是指企业根据某商品的预计成本加上其合理毛利后的金额，确定其单独售价的方法。

(3)余值法，是指企业根据合同交易价格减去合同中其他商品可观察的单独售价后的余值，确定某商品单独售价的方法。企业在商品近期售价波动幅度巨大，或者因未定价且未曾单独销售而使售价无法可靠确定时，可采用余值法估计其单独售价。

例 14-8 2×19 年 3 月 1 日，兴达公司与客户签订合同，向其销售 A、B 两种商品，A 商品的单独售价为 3 000 元，B 商品的单独售价为 9 000 元，合同价款为 10 000 元。合同约定，A 商品于合同开始日交付，B 商品在一个月之后交付，只有当两种商品全部交付之后，兴达公司才有权收取 10 000 元的合同对价。假定 A 商品和 B 商品分别构成单项履约义务，其控制权在交付时转移给客户。上述价格均不包含增值税，且假定不考虑相关税费影响。

本例中，分摊至 A 商品的合同价款为 2 500[即(3 000 ÷ (3 000+9 000)) × 10 000]元，分摊至 B 商品的合同价款为 7 500[即(9 000 ÷ (3 000+9 000)) × 10 000]元。兴达公司的账务处理如下。

(1)交付 A 商品时：

借：合同资产　　2 500

　　贷：主营业务收入　　2 500

(2)交付 B 商品时：

借：应收账款　　10 000

　　贷：合同资产　　2 500

　　　　主营业务收入　　7 500

五、履行每一单项履约义务时确认收入

企业应当在履行了合同中的履约义务，即客户取得相关商品控制权时确认收入。企业将商品的控制权转移给客户，首先判断履约义务是否满足在某一时段内履行的条件，如不满足，则该履约义务属于在某一时点履行的履约义务。对于在某一时段内履行的履约义务，企业应当选取恰当的方法来确定履约进度；对于在某一时点履行的履约义务，企业应当综合分析控制权转移的迹象，判断其转移时点。

(一)在某一时段内履行的履约义务

1. 在某一时段内履行的履约义务的收入确认条件

满足下列条件之一的，属于在某一时段内履行的履约义务，相关收入应当在该履约义务履行的期间内确认。

(1)客户在企业履约的同时即取得并消耗企业履约所带来的经济利益。如果企业在履约过程中是持续地向客户转移该服务的控制权的，该履约义务属于在某一时段内履行的履约义务，企业应当在提供该服务的期间内确认收入。企业在进行判断时，可以假定在企业履约的过程中更换为其他企业继续履行剩余履约义务，如果继续履行合同的企业实质上无须重新执行企业累计至今已经完成的工作，则表明客户在企业履

约的同时即取得并消耗了企业履约所带来的经济利益。例如，佳园公司承诺将客户的一批货物从 A 市运送到 B 市，假定该批货物在途经 C 市时，由亨达运输公司接替佳园公司继续提供该运输服务。由于 A 市到 C 市之间的运输服务是无须重新执行的，表明客户在佳园公司履约的同时即取得并消耗了佳园公司履约所带来的经济利益，因此，佳园公司提供的运输服务属于在某一时段内履行的履约义务。

⑵ 客户能够控制企业履约过程中在建的商品。企业在履约过程中创建的商品包括在产品、在建工程、尚未完成的研发项目、正在进行的服务等，由于客户控制了在建商品，客户在企业提供该商品的过程获得其利益，因此该履约义务属于在某一时段内履行的履约义务，应当在该履约义务履行的期间内确认收入。

例 14-9 企业与客户签订合同，在客户拥有的土地上按照客户的设计要求为其建造厂房。在建造过程中客户有权修改厂房设计，并与企业重新协商设计变更后的合同价款。客户每月末按当月工程进度向企业支付工程款。如果客户终止合同，已完成建造部分的厂房归客户所有。

本例中，企业为客户建造厂房，该厂房位于客户的土地上，客户终止合同时，已建造的厂房归客户所有。这些均表明客户在该厂房建造的过程中就能够控制该在建的厂房。因此，企业提供的该建造服务属于在某一时段内履行的履约义务，企业应当在提供该服务的期间内确认收入。

⑶ 企业履约过程中所产出的商品具有不可替代用途，且该企业在整个合同期间内有权就累计至今已完成的履约部分收取款项。

① 商品具有不可替代用途。具有不可替代用途，是指因合同限制或实际可行性限制，企业不能轻易地将商品用于其他用途。企业在判断商品是否具有不可替代用途时，需要注意以下四点。

a. 判断时点是合同开始日。

b. 当合同中存在实质性限制条款，导致企业不能将合同约定的商品用于其他用途时，该商品满足具有不可替代用途的条件。

c. 虽然合同中没有限制条款，但是，当企业将合同中约定的商品用作其他用途，将导致企业遭受重大的经济损失时，企业将该商品用作其他用途的能力实际上受到了限制。

d. 基于最终转移给客户的商品的特征判断。

② 企业在整个合同期间内有权就累计至今已完成的履约部分收取款项。有权就累计至今已完成的履约部分收取款项，是指在由于客户或其他方原因终止合同的情况下，企业有权就累计至今已完成的履约部分收取能够补偿其已发生成本和合理利润的款项，并且该权利具有法律约束力。需要强调的是，合同终止必须是由于客户或其他方而非企业自身的原因所致，在整个合同期间内的任一时点，企业均应当拥有此项权利。企业在进行判断时，需要注意以下五点。

a. 企业有权收取的款项应当能够补偿企业已经发生的成本和合理利润。以下两种情形都属于补偿企业的合理利润；第一，根据合同终止前的履约进度对该合同的毛利水平进行调整后确定的金额作为利润补偿金额：第二，如果该合同的毛利水平高于企业同类合同的毛利水平，以企业从同类合同中能够获取的合理资本回报或者经营毛利作为利润补偿金额。

b. 该规定并不意味着企业拥有现时可行使的无条件收款权。企业在判断时应当考虑，假设发生由于客户或其他方原因导致合同在合同约定的重要时点、重要事项完成前或合同完成前终止时，企业是否有权要求客户补偿其累计至今完成的履约部分应收取的款项。

c. 当客户只有在某些特定时点才有权终止合同，或者根本无权终止合同时，客户终止了合同(包括客户没有按照合同约定履行其义务)，但是，合同或法律法规仍要求企业应继续向客户转移合同中承诺的商品并因此有权要求客户支付对价的，也符合“企业有权就累计至今已完成的履约部分收取款项”的要求。

d. 企业在进行判断时，既要考虑合同条款的约定，还应当充分考虑适用的法律法规、补充或者凌驾于合同条款之上的以往司法实践以及类似案例的结果等。

e. 企业和客户在合同中约定的付款时间进度表，不一定就表明企业有权就累计至今已完成的履约部分收取款项。

例 14-10 江夏公司是一家造船企业，与甲公司签订了一份船舶建造合同，按照甲公司的具体要求设计和建造船舶。江夏公司在自己的厂区内完成该船舶的建造，甲公司无法控制在建过程中的船舶。江夏公司如果想把该船舶出售给其他客户，需要发生重大的改造成本。双方约定，如果甲公司单方面解约，甲公司需向江夏公司支付相当于合同总价 25%的违约金，且建造中的船舶归江夏公司所有。假定该合同仅包含一项履约义务，即设计和建造船舶。

本例中，船舶是按照甲公司的具体要求进行设计和建造的，江夏公司需要付出重大的改造成本将该船舶改造之后才能将其出售给其他客户，因此该船舶具有不可替代用途。然而，如果甲公司单方面解约，仅需向江夏公司支付相当于合同总价 25%的违约金，表明江夏公司无法在整个合同期间内都有权就累计至今已完成的履约部分收取能够补偿其已发生成本和合理利润的款项。因此，江夏公司为甲公司设计和建造船舶不属于在某一时段内履行的履约义务。

2. *在某一时段内履行的履约义务的收入确认*

对于在某一时段内履行的履约义务，企业应当在该段时间内按照履约进度确认收入，但是履约进度不能合理确定的除外。企业应当考虑商品的性质，采用产出法或投入法确定恰当的履约进度，并且在确定履约进度时，应当扣除那些控制权尚未转移给客户的商品和服务。企业按照履约进度确认收入时，通常应当在资产负债表日，按照合同的交易价格总额乘以履约进度，再扣除以前会计期间累计已确认的收入后的金额，来确认当期收入。

(1)产出法。产出法主要是根据已转移给客户的商品对于客户的价值确定履约进度的，通常可采用实际测量的完工进度、评估已实现的结果、已达到的里程碑、时间进度、已完工或交付的产品等产出指标确定履约进度。企业在评估是否采用产出法确定履约进度时，应当考虑具体的事实和情况，并选择能够如实反映企业履约进度和向客户转移商品控制权的产出指标。当选择的产出指标无法计量控制权已转移给客户的商品时，不应采用产出法。

例 14-11 2×19 年 6 月 1 日，关南公司与客户 M 公司签订合同，为该客户拥有的一条铁路更换 120 根铁轨，合同价格为 16 万元(不含税价)。关南公司在工程结束时收取款项。截至 2×19 年 12 月 31 日，关南公司共更换铁轨 90 根，剩余部分预计在 2×20 年 3 月 31 日之前完成。 该合同仅包含一项履约义务，且该履约义务满足在某一时段内履行的条件。假定不考虑其他情况。

本例中，关南公司提供的更换铁轨的服务属于在某一时段内履行的履约义务，关南公司按照已完成的工作量占预计总工作量的比例确定履约进度。因此，截至 2×19 年 12 月 31 日，该合同的履约进度为 75%(90 ÷ 120)，关南公司应确认的收入为 12(即 16 × 75%)万元。

产出法是直接计量已完成的产出，一般能够客观地反映履约进度。当产出法所需要的信息可能无法直接通过观察获得，或者为获得这些信息需要花费很高的成本时，可采用投入法来确定履约进度。

(2)投入法。投入法是根据企业履行履约义务的投入确定履约进度的，通常可采用投入的材料数量、花费的人工工时或机器工时、发生的成本和时间进度等投入指标确定履约进度。当企业从事的工作或发生的投入是在整个履约期间内平均发生时，企业也可以按照直线法确认收入。

对于在某一时段内履行的履约义务，企业应当在该段时间内按照履约进度确认收入，但是履约进度不能合理确定的除外。资产负债表日，企业应当按照合同收入总额乘以履约进度再扣除以前会计期间累计确认的合同收入后的金额，确认当期收入；同时，按照履行合同估计发生的总成本乘以履约进度再扣除以前会计期间累计确认的合同成本后的金额，结转当期成本。用公式表示如下：

本期确认的收入=合同总收入 × 本期末止履约进度−以前会计期间累计已确认的收入

本期确认的成本=合同总成本 × 本期末止履约进度−以前会计期间累计已确认的成本

例 14-12 新竹公司于 2×18 年 11 月 1 日接受一项产品安装任务，安装期 3 个月，合同总收入 300 000 元(不含增值税)，至年底已预收安装费 220 000 元，实际发生安装费用 140 000 元(假定均为安装人员薪酬)，估计还会发生 60 000 元的安装费用。假定新竹公司按实际发生的成本占估计总成本的比例确定安装的完工进度。新竹公司的账务处理如下。

实际发生的成本占估计总成本的比例=140 000 ÷ (140 000+60 000)=70%

2×18 年 12 月 31 日确认的劳务收入=300 000×70%−0=210 000(元)

2×18 年 12 月 31 日确认的劳务成本=(140 000+60 000) × 70%−0=140 000(元)

① 实际发生劳务成本时：

借：合同履约成本	140 000	
贷：应付职工薪酬		140 000

② 预收劳务款时：

借：银行存款	220 000	
贷：合同负债		220 000

③ 2×18 年 12 月 31 日确认劳务收入并结转劳务成本：

借：合同负债	222 600	
贷：主营业务收入		210 000
应交税费——应交增值税(销项税额)		12 600
借：主营业务成本	140 000	
贷：合同履约成本		140 000

由于投入法下的投入指标与企业向客户转移商品的控制权之间未必存在直接的对应关系，因此企业在采用投入法时，应当扣除那些虽然已经发生、但是未导致向客户转移商品的投入。实务中，企业通常按照累计实际发生的成本占预计总成本的比例(成本法)确定履约进度。累计实际发生的成本包括企业向客户转移商品过程中所发生的直接成本和间接成本，如直接人工、直接材料、分包成本以及其他与合同相关的成本。企业在采用投入法确定履约进度时，可能需要对已发生的成本进行适当的调整。

① 已发生的成本并未反映企业履行履约义务的进度，如因企业生产效率低下等原因而导致的非正常消耗，包括非正常消耗的直接材料、直接人工及制造费用等，不应包括在累计实际发生的成本中，除非企业和客户在订立合同时已经预见会发生这些成本并将其包括在合同价款中。

② 已发生的成本与企业履行履约义务的进度不成比例。当企业已发生的成本与履约进度不成比例，企业在采用投入法确定履约进度时需要进行适当调整。当企业在合同开始日就能够预期可满足下列所有条件时，应在采用投入法确定履约进度时不包括这些成本：一是该商品不构成单项履约义务；二是客户先取得该商品的控制权，之后才接受与之相关的服务；三是该商品的成本占预计总成本的比重较大；四是企业自第三方采购该商品，且未深入参与其设计和制造，对于包含该商品的履约义务而言，企业是主要负责人。

例 14-13 2×18 年 11 月，美家公司与客户签订合同，为该客户装修一栋办公楼并安装一部电梯，合同总金额为 240 万元。美家公司预计的合同总成本为 160 万元，其中包括电梯的采购成本 60 万元。

2×18 年 12 月，美家公司将电梯运达施工现场并经过客户验收，客户已取得对电梯的控制权，但是根据装修进度，预计到 2×19 年 6 月才会安装电梯。截至 2×18 年 12 月，美家公司累计发生成本 80 万元，其中包括支付给电梯供应商的采购成本 60 万元以及因采购电梯发生的运输和人工等相关成本 8 万元。

假定该装修服务(包括安装电梯)构成单项履约义务，并属于在某一时段内履行的履约义务，美家公司是主要负责人，但不参与电梯的设计和制造；美家公司采用投入法确定履约进度。上述金额均不含增值税。

本例中，截至 2×18 年 12 月，甲公司发生成本 80 万元(包括电梯采购成本 60 万元以及因采购电梯发生的运输和人工等相关成本 8 万元)，甲公司认为其已发生的成本和履约进度不成比例，因此需要对履约进度的计算做出调整，将电梯的采购成本排除在已发生成本和预计总成本之外。在该合同中，该电梯不构成单项履约义务，其成本相对于预计总成本而言是重大的，美家公司是主要负责人，但是未参与该电梯的设计和制造，客户先取得了电梯的控制权，随后才接受与之相关的安装服务，因此美家公司在客户取得该电梯控制权时，按照该电梯采购成本的金额确认转让电梯产生的收入。

因此，2×18 年 12 月，该合同的履约进度为 20%[即(80−60) ÷ (160−60)]，应确认的收入和成本金额分别为 96[即(240−60) × 20%+60]万元和 80[即(160−60) × 20%+60]万元。

对于每一项履约义务，企业只能采用一种方法来确定其履约进度，并加以一贯运用。对于类似情况下的类似履约义务，企业应当采用相同的方法确定履约进度。

（二）在某一时点履行的履约义务

当一项履约义务不属于在某一时段内履行的履约义务时，应当属于在某一时点履行的履约义务。对于在某一时点履行的履约义务，企业应当在客户取得相关商品控制权时点确认收入。在判断客户是否已取得商品控制权时，企业应当考虑下列迹象：

（1）企业就该商品享有现时收款权利，即客户就该商品负有现时付款义务。当企业就该商品享有现时的收款权利时，可能表明客户已经有能力主导该商品的使用并从中获得几乎全部的经济利益。

（2）企业已将该商品的法定所有权转移给客户，即客户已拥有该商品的法定所有权。当客户取得了商品的法定所有权时，可能表明客户已取得对该商品的控制权。如果企业仅仅是为了确保到期收回货款而保留商品的法定所有权，那么企业拥有的该权利通常不会对客户取得该商品的控制权构成障碍。

（3）企业已将该商品转移给客户，即客户已占有该商品实物。客户占有了某项商品的实物并不意味着其就一定取得了该商品的控制权；反之，亦然。

① 委托代销安排。这一安排是指委托方和受托方签订代销合同或协议，委托受托方向客户销售商品。受托方获得对该商品控制权的，企业应当按销售商品进行会计处理，这种安排不属于委托代销安排；受托方没有获得该商品控制权的，企业通常应当在受托方售出商品后，按合同或协议约定的方法计算确定的手续费确认收入。例如，在采用支付手续费方式的委托代销安排下，虽然企业作为委托方已将商品发送给受托方，但是受托方并未取得该商品的控制权，因此，企业不应在向受托方发货时确认销售商品的收入，而仍然应当根据控制权是否转移来判断何时确认收入，通常应当在受托方售出商品时确认销售商品收入；受托方应当在商品销售后，按合同或协议约定的方法计算确定的手续费确认收入。表明一项安排是委托代销安排的迹象如：在特定事件发生之前（例如，向最终客户出售产品或指定期间到期之前），企业拥有对商品的控制权；企业能够要求将委托代销的商品退回或者将其销售给其他方（如其他经销商）；尽管经销商可能被要求向企业支付一定金额的押金，但是其并没有承担对这些商品无条件付款的义务。

② 售后代管商品安排。售后代管商品是指根据企业与客户签订的合同，企业已经就销售的商品向客户收款或取得了收款权利，但是直到在未来某一时点将该商品交付给客户之前，企业仍然继续持有该商品实物的安排。

在售后代管商品安排下，除应当考虑客户是否取得商品的控制权的迹象之外，还应当同时满足下列条件，才表明客户取得了该商品的控制权：一是该安排必须具有商业实质，如该安排是应客户的要求而订立的；二是属于客户的商品必须能够单独识别，如将属于客人的商品单独存放在指定地点；三是该商品可以随时交付给客户；四是企业不能自行使用该商品或将该商品提供给其他客户。实务中，越是通用的、可以和其他商品互相替换的商品，越有可能难以满足上述条件。需要注意的是，企业在同时满足上述条件时对尚未发货的商品确认了收入的，还应当考虑是否还承担了其他履约义务，如向客户提供保管服务等，从而应当将部分交易价格分摊至其他履约义务。

例 14-14 2×18 年 1 月 1 日，甲公司与乙公司签订合同，向其销售一台设备和专用零部件。该设备和零部件的制造期为两年。甲公司在完成设备和零部件的生产之后，能够证明其符合合同约定的规格。假定甲公司向客户转让设备和零部件为两个单项履约义务，且都属于在某一时点履行的履约义务。

2×19 年 12 月 31 日，乙公司支付了该设备和零部件的合同价款，并对其进行了验收。乙公司运走了设备，但是考虑其自身的仓储能力有限，且其工厂紧邻甲公司的仓库，因此要求将零部件存放于甲公司的仓库中，并且要求甲公司按照其指令随时安排发货。乙公司已拥有零部件的法定所有权，且这些零部件可明确识别为属于乙公司的物品。甲公司在其仓库内的单独区域内存放这些零部件，并且应乙公司的要求可随时发货，甲公司不能使用这些零部件，也不能将其提供给其他客户使用。

本例中，2×19 年 12 月 31 日，该设备的控制权移给乙公司；对于零部件而言，甲公司已经收取了合同价款，但是应乙公司的要求尚未发货，乙公司已拥有零部件的法定所有权并且对其进行了验收，虽然这些零部件实物尚由甲公司持有，但是其满足在“售后代管商品”的安排下客户取得商品控制权的条件，这些零部件的控制权也已经转移给了乙公司。因此，甲公司应当确认销售设备和零部件的相关收入。除销售设备和零部件之外，甲公司还为乙公司提供了仓储保管服务，该服务与设备和零部件可明确区分，构成单项履约义务，甲公司需要将部分交易价格分摊至该项服务，并在提供该项服务的期间确认收入。

例 14-15 A 公司生产并销售笔记本电脑。2×18 年 11 月 1 日，A 公司与零售商 B 签订销售合同，向其销售 8 000 台电脑。由于 B 公司的仓储能力有限，无法在 2×18 年年底之前接收该批电脑，双方约定 A 公司在 2×19 年按照 B 公司的指令按时发货，并将电脑运送至 B 公司指定的地点。2×18 年 12 月 31 日，A 公司共有上述电脑库存 14 000 台，其中包括 8 000 台将要销售给 B 公司的电脑。然而，这 8 000 台电脑和其余 6 000 台电脑一起存放并统一管理，并且彼此之间可以互相替换。

本例中，尽管是由于 B 公司没有足够的仓储空间才要求 A 公司暂不发货，并按照其指定的时间发货，但是由于这 8 000 台电脑与 A 公司的其他产品可以互相替换，且未单独存放保管，A 公司在向 B 公司交付这些电脑之前，能够将其提供给其他客户或者自行使用。因此，这 8 000 台电脑在 2×18 年 12 月 31 日不满足“售后代管商品”安排下确认收入的条件。

(4) 企业已将该商品所有权上的主要风险和报酬转移给客户，即客户已取得该商品所有权上的主要风险和报酬。企业在判断时不应考虑导致企业在除转让商品之外产生其他单项履约义务的风险。例如，企业将产品销售给客户，并承诺提供后续维护服务的安排中，销售产品和提供维护服务均构成单项履约义务，企业将产品销售给客户之后，虽然仍然保留了与后续维护服务相关的风险，但是由于维护服务构成单项履约义务，所以该保留的风险并不影响企业已将商品所有权上的主要风险和报酬转移给客户的判断。

(5) 客户已接受该商品。当商品通过了客户验收，通常表明客户已接受该商品。客户验收通常有两种情况：一是企业向客户转让商品时，能够客观地确定该商品符合合同约定的标准和条件，客户验收只是一道例行程序，不会影响企业判断客户取得该商品控制权的时点；二是企业向客户转让商品时，无法客观地确定该商品是否符合合同约定的条件，在客户验收完成之前，企业不能认为已经将该商品的控制权转移给了客户，企业应当在客户完成验收并接受该商品时才能确认收入。实务中，定制化程度越高的商品，可能越难以证明客户验收仅仅是一道例行程序。

需要强调的是，在上述迹象中，并没有哪一个或哪几个迹象是决定性的，企业应当根据合同条款和交易实质进行分析，综合判断其是否将商品的控制权转移给客户以及何时转移的，从而确定收入确认的时点。此外，企业应当从客户的角度进行评估，而不应当仅考虑企业自身的看法。

第三节 合同成本

一、合同履约成本

企业为履行合同可能会发生各种成本，企业在确认收入的同时应当对这些成本进行分析，属于存货、固定资产、无形资产等规范范围的，应当按照相关章节的要求进行会计处理；不属于其他章节规范范围且同时满足下列条件的，应当作为合同履约成本确认为一项资产。

(1) 该成本与一份当前或预期取得的合同直接相关。

预期取得的合同应当是企业能够明确识别的合同，如现有合同续约后的合同、尚未获得批准的特定合同等。与合同直接相关的成本包括直接人工(如支付给直接为客户提供所承诺服务的人员的工资、奖金等)、直接材料(如为履行合同耗用的原材料、辅助材料、构配件、零件、半成品的成本和周转材料的摊销及租赁费用等)、制造费用或类似费用(如与组织和管理生产、施工、服务等活动发生的费用，包括管理人员的职工薪酬、劳动保护费、固定资产折旧费及修理费、物料消耗、取暖费、水电费、办公费、差旅费、财产保险费、工程保修费、排污费、临时设施摊销费等)、明确由客户承担的成本以及仅因该合同而发生的其他成本(如支付给分包商的成本、机械使用费、设计和技术援助费用、施工现场二次搬运费、生产工具和用具使用费、检验试验费、工程定位复测费、工程点交费用、场地清理费等)。

(2)该成本增加了企业未来用于履行(或持续履行)履约义务的资源。

(3)该成本预期能够收回。

企业应当在下列支出发生时，将其计入当期损益。①管理费用，除非这些费用明确由客户承担。②非正常消耗的直接材料、直接人工和制造费用(或类似费用)，这些支出为履行合同而发生，但未反映在合同价格中。③与履约义务中已履行(包括已全部履行或部分履行)部分相关的支出，即该支出与企业过去的履约活动相关。④无法在尚未履行的与已履行(或已部分履行)的履约义务之间区分的相关支出。

例 14-16 甲公司与乙公司签订合同，为乙公司信息中心提供管理服务，合同期限为 5 年。在向乙公司提供服务之前，甲公司设计并搭建了一个信息技术平台供其内部使用，该信息技术平台由相关的硬件和软件组成。甲公司需要提供设计方案，将该信息技术平台与乙公司现有的信息系统对接，并进行相关测试。该平台并不会转让给乙公司，但是将用于向乙公司提供服务。甲公司为该平台的设计、购买硬件和软件以及信息中心的测试发生了成本。除此之外，甲公司专门指派了两名员工，负责向乙公司提供服务。

本例中，甲公司为履行合同发生的上述成本中，购买硬件和软件的成本应当分别按照固定资产和无形资产进行会计处理；设计服务成本和信息中心的测试成本与履行该合同直接相关，并且增加了甲公司未来用于履行履约义务(即提供管理服务)的资源，如果甲公司预期该成本可通过未来提供服务收取的对价收回，则甲公司应当将这些成本确认为一项资产。甲公司向两名负责该项目的员工支付的工资费用，虽然与为乙公司提供服务有关，但是由于其并未增加企业未来用于履行履约义务的资源，因此应当于发生时计入当期损益。

二、合同取得成本

企业为取得合同发生的增量成本预期能够收回的，应当作为合同取得成本确认为一项资产。增量成本，是指企业不取得合同就不会发生的成本，如销售佣金等。为简化实务操作，该资产摊销期限不超过一年的，可以在发生时计入当期损益。企业采用该简化处理方法的，应当对所有类似合同采用一致的方法。

企业为取得合同发生的、除预期能够收回的增量成本之外的其他支出，如无论是否取得合同均会发生的差旅费、投标费、为准备投标资料发生的相关费用等，应当在发生时计入当期损益，除非这些支出明确由客户承担。

例 14-17 甲公司是一家咨询公司，其通过竞标赢得一个新客户，为取得和该客户的合同，甲公司发生下列支出：(1)聘请外部律师进行尽职调查的支出为 15 000 元；(2)因投标发生的差旅费为 10 000 元；(3)销售人员佣金为 5 000 元。甲公司预期这些支出未来均能够收回。此外，甲公司根据其年度销售目标、整体盈利情况及个人业绩等，向销售部门经理支付年度奖金 10 000 元。

本例中，甲公司向销售人员支付的佣金属于为取得合同发生的增量成本，应当将其作为合同取得成本确认为一项资产。甲公司聘请外部律师进行尽职调查发生的支出、为投标发生的差旅费，无论是否取得合同都会发生，不属于增量成本，因此应当于发生时直接计入当期损益。甲公司向销售部门经理支付的年度奖金也不是为取得合同发生的增量成本，这是因为该奖金发放与否以及发放金额还取决于其他因素(包括公司的盈利情况和个人业绩)，其并不能直接归属于可识别的合同。

实务中，当涉及合同取得成本的安排可能会比较复杂时，如合同续约或合同变更时需要支付额外的佣金、企业支付的佣金金额取决于客户未来的履约情况或者取决于累计取得的合同数量或金额等，企业需要判断，需要对发生的合同取得成本进行恰当的会计处理。企业因现有合同续约或发生合同变更需要支付的额外佣金，也属于为取得合同发生的增量成本。

三、与合同履约成本和合同取得成本有关的资产的摊销和减值

(一)摊销

对于确认为资产的合同履约成本和合同取得成本，企业应当采用与该资产相关的商品收入确认相同的基础(即在履约义务履行的时点或按照履约义务的履约进度)进行摊销，计入当期损益。

（二）减值

与合同成本有关的资产，其账面价值高于下列第一项减去第二项的差额的，超出部分应当计提减值准备，并确认为资产减值损失：一是企业因转让与该资产相关的商品预期能够取得的剩余对价；二是为转让该相关商品估计将要发生的成本。估计将要发生的成本主要包括直接人工费用、直接材料费用、制造费用（或类似费用）、明确由客户承担的成本以及仅因该合同而发生的其他成本（如支付给分包商的成本）等。以前期间减值的因素之后发生变化，使得第一项减去第二项的差额高于该资产账面价值的，应当转回原已计提的资产减值准备，并计入当期损益，但转回后的资产账面价值不应超过假定不计提减值准备情况下该资产在转回日的账面价值。

在确定合同履约成本和合同取得成本的减值损失时，企业应当首先确定其资产减值损失，然后再按上述要求确定上述资产的减值损失。

企业按照本书第十章的规定测试相关资产组的减值情况时，应当按照上述要求确定与合同成本有关的资产减值后的新账面价值计入相关资产组的账面价值。

第四节　销售业务的一般会计处理

收入确认和计量的条件是为了满足企业在各种合同安排下，特别是在某些包含多重交易、可变对价等复杂合同安排下，对相关收入进行确认和计量的需要而设定的。在会计实务中，企业转让商品的交易在相当多的情况下并不复杂，属于履约义务相对单一、交易价格基本固定的简单合同。对于简单的合同，可以简化或省略其中的某些步骤。

一、在某一时点履行的履约义务

对于在某一时点履行的履约义务，企业应当在客户取得相关商品控制权的时点确认收入。

当客户取得相关商品控制权时，企业应按已收或应收的合同或协议价款，加上应收取的增值税额，借记“银行存款”“应收账款”“应收票据”等科目，按确定的收入金额，贷记“主营业务收入”“其他业务收入”等科目，按应收取的增值税额（一般为增值税专用发票或普通发票上注明的增值税额），贷记“应交税费——应交增值税（销项税额）”科目。同时或在资产负债表日，按已销商品的账面价值结转销售商品成本。

例 14-18　B 企业为一般纳税人，适用的增值税税率为 13%，B 企业 2×19 年 6 月向 A 企业销售产品 50 件，每件售价 600 元（不含应向购买者收取的增值税），单位成本 400 元。B 企业已按合同发货，并用银行存款代垫运杂费 300 元，货款尚未收到。B 企业已开出增值税专用发票，则 B 企业应做如下会计处理。

（1）实现主营业务收入：

借：应收账款	34 200	
贷：主营业务收入		30 000
应交税费——应交增值税（销项税额）		3 900
银行存款		300

（2）结转主营业务成本：

借：主营业务成本	20 000	
贷：库存商品		20 000

例 14-19　承例 14-18，B 企业转让一批甲材料，含税价 6 780 元，款收存银行；该材料的采购成本为 3 000 元。

借：银行存款	6 780	
贷：其他业务收入		6 000
应交税费——应交增值税（销项税额）		780
借：其他业务成本	3 000	
贷：原材料——甲材料		3 000

企业在销售商品过程中，有时会代第三方或客户收取一些款项，如企业代国家收取增值税，旅行社代客户购买门票、飞机票等收取的票款。这些代收款应作为暂收款计入相关的负债类科目，不作为企业的收入处理。

如果销售的商品已经发出，但客户尚未取得相关商品的控制权或者不满足收入确认条件，则发出的商品应通过“发出商品”科目进行核算，企业不应确认销售收入。

例 14-20 B 企业于 8 月 10 日以托收承付方式向 C 企业销售一批商品，成本为 60 000 元，增值税发票上注明：售价 100 000 元，增值税 13 000 元。该批商品已经发出，并已向银行办妥托收手续。此时得知 C 企业在另一项交易中发生巨额损失，资金周转十分困难，经与购货方交涉，确定此项收入目前收回的可能性不大，决定不确认收入。因此，B 企业应将已发出商品成本转入“发出商品”科目。B 企业的会计处理如下：

借：发出商品	60 000	
贷：库存商品		60 000

同时，将增值税发票上注明的增值税额转入应收账款：

借：应收账款——C 企业	13 000	
贷：应交税费——应交增值税（销项税额）		13 000

注：如果销售该商品的纳税义务尚未发生，则不做该笔分录，待纳税义务发生时再做应交增值税的分录。

假若 12 月 25 日 B 企业得知 C 企业经营情况逐渐好转，C 企业承诺近期付款，B 企业可以确认收入：

借：应收账款——C 企业	100 000	
贷：主营业务收入		100 000

同时，结转成本：

借：主营业务成本	60 000	
贷：发出商品		60 000

12 月 28 日收到款项时：

借：银行存款	113 000	
贷：应收账款——C 企业		113 000

二、预收款销售

企业向客户预收销售商品款项的，应当首先将该款项确认为负债，待履行了相关履约义务时再转为收入。

企业按规定向购货单位预收款项时，借记“银行存款”科目，贷记“合同负债”科目；销售实现时，按实现的收入和应交的增值税销项税额，借记“合同负债”科目，按实现的营业收入，贷记“主营业务收入”科目，按增值税专用（普通）发票上注明的增值税额，贷记“应交税费——应交增值税（销项税额）”等科目。收到购货单位补付的货款时，应借记“银行存款”科目，贷记“合同负债”科目；向购货单位退回多付的货款时，借记“合同负债”科目，贷记“银行存款”科目。

例 14-21 龙发公司与智恒公司签订了一项合同对价为 452 000（含增值税）的商品销售合同。根据合同规定，龙发公司 2×19 年 5 月 7 日收到智恒公司支付的货款 200 000 元。2×19 年 8 月 7 日龙发公司按合同规定发运货物，增值税专用发票上注明价款 400 000 元、增值税 52 000 元，龙发公司签发转账支票代垫运杂费 20 000 元。智恒公司收货后将货款结清。

根据上述资料，龙发公司应编制如下会计分录。

（1）2×19 年 5 月 7 日，预收货款时：

借：银行存款	200 000	
贷：合同负债——智恒公司		200 000

（2）2×19 年 8 月 7 日交付商品，根据增值税专用发票记账联及转账支票存根联，做如下分录：

借：合同负债——智恒公司　　472 000

　　贷：主营业务收入　　400 000

　　　　应交税费——应交增值税（销项税额）　　52 000

　　　　银行存款　　20 000

（3）收到智恒公司补付的货款时：

借：银行存款　　272 000

　　贷：合同负债——智恒公司　　272 000

当企业预收款项无须退回，且客户可能会放弃其全部或部分合同权利时，企业预期有权获得与客户所放弃的合同权利相关金额的，应当按照客户行使合同权利的模式按比例将上述金额确认为收入；否则，企业只有在客户要求其履行剩余履约义务的可能性极低时，才能将上述负债的相关余额转为收入。

小企业可以将预收款项销售通过“预收账款”科目核算。

三、销售商品涉及商业折扣、现金折扣的处理

企业销售商品有时存在商业折扣、现金折扣等，应当分别按不同情况进行处理。

（一）商业折扣

商业折扣，是指企业为促进商品销售而在商品标价上给予的价格扣除。此项扣除数通常用百分比来表示，如10%、20%等，扣减后的净额才是实际销售价格。企业销售商品涉及商业折扣的，应当按照扣除商业折扣后的金额确定销售商品收入的金额。

商业折扣是企业最常用的促销手段。企业为了扩大销售、占领市场，对于批发商往往给予商业折扣，采用销量越多、价格越低的促销策略，即通常所说的“薄利多销”。对于季节性商品，在销售淡季，企业通常采用商业折扣的方式扩大销售。但也并非完全如此，在市场竞争日益激烈的情况下，企业也往往利用人们的销售心理，即使在销售旺季也把商业折扣作为一种常用的促销竞争手段。企业销售商品涉及商业折扣的，应当按照扣除商业折扣后的金额确定销售商品收入的金额。

例 14-22　A公司销售复读机，销售价格为每台200元；成批购买30台，可得20%的商业折扣。发票价格计算如下：

价目表销售价格（200×30）　　6 000

扣减20%　　1 200

发票价格　　4 800

商业折扣作为促销手段有利于扩大商品的销路，增加销量，提高盈利水平。同时，企业还可以通过采用商业折扣的办法，灵活掌握销售价格而不需重新编制商品价目表。有了商业折扣，如果要变动商品售价，只要提高或降低折扣即可，从而避免商品价目表中的价格频繁变动。

在有商业折扣的情况下，企业应收账款入账金额应按扣除商业折扣以后的实际售价加以确认。由于商业折扣一般在交易发生时即已确认，它仅仅是确定实际销售价格的一种手段，不需要在买卖双方任何一方的账上反映，所以商业折扣对应收账款的入账价值没有实质性影响。

例 14-23　美益公司销售A商品，每件价格2 000元；成批购买50件，可得20%的商业折扣。增值税税率为13%。新达公司一次购买100件A商品，货款用银行存款支付。美益公司的会计处理如下：

借：银行存款　　180 800

　　贷：主营业务收入　　160 000

　　　　应交税费——应交增值税（销项税额）　　20 800

（二）现金折扣

现金折扣，是指债权人为鼓励债务人在规定的期限内付款而向债务人提供的债务扣除。现金折扣通常发生在以赊销方式销售商品及提供劳务的交易中，企业为了鼓励客户提前偿付货款，与债务人达成协议，

债务人在不同的期限内付款可享受不同比例的折扣。

现金折扣一般用符号“折扣/付款期限”表示，如2/10，1/20，*n*/30（10天内付款按售价给予2%的折扣；20天内付款按售价给予1%的折扣；30天内全价付款，即不给折扣）。

在现金折扣的情况下，应收账款入账金额的确认有两种处理方法可供选择：一种是总价法；另一种是净价法。

1. 总价法

总价法是将未减现金折扣前的金额作为实际售价，记作应收账款的入账金额。现金折扣只有客户在折扣期内支付货款时，才予以确认。在这种方法下，把现金折扣理解为鼓励客户提早付款而获得的经济利益。销售方给予客户的现金折扣，从融资角度出发，属于一种理财费用，会计上应当作为财务费用处理。即在总价法下，发生的现金折扣应在实际发生时计入当期财务费用。

总价法可以较好地反映销售的总过程，但在客户可能享受现金折扣的情况下，会高估应收账款和销售收入。例如，期末结账时，有些应收账款还没有超过折扣期限，企业无法确切地知道客户是否会享受现金折扣。如果有一部分可能会享受折扣，而账上并未做反映，结果便虚增了应收账款的余额。

例14-24 A公司在2×19年9月3日向B公司销售500件商品，增值税专用发票上注明的售价为50 000元，增值税额为6 500元。企业为了及早收回货款，给予的现金折扣条件为2/10、1/20、*n*/30（假定计算折扣时不考虑增值税）。A公司采用总价法对现金折扣的账务处理如下。

（1）2×19年9月3日销售时，应按总价法确认收入和应收账款。

借：应收账款——B公司	56 500	
贷：主营业务收入		50 000
应交税费——应交增值税（销项税额）		6 500

（2）如果B公司在2×19年9月10日付清货款，则按销售总价50 000元的2%享受现金折扣1 000元，实际付款55 500元。

借：银行存款	55 500	
财务费用	1 000	
贷：应收账款——B公司		56 500

（3）如果B公司在2×19年9月20日付清货款，则按销售总价50 000元的1%享受现金折扣500元，实际付款56 000元。

借：银行存款	56 000	
财务费用	500	
贷：应收账款——B公司		56 500

（4）如果B公司在2×19年9月30日付清货款，则按全额付款。

借：银行存款	56 500	
贷：应收账款——B公司		56 500

2. 净价法

净价法是将扣减现金折扣后的金额作为实际售价，据以记作应收账款的入账金额。这种方法是把客户取得折扣视为正常现象，认为一般客户都会提前付款，而将由于客户超过折扣期限而多收入的金额，视为提供信贷获得的收入，于收到账款时入账，作为冲减财务费用处理。

净价法可以避免总价法的不足，但在顾客没有享受现金折扣时，由于账上以净额入账，从而必须再查对原销售总额。期末结账时，对已经超过期限但尚未付款的应收账款，按客户享受的现金折扣进行调整，操作起来比较麻烦。

在我国目前的会计实务中，在有现金折扣的情况下，对应收账款的入账金额的确认采用的是总价法。即销售商品涉及现金折扣的，应当按照扣除现金折扣前的金额确定销售商品的收入金额。现金折扣在实际发生时计入当期损益。

例 14-25 A公司在2×19年9月3日向B公司销售商品500件，增值税专用发票上注明的售价为50 000元，增值税额为6 500元。企业为了及早收回货款，给予的现金折扣条件为2/10、1/20、*n*/30（假定计算折扣时不考虑增值税）。A公司的账务处理如下。

（1）2×19年9月3日销售时，应按净价法确认收入和应收账款。

如果B公司在2×19年9月10日付清货款，则按销售总价50 000元的2%享受现金折扣1 000元。

借：应收账款——B公司	55 500	
贷：主营业务收入		49 000
应交税费——应交增值税（销项税额）		6 500

（2）假定2×19年9月10日收到货款。

借：银行存款	55 500	
贷：应收账款		55 500

（3）如果B公司在2×19年9月20日付清货款，则按销售总价50 000元的1%享受现金折扣500元，实际付款56 000元。

借：银行存款	56 000	
贷：应收账款		55 500
财务费用		500

（4）如果B公司在2×19年9月30日付清货款，则按全额付款。

借：银行存款	56 500	
贷：应收账款		55 500
财务费用		1 000

四、销售商品涉及销售折让的处理

销售折让，是指企业因售出商品的质量不合格等原因而在售价上给予的减让。

销售折让可能发生在企业确认收入之前，也可能发生在企业确认收入之后。发生在收入确认之前的销售折让，其处理相当于商业折扣。企业实现的销售收入按实际销售价格（原销售价格减去商业折扣）确认。

对于销售折让，企业应分不同情况进行处理：（1）已确认收入的售出商品发生销售折让的，通常应当在发生时冲减当期的商品销售收入；（2）已确认收入的销售折让属于资产负债表日后事项的，应按照资产负债表日后事项的相关规定进行处理。

例 14-26 A公司销售一批商品给B公司，增值税专用发票上注明的售价为200 000元、增值税额为26 000元，款项尚未收到。货到后，B公司发现商品外观上存在瑕疵，但基本上不影响使用，要求在价格上给予5%的折让。假定A公司已确认收入，并按规定开具了红字发票。折让后的款项已收存银行。A公司的账务处理如下。

（1）销售实现时：

借：应收账款——B公司	226 000	
贷：主营业务收入		200 000
应交税费——应交增值税（销项税额）		26 000

（2）发生销售折让时：

借：主营业务收入	10 000	
应交税费——应交增值税（销项税额）	1 300	
贷：应收账款——B公司		11 300

（3）实际收到款项时：

借：银行存款	214 700	
贷：应收账款——B公司		214 700

五、销售退回的处理

销售退回，是指企业售出的商品由于质量、品种不符合要求等原因而发生的退货。对于销售退回，企业应按不同情况分别进行会计处理。

(1)对于未确认收入的售出商品发生销售退回的，企业应按已计入“发出商品”科目的商品成本金额，借记“库存商品”科目，贷记“发出商品”科目。

例 14-27 甲公司 2×19 年 6 月 25 日收到乙公司因质量问题而退回的商品 20 件，每件销售成本 100 元。该批商品是甲公司 2×19 年 5 月 20 日出售给乙公司的，每件商品售价 200 元，适用的增值税税率为 13%，货款尚未收到，甲公司尚未确认销售商品收入。因乙公司提出的退货要求符合销售合同约定，甲公司同意退货。甲公司应在验收入库时编制如下会计分录：

借：库存商品　　2 000

　　贷：发出商品　　2 000

(2)对于已确认收入的售出商品发生退回的，企业应在发生时冲减当期销售商品收入，同时冲减退回当期的销售成本；如该项销售退回已经发生现金折扣的，应同时调整相关财务费用的金额；如该项销售退回允许扣减增值税额的，应同时调整“应交税费——应交增值税(销项税额)”科目的相应金额。

(3)已确认收入的售出商品发生销售退回属于资产负债表日后事项的，应当按照《企业会计准则第 29 号——资产负债表日后事项》的相关规定进行会计处理。

例 14-28 甲公司在 2×19 年 10 月 15 日向乙公司销售一批商品，开出的增值税专用发票上注明的销售价格为 300 000 元、增值税额为 39 000 元，该批商品成本为 200 000 元。乙公司在 2×19 年 10 月 25 日支付货款。2×19 年 11 月 2 日，该批商品因质量问题被乙公司退回，甲公司当日支付有关款项。甲公司按规定开具了红字增值税专用发票。甲公司应编制如下会计分录。

(1)2×19 年 10 月 15 日，销售实现时：

借：应收账款——乙公司　　339 000

　　贷：主营业务收入　　300 000

　　　　应交税费——应交增值税(销项税额)　　39 000

借：主营业务成本　　200 000

　　贷：库存商品　　200 000

(2)2×19 年 10 月 25 日，收到货款时：

借：银行存款　　339 000

　　贷：应收账款——乙公司　　339 000

(3)2×19 年 11 月 2 日，发生销售退回时：

借：主营业务收入　　300 000

　　应交税费——应交增值税(销项税额)　　39 000

　　贷：银行存款　　339 000

借：库存商品　　200 000

　　贷：主营业务成本　　200 000

第五节　关于特定交易的会计处理

一、附有销售退回条款的销售

企业将商品控制权转让给客户之后，可能会因为各种原因(如客户对所购商品的款式不满意等)允许客户依照有关合同、法律要求、声明或承诺、以往的习惯做法等选择退货，此销售为附有销售退回条款的销售。

对于附有销售退回条款的销售，企业应当在客户取得相关商品控制权时，按照因向客户转让商品而预期有权收取的对价金额（即不包含预期因销售退回将退还的金额）确认收入，按照预期因销售退回退还的金额确认负债；同时，按照预期退回商品转让时的账面价值，扣除收回该商品预计发生的成本（包括退回商品的价值减损）后的余额，确认为一项资产，按照所转让商品转让时的账面价值，扣除上述资产成本的净额结转成本。

每一资产负债表日，企业都应当重新估计未来销售退回情况，如有变化，应当作为会计估计变更进行会计处理。

例 14-29 美益公司 2×19 年 10 月 1 日售给乙公司 5 000 件商品，单位价格 500 元，单位成本 400 元，开出的增值税专用发票上注明的销售价格为 250 万元、增值税额为 32.5 万元。协议约定，购货方应于 2×19 年 12 月 1 日前付全款；2×20 年 3 月 31 日前有权退货。美益公司根据经验，估计退货率为 20%。在 2×19 年 12 月 31 日，美益公司对退货率进行了重新评估，认为只有 10%的商品（500 件）会被退回。2×20 年 3 月 31 日，退货期满，假定出现以下情况：

（1）没有发生退货；

（2）退回商品 500 件；

（3）退回商品 600 件；

（4）退回商品 400 件。

美益公司的相关账务处理如下。

（1）2×19 年 10 月 1 日销售商品：

借：应收账款——乙公司	2 825 000	
贷：主营业务收入		2 000 000
预计负债——应付退货款		500 000
应交税费——应交增值税（销项税额）		325 000
借：主营业务成本	1 600 000	
应收退货成本	400 000	
贷：库存商品		2 000 000

（2）2×19 年 12 月 1 日收到货款：

借：银行存款	2 825 000	
贷：应收账款		2 825 000

（3）2×19 年 12 月 31 日美益公司对退货率进行重新评估：

借：预计负债——应付退货款	250 000	
贷：主营业务收入		250 000
借：主营业务成本	200 000	
贷：应收退货成本		200 000

（4）2×20 年 3 月 31 日，退货期满。

① 没有发生退货：

借：预计负债——应付退货款	250 000	
贷：主营业务收入		250 000
借：主营业务成本	200 000	
贷：应收退货成本		200 000

② 发生销售退回，实际退货量为 500 件，款项已经支付：

借：预计负债——应付退货款	250 000	
应交税费——应交增值税（销项税额）	32 500	
贷：银行存款		282 500

借：库存商品　　200 000
　　贷：应收退货成本　　200 000

③ 发生销售退回，实际退货量为600件，款项已经支付：

调减销售收入=100×500=50 000（元）

调减销售成本=100×400=40 000（元）

退回商品应退价款=600×500=300 000（元）

退回商品应退销项税额=600×500×13%=39 000（元）

退回商品的成本=600×400=240 000（元）

借：预计负债——应付退货款　　250 000
　　应交税费——应交增值税（销项税额）　　39 000
　　主营业务收入　　50 000
　　贷：银行存款　　339 000

借：库存商品　　240 000
　　贷：主营业务成本　　40 000
　　　　应收退货成本　　200 000

④ 发生销售退回，实际退货量为400件，款项已经支付：

调增销售收入=100×500=50 000（元）

调增销售成本=100×400=40 000（元）

退回商品应退价款=400×500=200 000（元）

退回商品应退销项税额=400×500×13%=26 000（元）

退回商品的成本=400×400=160 000（元）

借：预计负债——应付退货款　　250 000
　　应交税费——应交增值税（销项税额）　　26 000
　　贷：主营业务收入　　50 000
　　　　银行存款　　226 000

借：库存商品　　160 000
　　主营业务成本　　40 000
　　贷：应收退货成本　　200 000

二、附有质量保证条款的销售

企业在向客户销售商品时，根据合同约定、法律规定或本企业以往的习惯做法等，可能会为所销售的商品提供质量保证。对于客户能够选择单独购买质量保证的，表明该质量保证构成单项履约义务；对于客户虽然不能选择单独购买质量保证的，但是如果该质量保证在向客户保证所销售商品符合既定标准之外提供了一项单独的服务时，也应当作为单项履约义务，按照收入确认的相关要求进行会计处理；否则，质量保证责任应当按照或有事项的相关要求进行会计处理。

企业在评估一项质量保证是否在向客户保证所销售的商品符合既定标准之外提供了一项单独的服务时，应当考虑的因素包括：

（1）该质量保证是否为法定要求。当法律要求企业提供质量保证时，该法律规定通常表明企业承诺提供的质量保证不是单项履约义务。

（2）质量保证期限。企业提供的质量保证期限越长，越有可能表明企业向客户提供了保证商品符合既定标准之外的服务，该质量保证越有可能构成单项履约义务。

（3）企业承诺履行任务的性质。如果企业必须履行某些特定的任务以保证所销售的商品符合既定标准（如企业负责运输被客户退回的瑕疵商品），则这些特定的任务可能不构成单项履约义务。

例 14-30 甲公司与客户签订合同，销售一部手机。该手机自出售起一年内如果发生质量问题，甲公司负责提供质量保证服务。此外，在此期间内，由于客户使用不当（如手机进水）等原因造成的产品故障，甲公司也免费提供维修服务。该维修服务不能单独购买。

本例中，甲公司的承诺包括销售手机、提供质量保证服务及维修服务。甲公司针对产品的质量问题提供的质量保证服务是为了向客户保证所销售商品符合既定标准，因此不构成单项履约义务；甲公司对由于客户使用不当而导致的产品故障提供的免费维修服务，属于在向客户保证所销售商品符合既定标准之外提供的单独服务，尽管其没有单独销售，但是该服务与手机可明确区分，应该作为单项履约义务。因此，在该合同下，甲公司的履约义务有两项：销售手机和提供维修服务。甲公司应当按照其单独售价的相对比例，将交易价格分摊至这两项履约义务，并在各项履约义务履行时分别确认收入。甲公司提供的质量保证服务，应当按照或有事项的规定进行会计处理。

三、主要责任人和代理人

当企业向客户销售商品涉及其他方参与其中时，企业应当判断其自身在该交易中的身份是主要责任人还是代理人。在判断时，企业应当首先识别向客户提供的特定商品，然后企业应当评估该特定商品在转让给客户之前，是否控制这些商品。企业在向客户转让商品前能够控制该商品的，该企业为主要责任人，应当按照已收或应收对价总额确认收入；否则，该企业为代理人，应当按照预期有权收取的佣金或手续费的金额确认收入，该金额应当按照已收或应收对价总额扣除应支付给其他相关方的价款后的净额，或者按照既定的佣金金额或比例等确定。

（一）企业作为主要责任人的情况

⑴ 企业自第三方取得商品或其他资产控制权后，再转让给客户。这里的商品或其他资产也包括企业向客户转让的未来享有由第三方提供服务的权利，企业应当评估该权利在转让给客户前，企业是否控制该权利。

⑵ 企业能够主导第三方代表本企业向客户提供服务。当企业承诺向客户提供服务，并委托第三方（如分包商、其他服务提供商等）代表企业向客户提供服务时，如果企业能够主导第三方代表本企业向客户提供服务，则表明企业在相关服务提供给客户之前能够控制相关服务。

⑶ 企业自第三方取得商品控制权后，通过提供重大的服务将该商品与其他商品整合成某组合产出转让给客户。此时，企业承诺提供的特殊商品就是合同约定的组合产出。企业只有获得为生产该特定商品所需要的投入（包括从第三方取得的商品）的控制权，才能够将这些投入加工整合为合同约定的组合产出。

企业无论是主要责任人还是代理人，均应当在履约义务履行时确认收入。企业为主要责任人的，应当按照其自行向客户提供商品而有权收取的对价总额确认收入；企业为代理人的，按照既定的佣金金额或比例计算的金额确认收入，或者按照已收或应收对价总额扣除应支付给提供该特定商品的第三方的价款后的净额确认收入。

（二）需要考虑的相关事实和情况

实务中，企业在具体判断向客户转让商品前是否拥有对该商品的控制权时，企业不应仅局限于合同的法律形式，而应当综合考虑所有相关事实和情况，这些事实和情况包括：

⑴ 转让商品的主要责任是企业还是第三方？该主要责任包括就特定商品的可接受性（如确保商品的规格满足客户的要求）承担责任等。企业在判断时，应当从客户的角度进行评估。例如，客户认为谁对商品的质量或性能负责、谁负责提供售后服务、谁负责解决客户投诉等。

⑵ 该商品的存货风险在商品转让前后是由企业承担还是由第三方承担？当企业在与客户订立合同之前已经购买或者承诺将自行购买特定商品时，这可能表明企业在将该特定商品转让给客户之前，承担了该特定商品的存货风险。在附有销售退回条款的销售中，企业将商品销售给客户之后，客户有权要求向该企

业退货，这可能表明企业在转让商品之后仍然承担了该商品的存货风险。

(3)所交易商品的价格由企业决定还是由第三方决定？代理人有时可能在一定程度上也拥有定价权(如在主要责任人规定的某一价格范围内决定价格)。例如，当代理人向主要责任人的客户提供一定折扣优惠，以激励该客户购买主要责任人的商品时，即使代理人有一定的定价能力，也并不表明其身份是主要责任人，代理人只是放弃了一部分自己应当赚取的佣金或手续费而已。

(4)其他相关事实和情况。

需要强调的是，企业在判断其是主要责任人还是代理人时，应当以该企业在特定商品转让给客户之前是否能够控制这些商品为原则。上述相关事实和情况不能凌驾于控制权的判断之上，也不构成一项单独或额外的评估，而只是帮助企业在难以评估特定商品转让给客户之前是否能够控制这些商品的情况下进行相关判断。此外，这些事实和情况并无权重之分，也不能被孤立地用于支持某一结论。企业应当根据相关商品的性质、合同条款的约定以及其他具体情况，综合进行判断。

例 14-31 甲公司经营一购物网站，在该网站购物的消费者可以明确获知在该网站上销售的商品均为其他零售商直接销售的商品，这些零售商负责发货及售后服务等。甲公司与零售商签订的合同约定，该网站所售商品的采购、定价、发货及售后服务等均由零售商自行负责，甲公司仅负责协助零售商和消费者结算货款，并按照每笔交易的实际销售额收取 5%的佣金。

本例中，甲公司经营的购物网站是一个购物平台。消费者在该网站购物时，为其提供的特定商品为零售商在网站上销售的商品，除此之外，甲公司并未提供任何其他商品。这些特定商品在转移给消费者之前，甲公司没有能力主导这些商品的使用。例如，甲公司不能将这些商品提供给购买该商品的消费者之外的其他方，也不能阻止零售商向该消费者转移这些商品，因此消费者在该网站购物时，在相关商品转移给消费者之前，甲公司并未控制这些商品，甲公司的履约任务是安排零售商向消费者提供相关商品，而非自行提供这些商品，甲公司在该交易中的身份是代理人。

例 14-32 2×19 年 7 月，中佳旅行社从 A 航空公司购买了一定数量的折扣机票，并对外销售。中佳旅行社向客户销售机票时，可自行决定机票的价格等，未售出的机票不能退还给 A 航空公司。

本例中，中佳旅行社向客户提供的特定商品为机票，并在确定特定客户之前已经预先从航空公司购买了机票，因此该权利在转让给客户之前已经存在。中佳旅行社从 A 航空公司购入机票后，可以自行决定机票的价格、向哪些客户销售等，中佳旅行社有能力主导该机票的使用并且能够获得其几乎全部的经济利益。因此，中佳旅行社在将机票销售给客户之前，能够控制该机票，中佳旅行社的身份是主要责任人。

四、附有客户额外购买选择权的销售

企业在销售商品的同时，有时会向客户授予选择权，允许客户据此免费或者以折扣价格购买额外的商品，此种情况称为附有客户额外购买选择权的销售。企业向客户授予的额外购买选择权的形式包括销售激励、客户奖励积分、未来购买商品的折扣券及合同续约选择权等。

对于附有客户额外购买选择权的销售，企业应当评估该选择权是否向客户提供了一项重大权利。如果客户只有在订立了一项合同的前提下才取得了额外购买选择权，并且客户行使该选择权购买额外商品时，能够享受到超过该地区或该市场中其他同类客户所能够享有的折扣，则通常认为该选择权向客户提供了一项重大权利，应当将其与原购买的商品单独区分，作为单项履约义务，企业应按照各单项履约义务的单独售价的相对比例，将交易价格分摊至该履约义务。其中，分摊至重大选择权的交易价格与未来的商品相关，企业应当在客户未来行使该选择权取得相关商品的控制权时，或者在该选择权失效时确认相应的收入。

在考虑授予客户的该项权利是否重大时，应根据其金额和性质综合判断。例如，企业实施一项奖励积分计划，客户每消费 1 元便可获得 1 个积分，每个积分的单独售价为 0.1 元，该积分可以累积使用。虽然客户每笔消费所获得的积分的价值相对于消费金额而言并不重大，但是由于该积分可以累积使用，基于企业的历史数据，客户通常能够累积足够的积分来免费兑换商品，这可能表明该积分向客户提供了重大权利。

当企业向客户提供了额外购买选择权，但客户在行使该选择权购买商品的价格反映了该商品的单独售价时，即使客户只能通过与企业订立特定合同才能获得该选择权，该选择权也不应被视为企业向该客户提供了一项重大权利，企业无须分摊交易价格，只有在客户行使选择权购买额外的商品时才需要进行相应的会计处理。

例 14-33 2×19 年 5 月 1 日，甲公司开始推行一项奖励积分计划。根据该计划。客户在甲公司每消费 10 元可获得 1 个积分，每个积分从次月开始在购物时可以抵减 1 元。截至 2×19 年 5 月 31 日，客户共消费 5 000 000 元，可获得 500 000 个积分，根据历史经验，甲公司估计该积分的兑换率为 98%。上述金额均不包含增值税，且假定不考虑相关税费影响。

本例中，甲公司认为其授予客户的积分为客户提供了一项重大权利，应当作为单项履约义务。客户购买商品的单独售价合计为 5 000 000 元，考虑积分的兑换率，甲公司估计积分的单独售价为 490 000 元（1 元×500 000×98%）。甲公司按照商品和积分单独售价的相对比例对交易价格进行分摊：

商品分摊的交易价格=[5 000 000÷（5 000 000+490 000）]×5 000 000=4 553 734.06（元）

积分分摊的交易价格=[490 000÷（5 000 000+490 000）]×5 000 000=446 265.94（元）

因此，甲公司应当在商品的控制权转移时确认收入 4 553 734.06 元，同时，确认合同负债 446 265.94 元。

借：银行存款	5 000 000	
贷：主营业务收入		4 553 734.06
合同负债		446 265.94

截至 2×19 年 6 月 30 日，客户共兑换 450 000 个积分，甲公司对该积分的兑换率进行了重新估计，仍然预计客户总共将会兑换 490 000 个积分。因此，甲公司以客户兑换的积分数占预期将兑换的积分总数的比例为基础确认收入。积分当年应当确认的收入为 409 836.07 元（450 000÷490 000×446 265.94）；剩余未兑换的积分，仍然作为合同负债。

借：合同负债	409 836.07	
贷：主营业务收入		409 836.07

需要说明的是，企业向客户授予奖励积分，该积分可能有多种使用方式，如该积分只能用于兑换本企业提供的商品，或只能用于兑换第三方的商品，或可以在二者中进行选择，企业应当根据具体情况确定收入确认的时点和金额。

五、授予知识产权许可

授予知识产权许可，是指企业授予客户对企业拥有的知识产权享有相应权利。常见的知识产权包括软件和技术、影视和音乐等的版权，特许经营权，专利权，商标权和其他版权等。

（一）授予知识产权许可是否构成单项履约义务

企业向客户授予知识产权许可时，可能也会同时销售商品，企业应当评估该知识产权许可是否构成单项履约义务，不构成单项履约义务的，企业应当将该知识产权许可和所售商品一起作为单项履约义务进行会计处理。知识产权许可与所售商品不可明确区分的情形包括：一是该知识产权许可构成有形商品的组成部分并且对于该商品的正确使用不可或缺，如企业向客户销售设备和相关软件，该软件内嵌于设备之中，该设备必须安装了该软件之后才能正常使用；二是客户只有将该知识产权许可和相关服务一起使用才能够从中获益，如客户取得授权许可，但是只有通过企业提供的在线服务才能访问相关内容。

（二）授予知识产权许可属于在某一时段内履行的履约义务

授予客户的知识产权许可构成单项履约义务的，企业应当根据该履约义务的性质，进一步确定其是在某一时段内履行还是在某一时点履行。企业向客户授予知识产权许可，同时满足下列三项条件的，应当作为在某一时段内履行的履约义务确认相关收入；否则，应当作为在某一时点履行的履约义务确认相关收入。

（1）合同要求或客户能够合理预期企业将从事对该项知识产权有重大影响的活动。企业向客户授予知识产权许可之后，还可能会从事市场推广、继续开发等后续服务，这些活动存在下列情况之一的，将会对该项知识产权有重大影响：一是这些活动预期将显著改变该项知识产权的形式（如知识产权的设计、内容）或者功能（如执行某任务的能力）；二是客户从该项知识产权中获益的能力通常不会受到企业从事的相关活动的重大影响，除非这些活动显著改变了该项知识产权的形式或者功能。具有重大功能的知识产权主要包括软件、生物合成物或药物配方以及已完成的媒体内容（如电影、电视节目及音乐录音）版权等。

（2）该活动对客户将产生有利或不利影响。

（3）该活动不会导致向客户转让某项商品。

例 14-34 2×18 年 12 月 1 日，A、B 两公司达成协议，A 公司允许 B 公司经营其连锁店。合同规定，第一年 A 公司共向 B 公司收取特许权初始费用 500 000 元，用于向 B 公司提供家具、柜台等商品，并提供选址、店面装潢、员工培训、广告宣传等后续服务。营业后从第二年开始，B 公司须于每年的 12 月 31 日，按当年营业额的 5%向 A 公司支付特许权使用费。合同签订当日，B 公司一次性付清特许权初始费用。2×19 年 1 月 5 日，A 公司开始提供初始服务，帮助 B 公司进行选址、店面装潢、员工培训、广告宣传等，收费 300 000 元，发生成本 200 000 元；2×19 年 3 月 5 日，A 公司向 B 公司提供家具、柜台等，收费 200 000 元，这些家具、柜台成本为 180 000 元；2×20 年度，B 公司连锁店的营业额为 200 万元，提供后续服务收费 100 000 元，发生成本 50 000 元。假定 A 公司提供初始服务和后续服务的成本均以银行存款支付。假定不考虑相关税费，则 A 公司的会计处理如下。

（1）2×18 年 12 月 1 日，收到 B 公司支付的特许权初始费用：

借：银行存款	500 000	
贷：合同负债		500 000

（2）2×19 年 1 月 31 日，确认提供初始服务收入并结转成本：

借：合同负债	300 000	
贷：主营业务收入		300 000
借：合同履约成本——服务成本	200 000	
贷：银行存款		200 000
借：主营业务成本	200 000	
贷：合同履约成本——服务成本		200 000

（3）2×19 年 3 月 31 日，确认家具、柜台等的特许权费收入并结转成本时：

借：合同负债	200 000	
贷：主营业务收入		200 000
借：主营业务成本	180 000	
贷：库存商品		180 000

（4）2×20 年确认提供后续服务收入并结转成本：

借：银行存款	100 000	
贷：主营业务收入		100 000
借：合同履约成本——服务成本	50 000	
贷：银行存款		50 000
借：主营业务成本	50 000	
贷：合同履约成本——服务成本		50 000

（三）授予知识产权许可属于在某一时点履行的履约义务

授予知识产权许可不属于在某一时段内履行的履约义务，应当作为在某一时点履行的履约义务，在履行该履约义务时确认收入。在客户能够使用某项知识产权许可并开始从中获利之前，企业不能对此类知识产权许可确认收入。例如，企业授权客户在一定期间内使用软件，但是在企业向客户提供该软件的密钥之前，客户都无法使用该软件，因此，企业在向客户提供该密钥之前虽然已经得到授权，但也不应确认收入。

例 14-35 甲音乐唱片公司将其拥有的一首经典民歌的版权授予乙公司，并约定乙公司在两年内有权在国内所有商业渠道(包括电视、广播和网络等)使用该经典民歌。因提供该版权许可，甲公司每月收取2 000元的固定对价。除该版权之外，甲公司无须提供任何其他的商品。该合同不可撤销。

本例中，甲公司除授予该版权许可外，并无任何义务从事改变该版权的后续活动。该版权也具有重大的独立功能(民歌的录音可直接用于播放)，乙公司主要通过该重大独立功能获利。因此甲公司应在乙公司能够主导该版权的使用并从中获得几乎全部经济利益时，全额确认收入。此外，由于甲公司履约的时间与客户付款(两年内每月支付)之间间隔的时间较长，甲公司需要判断该项合同中是否存在重大的融资成分，并进行相应的会计处理。

在判断某项知识产权许可是属于在某一时段内履行的履约义务还是属于某一时点履行的履约义务时，企业不应考虑下列因素：一是该许可在时间、地域、排他性以及相关知识产权消耗和使用方面的限制；二是企业就其拥有的知识产权的有效性以及防止未经授权使用该知识产权许可所提供的保证。

(四)基于销售或使用情况的特许权使用费

企业向客户授予知识产权许可，并约定按客户实际销售或使用情况(如按照客户的销售额)收取特许权使用费的，应当在客户后续销售或使用行为实际发生与企业履行相关履约义务二者孰晚的时点确认收入。这是估计可变对价的一个例外规定，该例外规定只有在下列两种情形下才能使用：一是特许权使用费与知识产权许可相关；二是特许权使用费可能与合同中的知识产权许可和其他商品都相关，但是与知识产权许可相关的部分占主导地位。当企业能够合理预期客户认可知识产权许可的价值远高于合同中与之相关的其他商品的价值时，该知识产权许可通常占主导地位。对于不适用该例外规定的特许权使用费，应当按照估计可变对价的一般原则进行处理。

例 14-36 星慧电影发行公司(以下简称“星慧公司”)与金逸公司签订合同，将其拥有的一部电影的版权授权给金逸公司，金逸公司可在其旗下的影院放映该电影，放映期间为3个月。除将该电影的版权授权给金逸公司之外，星慧公司还同意在该电影放映之前，向金逸公司提供该电影的片花，在金逸公司的影院播放，并且在该电影放映期间在当地知名的广播电台播放广告。星慧公司将获得金逸公司播放电影的票房分成。

本例中，星慧公司的承诺包括授予电影版权许可、提供电影的片花及提供广告服务。星慧公司在该合同下获得的对价为按照金逸公司实际销售情况收取的特许权使用费，与之相关的授予电影版权许可占主导地位。这是因为星慧公司能够合理预期客户认为该电影版权许可的价值远高于合同中提供的电影片花及广告服务的价值。因此，星慧公司应当在金逸公司放映该电影的期间，按照约定的分成比例确认收入。如果授予电影版权许可、提供电影片花及广告服务分别构成单项履约义务，星慧公司应当将取得的分成收入在这些履约义务之间进行分摊。

六、售后回购

售后回购，是指销售商品的同时承诺或有权选择日后再将该商品(包括相同或几乎相同的商品，或以该商品作为组成部分的商品)购回的销售方式。企业应当区分下列两种情形，分别对售后回购交易进行会计处理。

(一)企业因存在与客户的远期安排而负有回购义务或企业享有回购权利的

企业因存在与客户的远期安排而负有回购义务或企业享有回购权利的，尽管客户可能已经持有了该商品的实物，但是由于企业将会回购或者享有回购权利，导致客户主导该商品的使用并从中获得几乎全部经济利益的能力受到限制，因此在销售时点，客户并没有取得相关商品控制权，企业应根据下列情况分别进行相应的会计处理：一是回购价格低于原售价的，应当视为租赁交易进行会计处理；二是回购价格不低于原售价的，应当视为融资交易，应当在收到客户款项时确认金融负债，而不是终止确认该商品，并将该款项和回购价格的差额在回购期间内确认为利息费用等。

(二) 企业负有应客户要求回购商品义务的

企业负有应客户要求回购商品义务的，应当在合同开始日评估客户是否具有行使该要求权的重大经济动因。客户具有行使该要求权重大经济动因的，企业应当将售后回购价与原售价进行比较，并按照第(一)种情形下的原则将该售后回购作为租赁交易或融资交易进行相应的会计处理。客户不具有行使该要求权的重大经济动因的，企业应当将该售后回购作为附有销售退回条款的销售交易进行相应的会计处理。

在判断客户是否具有行使该要求权的重大经济动因时，企业应当综合考虑各种相关因素，包括回购价格与预计回购时市场价格之间的比较，以及权利的到期日等。当回购价格明显高于该商品回购时的市场价格时，通常表明客户有行使该要求权的重大经济动因。

售后回购交易如果属于融资交易，企业在销售商品后，按实际收到的金额，借记“银行存款”科目，按增值税专用发票上注明的增值税，贷记“应交税费——应交增值税(销项税额)”科目，按其差额，贷记“其他应付款”科目；计提利息费用时(通常采用直线法)，借记“财务费用 ”科目，贷记“其他应付款”科目；依据合同约定重新购回该项商品时，按约定的商品回购价格，借记“其他应付款”科目，按增值税专用发票上注明的增值税，借记“应交税费——应交增值税(进项税额)”科目，按实际支付的金额，贷记“银行存款”等科目。如果所销售的商品已实际发出，则在发出商品时，应按实际发出商品的成本，借记“发出商品”科目，贷记“库存商品”科目；待日后回购该商品时，再将其从发出商品转为库存商品。

例 14-37 甲、乙公司均为增值税一般纳税人，增值税税率均为 13%(不考虑其他相关税费)。甲公司因融资需要，于 2×19 年 4 月 1 日将其生产的一批商品销售给乙公司，销售价格为 200 万元(不含增值税额)，商品销售成本为 150 万元。商品并未发出，款项已于 2×19 年 7 月 1 日收到，甲公司于 2×19 年 12 月 1 日以 220 万元(不含增值税额)的价格购回了该批商品，款项于当日支付。根据上述交易，甲公司应做如下会计处理。

(1) 2×19 年 7 月 1 日销售商品：

借：银行存款　　2 260 000
　　贷：应交税费——应交增值税(销项税额)　　260 000
　　　　其他应付款　　2 000 000

(2) 回购价大于原售价的差额，应在回购期内按期计提利息费用，计入当期财务费用。由于回购期间为 5 个月，货币时间价值影响不大，因此采用直线法计提利息费用。每月计提利息费用为 40 000(即 200 000 ÷ 5)元。

借：财务费用　　40 000
　　贷：其他应付款　　40 000

(3) 2×19 年 12 月 1 日回购商品时，收到的增值税专用发票上注明的商品价格为 220 万元，增值税额为 28.6 万元，款项已经支付。

借：其他应付款　　2 200 000
　　应交税费——应交增值税(进项税额)　　286 000
　　贷：银行存款　　2 486 000

七、无须退回的初始费

企业在合同开始(或接近合同开始)日向客户收取的无须退回的初始费通常包括入会费、接驳费、初装费等。企业收取该初始费时，应当评估该初始费是否与向客户转让已承诺的商品相关。该初始费与向客户转让已承诺的商品相关，且该商品构成单项履约义务的，企业应当在转让该商品时，按照分摊至该商品的交易价格确认收入；该初始费与向客户转让已承诺的商品相关，但该商品不构成单项履约义务的，企业应当在包含该商品的单项履约义务履行时，按照分摊至该单项履约义务的交易价格确认收入；该初始费与向客户转让已承诺的商品不相关的，该初始费应当作为未来将转让商品的预收款，在未来转让该商品时确认为收入。当企业向客户授予了续约选择权，且该选择权向客户提供了重大权利时，这部分收入确认的期间将可能长于初始合同期限。

在合同开始(或接近合同开始)时，企业通常必须开展一些初始活动，为履行合同做准备，如一些行政管理性质的准备工作，这些活动虽然与履行合同有关，但并没有向客户转让已承诺的商品，因此不构成单项履约义务,即使企业向客户收取的无须退还的初始费与这些初始活动有关(如企业为了补偿开展这些活动所发生的成本而向客户收取初始费)，也不应在这些活动完成时将该初始费确认为收入，而是应当将该初始费作为未来转让商品的预收款，在未来转让该商品时确认为收入。

企业为履行合同应开展初始活动，但这些活动本身并没有向客户转让已承诺的商品的，企业为开展这些活动发生的支出，应当按照有关合同履约成本的相关规定确认为一项资产或计入当期损益，并且企业在确定履约进度时，也不应当考虑这些成本，这是因为这些成本并不反映企业向客户转让商品的进度。

例 14-38 甲公司经营一家会员制健身俱乐部，甲公司与客户签订了为期两年的合同，客户入会之后可以随时在该俱乐部健身。除俱乐部的年费 2 000 元之外，甲公司还向客户收取了 100 元的入会费，用于补偿俱乐部为客户进行注册登记、准备会籍资料以及制作会员卡等初始活动所花费的成本。甲公司收取的入会费和年费均无须返还。

本例中，甲公司承诺的服务是向客户提供健身服务(即可随时使用健身器材、健身场地)，而甲公司为会员入会所进行的初始活动并未向客户提供其所承诺的服务，而只是一些行政管理性质的工作。因此，甲公司虽然为补偿这些初始活动向客户收取了入会费，但是该入会费实质上是客户为健身服务所支付的对价的一部分，故应当作为健身服务的预收款，与收取的年费一起在两年内分期摊销确认为收入。

八、客户未行使的权利

企业因销售商品向客户收取的预收款，赋予了客户一项在未来从企业取得该商品的权利，并使企业承担了向客户转让该商品的义务，因此企业应当将预收的款项确认为合同负债，待未来履行了相关履约义务，即向客户转让相关商品时，再将该负债转为收入。

某些情况下，企业收取的预收款无须退回，但是客户可能会放弃其全部或部分合同权利，如放弃储蓄卡的使用等。企业预期有权获得与客户所放弃的合同权利相关的金额的，应当按照客户行使合同权利的模式按比例将上述金额确认为收入；否则，企业只有在客户要求其履行剩余履约义务的可能性极低时，才能将相关负债余额转为收入。企业在确定其是否有权获得与客户所放弃的合同权利相关的金额时，应当考虑将估计的可变对价计入交易价格的限制要求。

如果有相关法律规定，企业所收取的与客户未行使权利相关的款项转交给其他方的(如法律规定无人认领的财产需上交政府)，企业不应将其确认为收入。

例 14-39 甲公司经营连锁面包店。2×19 年 12 月 1 日，甲公司向客户销售了 10 000 张储蓄卡，每张卡的面值为 100 元，总额为 100 万元。客户可在甲公司经营的任何一家门店使用该储蓄卡进行消费。根据经验，甲公司预期客户购买的储蓄卡中将有大约相当于储蓄卡面值金额为 6%(即 60 000 元)的部分不会被消费。截至 2×19 年 12 月 31 日，客户使用该储蓄卡消费的金额为 600 000 元。假定甲公司为增值税一般纳税人，在客户使用储蓄卡消费时发生增值税纳税义务。

(1)2×19 年 12 月，销售储蓄卡：

借：银行存款	1 000 000	
贷：合同负债		884 955.75
应交税费——待转销项税额	115 044.25	

2×19 年 12 月 31 日，确认的销售收入=[600 000+60 000×(600 000 ÷ 940 000)] ÷ (1+13%)

=564 865.37(元)

(2) 2×19 年 12 月 31 日，根据储蓄卡的消费金额确认收入，同时将对应的待转销项税额确认为销项税额：

借：合同负债　564 865.37

　　应交税费——待转销项税额　73 432.50

　　贷：主营业务收入　564 865.37

　　　　应交税费——应交增值税(销项税额)　73 432.50

九、合同中存在重大融资成分的销售

当合同各方以在合同中(或者以隐含的方式)约定的付款时间为客户或企业就该交易提供了重大融资利益时，则合同中存在重大融资成分。合同中存在重大融资成分的，企业应当按照现销价格确定交易价格。现销价格，是指假定客户在取得商品控制权时即以现金支付的应付金额。合同对价与现销价格之间的差额，应当在合同期间内采用实际利率法摊销。

实际利率，是指合同对价折现为现销价格时所使用的利率。实际利率一经确定，不得因后续市场利率或客户信用风险等情况的变化而变更。

企业在评估合同中是否存在融资成分以及该融资成分对于该合同而言是否重大时，应当考虑的因素包括：

(1) 合同对价与现销价格之间的差额；

(2) 客户从取得商品控制权至支付价款的间隔时间和市场的现行利率两个因素的共同影响。

具体来说，如果合同对价与现销价格之间存在差额，而且该差额又是由于客户从取得商品控制权至支付价款的间隔时间和市场的现行利率两个因素共同影响的结果，则表明合同中存在重大融资成分。至于该融资成分是否重大，企业应当在单个合同层面而不是在合同组合层面予以评估。

合同开始日，企业预计客户取得商品控制权与客户支付价款间隔不超过一年的，可以不考虑合同中存在的重大融资成分。

例 14-40　2×14 年 1 月 1 日，甲公司赊销给乙公司一套大型设备，合同约定的销售价格为 100 万元(不含增值税)，增值税税率为 13%，全部价款分 5 次于每年 12 月 31 日等额收取。该大型设备成本为 78 万元。在现销方式下，该大型设备的销售价格为 80 万元。假定甲公司发出商品时，其有关的增值税纳税义务尚未发生；在合同约定的收款日期，发生有关的增值税纳税义务；并考虑甲公司因购买大型设备发生的利息费用因素。

本例中，甲公司应当确认的销售收入为 80 万元；计算得出现值为 80 万元、年金为 20 万元、期数为 5 年的折现率为 7.93%；每期计入财务费用的金额如表 14-1 所示。

表 14-1　财务费用和已收本金计算表

单位：元

时间	未收本金 *A*=*A*−*C*	财务费用 *B*=*A*×7.93%	已收本金 *C*=200 000−*B*	收现总额 *D*
2×14 年 1 月 1 日	800 000			
2×14 年 12 月 31 日	800 000	63 440	136 560	200 000
2×15 年 12 月 31 日	663 440	52 611	147 389	200 000
2×16 年 12 月 31 日	516 051	40 923	159 077	200 000
2×17 年 12 月 31 日	356 974	28 308	171 692	200 000
2×18 年 12 月 31 日	185 282	14 718*	185 282	200 000
总额		200 000	800 000	1 000 000

*尾数调整。

根据表 14-1 的计算结果，甲公司各期的账务处理如下。

(1) 2×14 年 1 月 1 日，确认销售商品收入并结转销售成本：

借：长期应收款——乙公司　　1 130 000
　　贷：主营业务收入　　800 000
　　　　应交税费——待转销项税额　　130 000
　　　　未实现融资收益　　200 000
借：主营业务成本　　780 000
　　贷：库存商品　　780 000

(2) 2×14 年 12 月 31 日收取货款：

每年应收合同价款和增值税= 1 130 000÷5=226 000（元）

每年应确认增值税销项税额=130 000÷5=26 000（元）

借：银行存款　　226 000
　　应交税费——待转销项税额　　26 000
　　贷：长期应收款——乙公司　　226 000
　　　　应交税费——应交增值税（销项税额）　　26 000
借：未实现融资收益　　63 440
　　贷：财务费用　　63 440

(3) 2×15 年 12 月 31 日收取货款：

借：银行存款　　226 000
　　应交税费——待转销项税额　　26 000
　　贷：长期应收款——乙公司　　226 000
　　　　应交税费——应交增值税（销项税额）　　26 000
借：未实现融资收益　　52 611
　　贷：财务费用　　52 611

(4) 2×16 年 12 月 31 日收取货款：

借：银行存款　　226 000
　　应交税费——待转销项税额　　26 000
　　贷：长期应收款——乙公司　　226 000
　　　　应交税费——应交增值税（销项税额）　　26 000
借：未实现融资收益　　40 923
　　贷：财务费用　　40 923

(5) 2×17 年 12 月 31 日收取货款：

借：银行存款　　226 000
　　应交税费——待转销项税额　　26 000
　　贷：长期应收款——乙公司　　226 000
　　　　应交税费——应交增值税（销项税额）　　26 000
借：未实现融资收益　　28 308
　　贷：财务费用　　28 308

(6) 2×18 年 12 月 31 日收取货款

借：银行存款　　226 000
　　应交税费——待转销项税额　　26 000
　　贷：长期应收款——乙公司　　226 000
　　　　应交税费——应交增值税（销项税额）　　26 000
借：未实现融资收益　　14 718
　　贷：财务费用　　14 718

十、委托代销

委托代销是指委托方根据合同委托受托方代销商品的一种销售方式。

在委托代销方式下，委托方可以通过下列迹象判断一项合同安排是否实质上属于委托代销安排：

(1)在特定事件发生之前(如受托方向其客户出售商品之前)，委托方拥有对商品的控制权；

(2)委托方能够要求将委托代销的商品退回或者将其销售给其他方(如其他经销商)；

(3)尽管受托方可能被要求向委托方支付一定金额的押金,但是受托方并没有承担对受托代销商品无条件付款的义务。受托方则应当根据在向客户转让商品前是否拥有对该商品的控制权，来判断其向客户转让商品时的身份是主要责任人还是代理人，从而确定其是应当按照已收或应收客户对价总额确认收入，还是应当按照预期有权收取的代销手续费金额确认收入。

委托代销分为视同买断方式和支付手续费方式两种。

1. 视同买断方式

视同买断方式，是指委托方和受托方签订合同，委托方按合同收取代销的货款，实际售价由受托方自定，实际售价与合同价之间的差额归受托方所有的代销方式。根据视同买断方式的特点，一般可以认为委托方在向受托方交付代销商品时，商品的控制权已经转移给了受托方。从受托方来看，由于已经取得了对代销商品的控制权，因而在向客户转让商品时，其身份是主要责任人，应当按照已收或应收客户的对价总额确认销售商品收入；从委托方来看，应当根据受托方是否承担了对受托代销商品无条件付款的义务等迹象，判断该项合同安排是否在实质上属于委托代销安排，并进行相应的会计处理。

如果委托方和受托方之间的合同明确标明，受托方在取得代销商品后，无论是否能够卖出、是否获利，均与委托方无关，则可以认为受托方实际上已经承担了对受托代销商品无条件付款的义务，委托方和受托方之间的代销商品交易与委托方直接销售商品给受托方没有实质区别。委托方应于受托方取得代销商品控制权时确认销售收入，受托方应将取得的代销商品作为购进商品处理。

例 14-41 A 企业采用视同买断方式委托 B 企业销售甲商品 100 件，合同价为 200 元/件(不含税)，该商品成本为 100 元/件，增值税税率为 13%，商品已经发出。B 企业在取得代销商品后，无论是否能够卖出、是否获利，均与 A 企业无关。代销商品实际售价由 B 企业自定。B 企业实际销售时开具的增值税专用发票上注明，售价为 30 000 元、增值税额为 3 900 元，并给 A 企业开出代销清单，结清合同价款。

(1)A 企业(委托方)的会计处理：

① 发出委托代销商品：

借：应收账款——B 企业	22 600	
贷：主营业务收入		20 000
应交税费——应交增值税(销项税额)		2 600
借：主营业务成本	10 000	
贷：库存商品		10 000

② 收到 B 企业汇来的货款 22 600 元：

借：银行存款	22 600	
贷：应收账款——B 企业		22 600

(2)B 企业(受托方)的会计处理：

① 收到受托代销商品：

借：库存商品	20 000	
应交税费——应交增值税(进项税额)	2 600	
贷：应付账款——A 企业		22 600

② 售出代销商品：

借：银行存款	33 900	

贷：主营业务收入　　30 000
　　应交税费——应交增值税（销项税额）　　3 900

借：主营业务成本　　20 000
　　贷：库存商品　　20 000

③ 按合同价支付 A 企业货款：

借：应付账款——A 企业　　22 600
　　贷：银行存款　　22 600

如果委托方和受托方之间的合同明确标明，将来受托方没有将商品售出时可以将商品退回给委托方，或受托方因代销商品出现亏损时可以要求委托方补偿，在这种情况下，说明受托方并没有承担对受托代销商品无条件付款的义务，因而该项合同安排不仅在形式上而且在实质上都属于委托代销安排。委托方在发出商品时不确认收入，发出的商品通过“发出商品”科目核算，也可以单独设置“委托代销商品”科目核算；受托方在收到商品时也不作为商品购进处理，收到的代销商品通过“受托代销商品”科目核算。随后期间，受托方将受托代销商品售出后，按实际售价确认销售收入，并向委托方开具代销清单；委托方收到代销清单时，根据代销清单所列的已销商品确认销售收入。

例 14-42　按例 14-41 的资料，假定 B 企业将来没有将受托代销的商品售出时，可以将商品退回给 A 企业，其他条件不变。

（1）A 企业（委托方）的会计处理：

① 发出委托代销商品：

借：发出商品　　10 000
　　贷：库存商品　　10 000

② A 企业收到 B 企业开来的代销清单：

借：应收账款——B 企业　　22 600
　　贷：主营业务收入　　20 000
　　　　应交税费——应交增值税（销项税额）　　2 600

借：主营业务成本　　10 000
　　贷：发出商品　　10 000

③ 收到 B 企业汇来的货款 22 600 元：

借：银行存款　　22 600
　　贷：应收账款——B 企业　　22 600

（2）B 企业（受托方）的会计处理：

① 收到受托代销商品：

借：受托代销商品　　20 000
　　贷：受托代销商品款　　20 000

② 售出代销商品：

借：银行存款　　33 900
　　贷：主营业务收入　　30 000
　　　　应交税费——应交增值税（销项税额）　　3 900

借：主营业务成本　　20 000
　　贷：受托代销商品　　20 000

③ 收到增值税专用发票：

借：受托代销商品款　　20 000
　　应交税费——应交增值税（进项税额）　　2 600
　　贷：应付账款——A 企业　　22 600

④ 按合同价支付A企业货款：

借：应付账款——A企业　　22 600

　　贷：银行存款　　22 600

2. 支付手续费方式

支付手续费方式，是指委托方和受托方签订合同，委托方根据所代销的商品的金额或数量向受托方支付手续费的一种代销方式。与视同买断方式相比，支付手续费方式的主要特点是：在受托方向其客户出售商品之前，委托方拥有对商品的控制权；受托方通常应按照委托方规定的价格销售，不得自行改变售价。

支付手续费方式是一种典型的委托代销安排。因此，委托方向受托方交付代销商品时，不能确认收入，应将发出的代销商品转入“发出商品”科目或“委托代销商品”科目核算；待收到受托方开来的代销清单时，再根据代销清单所列的已销商品金额确认收入，支付的代销手续费计入当期销售费用。从受托方来看，由于受托方在向客户转让商品前并不拥有对该商品的控制权，其向客户转让商品时的身份是代理人，因而对收到的代销商品不能作为商品购进处理，应设置“受托代销商品”科目单独核算；受托方将受托代销的商品售出后，应根据代销商品的数量和合同约定的收费方式，计算应向委托方收取的手续费，作为提供代销服务收入确认入账，不确认销售商品收入。

例 14-43　A企业采用支付手续费方式委托B企业销售甲商品100件，合同价为200元/件（不含税），该商品成本100元/件，增值税税率为13%。B企业按每件200元的价格出售给顾客，A企业按售价的15%支付B企业手续费（含6%的增值税）。B企业实际销售时，即向买方开出一张增值税专用发票，发票上注明甲商品售价为20 000元、增值税额为2 600元。A企业在收到B企业交来的代销清单时，向B企业开具一张相同金额的增值税专用发票。

（1）A企业（委托方）的会计处理：

① A企业发出委托代销商品：

借：发出商品　　10 000

　　贷：库存商品　　10 000

② A企业收到代销清单：

借：应收账款——B企业　　22 600

　　贷：主营业务收入　　20 000

　　　　应交税费——应交增值税（销项税额）　　2 600

借：主营业务成本　　10 000

　　贷：发出商品　　10 000

③ 确认应付的代销手续费：

代销手续费=100×200×15%÷（1+6%）=2 830.19（元）

增值税额=2 830.19×6%=169.81（元）

借：销售费用　　2 830.19

　　应交税费——应交增值税（进项税额）　　169.81

　　贷：应收账款——B企业　　3 000

④ 收到B企业汇来的货款净额19 600（即22 600−20 000×15%）元：

借：银行存款　　19 600

　　贷：应收账款——B企业　　19 600

（2）B企业（受托方）的会计处理：

① 收到受托代销商品：

借：受托代销商品　　20 000

　　贷：受托代销商品款　　20 000

② 售出受托代销商品：

借：银行存款　22 600

　贷：应交税费——应交增值税（销项税额）　2 600

　　受托代销商品　20 000

③ 收到增值税专用发票：

借：受托代销商品款　20 000

　应交税费——应交增值税（进项税额）　2 600

　贷：应付账款——A 企业　22 600

④ 归还 A 企业货款并计算代销手续费：

借：应付账款——A 企业　22 600

　贷：银行存款　19 600

　　其他业务收入　2 830.19

　　应交税费——应交增值税（销项税额）　169.81

思　考　题

1. 什么是收入？收入确认的条件有哪些？
2. 什么是合同收入？什么是合同成本？
3. 什么是在某一时间段内履行的履约义务？如何确认和计量？
4. 什么是在某一时点履行的履约义务？如何确认和计量？
5. 什么是附有销售退回条款的销售？如何进行会计处理？
6. 什么是附有质量保证条款的销售？如何进行会计处理？
7. 什么是附有客户额外购买选择权的销售？如何进行会计处理？
8. 什么是售后回购？如何进行会计处理？
9. 什么是向客户预收销售商品款项的销售？如何进行会计处理？

练　习　题

习题一

【目的】练习产品销售的核算。

【资料】某企业 2×19 年 6 月发生如下经济业务，该企业适用的增值税税率为 13%，采用价税分离的定价方式。

1. 赊销 20 件甲产品给 B 公司，每件 2 000 元。
2. 与向阳公司签订合同，承诺 6 月向其销售商品。预收向阳公司货款 300 000 元。
3. 给向阳公司发出拟购的 120 件甲产品，每件 2 000 元，余款退回向阳公司。
4. 售出 30 件甲产品，客户 A 公司交来转账支票，金额 45 200 元，已办妥进账手续。

【要求】根据上述经济业务，编制会计分录。

习题二

【目的】练习销售折扣、销售折让、销售退回的核算。

【资料】A 公司 2×19 年 10 月发生下列经济业务：

1. 销售 300 件产品给 B 公司，增值税专用发票上注明的售价为 200 000 元、增值税额为 26 000 元，合同中规定的付款条件为 3/10、2/20 和 *n*/30（计算折扣时不考虑增值税）。

2. 赊销一批产品给达达公司，增值税专用发票上注明的售价为 800 000 元、增值税额为 104 000 元。货到后，达达公司发现产品有质量问题，经协商给予达达公司 10%的折让。

3. 售给新新公司 40 件甲产品，因质量问题退货，开出转账支票退还货款 40 000 元、增值税 5 200 元以及新新公司代垫的退货运杂费 100 元。

【要求】根据上述经济业务，编制会计分录。

习题三

【目的】练习附有客户额外购买选择权的销售的会计处理。

【资料】2×19 年 6 月 1 日，甲公司开始推行一项奖励积分计划。根据该计划，客户在甲公司每消费 10 元可获得 1 个积分，每个积分从次月开始在购物时可以抵减 1 元。截至 2×19 年 6 月 30 日，客户共消费 100 000 元，可获得 10 000 个积分。根据历史经验，甲公司估计该积分的兑换率为 95%。上述金额均不包含增值税，且假定不考虑相关税费的影响。

【要求】根据上述经济业务，编制会计分录。

习题四

【目的】练习附有销售退回条款的销售的会计处理。

【资料】甲公司为增值税一般纳税人，增值税税率为 13%。有关业务如下：

2×19 年 3 月 1 日，向乙公司销售 100 件保健品，每件不含税价格为 10 万元，每件成本为 8 万元，增值税发票已开出。协议约定，购货方应于当日付款；本年 6 月 30 日前有权退货。甲公司根据经验，估计退货率为 10%，2×19 年 3 月未发生销售退回。2×19 年 3 月 1 日，收到全部货款存入银行。2×19 年 3 月 31 日未发生退货。假定实际发生退货时支付货款，且可冲减增值税额。甲公司根据过去的经验，无法估计该批保健品的退货率。

【要求】

(1) 编制 2×19 年 3 月 1 日销售商品的会计分录。

(2) 假定 2×19 年 4 月 30 日退回 5 件，货款已经支付，编制其会计分录。

(3) 假定 2×19 年 6 月 30 日退回 1 件，货款已经支付，编制其会计分录。

(4) 假定 2×19 年 6 月 30 日退回 6 件，货款已经支付，编制其会计分录。

第十五章 费 用

费用是指企业在日常活动中发生的、会导致所有者权益减少的、与向所有者分配利润无关的经济利益的总流出。

费用有广义与狭义两种理解。广义的费用泛指企业生产经营过程中发生的所有耗费；狭义的费用仅指与本期营业收入相配比的那部分耗费。费用应按照权责发生制和配比原则确认，凡应属于本期发生的费用，不论其款项是否支付，均确认为本期费用；反之，不属于本期发生的费用，即使其款项已在本期支付，也不确认为本期费用。

在确认费用时，首先应当划分生产费用与非生产费用的界限。生产费用是指与企业日常生产经营活动有关的费用，如生产产品所发生的原材料费用、人工费用等；非生产费用是指不属于生产费用的费用，如用于购建固定资产所发生的费用，不属于生产费用。其次，应当分清生产费用与产品成本的界限。生产费用与一定的期间相联系而与生产的产品无关；产品成本与一定品种和数量的产品相联系，而不论发生在哪一期。最后，应当分清生产费用与期间费用的界限。生产费用应当计入产品成本，而期间费用直接计入当期损益。

在确认费用时，对于确认为期间费用的费用，必须进一步划分为管理费用、财务费用、销售费用。对于确认为生产费用的费用，必须根据该费用发生的实际情况按不同的费用性质将其确认为不同产品所负担的费用；对于几种产品共同发生的费用，必须按受益原则，采用一定方法和程序将其分配计入相关产品的生产成本。

本章所指的费用是指狭义的费用，具体包括成本费用和期间费用。成本费用包括营业成本（包括主营业务成本、其他业务成本）、税金及附加等。

第一节 营业成本

营业成本是指企业为生产产品、提供劳务等发生的可归属于产品成本、劳务成本等的费用，应当在确认销售商品收入、提供劳务收入等时，将已销售商品、已提供劳务的成本等计入当期损益。营业成本包括主营业务成本和其他业务成本。

一、主营业务成本

主营业务成本是指企业销售商品、提供劳务等经常性活动所发生的成本。企业一般在确认销售商品、提供劳务等主营业务收入时，或在月末，将已销售商品、已提供劳务的成本转入主营业务成本。企业应设置“主营业务成本”科目，核算企业因销售商品、提供劳务等经常性活动所发生的成本。计算已售商品的成本，借记“主营业务成本”科目，贷记“库存商品”科目。期末，应将“主营业务成本”科目的余额转入“本年利润”科目，借记“本年利润”科目，贷记“主营业务成本”科目，结转后“主营业务成本”科目应无余额。“主营业务成本”科目按主营业务的种类进行明细核算。

例 15-1 B 企业为一般纳税人，适用的增值税税率为 13%。B 企业于 2×19 年 10 月向 A 企业销售 50 件产品，每件售价 600 元（不含应向购买者收取的增值税），单位成本 400 元。B 企业已按合同发货，货款尚未收到。B 企业已开出增值税专用发票，则 B 企业应做如下会计处理。

（1）实现主营业务收入：

借：应收账款　　33 900

　　贷：主营业务收入　　30 000

　　　　应交税费——应交增值税（销项税额）　　3 900

(2) 计算已售商品的成本：

借：主营业务成本　　20 000

　　贷：库存商品　　20 000

(3) 期末结转主营业务成本：

借：本年利润　　20 000

　　贷：主营业务成本　　20 000

例 15-2 某工业企业为增值税一般纳税人，适用的增值税税率为 13%。2×19 年 10 月份销售 150 件甲产品，单位售价 20 元，单位销售成本 10 元。因质量问题该批产品于 2×19 年 11 月份全部退回，货款已经退回给客户。应退回的增值税已取得有关证明。按上述已知条件，该企业 11 月份在退回产品时应编制如下会计分录。

(1) 冲减主营业务收入：

借：主营业务收入　　3 000

　　应交税费——应交增值税（销项税额）　　390

　　贷：银行存款　　3 390

(2) 转回返库产品的成本：

借：库存商品　　1 500

　　贷：主营业务成本　　1 500

例 15-3 某公司 2×19 年 8 月月末计算已销的甲、乙、丙三种产品的实际成本，分别为 60 000 元、80 000 元、100 000 元。该公司月末结转已销甲、乙、丙产品成本时，应编制如下会计分录：

借：主营业务成本　　240 000

　　贷：库存商品——甲产品　　60 000

　　　　　　　　——乙产品　　80 000

　　　　　　　　——丙产品　　100 000

二、其他业务成本

其他业务成本是指企业确认的除主营业务活动以外的其他经营活动所发生的成本。其他业务成本包括销售材料的成本、出租固定资产的折旧额、出租无形资产的摊销额、出租包装物的成本或摊销额等。其他业务成本科目按其他业务成本的种类进行明细核算。

企业应设置“其他业务成本”科目，核算企业确认的除主营业务活动以外的其他经营活动所发生的成本。发生其他业务成本，借记“其他业务成本”科目，贷记“原材料”“累计折旧”“累计摊销”“应付职工薪酬”“银行存款”等科目。期末，应将“其他业务成本”科目的余额转入“本年利润”科目，借记“本年利润”科目，贷记“其他业务成本”科目。结转后的“其他业务成本”科目应无余额，“其他业务成本”科目按其他业务成本的种类进行明细核算。

例 15-4 2×19 年 1 月 1 日，甲公司将自行开发完成的非专利技术出租给另一家公司，该非专利技术成本为 240 000 元，双方约定的租赁期限为 10 年，甲公司每月应摊销 2 000（即 240 000 ÷ 10 ÷ 12）元。甲公司应编制如下会计分录。

(1) 每月摊销时：

借：其他业务成本　　2 000

　　贷：累计摊销　　2 000

(2) 期末，结转其他业务成本：

借：本年利润　　2 000

　　贷：其他业务成本　　2 000

例 15-5 2×19 年 6 月 1 日，乙公司销售商品领用单独计价的包装物，成本 50 000 元，增值税专用发票上注明的销售收入为 100 000 元、增值税额为 13 000 元，款项已存入银行。该公司应编制如下会计分录。

(1) 出售包装物：

借：银行存款　　113 000

　　贷：其他业务收入　　100 000

　　　　应交税费——应交增值税（销项税额）　　13 000

(2) 结转出售包装物的成本：

借：其他业务成本　　50 000

　　贷：周转材料——包装物　　50 000

(3) 期末，结转其他业务成本：

借：本年利润　　50 000

　　贷：其他业务成本　　50 000

第二节　税金及附加

税金及附加是指企业经营活动应负担的相关税费，包括消费税、资源税、房产税、土地使用税、车船税、印花税、城市维护建设税、教育费附加、地方教育费附加等。

企业应设置“税金及附加”科目，核算企业经营活动应负担的相关税费。计算经营活动负担的税金及附加时，借记“税金及附加”科目，贷记“应交税费”等科目。期末，应将“税金及附加”科目的余额转入“本年利润”科目，借记“本年利润”科目，贷记“税金及附加”科目，结转后的“税金及附加”科目应无余额。

例 15-6　某企业为增值税一般纳税人，增值税税率为 13%，消费税税率为 10%。本期销售的应纳消费税产品的不含增值税价款为 300 000 元，款项收存银行。产品已经发出，符合收入确认条件，款项尚未收到。该企业与消费税有关的会计分录如下。

(1) 计算应交的消费税=300 000×10%=30 000（元）：

借：税金及附加　　30 000

　　贷：应交税费——应交消费税　　30 000

(2) 实际交纳消费税时：

借：应交税费——应交消费税　　30 000

　　贷：银行存款　　30 000

例 15-7　某企业对外销售某种资源税应税矿产品 2 000 吨，每吨应交资源税 5 元。该企业有关会计分录如下：

借：税金及附加　　10 000

　　贷：应交税费——应交资源税　　10 000

例 15-8　甲公司 2×19 年 7 月应交增值税 400 000 元，应交消费税 200 000 元。甲公司适用的城市维护建设税税率为 7%、教育费附加为 3%、地方教育费附加为 2%。该企业有关会计分录如下。

应交的城市维护建设税为：(400 000+200 000) × 7%=42 000（元）

应交的教育费附加：(400 000+200 000) × 3%=18 000（元）

应交的地方教育费附加：(400 000+200 000) × 2%=12 000（元）

借：税金及附加　　72 000

　　贷：应交税费——应交城市维护建设税　　42 000

　　　　　　　　——应交教育费附加　　18 000

　　　　　　　　——应交地方教育费附加　　12 000

第三节 期间费用

期间费用是指本期发生的、不能直接或间接归入某种产品成本的、直接计入损益的各项费用，包括管理费用、销售费用和财务费用。

一、管理费用

管理费用是指企业行政管理部门为组织和管理生产经营活动所发生的各种费用，包括企业在筹建期间发生的开办费和行政管理部门在企业的经营管理中发生的，或者应由企业统一负担的经费(包括行政管理部门职工薪酬、物料消耗、低值易耗品摊销、办公费、差旅费、折旧费及其他经费等)、工会经费、董事会费(包括董事会成员津贴、会议费和差旅费等)、聘请中介机构费、咨询费(含顾问费)、诉讼费、业务招待费、技术转让费、研究费用、排污费，以及企业生产车间和行政管理部门发生的固定资产修理费用等。

开办费是指企业筹建期间所发生的不应计入有关资产成本的各项费用。开办费的内容包括筹建期间工作人员薪酬、办公费、差旅费、培训费、印刷费、注册登记费以及其他不能计入固定资产和无形资产的支出。下列费用不应列入开办费：应由投资者负担的费用，如投资人的差旅费；构成固定资产或无形资产的支出；筹建期间应计入工程成本的利息支出、汇兑净损失等。开办费应当在开始生产经营时停止归集，并一次性计入开始生产经营当期的损益。

企业应通过“管理费用”科目，核算管理费用的发生和结转情况。并在“管理费用”科目中按费用项目进行明细核算。

企业发生的各项管理费用借记“管理费用”科目，贷记“库存现金”“银行存款”“原材料”“应付职工薪酬”“其他应收款”“其他应付款”“长期待摊费用”“周转材料——低值易耗品”“累计折旧”“累计摊销”“研发支出——费用化支出”“待处理财产损溢”等科目；期末，将“管理费用”科目余额转入“本年利润”科目，借记“本年利润”科目，贷记“管理费用”科目。

例 15-9 某企业在筹建期间共发生各项开办费 85 000 元，用银行存款支付。该企业应做如下会计分录：

借：长期待摊费用——开办费	85 000	
贷：银行存款		85 000

若企业在 2×17 年 1 月开业，则当月摊销开办费时，做如下会计分录：

借：管理费用——开办费摊销	85 000	
贷：长期待摊费用——开办费		85 000

例 15-10 某公司 2×15 年 3 月发生如下(部分)业务。

(1)厂办报销办公费 80 元，用现金付讫：

借：管理费用	80	
贷：库存现金		80

(2)摊销无形资产价值 30 000 元：

借：管理费用	30 000	
贷：累计摊销		30 000

(3)计提管理部门固定资产折旧 10 000 元：

借：管理费用	10 000	
贷：累计折旧		10 000

(4)用银行存款支付其他管理费用 5 920 元：

借：管理费用	5 920	
贷：银行存款		5 920

(5) 月末结转本月发生的管理费用 300 000 元：

借：本年利润　　300 000

　　贷：管理费用　　300 000

二、销售费用

销售费用是指企业在销售商品和材料、提供劳务的过程中发生的各种费用，包括企业在销售商品过程中发生的保险费、包装费、展览费和广告费、商品维修费、预计产品质量保证损失、运输费、装卸费等，以及为销售本企业商品而专设的销售机构（含销售网点、售后服务网点等）的职工薪酬、业务费、折旧费、固定资产修理费等费用。

商品流通企业管理费用不多的，可不设置“管理费用”科目，而将发生的管理费用并入“销售费用”科目核算。

企业应通过“销售费用”科目核算销售费用的发生和结转情况。该科目按销售费用的费用项目进行明细核算。

企业发生的各项销售费用，借记“销售费用”科目，贷记“库存现金”“银行存款”“应付职工薪酬”“周转材料——包装物”“原材料”“累计折旧”等科目；期末，将“销售费用”科目余额转入“本年利润”科目，借记“本年利润”科目，贷记“销售费用”科目。

例 15-11　某公司 2×15 年 3 月发生如下业务。

(1) 用银行存款支付电视台广告费 80 000 元：

借：销售费用　　80 000

　　贷：银行存款　　80 000

(2) 分配销售机构人员薪酬 100 000 元：

借：销售费用　　100 000

　　贷：应付职工薪酬　　100 000

(3) 在销售过程中领用包装物 1 000 元，但不单独计价。

借：销售费用　　1 000

　　贷：周转材料——包装物　　1 000

(4) 期末，结转销售费用 181 000 元

借：本年利润　　181 000

　　贷：销售费用　　181 000

三、财务费用

财务费用是指企业为筹集生产经营所需资金而发生的筹资费用，包括利息支出（减利息收入）、汇兑损益及付给金融机构的手续费、企业发生的现金折扣或收到的现金折扣等。

企业应通过“财务费用”科目核算财务费用的发生和结转情况。该科目按财务费用的费用项目进行明细核算。

企业发生的各项财务费用，借记“财务费用”科目，贷记“银行存款”“应付利息”“应收账款”“应收票据”等科目；企业发生的应冲减财务费用的利息收入、汇兑收益、现金折扣，借记“银行存款”“应付账款”“应付利息”等科目，贷记“财务费用”科目。期末，将“财务费用”科目余额转入“本年利润”科目，借记“本年利润”科目，贷记“销售费用”科目。

例 15-12　某公司 2×15 年 3 月发生如下经济业务。

(1) 计算本月短期借款利息 100 000 元，计算本月长期借款利息 50 000 元（工程已完工并交付使用）：

借：财务费用　　150 000

　　贷：应付利息　　150 000

(2)收到银行存款利息 6 000 元：

借：银行存款 6 000

　　贷：财务费用 6 000

(3)支付银行手续费 200 元：

借：财务费用 200

　　贷：银行存款 200

(4)期末结转财务费用 144 200 元：

借：本年利润 144 200

　　贷：财务费用 144 200

思考题

1. “税金及附加”科目核算哪些税费？
2. 期间费用包括哪些内容？如何进行相关会计处理？

练习题

习题一

【目的】练习营业成本、税金及附加的核算。

【资料】B 公司 2×19 年 10 月发生下列业务：

1. 计算本月销售 A 产品的成本 150 000 元。
2. 计算本月应交教育费附加 6 000 元、城市维护建设税 14 000 元。
3. 计提投资性房地产的折旧 6 000 元。

【要求】根据上述经济业务，编制会计分录。

习题二

【目的】练习期间费用的核算。

【资料】某企业 2×15 年 12 月发生下列经济业务：

1. 用存款支付产品的广告费 100 000 元。
2. 企业管理部门使用的固定资产应提折旧 30 000 元。
3. 分配职工工资，其中行政管理人员工资 50 000 元，专设销售机构人员工资 60 000 元。
4. 计算本月短期借款利息 90 000 元，用银行存款支付金融机构手续费 1 500 元。
5. 用银行存款支付业务招待费 1 600 元。
6. 摊销无形资产价值 3 000 元。

【要求】根据上述经济业务，编制会计分录。

第十六章　利　　润

利润是指企业在一定会计期间的经营成果，利润包括收入减去费用后的净额、直接计入当期利润的利得和损失等。

利得是指由企业非日常活动所形成的、会导致所有者权益增加的、与所有者投入资本无关的经济利益的流入。

损失是指由企业非日常活动所形成的、会导致所有者权益减少的、与向所有者分配利润无关的经济利益的流出。

利润金额取决于收入和费用、直接计入当期利润的利得和损失金额的计量。

企业的利润，就其构成来看，既有通过生产经营活动而获得的，也有通过投资活动而获得的，还包括那些与生产经营活动无直接关系的事项所引起的盈亏。不仅如此，不同类型企业的利润构成也有一些差别。根据我国会计制度的规定，企业的利润包括营业利润、利润总额和净利润。

与利润相关的计算公式主要如下。

（1）营业利润的计算公式：

营业利润=营业收入−营业成本−税金及附加−销售费用−管理费用−财务费用
−研发费用+其他收益 ± 投资收益（或损失）± 公允价值变动损益（或损失）
−信用减值损失−资产减值损失 ± 资产处置收益（或损失）

其中：

营业收入是指企业经营业务所确认的收入总额，包括主营业务收入和其他业务收入。

营业成本是指企业经营业务所发生的实际成本总额，包括主营业务成本和其他业务成本。

研发费用是指企业在研究与开发过程中发生的费用化支出。

其他收益是指与企业日常活动相关，但不宜冲减成本费用而应计入其他收益的政府补助，如增值税即征即退、与资产相关的政府补助确认为递延收益的分期摊销额等。

投资收益（或损失）是指企业以各种方式对外投资所取得的收益（或发生的损失）。

公允价值变动收益（或损失）是指企业交易性金融资产等公允价值变动形成的应计入当期损益的利得（或损失）。

信用减值损失是指企业计提的各项金融工具减值准备形成的预期信用损失。

资产减值损失是指企业计提各项资产减值准备所形成的损失。

资产处置收益（或损失）是指企业出售划分为持有待售的非流动资产（金融资产、长期股权投资和投资性房地产除外）或处置组（子公司和业务除外）时确认的处置利得或损失，以及处置（包括抵债、投资、捐赠等）未划分为持有待售的固定资产、在建工程、无形资产等而产生的处置利得或损失。

营业利润是企业利润的主要来源，营业利润这一指标能够比较恰当地代表企业管理者的经营业绩。

（2）利润总额的计算公式：

利润总额=营业利润＋营业外收入−营业外支出

（3）净利润的计算公式：

净利润=利润总额−所得税费用

其中：

所得税费用是指企业确认的应从当期利润总额中扣除的所得税费用。

第一节　营业外收支

一、营业外收入

(一)营业外收入核算的内容

营业外收入是指企业发生的与日常活动无直接关系的各项利得。营业外收入并不是由企业经营资金耗费所产生的，不需要企业付出代价，实际上是一种纯收入，不可能也不需要与有关费用进行配比。因此，在会计核算上，应当严格区分营业外收入与营业收入的界限。

营业外收入主要包括：非流动资产毁损报废利得、罚没利得、政府补助利得、盘盈利得、捐赠利得、债务重组利得、确实无法支付而按规定程序经批准后转作营业外收入的应付款项等。

其中：

非流动资产毁损报废利得，指因自然灾害等发生毁损、已丧失使用功能而报废的固定资产等非流动资产所产生的清理净收益。

罚没利得，是指企业取得的滞纳金和各种形式的罚款收入，在弥补由于对方违反合同或协议而造成的经济损失后的罚款净收入。

政府补助利得，是指企业从政府无偿取得与日常活动无关的货币性资产或非货币性资产形成的利得，不包括政府作为所有者对企业的资本投入。

盘盈利得，指企业对现金等资产清查盘点中盘盈的资产，报经批准后计入营业外收入的金额。

捐赠利得，指企业接受捐赠产生的利得。

债务重组利得，是指重组债务的账面价值超过清偿债务的现金、非现金资产的公允价值、所转股份的公允价值，或者重组后债务账面价值之间的差额。

(二)营业外收入的账务处理

企业应通过“营业外收入”科目核算营业外收入的取得及结转情况。该科目可按营业外收入项目进行明细核算。

企业取得的各项营业外收入，借记“待处理财产损溢”“应付账款”“银行存款”“库存现金”“长期股权投资”等科目，贷记“营业外收入”科目。会计期末，将“营业外收入”科目的余额转入“本年利润”科目，借记“营业外收入”科目，贷记“本年利润”科目，结转后，“营业外收入”科目无余额。

1. 确认政府补助利得

企业收到的与企业日常活动无关的政府补助，应当计入营业外收入。

例 16-1　甲企业 2×17 年 6 月遭受重大自然灾害，并于 2×17 年 7 月 15 日收到了政府补助资金 500 万元。

2×17 年 7 月 15 日，甲企业收到了政府补助资金并选择总额法进行会计处理，甲企业应编制如下会计分录：

借：银行存款	5 000 000	
贷：营业外收入		5 000 000

2. 确认盘盈利得、捐赠利得

企业确认的盘盈利得、捐赠利得计入营业外收入时，借记“待处理财产损溢”“银行存款”等科目，贷记“营业外收入”科目。

例 16-2　某企业在现金清查中发现长款(即盘盈)500 元，已报批转账。应编制如下会计分录。

(1)发现长款(盘盈)时：

借：库存现金	500	

贷：待处理财产损溢——待处理流动资产损溢　　　　500

(2)报批转账时：

借：待处理财产损溢——待处理流动资产损溢　　　　500

贷：营业外收入　　　　500

3. 无法支付的应付款项

企业发生的无法支付的应付款项时，应借记“应付账款”等科目，贷记“营业外收入”科目。

例 16-3　A 公司应付 B 公司购货尾款 0.5 元(挂应付账款——B 公司)，因长期挂账无法支付，经批准转销。A 公司应编制如下会计分录：

借：应付账款——B 公司　　　　0.5

贷：营业外收入　　　　0.5

4. 期末结转营业外收入

期末，应将“营业外收入”科目余额转入“本年利润”科目，借记“营业外收入”科目，贷记“本年利润”科目。结转后“营业外收入”科目应无余额。

例 16-4　承例 16-3，A 公司本期营业外收入余额为 0.5 元，期末结转。应编制如下会计分录：

借：营业外收入　　　　0.5

贷：本年利润　　　　0.5

二、营业外支出

(一)营业外支出的核算内容

营业外支出是指企业发生的与日常活动无直接关系的各项损失，主要包括非流动资产毁损报废损失、罚款支出、捐赠支出、非常损失、固定资产盘亏损失、债务重组损失等。

其中：

非流动资产毁损报废损失，指因自然灾害等发生毁损、已丧失使用功能而报废的固定资产等非流动资产所产生的清理净损失。

罚款支出，是指企业支付的行政罚款、税务罚款，以及其他违反法律法规、合同协议等支付的罚款、违约金、滞纳金等支出。

捐赠支出，是指企业对外进行公益性捐赠和非公益性捐赠发生的支出。

非常损失，是指企业由于客观原因造成的损失，在扣除保险公司赔偿后应计入营业外支出的净损失，如自然灾害等造成的资产损失。

固定资产盘亏损失，是指企业在财产清查盘点中，实际固定资产数量少于账面数量而发生的固定资产短缺损失。

债务重组损失，是指重组债权的账面余额超过受让资产的公允价值、所转股份的公允价值，或者重组后债权的账面价值之间的差额。

(二)营业外支出的账务处理

企业应通过“营业外支出”科目，核算营业外支出的发生及结转情况。该科目可按营业外支出项目进行明细核算。

企业发生的各项营业外支出，借记“营业外支出”科目，贷记“库存现金”“银行存款”“固定资产清理”“待处理财产损溢”等科目。

1. 确认非流动资产毁损报废损失

企业确认非流动资产毁损报废损失时，借记“营业外支出”科目，贷记“固定资产清理”“无形资产”等科目。

例 16-5 某公司 2×15 年 3 月月末结转清理报废固定资产净损失 100 000 元。应编制如下会计分录：

借：营业外支出　　100 000

　　贷：固定资产清理　　100 000

2. 确认罚款支出、捐赠支出

企业确认罚款支出、捐赠支出时，借记“营业外支出”科目，贷记“银行存款”等科目。

例 16-6 A 公司税务稽查中，支付罚款 100 000 元。

借：营业外支出　　100 000

　　贷：银行存款　　100 000

例 16-7 给希望工程捐款 80 000 元。

借：营业外支出　　80 000

　　贷：银行存款　　80 000

3. 确认非常损失、固定资产盘亏损失

企业发生非常损失、固定资产盘亏损失时，借记“营业外支出”科目，贷记“固定资产清理”“待处理财产损溢”等科目。

例 16-8 B 公司因水灾损毁一批原材料，该批原材料成本为 80 000 元，核定应转出进项税额为 10 400 元，已报批处理。B 公司应编制的会计分录如下。

(1) 原材料毁损时：

借：待处理财产损溢——待处理流动资产损溢　　90 400

　　贷：原材料　　80 000

　　　　应交税费——应交增值税（进项税额转出）　　10 400

(2) 报批处理时：

借：营业外支出——非常损失　　90 400

　　贷：待处理财产损溢——待处理流动资产损溢　　90 400

例 16-9 B 公司盘亏一台设备，该设备原价 300 000 元，已提折旧 80 000 元，已报批处理。B 公司应编制的会计分录如下。

(1) 固定资产毁损时：

借：待处理财产损溢——待处理固定资产损溢　　220 000

　　累计折旧　　80 000

　　贷：固定资产　　300 000

(2) 报批处理时：

借：营业外支出——固定资产盘亏　　220 000

　　贷：待处理财产损溢——待处理固定资产损溢　　220 000

4. 期末结转营业外支出

会计期末，应将“营业外支出”科目的余额转入“本年利润”科目，借记“本年利润”科目，贷记“营业外支出”科目。结转后，“营业外支出”科目应无余额。

例 16-10 B 公司月末结转营业外支出 310 400 元，应编制如下会计分录：

借：本年利润　　310 400

　　贷：营业外支出　　310 400

营业外收入和营业外支出应当分别核算。在具体核算时，一般不得以营业外支出直接冲减营业外收入，也不得以营业外收入冲减营业外支出，即企业在会计核算时应当区别营业外收入和营业外支出进行核算。由于营业外收入和营业外支出所包括的项目互不相关，企业还应当分别按营业外收入项目和营业外支出项目设置明细账户，进行明细核算。

第二节　所得税费用

企业的所得税费用包括当期所得税和递延所得税两个部分，其中当期所得税是指当期应交所得税。

一、应交所得税的计算

应交所得税是指企业按照税法规定计算确定的针对当期发生的交易和事项，应交纳给税务部门的所得税金额，即当期应交所得税。应纳税所得额是在企业税前会计利润（即利润总额）的基础上调整确定的，计算公式为：

应纳税所得额=税前会计利润+纳税调整增加额−纳税调整减少额

纳税调整增加额主要包括税法规定允许扣除项目中，企业已计入当期费用但超过税法规定扣除标准的金额（如超过税法规定标准的职工福利费、工会经费、职工教育经费、业务招待费、公益性捐赠支出、广告费和业务宣传费等），以及企业已计入当期损失但税法规定不允许扣除项目的金额（如税收滞纳金、罚金、罚款等）。

纳税调整减少额主要包括按税法规定允许弥补的亏损和准予免税的项目，如前五年内未弥补亏损和国债利息收入等。

企业当期所得税的计算公式为：

应交所得税=应纳税所得额×所得税税率

例 16-11　甲公司 2×18 年度按企业会计准则计算的税前会计利润为 800 万元，所得税税率为 25%。甲公司全年应发工资、薪酬为 200 万元，职工福利费 30 万元，工会经费 5 万元，职工教育经费 18 万元；经查，甲公司当年营业外支出中有 12 万元为税收滞纳金、20 万元为税收罚款。假定甲公司全年无其他纳税调整因素。

税法规定，企业发生的合理的工资、薪金支出准予据实扣除；企业发生的职工福利费支出，不超过工资、薪金总额 14%的部分准予扣除；企业拨缴的工会经费，不超过薪金总额 2%的部分准予扣除；除国务院财政、税务主管部门另有规定外，企业发生的职工教育经费，不超过薪金总额 8%的部分准予扣除，超过部分准予结转以后纳税年度扣除。

本例中，按税法规定，企业在计算当期应纳税所得额时，可以扣除工资、薪酬支出 200 万元；扣除职工福利费支出 28 万元（200 万元×14%）、工会经费支出 4 万元（200 万元×2%）、职工教育经费支出 16 万元（200 万元×8%）。甲公司有两种纳税调整因素，一是已计入当期费用但超过税法规定标准的费用支出；二是已计入当期营业外支出但按税法规定不允许扣除的税收滞纳金、税收罚款，这两种因素均应调整增加应纳税所得额。甲公司当期应纳税的计算如下：

纳税调整数=（300 000−280 000）+（50 000−40 000）+（18 000−160 000）+（120 000+200 000）=370 000（元）

应纳税所得额=8 000 000+370 000=8 370 000（元）

当期应交所得税=8 370 000×25%=2 092 500（元）

例 16-12　乙公司 2×18 年全年利润总额为 380 000 元，其中包括本年收到的国债利息收入 180 000 元，所得税税率为 25%。假设甲公司全年无其他纳税调整因素。按照税法的有关规定，企业购买国债的利息收入免交所得税，即在计算应纳税所得额时可将其扣除。甲公司当期所得税的计算如下：

应纳税所得额=380 000−180 000=200 000（元）

当期应交所得税额=200 000×25%=50 000（元）

二、所得税费用的账务处理

企业根据会计准则的规定，计算确定的当期所得税和递延所得税之和，即为应从当期利润总额中扣除的所得税费用。即：

所得税费用=当期所得税+递延所得税

企业应通过“所得税费用”科目，核算企业所得税费用的确认及其结转情况。期末，应将“所得税费用”科目的余额转入“本年利润”科目，借记“本年利润”科目，贷记“所得税费用”科目。结转后，“所得税费用”科目应无余额。

例 16-13 承例 16-11，甲公司递延所得税负债年初数为 400 000 元，年末数为 500 000 元，递延所得税资产年初数为 250 000 元，年末数为 200 000，甲公司应编制如下会计分录：

甲公司所得税费用的计算如下：

递延所得税=(500 000−400 000)+(250 000−200 000)=150 000(元)

所得税费用=当期所得税+递延所得税=2 092 500+150 000=2 242 500(元)

甲公司应编制如下会计分录：

借：所得税费用　　2 242 500

　　贷：应交税费——应交所得税　　2 092 500

　　　　递延所得税负债　　100 000

　　　　递延所得税资产　　50 000

第三节　本年利润

企业应设置“本年利润”科目，核算企业本年度实现的净利润(或发生的净亏损)。

会计期末，企业应将“主营业务收入”“其他业务收入”“其他收益”“营业外收入”等科目的余额分别转入“本年利润”科目的贷方；将“主营业务成本”“税金及附加”“其他业务成本”“销售费用”“管理费用”“财务费用”“信用减值损失”“资产减值损失”“营业外支出”“所得税费用”等科目的余额分别转入 “本年利润”科目的借方。将“投资收益”“资产处置损益”科目的净收益转入“本年利润”科目的贷方；将“投资收益”“资产处置损益”科目的净损失转入“本年利润”科目的借方。转账后，“本年利润”科目如为贷方余额，反映当年实现的净利润；如为借方余额，反映当年发生的净亏损。

年度终了，企业还应将“本年利润”科目的本年累计余额转入“利润分配——未分配利润”科目，如为净利润(“本年利润”为贷方余额)，借记“本年利润”科目，贷记“利润分配——未分配利润”科目；如为净亏损(“本年利润”为借方余额)，做相反会计分录，即借记“利润分配——未分配利润”科目，贷记“本年利润”科目。结转后“本年利润”科目应无余额。

例 16-14 甲公司 2×15 年 12 月 31 日有关科目的月末余额如表 16-1 所示(所得税税率为 25%)。

表 16-1　损益类科目余额表

编制单位：甲公司　　2×15 年 12 月 31 日　　单位：元

科目名称	借或贷	结账前余额
主营业务收入	贷	160 000
其他业务收入	贷	50 000
投资收益	贷	30 000
营业外收入	贷	8 000
主营业务成本	借	80 000
其他业务成本	借	20 000
税金及附加	借	6 000
销售费用	借	4 000
管理费用	借	20 000
财务费用	借	2 000
营业外支出	借	10 000

续表

科目名称	借或贷	结账前余额
资产减值损失	借	2 000
本年利润	贷	200 000
所得税费用	借	34 320

注：本年利润中，10～11 月利润为 33 280 元。

甲公司 2×15 年年末结转本年利润，并编制如下会计分录。

(1)将各损益类科目的月末余额结转入“本年利润”科目。

① 结转各项收入、利得类科目：

借：主营业务收入　　160 000
　　其他业务收入　　50 000
　　营业外收入　　8 000
　　投资收益　　30 000
　　贷：本年利润　　248 000

② 结转各项费用、损失类科目：

借：本年利润　　144 000
　　贷：主营业务成本　　80 000
　　　　其他业务成本　　20 000
　　　　税金及附加　　6 000
　　　　销售费用　　4 000
　　　　管理费用　　20 000
　　　　财务费用　　2 000
　　　　营业外支出　　10 000
　　　　资产减值损失　　2 000

(2)经过上述结转后，2×15 年 12 月实现的利润总额为 248 000−144 000=104 000(元)。第四季度实现的利润总额为 33 280+104 000=137 280(元)。

(3)假设甲公司 2×15 年无纳税调整事项。

(4)计算第四季度应交的企业所得税：137 280×25%=34 320(元)。

编制的会计分录如下。

① 计算应交的企业所得税：

借：所得税费用　　34 320
　　贷：应交税费——应交所得税　　34 320

② 结转所得税费用：

借：本年利润　　34 320
　　贷：所得税费用　　34 320

(5)计算并结转本年净利润：

本年净利润=200 000+(248 000−144 000−34 320)=269 680(元)

借：本年利润　　269 680
　　贷：利润分配——未分配利润　　269 680

思考题

1. 利润总额由哪些内容构成?

2. 企业的营业利润如何计算?

3. 营业外收支包括哪些内容?

练 习 题

习题一

【目的】练习营业外收支的核算。

【资料】A 公司 20×9 年发生如下业务(部分)。

1. 结转毁损报废固定资产的净损失 300 000 元。
2. 结转盘亏固定资产的损失 100 000 元。
3. 结转无法支付 C 公司的应付账款 1.80 元。
4. 对希望工程捐款 100 000 元。
5. 转让一项专利权，该专利权成本 100 万元，累计摊销 30 万元，转让价 52.5 万元，款收存银行，税务机关核定应交增值税 25 000 元。

【要求】根据上述资料，编制会计分录。

习题二

【目的】练习利润的计算。

【资料】美益公司 20×9 年度决算时，各损益类账户的资料如下。单位：元。

主营业务收入	3 000 000
主营业务成本	1500 000
税金及附加	100 000
销售费用	400 000
管理费用	186 800
财务费用	40 000
其他业务收入	200 000
其他业务成本	80 000
营业外收入	100 000
营业外支出	50 000
所得税费用	235 800

【要求】根据以上资料计算该单位 20×9 年度的营业利润、利润总额、净利润。

第十七章 财务报告

第一节 财务报告概述

财务报告，是指企业对外提供的反映企业某一特定日期的财务状况和某一会计期间的经营成果、现金流量等会计信息的文件。财务报告包括财务报表和其他应当在财务报告中披露的相关信息和资料。

一、财务报表的定义和构成

财务报表是对企业财务状况、经营成果和现金流量的结构性表述，是指企业对外提供的反映企业某一特定日期的财务状况和某一会计期间的经营成果、现金流量等会计信息的书面文件。

财务报表是会计核算过程中最后提出的结果，也是会计核算工作的总结。

财务报表至少应当包括下列组成部分：(1)资产负债表；(2)利润表；(3)现金流量表；(4)所有者权益(或股东权益，下同)变动表；(5)附注。财务报表的这些组成部分具有同等的重要程度。

财务报表可以按照不同的标准进行分类：

(1)按照财务报表编报期间的不同，可以分为中期财务报表和年度财务报表。中期财务报表是以短于一个完整会计年度的报告期间为基础编制的财务报表，包括月报、季报和半年报等。

(2)按财务报表编报主体的不同，可以分为个别财务报表和合并财务报表。个别财务报表是由企业在自身会计核算基础上对账簿记录进行加工而编制的财务报表，主要用以反映企业自身的财务状况、经营成果和现金流量情况。合并财务报表是以母公司和子公司组成的企业集团为会计主体，根据母公司和所属子公司的财务报表，由母公司编制的综合反映企业集团财务状况、经营成果及现金流量的财务报表。

二、财务报表列报的基本要求

(一)依据各项会计准则确认和计量的结果编制财务报表

企业应当根据实际发生的交易和事项，按照各项具体会计准则的规定进行确认和计量，并在此基础上编制财务报表。企业应当在附注中对这一情况做出声明，只有遵循了企业会计准则的所有规定时，财务报表才应当被称为“遵循了企业会计准则”。同时，企业不应以附注披露代替对交易和事项的确认和计量。不恰当的确认和计量也不能通过充分披露相关会计政策而纠正。

此外，如果按照各项会计准则规定披露的信息不足以让报表使用者了解特定交易或事项对企业财务状况和经营成果的影响时，企业还应当披露其他的必要信息。

(二)列报基础

企业应当以持续经营为基础编制财务报表。持续经营是会计的基本前提，也是会计确认、计量及编制财务报表的基础。在编制财务报表的过程中，企业管理层应当利用其所有可获得信息来评价企业自报告期末起至少 12 个月的持续经营能力。

评价时需要考虑的因素包括宏观政策风险、市场经营风险、企业目前或长期的盈利能力、偿债能力、财务弹性以及企业管理层改变经营政策的意向等因素。评价结果表明对持续经营能力产生重大怀疑的，企业应当在附注中披露导致对持续经营能力产生重大怀疑的因素以及企业拟采取的改善措施。

企业在评估持续经营能力时应当考虑企业的具体情况。通常情况下，企业过去每年都有可观的净利润，并且易于获取所需的财务资源，则往往表明以持续经营为基础编制财务报表是合理的，而无须进行详细的分析即可得出企业持续经营的结论。反之，如果企业过去多年有亏损的记录等情况，则需要通过考虑更加广泛的相关因素来做出评价，如目前和预期未来的获利能力、债务清偿计划、替代融资的潜在来源等。

非持续经营是企业在极端情况下呈现的一种状态。企业存在以下情况之一的，通常表明企业处于非持续经营状态：(1)企业已在当期进行清算或停止营业；(2)企业已经正式决定在下一个会计期间进行清算或停止营业；(3)企业已确定在当期或下一个会计期间没有其他可供选择的方案而将被迫进行清算或停止营业。企业处于非持续经营状态时，应当采用其他基础编制财务报表。比如，企业处于破产状态时，其资产应当采用可变现净值计量、负债应当按照其预计的结算金额计量等。在非持续经营情况下，企业应当在附注中声明财务报表未以持续经营为基础列报，披露未以持续经营为基础的原因和财务报表的编制基础。

(三)权责发生制

除现金流量表按照收付实现制编制外，企业应当按照权责发生制编制其他财务报表。

(四)列报的一致性

可比性是会计信息质量的一项重要质量要求，目的是使同一企业不同期间和同一期间不同企业的财务报表相互可比。为此，财务报表项目的列报应当在各个会计期间保持一致，不得随意变更。这一要求不仅只针对财务报表中的项目名称，还包括财务报表项目的分类、排列顺序等方面。

在以下规定的特殊情况下，财务报表项目的列报是可以改变的：

(1)会计准则要求改变财务报表项目的列报。

(2)企业经营业务的性质发生重大变化或对企业经营影响较大的交易或事项发生后，变更财务报表项目的列报能够提供更可靠、更相关的会计信息。

(五)依据重要性原则单独和汇总列报项目

关于项目在财务报表中是单独列报还是合并列报，应当根据重要性原则来判断。总的原则是，如果某项目单个看不具有重要性，则可将其与其他项目汇总列报；如有重要性，则应当单独列报。企业在进行重要性判断时，应当根据所处的具体环境，从项目的性质和金额两方面予以判断：一方面，应当考虑该项目的性质是否属于企业日常活动，是否显著影响企业的财务状况、经营成果和现金流量等因素；另一方面，判断项目金额大小的重要性，应当通过单项金额占资产总额、负债总额、所有者权益总额、营业收入总额、营业成本总额、净利润、综合收益总额等直接相关项目金额的比重或所属报表单列项目金额的比重加以确定。同时，企业对于各个项目重要性的判断标准一经确定，不得随意变更。具体而言：

(1)性质或功能不同的项目。一般应当在财务报表中单独列报，如存货和固定资产在性质上和功能上都有本质差别，应必须分别在资产负债表上单独列报。但是不具有重要性的项目可以汇总列报。

(2)性质或功能类似的项目，一般可以汇总列报，但是对其具有重要性的类别应该单独列报。比如，原材料、在产品等在性质上类似，均通过生产过程形成企业的产品存货，因此可以汇总列报，汇总之后的类别统称为“存货”，在资产负债表上列报。

(3)项目单独列报的原则不仅适用于报表，还适用于附注。某些项目的重要性程度不足以在资产负债表、利润表、现金流量表或所有者权益变动表中单独列报，但是可能对附注而言具有重要性，在这种情况下应当在附注中单独披露。

(4)无论是财务报表列报准则规定的单独列报项目，还是其他具体会计准则规定单独列报的项目，企业都应当予以单独列报。

(六)财务报表项目金额间的相互抵销

财务报表项目应当以总额列报。资产和负债、收入和费用、直接计入当期利润的利得和损失项目的金额不能相互抵销，即不得以净额列报，但企业会计准则另有规定的除外。比如，企业欠客户的应付款不得与其他客户欠本企业的应收款相抵销，如果相互抵销就掩盖了交易的实质。

下列三种情况不属于抵销，可以以净额列示：

(1)一组类似交易形成的利得和损失以净额列示的，不属于抵销。比如，汇兑损益应当以净额列报，为交易目的而持有的金融工具形成的利得和损失应当以净额列报等。但是，如果相关利得和损失具有重要性，则应当单独列报。

(2)资产或负债项目按扣除减值准备后的净额列示，不属于抵销。比如，对资产计提减值准备，表明资产的价值确实已经发生减损，按扣除减值准备后的净额列示，才反映了资产当时的真实价值。

(3)非日常活动产生的利得和损失，以同一交易形成的收益扣减相关费用后的净额更能反映交易实质的，不属于抵销。非日常活动的发生具有偶发性，并非企业主要的业务，从重要性来讲，非日常活动产生的损益，以收入扣减费用后的净额列示，更有利于报表使用者的理解。

(七)比较信息的列报

企业在列报当期财务报表时，至少应当提供所有列报项目上一可比会计期间的比较数据，以及与理解当期财务报表相关的说明，目的是向报表使用者提供对比数据，提高信息在会计期间的可比性，以反映企业财务状况、经营成果和现金流量的发展趋势，提高报表使用者的判断与决策能力。比较信息的列报这一要求适用于财务报表的所有组成部分，即既适用于四张报表，也适用于附注。

通常情况下，企业列报所有列报项目上一个可比会计期间的比较数据，至少包括两期各报表及相关附注。

在财务报表项目的列报确需发生变更的情况下，企业应当对上期比较数据按照当期的列报要求进行调整，并在附注中披露调整的原因和性质，以及调整的各项目金额。但是，在某些情况下，对可比期间比较数据进行调整不切实可行的，则应当在附注中披露不能调整的原因。

(八)财务报表表首的列报要求

财务报表一般分为表首、正表两部分，其中在表首部分企业应当概括地说明下列基本信息。

(1)编报企业的名称，如企业名称在所属当期发生了变更的，还应明确标明。

(2)对资产负债表而言，应当披露资产负债表日，而对利润表、现金流量表、所有者权益变动表而言，应当披露报表涵盖的会计期间。

(3)货币名称和单位，按照我国企业会计准则的规定，企业应当以人民币作为记账本位币列报，并标明金额单位，如人民币“元”、人民币“万元”等。

(4)财务报表是合并财务报表的，应当予以标明。

(九)报告期间

企业至少应当按年编制财务报表。根据《中华人民共和国会计法》的规定，会计年度自公历1月1日起至12月31日止。因此，在编制年度财务报表时，可能存在年度财务报表涵盖的期间短于一年的情况，如企业在年度中间(如3月1日)开始设立等。在这种情况下，企业应当披露年度财务报表的实际涵盖期间及短于一年的原因，并说明由此引起财务报表项目与比较数据不具有可比性这一事实。

第二节　资产负债表

一、资产负债表的内容

资产负债表是指反映企业在某一特定日期的财务状况的报表。它反映企业在某一特定日期企业所拥有或控制的经济资源，所承担的现时义务和所有者对净资产的要求权。通过资产负债表，可以提供某一日期资产的总额及其结构，表明企业拥有或控制的资源及其分布情况，使用者可以一目了然地从资产负债表上了解企业在某一特定日期所拥有的资产总量及其结构；可以提供某一日期负债的总额及其结构，表明企业未来需要用多少资产或劳务清偿债务以及清偿的时间；可以反映所有者所拥有的权益，据以判断资本保值、增值的情况以及对负债的保障程度。此外，资产负债表还可以提供进行财务分析的基本资料，如将流动资产与流动负债进行比较，计算出流动比率；将速动资产与流动负债进行比较，计算出速动比率，可以表明企业的变现能力、偿债能力和资金周转能力，从而有助于报表使用者做出经济决策。

二、资产负债表的结构

在我国，资产负债表采用账户式结构，即资产负债表分为左方和右方，左方列示资产各项目，反映全部资产的分布及存在形态；右方列示负债和所有者权益各项目，反映全部负债和所有者权益的内容及构成情况。资产负债表左右双方平衡，资产总计等于负债和所有者权益总计，即资产=负债+所有者权益。此外，为了使使用者通过比较不同时点资产负债表的数据，掌握企业财务状况的变动情况及发展趋势，企业需要提供比较资产负债表，资产负债表还就各项目再分为“年初余额”和“期末余额”两栏分别填列。资产负债表的格式如表 17-1[企业会计准则（简称一般企业，下同）]和表 17-2 所示[小企业会计准则（简称小企业，下同）]。

（一）执行企业会计准则的企业资产负债表的格式

执行企业会计准则的企业资产负债表的格式如表 17-1 所示。

表 17-1　执行企业会计准则的企业资产负债表

会企 01 表

编制单位：　　　　　　　　　　____年____月____日　　　　　　　　　　单位：元

资产	期末余额	年初余额	负债和所有者权益（或股东权益）	期末余额	年初余额
流动资产：			流动负债：		
货币资金			短期借款		
交易性金融资产			交易性金融负债		
衍生金融资产			衍生金融负债		
应收票据			应付票据		
应收账款			应付账款		
应收款项融资			预收款项		
预付款项			合同负债		
其他应收款			应付职工薪酬		
存货			应交税费		
合同资产			其他应付款		
持有待售资产			持有待售负债		
一年内到期的非流动资产			一年内到期的非流动负债		
其他流动资产			其他流动负债		
流动资产合计			流动负债合计		
非流动资产：			非流动负债：		
债权投资			长期借款		
其他债权投资			应付债券		
长期应收款			其中：优先股		
长期股权投资			永续债		
其他权益工具投资			租赁负债		
其他非流动金融资产			长期应付款		
投资性房地产			预计负债		
固定资产			递延收益		

续表

资产	期末余额	年初余额	负债和所有者权益（或股东权益）	期末余额	年初余额
在建工程			递延所得税负债		
生产性生物资产			其他非流动负债		
油气资产			非流动负债合计		
使用权资产			负债合计		
无形资产			所有者权益（或股东权益）：		
开发支出			实收资本（或股本）		
商誉			其他权益工具		
长期待摊费用			其中：优先股		
递延所得税资产			永续债		
其他非流动资产			资本公积		
非流动资产合计			减：库存股		
			其他综合收益		
			专项储备		
			盈余公积		
			未分配利润		
			所有者权益（或股东权益）合计		
资产总计			负债和所有者权益（或股东权益）总计		

（二）执行小企业会计准则的企业资产负债表的格式

执行小企业会计准则的企业资产负债表的格式如表 17-2 所示。

表 17-2　执行小企业会计准则的企业资产负债表

会企 01 表

编制单位：　　　　　　　　　　＿＿年＿＿月＿＿日　　　　　　　　　　单位：元

资产	期末余额	年初余额	负债和所有者权益（或股东权益）	期末余额	年初余额
流动资产：			流动负债：		
货币资金			短期借款		
短期投资			应付票据		
应收票据			应付账款		
应收账款			预收账款		
预付账款			应付职工薪酬		
应收股利			应交税费		
应收利息			应付利息		
其他应收款			应付股利		
存货			其他应付款		
其中：原材料			其他流动负债		
在产品			流动负债合计		
库存商品			非流动负债：		
周转材料			长期借款		
其他流动资产			长期应付款		
流动资产合计			递延收益		
非流动资产：			其他非流动负债		
长期债券投资			非流动负债合计		
长期股权投资			负债合计		
固定资产原价					
减：累计折旧			所有者权益（或股东权益）：		

续表

资产	期末余额	年初余额	负债和所有者权益（或股东权益）	期末余额	年初余额
固定资产账面价值			实收资本（或股本）		
在建工程			资本公积		
工程物资			盈余公积		
固定资产清理			未分配利润		
生产性生物资产			所有者权益（股东权益）合计		
无形资产					
研发支出					
长期待摊费用					
其他非流动资产					
非流动资产合计					
资产总计			负债和所有者权益（或股东权益）总计		

三、资产负债表的编制方法

（一）执行企业会计准则的企业资产负债表的填列方法

财务报表的编制，主要是通过对日常会计核算记录的数据加以归集、整理，使之成为有用的财务信息。如何将日常数据转化为可以对外披露的有用信息，是保证会计信息披露质量的重要因素。

1. 资产负债表“年初余额”栏的填列方法

资产负债表各项目均需填列“年初余额”和“期末余额”两栏。其中 “年初余额”栏内各项数字，通常应根据上年年末有关项目的期末余额填列，且与上年年末资产负债表“期末余额”栏相一致。如果企业发生了会计政策变更、前期差错更正，应当对“年初余额”栏中有关项目进行相应调整。如果本年度资产负债表规定的各个项目的名称和内容同上年度不相一致，应对上年年末资产负债表各项目的名称和金额按照本年度的规定进行调整，填入报表中的“年初余额”栏。

2. 资产负债表“期末余额”栏的填列方法

资产负债表“期末余额”栏一般应根据资产、负债和所有者权益类科目的期末余额填列，主要有以下几种填列方法：

（1）根据总账科目余额直接填列。“交易性金融资产”“其他债权投资”“其他权益工具投资”“递延所得税资产”“短期借款”“应付职工薪酬”“持有待售负债”“预计负债”“递延收益”“递延所得税负债”“实收资本（或股本）”“库存股”“资本公积”“其他综合收益”“盈余公积”等项目，应根据有关总账科目的余额填列。

（2）根据总账科目余额计算填列。资产负债表某些项目需要根据若干总账科目的期末余额计算填列，如“货币资金”项目，根据“库存现金”“银行存款”“其他货币资金”三个总账科目的期末余额的合计数填列。

（3）根据相关明细科目余额计算填列。资产负债表某些项目需要根据有关科目所属的相关明细科目的期末余额计算填列，如“应付账款”项目，需要根据“应付账款”和“预付账款”两个科目所属相关明细科目的期末贷方余额计算填列。

（4）根据总账科目和明细科目余额分析计算填列。如“长期借款”项目，应根据“长期借款”总账科目余额扣除“长期借款”科目所属的明细科目中将在资产负债表日起一年内到期、且企业不能自主地将清偿义务展期的长期借款后的金额计算填列。

（5）根据有关科目余额减去其备抵科目余额后的净额填列。如“持有待售资产”“债权投资”“长期股权投资”“在建工程”“固定资产”“无形资产”等项目，根据有关科目余额减去其备抵科目余额后的净额填列。

（6）综合运用上述填列方法分析填列。主要包括：“应收账款”项目，应根据“应收账款”科目和“预收账款”科目所属各明细科目的借方余额合计数，减去“坏账准备”科目中相关坏账准备期末余额后的金额分析填列；“存货”项目，应根据“原材料”“材料采购”（或“在途物资”）、“材料成本差异”“库存商品”“周转材料”等总账科目的期末余额的汇总数，再减去“存货跌价准备”科目余额后的净额填列。

（二）执行企业会计准则的企业资产负债表的填列说明

在我国，资产负债表的“年初余额”栏内各项目数字，应根据上年年末资产负债表“期末余额”栏内所列数字填列。如果本年度资产负债表规定的各个项目的名称和内容同上年度不相一致，应对上年年末资产负债表各项目的名称和数字按照本年度的规定进行调整，按调整后的数字填入报表中的“年初余额”栏内。资产负债表的“期末余额”栏各项目主要是根据有关科目记录填列的，填列说明如下。

1. 资产项目的填列说明

(1)“货币资金”项目，反映企业库存现金、银行结算户存款、外埠存款、银行汇票存款、银行本票存款、信用卡存款、信用证保证金存款等的合计数。本项目应根据“库存现金”“银行存款”“其他货币资金”科目的期末余额合计数填列。

(2)“交易性金融资产”项目，反映资产负债表日企业分类为以公允价值计量且其变动计入当期损益的金融资产,以及企业持有的直接指定为以公允价值计量且其变动计入当期损益的金融资产的期末账面价值。本项目应根据“交易性金融资产”科目的相关明细科目期末余额分析填列。自资产负债表日起超过一年到期且预期持有超过一年的以公允价值计量且其变动计入当期损益的非流动金融资产的期末账面价值,在“其他非流动金融资产”项目反映。

(3)“衍生金融资产”项目，反映衍生金融工具的资产价值。本项目应根据“衍生金融资产”科目的期末余额填列。

(4)“应收票据”项目，反映资产负债表日以摊余成本计量的，企业因销售商品、提供服务等收到的商业汇票，包括银行承兑汇票和商业承兑汇票。本项目应根据“应收票据”科目的期末余额，减去“坏账准备”科目中相关坏账准备期末余额后的金额分析填列。

(5)“应收账款”项目，反映资产负债表日以摊余成本计量的，企业因销售商品、提供服务等经营活动应收取的款项。本项目应根据“应收账款”科目和“预收账款”科目所属的各明细科目的期末借方余额的合计数，减去“坏账准备”科目中相关坏账准备期末余额后的金额分析填列。

(6)“应收款项融资”项目，反映资产负债表日以公允价值计量且其变动计入其他综合收益的应收票据和应收账款等。

(7)“预付款项”项目，反映企业按照购货合同预付给供应单位的款项等。本项目应根据“预付账款”和“应付账款”科目所属各明细科目的期末借方余额合计数，减去“坏账准备”科目中对有关预付账款计提的坏账准备期末余额后的金额填列。如“预付账款”科目所属各明细科目期末有贷方余额的，应在资产负债表“应付账款”项目内填列。

(8)“其他应收款”项目，反映企业除应收票据、应收账款、预付账款等经营活动以外的其他各种应收、暂付的款项。本项目应根据“其他应收款”“应收股利”“应收利息”科目的期末余额分析填列。其中的“应收利息”仅反映相关金融工具已到期可收取但于资产负债表日尚未收到的利息。基于实际利率法计提的金融工具的利息应包含在相应金融工具的账面余额中。

(9)“存货”项目，反映企业期末在库、在途和在加工中的各项存货的可变现净值。本项目应根据“材料采购或在途物资”“原材料”“库存商品”“周转材料”“委托加工物资”“生产成本”等科目的期末余额合计，减去“存货跌价准备”科目期末余额后的金额填列。材料采用计划成本核算以及库存商品采用计划成本或售价核算的企业，还应按加或减“材料成本差异”“商品进销差价”后的金额填列。

按照《企业会计准则第14号——收入》(财会〔2017〕22号)的相关规定确认为资产的合同履约成本，应当根据“合同履约成本”科目的明细科目初始确认时摊销期限是否超过一年或一个正常营业周期，在“存货”或“其他非流动资产”项目中填列；已计提减值准备的，应根据减去“合同履约成本减值准备”科目中相关的期末余额后的金额填列。

(10)“合同资产”项目，反映企业已向客户转让商品而有权收取对价的权利(该权利取决于时间流逝之外的其他因素)的价值。本项目应根据“合同资产”科目及相关明细科目的期末余额分析填列。

企业应按照《企业会计准则第14号——收入》的相关规定根据本企业履行履约义务与客户付款之间的关系在资产负债表中列示合同资产或合同负债。“合同资产”项目、“合同负债”项目，应分别根据“合同资产”科目、“合同负债”科目的相关明细科目的期末余额分析填列。同一合同下的合同资产和合同负债应当以净额列示，其中净额为借方余额的，应当根据其流动性在“合同资产”或“其他非流动资产”项目中填列；已计提减值准备的，应根据减去“合同资产减值准备”科目中相关的期末余额的金额填列。

(11)“持有待售资产”项目，反映资产负债表日划分为持有待售类别的非流动资产及划分为持有待售类别的处置组中的流动资产和非流动资产的期末账面价值。本项目应根据“持有待售资产”科目的期末余额，减去“持有待售资产减值准备”科目的期末余额后的金额填列。

(12)“一年内到期的非流动资产”项目，通常反映预计自资产负债表日起一年内变现的非流动资产的期末账面价值。对于按照相关会计准则采用折旧(或摊销、折耗)方法进行后续计量的固定资产、使用权资产、无形资产和长期待摊费用等非流动资产，折旧(或摊销、折耗)年限(或期限)只剩一年或不足一年的，或预计在一年内(含一年)进行折旧(或摊销、折耗)的部分，不得归类为流动资产，仍在各该非流动资产项目中填列，不转入“一年内到期的非流动资产”项目。

(13)“其他流动资产”项目，反映企业除货币资金、交易性金融资产、应收票据、应收账款、预付款项、存货等流动资产项目以外的其他流动资产的期末账面价值。本项目应根据有关科目的期末余额填列。

(14)“债权投资”项目，反映资产负债表日企业以摊余成本计量的长期债权投资的期末账面价值。本项目应根据“债权投资”科目的相关明细科目期末余额，减去“债权投资减值准备”科目中相关减值准备的期末余额后的金额分析填列。自资产负债表日起一年内到期的债权投资的期末账面价值，在“一年内到期的非流动资产”项目中反映。企业购入的以摊余成本计量的一年内到期的债权投资的期末账面价值，在“其他流动资产”项目中反映。

(15)“其他债权投资”项目，反映资产负债表日企业分类为以公允价值计量且其变动计入其他综合收益的长期债权投资的期末账面价值。本项目应根据“其他债权投资”科目的相关明细科目期末余额分析填列。自资产负债表日起一年内到期的其他债权投资的期末账面价值，在“一年内到期的非流动资产”项目中反映。企业购入的以公允价值计量且其变动计入其他综合收益的一年内到期的债权投资的期末账面价值，在“其他流动资产”项目中反映。

(16)“长期应收款”项目，反映企业的长期应收款项，包括融资租赁产生的应收款项、采用递延方式具有融资性质的销售商品和提供劳务等产生的长期应收款项等。本项目应根据“长期应收款”科目的期末余额，减去相应的“未实现融资收益”科目和“坏账准备”科目中对有关长期应收款计提的坏账准备期末余额后的金额填列。

(17)“长期股权投资”项目，反映企业持有的对子公司、联营企业和合营企业的长期股权投资。本项目应根据“长期股权投资”科目的期末余额，减去“长期股权投资减值准备”科目期末余额后的金额填列。

(18)“其他权益工具投资”项目，反映资产负债表日企业指定为以公允价值计量且其变动计入其他综合收益的非交易性权益工具投资的期末账面价值。本项目应根据“其他权益工具投资”科目的期末余额填列。

（19）“其他非流动金融资产”项目，反映企业自资产负债表日起超过一年且预期持有超过一年的以公允价值计量且其变动计入当期损益的非流动金融资产的期末账面价值。本项目应根据“交易性金融资产”科目的相关明细科目期末余额分析填列。

（20）“投资性房地产”项目，反映企业持有的投资性房地产的期末账面价值。企业采用成本模式计量的投资性房地产的，本项目应根据“投资性房地产”科目的期末余额，减去“投资性房地产累计折旧（摊销）”和“投资性房地产减值准备”科目期末余额后的金额填列；企业采用公允价值模式计量的投资性房地产的，本项目应根据“投资性房地产”科目的期末余额填列。

（21）“固定资产”项目，反映资产负债表日企业固定资产的期末账面价值和企业尚未清理完毕的固定资产清理净损益。本项目应根据“固定资产”科目的期末余额，减去“累计折旧”和“固定资产减值准备”科目的期末余额后的金额，以及“固定资产清理”科目的期末余额填列。

（22）“在建工程”项目，反映资产负债表日企业尚未达到预定可使用状态的在建工程的期末账面价值和企业为在建工程准备的各种物资的期末账面价值。本项目应根据“在建工程”科目的期末余额减去“在建工程减值准备”科目的期末余额后的金额，以及“工程物资”科目的期末余额减去“工程物资减值准备”科目的期末余额后的金额填列。

（23）“生产性生物资产”项目，反映企业（农业）持有的生产性生物资产的账面价值。本项目应根据“生产性生物资产”科目的期末余额，减去“生产性生物资产累计折旧”“生产性生物资产减值准备”科目期末余额后的金额填列。

（24）“油气资产”项目，反映企业（石油天然气开采）持有的矿区权益和油气井及相关设施的账面价值。本项目应根据“油气资产”科目的期末余额，减去“累计折耗”科目期末余额和相应减值准备后的金额填列。

（25）“使用权资产”项目，反映资产负债表日承租人企业持有的使用权资产的期末账面价值。该项目应根据“使用权资产”科目的期末余额，减去“使用权资产累计折旧”和“使用权资产减值准备”科目的期末余额后的金额填列。

（26）“无形资产”项目，反映企业持有的无形资产（包括专利权、非专利技术、商标权、著作权、土地使用权等）的期末账面价值。本项目应根据“无形资产”科目的期末余额，减去“累计摊销”和“无形资产减值准备”科目期末余额后的金额填列。

（27）“开发支出”项目，反映企业开发无形资产过程中能够资本化形成无形资产成本的支出部分的期末账面价值。本项目应根据“研发支出”科目中所属的“资本化支出”明细科目期末余额填列。

（28）“商誉”项目，反映企业合并中形成的商誉价值。本项目应根据“商誉”科目的期末余额，减去“商誉减值准备”科目期末余额后的金额填列。

（29）“长期待摊费用”项目，反映企业已经发生但应由本期和以后各期负担的分摊期限在一年以上的各项费用，长期待摊费用中在一年内（含一年）摊销的部分，在资产负债表“一年内到期的非流动资产”项目中填列。本项目应根据“长期待摊费用”科目的期末余额，减去将于一年内（含一年）摊销的数额后的金额填列。

（30）“递延所得税资产”项目，反映企业确认的可抵扣暂时性差异产生的递延所得税资产的期末账面价值。本项目应根据“递延所得税资产”科目的期末余额填列。

（31）“其他非流动资产”项目，反映企业除长期股权投资、固定资产、在建工程、无形资产等资产以外的其他非流动资产的期末账面价值。本项目应根据有关科目的期末余额填列。

2. 负债项目的填列说明

（1）“短期借款”项目，反映企业向银行或其他金融机构等借入的期限在一年以下（含一年）的各种借款的期末账面价值。本项目应根据“短期借款”科目的期末余额填列。

（2）“交易性金融负债”项目，反映资产负债表日企业承担的交易性金融负债，以及企业持有的指定为以公允价值计量且其变动计入当期损益的金融负债的期末账面价值。本项目应根据“交易性金融负债”科目的相关明细科目的期末余额填列。

(3)“衍生金融负债”项目，反映衍生金融工具的负债价值。本项目应根据“衍生金融负债”科目的期末余额填列。

(4)“应付票据”项目，反映资产负债表日以摊余成本计量的，企业因购买材料、商品和接受服务等开出、承兑的商业汇票，包括银行承兑汇票和商业承兑汇票。本项目应根据“应付票据”科目的期末余额填列。

(5)“应付账款”项目，反映资产负债表日以摊余成本计量的，企业因购买材料、商品和接受服务等经营活动应支付的款项。本项目应根据“应付账款”和“预付账款”科目所属的相关明细科目的期末贷方余额合计数填列。

(6)“预收款项”项目，反映企业按照销货合同规定预收购买单位的款项。本项目应根据“预收账款”和“应收账款”科目所属各明细科目的期末贷方余额合计数填列。

(7)“合同负债”项目，反映企业已收客户对价而应向客户转让商品的义务的价值。本项目应根据“合同负债”科目及相关明细科目的期末余额分析填列。

同一合同下的合同资产和合同负债应当以净额列示，其中净额为贷方余额的，应当根据其流动性在“合同负债”或“其他非流动负债”项目中填列。

(8)“应付职工薪酬”项目，反映企业根据有关规定应付给职工的工资、职工福利费、社会保险费、住房公积金、工会经费、职工教育经费、非货币性福利、辞退福利等各种薪酬。本项目应根据“应付职工薪酬”科目期末贷方余额填列。如“应付职工薪酬”科目期末为借方余额，以“-”号填列。

(9)“应交税费”项目，反映企业按照税法规定计算应交纳的各种税费，包括增值税、消费税、所得税、资源税、土地增值税、城市维护建设税、房产税、土地使用税、车船使用税、教育费附加、矿产资源补偿费等。企业代扣代缴的个人所得税，也通过本项目列示。本项目应根据“应交税费”科目的期末贷方余额填列；如“应交税费”科目期末为借方余额，以“-”号填列。

(10)“其他应付款”项目，反映企业除应付票据、应付账款、预收账款、应付职工薪酬、应交税费等经营活动以外的其他各项应付、暂收的款项。本项目应根据“应付利息”“应付股利”和“其他应付款”科目的期末余额合计数填列。其中的“应付利息”仅反映相关金融工具已到期应支付但于资产负债表日尚未支付的利息。基于实际利率法计提的金融工具的利息应包含在相应金融工具的账面余额中。

(11)“持有待售负债”项目，反映资产负债表日处置组中与划分为持有待售类别的资产直接相关的负债的期末账面价值。本项目应根据“持有待售负债”科目的期末余额填列。

(12)“一年内到期的非流动负债”项目，反映企业非流动负债中将于资产负债表日后一年内到期部分的金额，如将于一年内偿还的长期借款。本项目应根据有关科目的期末余额填列。

(13)“其他流动负债”项目，反映企业除短期借款、应付票据、应付账款、预收款项、应付职工薪酬、应交税费等流动负债以外的其他流动负债。本项目应根据有关科目的期末余额填列。

(14)“长期借款”项目，反映企业向银行或其他金融机构借入的期限在一年以上(不含一年)的各项借款。本项目应根据“长期借款”科目的期末余额，减去“长期借款”科目中将于一年内到期的长期借款后的金额填列。

(15)“应付债券”项目，反映企业为筹集长期资金而发行的债券本金和利息。本项目应根据“应付债券”科目的期末余额填列。

(16)“租赁负债”项目，反映资产负债表日承租人企业尚未支付的租赁付款额的期末账面价值。本项目应根据“租赁负债”科目的期末余额填列。自资产负债表日起一年内到期应予以清偿的租赁负债的期末账面价值在“一年内到期的非流动负债”项目中反映。

(17)“长期应付款”项目，反映资产负债表日企业除长期借款和应付债券以外的其他各种长期应付款项的期末账面价值。本项目应根据“长期应付款”科目的期末余额减去相关的“未确认融资费用”科目的期末余额后的金额，以及“专项应付款”科目的期末余额填列。

(18)“预计负债”项目，反映企业确认的对外提供担保、未决诉讼、产品质量保证、重组义务、亏损性合同等预计负债的期末账面价值。本项目应根据“预计负债”科目的期末余额填列。

(19)“递延收益”项目，反映企业应当在以后期间计入当期损益的政府补助。本项目应根据“递延收益”科目的期末余额填列。“递延收益”项目中摊销期限只剩一年或不足一年的，或预计在一年内(含一年)进行摊销的部分，不得归类为流动负债，仍在该项目中填列，不转入“一年内到期的非流动负债”项目。

(20)“递延所得税负债”项目，反映企业确认的应纳税暂时性差异产生的所得税负债。本项目应根据“递延所得税负债”科目的期末余额填列。

(21)“其他非流动负债”项目，反映企业除长期借款、应付债券等负债以外的其他非流动负债的期末账面价值。本项目应根据有关科目的期末余额减去将于一年内(含一年)到期偿还数后的余额填列。非流动负债各项目中将于一年内(含一年)到期的非流动负债，应在“一年内到期的非流动负债”项目单独反映。

3. 所有者权益项目的填列说明

(1)“实收资本(或股本)”项目，反映企业投资者实际投入的资本(或股本)总额。本项目应根据“实收资本(或股本)”科目的期末余额填列。

(2)“其他权益工具”项目，反映资产负债表日企业发行在外的除普通股以外分类为权益工具的金融工具的期末账面价值。对于资产负债表日企业发行的金融工具，分类为金融负债的，应在“应付债券”项目中填列，对于优先股和永续债，还应在“应付债券”项目下的“优先股”项目和“永续债”项目中分别填列；分类为权益工具的，应在“其他权益工具”项目中填列，对于优先股和永续债，还应在“其他权益工具”项目下的“优先股”项目和“永续债”项目中分别填列。

(3)“资本公积”项目，反映企业收到投资者出资超出其在注册资本或股本中所占的份额以及直接计入所有者权益的利得和损失等。本项目应根据“资本公积”科目的期末余额填列。

(4)“库存股”项目，反映企业持有的尚未转让或注销的本公司股份金额。本项目应根据“库存股”科目的期末余额填列。

(5)“其他综合收益”科目，反映企业根据企业会计准则规定未在损益中确认的各项利得和损失。本项目应根据“其他综合收益”科目的期末余额填列。

(6)“专项储备”项目，反映高危行业企业按国家规定提取的安全生产费。该项目应根据“专项储备”科目的期末余额填列。

(7)“盈余公积”项目，反映企业从净利润中提取的盈余公积的期末账面价值。本项目应根据“盈余公积”科目的期末余额填列。

(8)“未分配利润”项目，反映企业尚未分配的利润。本项目应根据“本年利润”科目和“利润分配”科目的期末余额计算填列(即：1～11月份，本项目应根据“本年利润”科目和“利润分配”科目的期末余额计算填列。12月份，本项目应根据“利润分配”科目的期末余额填列，“利润分配”科目如为借方余额，以“-”号填列。

(三)执行小企业会计准则的企业资产负债表各项目的填制说明

报表中“年初余额”栏内各项数字，应根据上年年末资产负债表“期末余额”栏内所列数字填列。报表中“期末余额”各项目的内容和填列方法如下。

(1)“货币资金”项目，反映小企业库存现金、银行存款、其他货币资金的合计数。本项目应根据“库存现金”“银行存款”和“其他货币资金”科目的期末余额合计填列。

(2)“短期投资”项目，反映小企业购入的能随时变现并且持有时间不准备超过一年的股票、债券和基金投资的余额。本项目应根据“短期投资”科目的期末余额填列。

(3)“应收票据”项目，反映小企业收到的未到期收款也未向银行贴现的应收票据。本项目应根据“应收票据”科目的期末余额填列。

（4）“应收账款”项目，反映小企业因销售商品、提供劳务等日常生产经营活动应收取的款项。本项目应根据“应收账款”的期末余额分析填列。如“应收账款”科目期末为贷方余额，应当在“预收账款”项目填列。

（5）“预付账款”项目，反映小企业按照合同规定预付的款项，包括根据合同规定预付的购货款、租金、工程款等。本项目应根据“预付账款”科目的期末借方余额填列；如“预付账款”科目期末为贷方余额，应当在“应付账款”项目填列。

属于超过一年期以上的预付账款的借方余额应当在“其他非流动资产”项目填列。

（6）“应收股利”项目，反映小企业应收取的现金股利或利润。本项目应根据“应收股利”科目的期末余额填列。

（7）“应收利息”项目，反映小企业债券投资应收取的利息。小企业购入一次还本付息债券应收的利息，不包括在本项目内。本项目应根据“应收利息”科目的期末余额填列。

（8）“其他应收款”项目，反映小企业除应收票据、应收账款、预付账款、应收股利、应收利息等以外的其他各种应收及暂付款项，包括各种应收的赔款、应向职工收取的各种垫付款项等。本项目应根据“其他应收款”科目的期末余额填列。

（9）“存货”项目，反映小企业期末在库、在途和在加工中的各项存货的成本，包括各种原材料、在产品、半成品、产成品、商品、周转材料（包装物、低值易耗品等）、消耗性生物资产等。本项目应根据“材料采购”“在途物资”“原材料”“材料成本差异”“生产成本”“库存商品”“商品进销差价”“委托加工物资”“周转材料”“消耗性生物资产”等科目的期末余额分析填列。

（10）“其他流动资产”项目，反映小企业除以上流动资产项目外的其他流动资产（含一年内到期的非流动资产）。本项目应根据有关科目的期末余额分析填列。

（11）“长期债券投资”项目，反映小企业准备长期持有的债券投资的本息。本项目应根据“长期债券投资”科目的期末余额分析填列。

（12）“长期股权投资”项目，反映小企业准备长期持有的权益性投资的成本。本项目应根据“长期股权投资”科目的期末余额填列。

（13）“固定资产原价”和“累计折旧”项目，分别反映小企业固定资产的原价（成本）及累计折旧。这两个项目应根据“固定资产”科目和“累计折旧”科目的期末余额填列。

（14）“固定资产账面价值”项目，反映小企业固定资产原价扣除累计折旧后的余额。本项目应根据“固定资产”科目的期末余额减去“累计折旧”科目的期末余额后的金额填列。

（15）“在建工程”项目，反映小企业尚未完工或虽已完工，但尚未办理竣工决算的工程成本。本项目应根据“在建工程”科目的期末余额填列。

（16）“工程物资”项目，反映小企业为在建工程准备的各种物资的成本。本项目应根据“工程物资”科目的期末余额填列。

（17）“固定资产清理”项目，反映小企业因出售、报废、毁损、对外投资等原因处置固定资产所转出的固定资产账面价值以及在清理过程中发生的费用等。本项目应根据“固定资产清理”科目的期末借方余额填列；如“固定资产清理”科目期末为贷方余额，则以“－”号填列。

（18）“生产性生物资产”项目，反映小企业生产性生物资产的账面价值。本项目应根据“生产性生物资产”科目的期末余额减去“生产性生物资产累计折旧”科目的期末余额后的金额填列。

（19）“无形资产”项目，反映小企业无形资产的账面价值。本项目应根据“无形资产”科目的期末余额减去“累计摊销”科目的期末余额后的金额填列。

（20）“开发支出”项目，反映小企业正在进行的无形资产研究开发项目满足资本化条件的支出。本项目应根据“研发支出”科目的期末余额填列。

（21）“长期待摊费用”项目，反映小企业尚未摊销完毕的已提足折旧的固定资产的改建支出、经营租入固定资产的改建支出、固定资产的大修理支出和其他长期待摊费用。本项目应根据“长期待摊费用”科目的期末余额分析填列。

(22)“其他非流动资产”项目，反映小企业除以上非流动资产以外的其他非流动资产。本项目应根据有关科目的期末余额分析填列。

(23)“短期借款”项目，反映小企业向银行或其他金融机构等借入的期限在一年内的、尚未偿还的各种借款本金。本项目应根据“短期借款”科目的期末余额填列。

(24)“应付票据”项目，反映小企业因购买材料、商品和接受劳务等日常生产经营活动开出、承兑的商业汇票(银行承兑汇票和商业承兑汇票)尚未到期的票面金额。本项目应根据“应付票据”科目的期末余额填列。

(25)“应付账款”项目，反映小企业因购买材料、商品和接受劳务等日常生产经营活动尚未支付的款项。本项目应根据“应付账款”科目的期末余额填列。如“应付账款”科目期末为借方余额，则应当在“预付账款”项目填列。

(26)“预收账款”项目，反映小企业根据合同规定预收的款项，包括预收的购货款、工程款等。本项目应根据“预收账款”科目的期末贷方余额填列；如“预收账款”科目期末为借方余额，则应当在“应收账款”项目填列。

属于超过一年期以上的预收账款的贷方余额应当在“其他非流动负债”项目填列。

(27)“应付职工薪酬”项目，反映小企业应付未付的职工薪酬。本项目应根据“应付职工薪酬”科目期末余额填列。

(28)“应交税费”项目，反映小企业期末未交、多交或尚未抵扣的各种税费。本项目应根据“应交税费”科目的期末贷方余额填列；如“应交税费”科目期末为借方余额，则以“-”号填列。

(29)“应付利息”项目，反映小企业尚未支付的利息费用。本项目应根据“应付利息”科目的期末余额填列。

(30)“应付利润”项目，反映小企业尚未向投资者支付的利润。本项目应根据“应付利润”科目的期末余额填列。

(31)“其他应付款”项目，反映小企业除应付账款、预收账款、应付职工薪酬、应交税费、应付利息、应付利润等以外的其他各项应付、暂收的款项，包括应付租入固定资产和包装物的租金、存入保证金等。本项目应根据“其他应付款”科目的期末余额填列。

(32)“其他流动负债”项目，反映小企业除以上流动负债以外的其他流动负债(含一年内到期的非流动负债)的期末账面价值。本项目应根据有关科目的期末余额填列。

(33)“长期借款”项目，反映小企业向银行或其他金融机构借入的期限在一年以上的、尚未偿还的各项借款本金。本项目应根据“长期借款”科目的期末余额分析填列。

(34)“长期应付款”项目，反映小企业除长期借款以外的其他各种应付未付的长期应付款项，包括应付融资租入固定资产的租赁费、以分期付款方式购入固定资产发生的应付款项等。本项目应根据“长期应付款”科目的期末余额分析填列。

(35)“递延收益”项目，反映小企业收到的、应在以后期间计入损益的政府补助。本项目应根据“递延收益”科目的期末余额分析填列。

(36)“其他非流动负债”项目，反映小企业除以上非流动负债项目以外的其他非流动负债的期末账面价值。本项目应根据有关科目的期末余额分析填列。

(37)“实收资本(或股本)”项目，反映小企业收到投资者按照合同协议约定或相关规定投入的、构成小企业注册资本的部分的期末账面价值。本项目应根据“实收资本(或股本)”科目的期末余额分析填列。

(38)“资本公积”项目，反映小企业收到投资者投入资本超出其在注册资本中所占份额的部分的期末账面价值。本项目应根据“资本公积”科目的期末余额填列。

(39)“盈余公积”项目，反映小企业(公司制)的法定公积金和任意公积金、小企业(外商投资)的储备基金和企业发展基金的期末账面价值。本项目应根据“盈余公积”科目的期末余额填列。

(40)“未分配利润”项目，反映小企业尚未分配的历年结存的利润。本项目应根据“本年利润”科目和“利润分配”科目的期末余额计算填列。未弥补的亏损，在本项目内以“-”号填列。

四、资产负债表编制举例

例 17-1 天华股份有限公司 2×18 年 12 月 31 日的资产负债表(年初余额略)及 2×19 年 12 月 31 日科目余额表分别如表 17-3 和表 17-4 所示。

表 17-3 资产负债表

会企 01 表

编制单位：天华股份有限公司　　2×18 年 12 月 31 日　　单位：元

资产	期末余额	年初余额	负债和所有者权益(或股东权益)	期末余额	年初余额
流动资产：			流动负债：		
货币资金	1 406 300		短期借款	300 000	
交易性金融资产	15 000		交易性金融负债		
衍生金融资产			衍生金融负债		
应收票据	246 000		应付票据	200 000	
应收账款	299 100		应付账款	953 800	
应收款项融资			预收款项		
预付款项	200 000		合同负债		
其他应收款	5 000		应付职工薪酬	110 000	
存货	2 580 000		应交税费	36 600	
合同资产			其他应付款	51 000	
持有待售资产			持有待售负债		
一年内到期的非流动资产			一年内到期的非流动负债	1 000 000	
其他流动资产			其他流动负债		
流动资产合计	4 751 400		流动负债合计	2 651 400	
非流动资产：			非流动负债：		
债权投资			长期借款	600 000	
其他债权投资			应付债券		
长期应收款			其中：优先股		
长期股权投资	250 000		永续债		
其他权益工具投资			租赁负债		
其他非流动金融资产			长期应付款		
投资性房地产			预计负债		
固定资产	1 100 000		递延收益		
在建工程	1 500 000		递延所得税负债		
生产性生物资产			其他非流动负债		
油气资产			非流动负债合计	600 000	
使用权资产			负债合计	3 251 400	
无形资产	600 000		所有者权益(或股东权益)：		
开发支出			实收资本(或股本)	5 000 000	
商誉			其他权益工具		
长期待摊费用	200 000		其中：优先股		

续表

资产	期末余额	年初余额	负债和所有者权益(或股东权益)	期末余额	年初余额
递延所得税资产			永续债		
其他非流动资产			资本公积		
非流动资产合计	3 650 000		减：库存股		
			其他综合收益		
			专项储备		
			盈余公积	100 000	
			未分配利润	50 000	
			所有者权益(或股东权益)合计	5 150 000	
资产总计	8 401 400		负债和所有者权益(或股东权益)总计	8 401 400	

表 17-4 科目余额表

编制单位：天华股份有限公司　　2×19 年 12 月 31 日　　单位：元

科目名称	借方余额	科目名称	贷方余额
库存现金	2 000	短期借款	50 000
银行存款	805 831	应付票据	100 000
其他货币资金	7 300	应付账款	953 800
交易性金融资产	0	其他应付款	50 000
应收票据	66 000	应付职工薪酬	180 000
应收账款	600 000	应交税费	226 731
坏账准备	−1 800	应付利息	0
预付账款	200 000	应付股利	32 215.85
其他应收款	5 000	1 年内到期的长期负债	0
材料采购	275 000	长期借款	1 148 000
原材料	45 000	股本	5 000 000
周转材料	38 050	其他综合收益	12 000
库存商品	2 122 400	盈余公积	124 770.40
材料成本差异	4 250	利润分配	218 013.75
长期股权投资	250 000	本年利润	0
固定资产	2 401 000		
累计折旧	−170 000		
固定资产减值准备	−30 000		
在建工程	728 000		
无形资产	600 000		
累计摊销	−60 000		
递延所得税资产	7 500		
长期待摊费用	200 000		
合　计	8 095 531	合　计	8 095 531

注：表中“坏账准备”科目借方余额−1 800 元，实际为贷方余额 1 800 元，全部为应收账款计提的坏账准备；“累计折旧”科目借方余额−170 000 元，实际为贷方余额 170 000 元；“累计摊销”科目借方余额−60 000 元，实际为贷方余额 60 000 元；“固定资产减值准备”科目借方余额−30 000 元，实际为贷方余额 30 000 元；假定“应收账款”科目、“预付账款”科目所属明细科目余额全部在借方，“应付账款”所属明细科目余额全部在贷方。

根据上述资料，编制天华股份有限公司2×19年12月31日的资产负债表，如表17-5所示。

表17-5　资产负债表

编制单位：天华股份有限公司　　　　2×19年12月31日　　　　单位：元

资产	期末余额	年初余额	负债和所有者权益（或股东权益）	期末余额	年初余额
流动资产：			流动负债：		
货币资金	815 131	1 406 300	短期借款	50 000	300 000
交易性金融资产	0	15 000	交易性金融负债		
衍生金融资产			衍生金融负债		
应收票据	66 000	246 000	应付票据	100 000	200 000
应收账款	598 200	299 100	应付账款	953 800	953 800
应收款项融资			预收款项		
预付款项	200 000	200 000	合同负债		
其他应收款	5 000	5 000	应付职工薪酬	180 000	110 000
存货	2 484 700	2 580 000	应交税费	226 731	36 600
合同资产			其他应付款	82 215.85	51 000
持有待售资产			持有待售负债		
一年内到期的非流动资产			一年内到期的非流动负债	0	1 000 000
其他流动资产			其他流动负债		
流动资产合计	4 169 031	4 751 400	流动负债合计	1 592 746.85	2 651 400
非流动资产：			非流动负债：		
债权投资			长期借款	1 148 000	600 000
其他债权投资			应付债券		
长期应收款			其中：优先股		
长期股权投资	250 000	250 000	永续债		
其他权益工具投资			租赁负债		
其他非流动金融资产			长期应付款		
投资性房地产			预计负债		
固定资产	2 201 000	1 100 000	递延收益		
在建工程	728 000	1 500 000	递延所得税负债		
生产性生物资产			其他非流动负债		
油气资产			非流动负债合计	1 148 000	600 000
使用权资产			负债合计	2 740 746.85	3 251 400
无形资产	540 000	60 0000	所有者权益（或股东权益）：		
开发支出			实收资本（或股本）	5 000 000	5 000 000
商誉			其他权益工具		
长期待摊费用	200 000	200 000	其中：优先股		
递延所得税资产	7 500	0	永续债		
其他非流动资产			资本公积		
非流动资产合计	3 926 500	3 650 000	减：库存股		
			其他综合收益	12 000	
			专项储备		
			盈余公积	124 770.4	100 000
			未分配利润	218 013.75	50 000
			所有者权益（或股东权益）合计	5 354 784.15	5 150 000
资产总计	8 095 531	8 401 400	负债和所有者权益（或股东权益）总计	8 095 531	8 401 400

第三节 利 润 表

一、利润表的内容及结构

（一）利润表的内容

利润表是反映企业在一定会计期间的经营成果的报表。

利润表的列报必须充分反映企业经营业绩的主要来源和构成，有助于使用者判断净利润的质量及其风险；有助于使用者预测净利润的持续性，从而做出正确的决策。利润表可以反映企业一定会计期间的收入实现、费用耗费情况，可以反映企业生产经营活动的成果，即净利润的实现情况，据以判断资本保值、增值等情况。同时，通过利润表提供的不同时期的比较数字（本月数、本年累计数、上年数），还可以分析企业今后利润的发展趋势及获利能力，了解投资者投入资本的完整性。

（二）利润表的结构

利润表通过一定的表格来反映企业的经营成果。不同性质的企业，经营活动不同，所以应采用适当的利润表格式，以满足大多数报表使用者的需要。我国企业编制的利润表按照国际惯例，基本上采用两种格式：单步式利润表和多步式利润表。

1. 单步式利润表

单步式利润表：将当期所有的收入列在一起，然后将所有的费用列在一起，用收入总额减去费用总额即为企业的净利润或净亏损，它实际上是将“收入-费用=利润”这一会计等式表格化，由于它仅有一个相减的步骤，故称为“单步式利润表”。

单步式利润表的优点是收入、费用归类清楚，比较直观、简单，编写方便；缺点是对收入、费用的性质不加以区分，硬性归为一类，不能揭示利润中各要素之间的内在联系，不便于报表使用者对企业进行盈利分析与预测，也不利于同行业之间的报表的比较分析。在我国，单步式利润表主要适用于那些业务比较单纯的服务咨询行业和某些实行企业化管理的业务比较简单的事业单位，现实中很少有企业采用这种格式的利润表。

2. 多步式利润表

多步式利润表：通过对当期的收入、费用、支出项目按性质加以归类，按利润形成的主要环节列示一些中间性利润指标，分步计算当期净损益。多步式利润表通常采用上下加减的报告式结构。

利润表主要反映以下几方面内容。

（1）营业收入。营业收入由主营业务收入和其他业务收入组成。

（2）营业利润。营业收入减去营业成本（主营业务成本、其他业务成本）、税金及附加、销售费用、管理费用、财务费用、信用减值损失、资产减值损失，加上公允价值变动收益（减去公允价值变动损失）、资产处置收益（减去资产处置损失）、投资收益（减去投资损失）、其他收益，计算出营业利润。

（3）利润总额。营业利润加上营业外收入，减去营业外支出，计算出利润总额。

（4）净利润。利润总额减去所得税费用，计算出净利润。

（5）其他综合收益。其他综合收益反映企业根据企业会计准则规定未在损益中确认的各项利得和损失扣除所得税影响后的净额，具体分为“不能重分类进损益的其他综合收益”项目和“将重分类进损益的其他综合收益”项目两类。

（6）综合收益总额。净利润加上其他综合收益税后净额，计算出综合收益总额。

（7）每股收益。每股收益包括基本每股收益和稀释每股收益两项指标。

此外，为了使报表使用者通过比较不同期间利润的实现情况，判断企业经营成果的未来发展趋势，企业需要提供比较利润表，利润表还就各项目再分为“本期金额”和“上期金额”两栏分别填列。利润表的具体格式如表 17-6(执行企业会计准则的企业利润表)、表 17-7(执行小企业会计准则的企业利润表)所示。

多步式利润表的优点是，便于对企业的生产经营情况进行分析，有利于不同企业之间进行比较，更重要的是利用多步式利润表有利于预测企业今后的盈利能力。目前，我国会计准则规定的企业利润表就是多步式利润表，并要求按照各项收入、费用及构成利润的各个项目分类分项列示。

表 17-6　执行企业会计准则的企业利润表

会企 02 表

编制单位：　　　　　　　　　　　　______年 ____月　　　　　　　　　　　　单位：元

项目	本期金额	上期金额
一、营业收入		
减：营业成本		
税金及附加		
销售费用		
管理费用		
研发费用		
财务费用		
其中：利息费用		
利息收入		
加：其他收益		
投资收益(损失以“-”号填列)		
其中：对联营企业和合营企业的投资收益		
以摊余成本计量的金融资产终止确认收益(损失以“-”号填列)		
净敞口套期收益(损失以“-”号填列)		
公允价值变动收益(损失以“-”号填列)		
信用减值损失(损失以“-”号填列)		
资产减值损失(损失以“-”号填列)		
资产处置收益(损失以“-”号填列)		
二、营业利润(亏损以“-”号填列)		
加：营业外收入		
减：营业外支出		
三、利润总额(亏损总额以“-”号填列)		
减：所得税费用		
四、净利润(净亏损以“-”号填列)		
(一)持续经营净利润(净亏损以“-”号填列)		
(二)终止经营净利润(净亏损以“-”号填列)		
五、其他综合收益的税后净额		
(一)不能重分类进损益的其他综合收益		
1. 重新计量设定受益计划变动额		
2. 权益法下不能转损益的其他综合收益		
3. 其他权益工具投资公允价值变动		
4. 企业自身信用风险公允价值变动		
……		
(二)将重分类进损益的其他综合收益		
1. 权益法下可转损益的其他综合收益		
2. 其他债权投资公允价值变动		

续表

项目	本期金额	上期金额
3. 金融资产重分类计入其他综合收益的金额		
4. 其他债权投资信用减值准备		
5. 现金流量套期储备		
6. 外币财务报表折算差额		
……		
六、综合收益总额		
七、每股收益		
(一)基本每股收益		
(二)稀释每股收益		

表 17-7 执行小企业会计准则的企业利润表

会企 02 表

编制单位：　　　　＿＿＿＿年＿＿＿＿月　　　　单位：元

项目	行次	本年累计金额	本月金额
一、营业收入	1		
减：营业成本	2		
税金及附加	3		
其中：消费税	4		
城市维护建设税	6		
资源税	7		
土地增值税	8		
城镇土地使用税、房产税、车船税、印花税	9		
教育费附加、矿产资源补偿费、排污费	10		
销售费用	11		
其中：商品维修费	12		
广告费和业务宣传费	13		
管理费用	14		
其中：开办费	15		
业务招待费	16		
研究费用	17		
财务费用	18		
其中：利息费用(收入以“−”填列)	19		
加：投资收益(损失以“−”号填列)	20		
二、营业利润(亏损以“−”号填列)	21		
加：营业外收入	22		
其中：政府补助	23		
减：营业外支出	24		
其中：坏账损失	25		
无法收回的长期债券投资损失	26		
无法收回的长期股权投资损失	27		
自然灾害等不可抗力因素造成的损失	28		
税收滞纳金	29		
三、利润总额(亏损总额以“−”号填列)	30		
减：所得税费用	31		
四、净利润(净亏损以“−”号填列)	32		

二、利润表的填列方法

(一)执行企业会计准则的企业利润表的填列方法

1. 利润表中的“本期金额”栏反映各项目的本月实际发生数

报表中的“上期金额”栏应根据上年该期利润表“本期金额”栏内所列数字填列。如果上年该期利润表规定的各项目的名称和内容同本期不一致，那么应对上年该期利润表各项目的名称和数字按本期的规定进行调整，填入“上期金额”栏。

2. 利润表各项目的填列方法

利润表中“本期金额”栏一般应根据损益类科目和所有者权益类有关科目的发生额填列。具体填列方法如下：

(1)“营业收入”项目，反映企业经营主要业务和其他业务所确认的收入总额。本项目应根据“主营业务收入”和“其他业务收入”科目的发生额分析填列。

(2)“营业成本”项目，反映企业经营主要业务和其他业务所发生的成本总额。本项目应根据“主营业务成本”和“其他业务成本”科目的发生额分析填列。

(3)“税金及附加”项目，反映企业经营业务应负担的消费税、城市维护建设税、资源税、土地增值税和教育费附加等。本项目应根据“税金及附加”科目的发生额分析填列。

(4)“销售费用”项目，反映企业在销售商品过程中发生的包装费、广告费等费用和为销售本企业商品而专设的销售机构的职工薪酬、业务费等经营费用。本项目应根据“销售费用”科目的发生额分析填列。

(5)“管理费用”项目，反映企业为组织和管理生产经营发生的管理费用。本项目应根据“管理费用”科目的发生额分析填列。

(6)“研发费用”项目，反映企业在进行研究与开发过程中发生的费用化支出，以及计入管理费用的自行开发无形资产的摊销。该项目应根据“管理费用”科目下的“研究费用”明细科目的发生额，以及“管理费用”科目下的“无形资产摊销”明细科目的发生额分析填列。

(7)“财务费用”项目，反映企业为筹集生产经营所需资金等而发生的筹资费用。本项目应根据“财务费用”科目的发生额分析填列。

“财务费用”项目下的“利息费用”项目，反映企业为筹集生产经营所需资金等而发生的应予费用化的利息支出。该项目应根据“财务费用”科目的相关明细科目的发生额分析填列。该项目作为“财务费用”项目的“其中”项，以正数填列。

“财务费用”项目下的“利息收入”项目，反映企业按照相关会计准则确认的应冲减财务费用的利息收入。该项目应根据“财务费用”科目的相关明细科目的发生额分析填列。该项目作为“财务费用”项目的“其中”项，以正数填列。

(8)“其他收益”项目，反映计入其他收益的政府补助，以及其他与日常活动相关且计入其他收益的项目。该项目应根据“其他收益”科目的发生额分析填列。企业作为个人所得税的扣缴义务人，根据《中华人民共和国个人所得税法》收到的扣缴税款手续费，应作为其他与日常活动相关的收益在该项目中填列。

(9)“投资收益”项目，反映企业以各种方式对外投资所取得的收益。本项目应根据“投资收益”科目的发生额分析填列；如为投资损失，则本项目以“-”号填列。

其中：“对联营企业和合营企业的投资收益”项目，应根据“投资收益”科目所属的相关明细科目的发生额分析填列。

其中：“以摊余成本计量的金融资产终止确认收益”项目，反映企业因转让等情形导致终止确认以摊余成本计量的金融资产而产生的利得或损失。该项目应根据“投资收益”科目的相关明细科目的发生额分析填列；如为损失，则以“-”号填列。

（10）“净敞口套期收益”项目，反映净敞口套期下被套期项目累计公允价值变动转入当期损益的金额或现金流量套期储备转入当期损益的金额。本项目应根据“净敞口套期损益”科目的发生额分析填列；如为套期损失，则以“–”号填列。

（11）“公允价值变动收益”项目，反映企业应当计入当期损益的资产或负债的公允价值变动收益。本项目应根据“公允价值变动损益”科目的发生额分析填列；如为净损失，则以“–”号填列。

（12）“信用减值损失”项目，反映企业计提的各项金融工具减值准备形成的预期信用损失。本项目应根据“信用减值损失”科目的发生额分析填列。如为损失，则以“–”号填列。

（13）“资产减值损失”项目，反映企业各项资产发生的减值损失。本项目应根据“资产减值损失”科目的发生额分析填列。如为损失，则以“–”号填列。

（14）“资产处置收益”项目，反映企业出售划分为持有待售的非流动资产（金融工具、长期股权投资和投资性房地产除外）或处置组（子公司和业务除外）时确认的处置利得或损失，以及处置未划分为持有待售的固定资产、在建工程、生产性生物资产及无形资产而产生的处置利得或损失。债务重组中因处置非流动资产（金融工具、长期股权投资和投资性房地产除外）产生的利得或损失和非货币性资产交换中换出非流动资产（金融工具、长期股权投资和投资性房地产除外）产生的利得或损失也包括在本项目内。本项目应根据“资产处置损益”科目的发生额分析填列；如为处置损失，则以“–”号填列。

（15）“营业利润”项目，反映企业实现的营业利润。该项目根据公式“营业利润=营业收入–营业成本–税金及附加–销售费用–管理费用–研发费用–财务费用+其他收益+投资收益+净敞口套期收益+公允价值变动收益+信用减值损失+资产减值损失+资产处置收益”计算的结果填列。结果为正，以正数填列；结果为负，表明亏损，以“–”号填列。

（16）“营业外收入”项目，反映企业发生的除营业利润以外的收益，主要包括与企业日常活动无关的政府补助、盘盈利得、捐赠利得（企业接受股东或股东的子公司直接或间接的捐赠，经济实质属于股东对企业的资本性投入的除外）等。本项目应根据“营业外收入”科目的发生额分析填列。

（17）“营业外支出”项目，反映企业发生的除营业利润以外的支出，主要包括公益性捐赠支出、非常损失、盘亏损失、非流动资产毁损报废损失等。该项目应根据“营业外支出”科目的发生额分析填列。“非流动资产毁损报废损失”通常包括因自然灾害发生毁损、已丧失使用功能等原因而报废清理产生的损失。企业在不同交易中形成的非流动资产毁损报废利得和损失不得相互抵销，应分别在“营业外收入”项目和“营业外支出”项目进行填列。

（18）“利润总额”项目，反映企业实现的利润。根据公式“利润总额=营业利润+营业外收入–营业外支出”计算的结果填列。结果为正，以正数填列；结果为负，表明亏损，以“–”号填列。

（19）“所得税费用”项目，反映企业应从当期利润总额中扣除的所得税费用。本项目应根据“所得税费用”科目的发生额分析填列。

（20）“净利润”项目，反映企业实现的净利润。根据公式“净利润=利润总额–所得税费用”计算的结果填列。结果为正，以正数填列；结果为负，表明亏损，以“–”号填列。

（21）“其他综合收益的税后净额”项目，反映企业根据企业会计准则规定未在损益中确认的各项利得和损失扣除所得税影响后的净额。本项目应根据“其他综合收益”科目及其所属明细科目的本期发生额分析填列。

其中：“其他权益工具投资公允价值变动”“企业自身信用风险公允价值变动”“其他债权投资公允价值变动”“金融资产重分类计入其他综合收益的金额”“现金流量套期储备”应根据“其他综合收益”科目的相关明细科目的发生额分析填列。

（22）“综合收益总额”项目反映企业净利润和其他综合收益税后净额的合计金额。

（23）“每股收益”项目中的“基本每股收益”和“稀释每股收益”根据相关准则计算结果填列。

“基本每股收益”项目，只考虑当期实际发行在外的普通股股份，按照归属于普通股股东的当期净利润除以当期实际发行在外普通股的加权平均数计算确定。

"稀释每股收益"项目，是以基本每股收益为基础，假设企业所有发行在外的稀释性潜在普通股均已转换为普通股，从而分别调整归属于普通股股东的当期净利润以及发行在外普通股的加权平均数计算而得的每股收益。

（二）执行小企业会计准则的企业利润表的填列方法

1. 利润表中"本年累计金额"栏反映各项目自年初起至报告期末止的累计实际发生额

利润表中"本月金额"栏反映各项目的本月实际发生额；在编报年度利润表时，应将"本月金额"栏改为"上年金额"栏，填列上年全年实际发生额。

2. 报表各项目的内容及其填列方法

（1）"营业收入"项目，反映小企业销售商品和提供劳务所实现的收入总额。本项目应根据"主营业务收入"科目和"其他业务收入"科目的发生额合计填列。

（2）"营业成本"项目，反映小企业所销售商品的成本和所提供劳务的成本。本项目应根据"主营业务成本"科目和"其他业务成本"科目的发生额合计填列。

（3）"税金及附加"项目，反映小企业开展日常生产活动应负担的消费税、城市维护建设税、资源税、土地增值税、城镇土地使用税、房产税、车船税、印花税和教育费附加、矿产资源补偿费、排污费等。本项目应根据"税金及附加"科目的发生额填列。

（4）"销售费用"项目，反映小企业销售商品或提供劳务过程中发生的费用。本项目应根据"销售费用"科目的发生额填列。

（5）"管理费用"项目，反映小企业为组织和管理生产经营发生的其他费用。本项目应根据"管理费用"科目的发生额填列。

（6）"财务费用"项目，反映小企业为筹集生产经营所需资金发生的筹资费用。本项目应根据"财务费用"科目的发生额填列。

（7）"投资收益"项目，反映小企业股权投资取得的现金股利（或利润）、债券投资取得的利息收入和处置股权投资和债券投资取得的处置价款扣除成本或账面余额、相关税费后的净额。本项目应根据"投资收益"科目的发生额填列；如为投资损失，则以"-"号填列。

（8）"营业利润"项目，反映小企业当期开展日常生产经营活动实现的利润。本项目应根据营业收入扣除营业成本、税金及附加、销售费用、管理费用和财务费用，加上投资收益后的金额填列。如为亏损，则以"-"号填列。

（9）"营业外收入"项目，反映小企业实现的各项营业外收入金额，包括：非流动资产处置净收益、政府补助、捐赠收益、盘盈收益、汇兑收益、出租包装物和商品的租金收入、逾期未退包装物押金收益、确实无法偿付的应付款项、已作坏账损失处理后又收回的应收款项、违约金收益等。本项目应根据"营业外收入"科目的发生额填列。

（10）"营业外支出"项目，反映小企业发生的各项营业外支出金额，包括：存货的盘亏、毁损、报废损失，非流动资产处置净损失，坏账损失，无法收回的长期债券投资损失，无法收回的长期股权投资损失，自然灾害等不可抗力因素造成的损失，税收滞纳金，罚金，罚款，被没收财物的损失，捐赠支出，赞助支出等。本项目应根据"营业外支出"科目的发生额填列。

（11）"利润总额"项目，反映小企业当期实现的利润总额。本项目应根据营业利润加上营业外收入减去营业外支出后的金额填列。如为亏损总额，则以"-"号填列。

（12）"所得税费用"项目，反映小企业根据企业所得税法规确定的应从当期利润总额中扣除的所得税费用。本项目应根据"所得税费用"科目的发生额填列。

（13）"净利润"项目，反映小企业当期实现的净利润。本项目应根据利润总额扣除所得税费用后的金额填列。如为净亏损，则以"-"号填列。

三、利润表的编制举例

例 17-2 天华股份有限公司 2×19 年度损益科目累计发生净额如表 17-8 所示。

表 17-8 损益科目累计发生净额表

编制单位：天华股份有限公司　　　　2×19 年度　　　　单位：元

科目名称	借方发生额	贷方发生额
主营业务收入		1 250 000
主营业务成本	750 000	
税金及附加	2 000	
销售费用	20 000	
管理费用	157 100	
财务费用	41 500	
信用资产减值损失	900	
资产减值损失	30 000	
投资收益		31 500
营业外收入		50 000
营业外支出	19 700	
所得税费用	85 300	

根据上述资料，编制天华股份有限公司 2×19 年度利润表，如表 17-9 所示。

表 17-9 利润表

会企 02 表

编制单位：天华股份有限公司　　　　2×19 年度　　　　单位：元

项　　目	本期金额	上期金额(略)
一、营业收入	1 250 000	
减：营业成本	750 000	
税金及附加	2 000	
销售费用	20 000	
管理费用	157 100	
研发费用		
财务费用	41 500	
其中：利息费用		
利息收入		
加：其他收益		
投资收益(损失以“-”号填列)	31 500	
其中：对联营企业和合营企业的投资收益		
净敞口套期收益(损失以“-”号填列)		
公允价值变动收益(损失以“-”号填列)		
资产处置收益(损失以“-”号填列)		
资产减值损失	30 000	
信用减值损失	900	
二、营业利润(亏损以“-”号填列)	280 000	
加：营业外收入	50 000	
减：营业外支出	19 700	
三、利润总额(亏损总额以“-”号填列)	310 300	
减：所得税费用	85 300	
四、净利润(净亏损以“-”号填列)	225 000	
(一)持续经营净利润(净亏损以“-”号填列)		
(二)终止经营净利润(净亏损以“-”号填列)		

续表

项　　目	本期金额	上期金额(略)
五、其他综合收益的税后净额	(略)	
(一)不能重分类进损益的其他综合收益		
1．重新计量设定受益计划变动额		
2．权益法下不能转损益的其他综合收益		
3．其他权益工具投资公允价值变动		
4．企业自身信用风险公允价值变动		
……		
(二)将重分类进损益的其他综合收益		
1．权益法下可转损益的其他综合收益		
2．其他债权投资公允价值变动		
3．金融资产重分类计入其他综合收益的金额		
4．其他债权投资信用减值准备		
5．现金流量套期储备		
6．外币财务报表折算差额		
……		
六、综合收益总额	(略)	
七、每股收益	(略)	
(一)基本每股收益	(略)	
(二)稀释每股收益	(略)	

第四节　现金流量表

现金流量表是反映企业一定会计期间现金和现金等价物流入和流出的报表。

通过现金流量表，可以为报表使用者提供企业一定会计期间内现金和现金等价物流入和流出的信息，便于使用者了解和评价企业获取现金和现金等价物的能力，据以预测企业的未来现金流量。

现金流量表以现金的流入和流出反映企业在一定期间内的经营活动、投资活动和筹资活动的动态情况，反映企业现金流入和流出的全貌。通过现金流量表能够说明企业一定期间内现金流入和流出的原因；有助于评价企业的偿债能力、周转能力和支付股利的能力；有助于预测企业未来获取现金的能力；有助于分析企业收益质量及影响现金净流量的因素，掌握企业经营活动、投资活动和筹资活动的现金流量，可以从现金流量的角度了解净利润的质量，为分析和判断企业的财务前景提供信息。

一、现金流量表的编制基础

现金流量表以现金及现金等价物为基础编制，划分为经营活动、投资活动和筹资活动，按照收付实现制原则编制，将权责发生制下的盈利信息调整为收付实现制下的现金流量信息。

(一)现金的概念

现金是指企业库存现金、可以随时用于支付的银行存款、其他货币资金，以及现金等价物。

(1)库存现金。库存现金是指企业持有可随时用于支付的现金，与会计核算中“库存现金”科目所包括的内容一致。

(2)银行存款。银行存款是指企业存在金融机构、随时可以用于支付的存款，与会计核算中“银行存款”科目所包括的内容基本一致，但不包括不能随时用于支付的存款。如不能随时支取的定期存款等，不作为现金流量表中的现金；但提前通知金融机构便可支取的定期存款，则包括在现金流量表中的现金范围内。

(3)其他货币资金。其他货币资金是指企业存在金融机构有特定用途的资金，如外埠存款、银行汇票存款、银行本票存款、信用证保证金存款、信用卡存款等，与“其他货币资金”科目核算内容一致。

(4)现金等价物，是指企业持有的期限短、流动性强、易于转换为已知金额的现金、价值变动风险很小的短期投资。现金等价物虽然不是现金，但其支付能力与现金的差别不大，可视为现金。期限短，一般是指从购买日起三个月内到期。现金等价物通常包括3个月内到期的债券投资等。例如，企业于20×3年12月1日购入20×1年1月1日发行的期限为3年的国债，购买时还有1个月到期，则这项短期投资视为现金等价物。又如，企业20×3年12月1日购入期限为6个月的企业债券，则不能作为现金等价物。可见，是否作为现金等价物的主要标志是购入日至到期日在3个月或更短时间内可以转换为已知现金金额。权益性投资变现的金额通常不确定，因而不属于现金等价物。

企业应当根据具体情况，确定现金等价物的范围，一经确定不得随意变更。哪些短期投资视为现金等价物，应依据其定义确定。不同企业现金等价物的范围也可能不同，如经营活动以短期、流动性强的投资为主的企业，可能会将所有项目都视为投资，而不看做现金等价物；而非经营投资的企业，可能会将其视为现金等价物。企业应当根据经营特点等具体情况，确定现金等价物的范围，并在财务报表附注中披露确定现金等价物的会计政策，并一贯性地保持这种划分标准。

(二)现金流量的概念

现金流量是某一期间内企业现金流入和流出的数量。影响现金流量的因素有经营活动、投资活动和筹资活动，如购买和销售商品、提供或接受劳务、购建或出售固定资产、投资或收回投资、借入资金或偿还债务等。衡量企业经营状况是否良好、是否有足够的现金偿还债务、资产的变现能力如何，现金流量是非常重要的指标。

(三)影响现金流量的因素

企业日常经营业务是影响现金流量的重要因素，但并不是所有的交易或事项都影响现金流量。影响或不影响现金流量的因素主要包括：

(1)现金各项目之间的增减变动(包括现金与现金等价物之间的增减变动)，不会影响现金流量净额的变动，如从银行提取现金、将现金存入银行、用现金购买2个月到期的债券等，均属于现金各项目之间内部资金的转换，不会影响现金流量的增减变动。

(2)非现金各项目之间的增减变动，也不会影响现金流量净额的变动，如用固定资产清偿债务、用原材料对外投资、用存货清偿债务、用固定资产对外投资等，均属于非现金各项目之间的增减变动，不涉及现金的收支，不会影响现金流量的增减变动。

(3)现金各项目与非现金各项目之间的增减变动，会影响现金流量净额的变动，如用现金支付购买的原材料、用现金对外投资、收回长期债券投资等，均涉及现金各项目与非现金各项目之间的增减变动，这些变动会引起现金流量的增减变动。现金流量表主要反映现金各项目与非现金各项目之间的增减变动情况对现金流量净额的影响，非现金各项目之间的增减变动虽然不影响现金流量净额，但属于重要的投资和筹资活动，在现金流量表的补充资料中单独反映。

二、现金流量的分类

编制现金流量表的目的是为财务报表使用者提供企业一定会计期间内有关现金的流入和流出的信息。企业一定时期内现金流入和流出是由各种因素产生的，如工业企业为生产产品需要用现金支付购入原材料的价款，支付职工薪酬，购买固定资产也需要支付现金。现金流量表中应当按照企业发生的经济业务性质，将企业一定时期内产生的现金流量分为经营活动产生的现金流量、投资活动产生的现金流量、筹资活动产生的现金流量。

(一)经营活动产生的现金流量

经营活动，是指企业投资活动和筹资活动以外的所有交易和事项。各类企业由于行业特点不同，对经营活动的认定存在一定差异。对于工商企业而言，经营活动包括销售商品或提供劳务、购买商品或接受劳务、制造产品、广告宣传、推销产品、交纳税款等。对于商业银行而言，经营活动主要包括吸收存款、发放贷款、同业存放、同业拆借。对于保险公司而言，经营活动主要包括原保险业务和再保险业务。对于证券公司而言，经营活动主要包括自营证券、代理承销证券、代理兑付证券、代理买卖证券等。

(二) 投资活动产生的现金流量

投资活动，是指企业长期资产的购建和不包括在现金等价物范围内的投资及其处置活动。长期资产是指固定资产、无形资产、在建工程、其他资产等持有期在一年或一个营业周期以上的资产。这里所讲的投资活动，既包括实物资产投资，也包括金融资产投资。这里之所以将“包括在现金及现金等价物范围内的投资”排除在外，是因为已经将包括在现金及现金等价物范围内的投资视同现金。不同企业由于行业特点不同，对投资活动的认定也存在差异。例如，交易性金融资产所产生的现金流量，对于工商企业而言，属于投资活动现金流量；而对于证券公司而言，属于经营活动现金流量。

(三) 筹资活动产生的现金流量

筹资活动，是指导致企业资本及债务规模和构成发生变化的活动。这里的资本既包括股本(实收资本)，又包括股本溢价(资本溢价)；这里的“债务”是指企业对外举债，包括向银行借款、发行债券以及偿还债务等。通常情况下，应付票据、应付账款等属于经营活动，不属于筹资活动。

此外，对于企业日常活动之外的，不经常发生的特殊项目，如自然灾害损失、保险赔款、捐赠等，应当在现金流量表中归并到相关类别中，并单独反映。比如，对于自然灾害损失和保险赔款，能够确指属于流动资产损失的，应当列入经营活动产生的现金流量；属于固定资产损失的，应当列入投资活动产生的现金流量；如果不能确指归属，则可以列入经营活动产生的现金流量。捐赠收入和支出，可以列入经营活动。如果特殊项目的现金流量金额不大，则可以列入现金流量类别下的“其他”项目，不单列项目。

三、执行企业会计准则的企业现金流量表的内容和结构

现金流量表应当按照经营活动、投资活动和筹资活动的现金流量分类分项列示，并体现现金流入和流出的性质。目前我国执行企业会计准则的企业现金流量表包括正表和补充资料两部分，基本格式如表 17-10 所示。

表 17-10　执行企业会计准则的企业现金流量表

会企 03 表

编制单位：　　　　　　　　______年____月　　　　　　　　单位：元

项　　目	本期金额	上期金额
一、经营活动产生的现金流量：		
销售商品、提供劳务收到的现金		
收到的税费返还		
收到其他与经营活动有关的现金		
经营活动现金流入小计		
购买商品、接受劳务支付的现金		
支付给职工以及为职工支付的现金		
支付的各项税费		
支付其他与经营活动有关的现金		
经营活动现金流出小计		
经营活动产生的现金流量净额		
二、投资活动产生的现金流量：		
收回投资收到的现金		

续表

项　　目	本期金额	上期金额
取得投资收益收到的现金		
处置固定资产、无形资产和其他长期资产收回的现金净额		
处置子公司及其他营业单位收到的现金净额		
收到其他与投资活动有关的现金		
投资活动现金流入小计		
购建固定资产、无形资产和其他长期资产支付的现金		
投资支付的现金		
取得子公司及其他营业单位支付的现金净额		
支付其他与投资活动有关的现金		
投资活动现金流出小计		
投资活动产生的现金流量净额		
三、筹资活动产生的现金流量：		
吸收投资收到的现金		
取得借款收到的现金		
收到其他与筹资活动有关的现金		
筹资活动现金流入小计		
偿还债务支付的现金		
分配股利、利润或偿付利息支付的现金		
支付其他与筹资活动有关的现金		
筹资活动现金流出小计		
筹资活动产生的现金流量净额		
四、汇率变动对现金及现金等价物的影响		
五、现金及现金等价物净增加额		
加：期初现金及现金等价物余额		
六、期末现金及现金等价物余额		

现金流量表补充资料

补充资料	本期金额	上期金额
1．将净利润调节为经营活动现金流量：		
净利润		
加：资产减值准备		
固定资产折旧、油气资产折耗、生产性生物资产折旧		
无形资产摊销和长期待摊费用摊销		
处置固定资产、无形资产和其他长期资产的损失(收益以“-”号填列)		
固定资产报废损失(收益以“-”号填列)		
公允价值变动损失(收益以“-”号填列)		
财务费用(收益以“-”号填列)		
投资损失(收益以“-”号填列)		
递延所得税资产减少(增加以“-”号填列)		
递延所得税负债增加(减少以“-”号填列)		
存货的减少(增加以“-”号填列)		
经营性应收项目的减少(增加以“-”号填列)		
经营性应付项目的增加(减少以“-”号填列)		
其他		
经营活动产生的现金流量净额		
2．不涉及现金收支的重大投资和筹资活动：		

续表

补充资料	本期金额	上期金额
债务转为资本		
一年内到期的可转换公司债券		
融资租入固定资产		
3. 现金及现金等价物净变动情况：		
现金的期末余额		
减：现金的期初余额		
加：现金等价物的期末余额		
减：现金等价物的期初余额		
现金及现金等价物净增加额		

四、现金流量表的编制方法及程序

(一)直接法和间接法

编制现金流量表时，列报经营活动现金流量的方法有两种：一是直接法，一是间接法。

直接法，是指根据现金收入和现金支出的主要类别列示经营活动现金流量的方法。采用直接法编制经营活动的现金流量时，一般以利润表中的营业收入为起算点，调节与经营活动有关的项目的增减变动，然后计算出经营活动的现金流量。

间接法是以本期净利润为起算点，调整不涉及现金的收入、费用、营业外收支等有关项目，剔除投资活动、筹资活动对现金流量的影响，据此计算出经营活动现金流量的方法。由于净利润是按照权责发生制原则确定的，且包括了与投资活动和筹资活动相关的收益和费用，将净利润调节为经营活动现金流量，实际上就是将按权责发生制原则确定的净利润调整为现金净流入，并剔除投资活动和筹资活动对现金流量的影响。

采用直接法编制的现金流量表，便于分析企业经营活动产生的现金流量的来源和用途，预测企业现金流量的未来前景；采用间接法编制的现金流量表，便于将净利润与经营活动产生的现金流量净额进行比较，了解净利润与经营活动产生的现金流量差异的原因，从现金流量的角度分析净利润的质量。所以，我国企业会计准则规定企业应当采用直接法编制现金流量表，同时要求在附注中提供以净利润为基础调节到经营活动现金流量的信息。

(二)工作底稿法、T 型账户法和分析填列法

在具体编制现金流量表时，可以采用工作底稿法或 T 型账户法编制，也可以直接根据有关科目记录分析填列(分析填列法)。

1. 工作底稿法

采用工作底稿法编制现金流量表，就是以工作底稿为手段，以资产负债表和利润表数据为基础，对每一项目进行分析并编制调整分录，从而编制现金流量表。

采用工作底稿法编制现金流量表的程序：

第一步，将资产负债表的期初数和期末数过入工作底稿的期初数栏和期末数栏。

第二步，对当期业务进行分析并编制调整分录。编制调整分录时，要以利润表项目为基础，从“营业收入”开始，结合资产负债表项目逐一进行分析。在调整分录中，有关现金和现金等价物的事项并不直接借记或贷记现金，而是分别计入“经营活动产生的现金流量”“投资活动产生的现金流量”“筹资活动产生的现金流量”有关项目，借记表示现金流入，贷记表示现金流出。

第三步，将调整分录过入工作底稿中的相应部分。

第四步，核对调整分录，借方、贷方合计数应当相等，资产负债表项目期初数加减调整分录中的借贷金额以后应当等于期末数。

第五步，根据工作底稿中的现金流量表项目部分编制正式的现金流量表。

2. T 型账户法

采用 T 型账户法编制现金流量表，是以 T 型账户为手段，以资产负债表和利润表数据为基础，对每一项目进行分析并编制调整分录，从而编制现金流量表。

采用 T 型账户法编制现金流量表的程序：

第一步，为所有的非现金项目（包括资产负债表项目和利润表项目）分别开设 T 型账户，并将各自的期末/期初变动数过入各该账户。如果项目的期末数大于期初数，则将差额过入和项目余额相同的方向；反之，过入相反的方向。

第二步，开设一个大的“现金及现金等价物”T 型账户，每边分为经营活动、投资活动和筹资活动三个部分，左边记现金流入，右边记现金流出。与其他账户一样，过入期末/期初变动数。

第三步，以利润表项目为基础，结合资产负债表分析每一个非现金项目的增减变动，并据此编制调整分录。

第四步，将调整分录过入各 T 型账户，并进行核对，该账户借贷相抵后的余额与原先过入的期末/期初变动数应当一致。

第五步，根据大的“现金及现金等价物”T 型账户编制正式的现金流量表。

3. 分析填列法

分析填列法是直接根据资产负债表、利润表和有关会计科目明细账的记录，分析计算出现金流量表各项目的金额，并据以编制现金流量表的一种方法。

五、执行企业会计准则的企业现金流量表的编制

（一）经营活动产生的现金流量有关项目的编制

1. “销售商品、提供劳务收到的现金”项目

本项目反映企业销售商品、提供劳务实际收到的现金，包括销售收入和应向购买者收取的增值税额，具体包括：本期销售商品、提供劳务收到的现金，以及前期销售商品、提供劳务本期收到的现金和本期预收的款项，减去本期销售本期退回的商品和前期销售本期退回的商品支付的现金。企业销售材料和代购代销业务收到的现金，也在本项目中反映。本项目可以根据“库存现金”“银行存款”“应收账款”“应收票据”“预收账款”“主营业务收入”“其他业务收入”等科目的记录分析填列。

例如：B 公司 20×6 年 4 月销售商品，取得现金收入 300 万元，增值税 39 万元。本期收回应收账款 100 万元。本期向银行贴现票据，票据面值 200 万元，银行预扣贴息 10 万元。本月预收货款 500 万元。则销售商品、提供劳务收到的现金=300+39+100+（200−10）+500=1 129（万元）。

2. “收到的税费返还”项目

本项目反映企业收到返还的各种税费，如收到的增值税、消费税、所得税、教育费附加返还等。应该指出的是“收到的税费返还”只包括企业上交后而由税务等部门返还的款项，不应包括其他方面的补贴或返还款项。本项目可以根据“库存现金”“银行存款”“税金及附加”“营业外收入”等科目的记录分析填列。

例如：B 公司 20×6 年 4 月收到退回的所得税 100 万元。则收到的税费返还=100（万元）。

3. “收到其他与经营活动有关的现金”项目

本项目反映企业除上述各项目外，收到的其他与经营活动有关的现金，如罚款收入、流动资产损失中由个人赔偿的现金收入、除税费返还外的其他政府补贴收入等。其他现金流入价值较大的，应单列项目反映。企业实际收到的政府补助，无论是与资产相关还是与收益相关，均在“收到其他与经营活动有关的现金”项目填列。

本项目可以根据“库存现金”“银行存款”“其他应收款”“其他应付款”“营业外收入”等科目的记录分析填列。

例如：B 公司 20×6 年 4 月收到出租包装物的押金 600 元，收到出差人员退回未用的差旅费余款 500 元，收到出租包装物的租金 500 元。则收到其他与经营活动有关的现金=600+500+500=1 600（元）。

4. “购买商品、接受劳务支付的现金”项目

本项目反映企业购买材料、商品、接受劳务实际支付的现金，包括支付的货款以及与货款一并支付的增值税进项税额，具体包括：本期购入商品、接受劳务支付的现金以及本期支付前期购入商品、接受劳务的未付款项和本期预付款项，减去本期发生的退货退回的现金。为购置存货而发生的借款利息资本化部分，应在“分配股利、利润或偿付利息支付的现金”项目中反映。本项目可以根据“在途物资（或材料采购）”“原材料”“应付账款”“应付票据”“预付账款”“库存现金”“银行存款”“其他货币资金”等科目的记录分析填列。

例如：B 公司 20×6 年 4 月用银行汇票 226 万元购入甲材料，其中买价 200 万元，增值税额 26 万元；用转账支票支付前欠 A 公司货款 100 万元，电汇 300 万元预付 C 公司货款；银行承兑汇票到期，支付票款 400 万元。则购买商品、接受劳务支付的现金=（200+26）+100+300+400=1 026（万元）。

5. “支付给职工以及为职工支付的现金”项目

本项目反映企业实际支付给职工的现金以及为职工支付的现金，包括企业为获得职工提供的服务，本期实际给予职工的各种形式的报酬以及其他相关支出，如支付给职工的工资、奖金、各种津贴和补贴等。该项目不包括支付给在建工程人员的薪酬。企业支付给在建工程人员的薪酬，在“购建固定资产、无形资产和其他长期资产支付的现金”项目中反映。

企业为职工支付的养老、医疗、失业、生育、工伤等社会保险基金、补充养老保险、住房公积金、企业为职工交纳的商业保险金，因解除与职工劳动关系给予的补偿，现金结算的股份支付，以及企业支付给职工或为职工支付的其他福利费用等，应按职工的工作性质和服务对象，分别在“支付给职工以及为职工支付的现金”项目中和“购建固定资产、无形资产和其他长期资产支付的现金”项目中反映。

本项目可以根据“应付职工薪酬”“库存现金”“银行存款”等科目的记录分析填列。

例如：B 公司 20×6 年 4 月支付职工工资 60 万元，支付养老保险 11.4 万元，交纳失业保险 0.42 万元；交纳医疗保险 4.8 万元；交纳住房公积金 6 万元。则支付给职工以及为职工支付的现金=60+11.4+0.42+4.8+6=82.62（万元）。

6. “支付的各项税费”项目

本项目反映企业按规定支付的各项税费，包括本期发生并支付的税费，以及本期支付以前各期发生的税费和预交的税费，如支付的教育费附加、矿产资源补偿费、印花税、房产税、土地增值税、车船使用税、增值税、所得税、城市维护建设税等，不包括本期退回的增值税、所得税等。本期退回的增值税、所得税等，在“收到税费返还”项目中反映。该项目也不包括计入固定资产价值、实际支付的耕地占用税等。本项目可以根据“应交税费”“银行存款”“库存现金”等科目的记录分析填列。

例如：B 公司 20×6 年 4 月交纳印花税 10 万元；交纳增值税 50 万元；交纳城市维护建设税 3.5 万元；交纳教育费附加 1.5 万元；交纳企业所得税 30 万元。则支付的各项税费=10+50+3.5+1.5+30=95（万元）

7. “支付其他与经营活动有关的现金”项目

本项目反映企业支付的除上述各项目外，支付的其他与经营活动有关的现金，如支付的罚款、差旅费、业务招待费、广告费、展览费、保险费等；其他与经营活动有关的现金，如果金额较大，则应单列项目反映。本项目可以根据“管理费用”“销售费用”“制造费用”“营业外支出”“其他应收款”“其他应付款”“库存现金”“银行存款”等科目的记录分析填列。

（二）投资活动产生的现金流量有关项目的编制

现金流量表中的投资活动比通常所指的短期投资和长期投资的范围要广，投资活动包括非现金等价物的短期投资和长期投资的购买与处置、固定资产的购建与处置、无形资产的购置与处置等。通过单独反映投资活动产生的现金流量，可以了解为获得未来收益和现金流量而导致资源转出的程度，以及以前资源转

出带来的现金流入的信息。投资活动现金流量各项目的内容及填列方法如下。

1. “收回投资收到的现金”项目

本项目反映企业出售、转让或到期收回除现金等价物以外的交易性金融资产、债权投资、其他债权投资、长期股权投资、投资性房地产而收到的现金，不包括债权性投资收回的利息、收回的非现金资产以及处置子公司及其他营业单位收到的现金净额。债权性投资收回的本金在本项目中反映；债权性投资收回的利息不在本项目中反映，而在“取得投资收益收到的现金”项目中反映。处置子公司及其他营业单位收到的现金净额单设项目反映。

本项目可以根据“库存现金”“银行存款”“交易性金融资产”“长期股权投资”“债权投资”“其他债权投资”“投资性房地产”等科目的记录分析填列。

例如：持有的长期债权到期，收到本金 100 万元、利息 9 万元；出售股票，取得收入 60 万元(投资成本 54 万元)；收到 D 公司分来的现金股利 15 万元。则收回投资收到的现金=100+60=160(万元)。

2. “取得投资收益收到的现金”项目

本项目反映企业因股权性投资而分得的现金股利，从子公司、联营企业或合营企业分回利润而收到的现金，因债权性投资而取得的现金利息收入。股票股利不在本项目中反映；包括在现金等价物范围内的债券性投资的利息收入在本项目中反映。本项目可以根据“库存现金”“银行存款”“投资收益”“应收利息”“应收股利”等科目的记录分析填列。

在上例中：取得投资收益收到的现金=9+15=24(万元)。

3. “处置固定资产、无形资产和其他长期资产收回的现金净额”项目

本项目反映企业出售固定资产、无形资产和其他长期资产所取得的现金，减去为处置这些资产而支付的有关费用后的净额。处置固定资产、无形资产和其他长期资产所取得的现金与处置活动支付的现金，两者在时间上比较接近，以净额反映更能准确反映处置活动对现金流量的影响。由于自然灾害等原因所造成的固定资产等长期资产报废、毁损而收到的保险赔偿收入，在本项目中反映。

本项目可以根据“库存现金”“银行存款”“固定资产清理”“资产处置损益”等科目的记录分析填列。

填列本项目时应注意：

① 本项目包括固定资产报废、毁损的变卖收益以及遭受灾害而收到的保险赔偿收入等；

② 如果处置固定资产、无形资产和其他长期资产收回的现金净额为负数，应作为投资活动产生的现金流量在“支付其他与投资活动有关的现金”项目中反映。

例如：企业出售一辆小汽车，原价 30 万元，已提折旧 20 万元，转让价 8 万元，款已收存银行；毁损一台设备，原价 40 万元，已提折旧 20 万元，取得保险赔偿 10 万元，支付清理费用 1 万元。则处置固定资产、无形资产和其他长期资产收回的现金净额=8+(10−1)=17(万元)。

4. “处置子公司及其他营业单位收到的现金净额”项目

本项目反映企业处置子公司及其他营业单位所取得的现金，减去子公司或其他营业单位持有的现金和现金等价物以及相关处置费用后的净额。本项目可以根据“库存现金”“银行存款”“长期股权投资”等科目的记录分析填列。

整体处置一个单位，其结算方式是多种多样的。企业处置子公司及其他营业单位是整体交易，子公司和其他营业单位可能持有现金和现金等价物。这样，整体处置子公司或其他营业单位的现金流量，就应以处置价款中收到现金的部分，减去子公司或其他营业单位持有现金和现金等价物以及相关处置费用后的净额反映。

5. “收到其他与投资活动有关的现金”项目

本项目反映企业除上述各项目以外，收到的其他与投资活动有关的现金。如收到的购买股票时支付的已宣告发放但尚未领取的现金股利，收到的在购买债券时支付的已到付息期尚未领取的债券利息等。其他与投资活动有关的现金，如果价值较大，则应单列项目反映。本项目可以根据“应收股利”“应收利息”“银行存款”及其他有关科目的记录分析填列。

6. “购建固定资产、无形资产和其他长期资产支付的现金”项目

本项目反映企业购建固定资产、无形资产和其他长期资产所支付的现金，包括购买机器设备支付的现金及增值税款、建造工程支付的现金、支付在建工程人员的工资等现金支出，不包括为购建固定资产、无形资产和其他长期资产而发生的借款利息资本化的部分以及融资租入固定资产支付的租赁费。为购建固定资产、无形资产和其他长期资产而发生的借款利息资本化的部分，在“支付股利、利润或偿付利息支付的现金”项目中反映；融资租入固定资产支付的租赁费，在“支付的其他与筹资活动有关的现金”项目中反映，不在本项目中反映。本项目可以根据“固定资产”“在建工程”“工程物资”“无形资产”“应付职工薪酬”“库存现金”“银行存款”“其他货币资金”等科目的记录分析填列。

例如：某企业购买一台设备，价税合计 45.2 万元，支付运杂费 1 万元；预付另一设备款 50 万元；支付前期赊购设备款 30 万元。则购建固定资产、无形资产和其他长期资产支付的现金=45.2+1+50+30=126.2(万元)。

7. “投资支付的现金”项目

本项目反映企业进行权益性投资和债权性投资所支付的现金，包括企业取得的除现金等价物以外的交易性金融资产、债权投资、其他债权投资、长期股权投资而支付的现金，以及支付的佣金、手续费等交易费用。企业购买债券的价款中含有债券利息的，以及溢价或折价购入的，均按实际支付的金额反应。

企业购买股票和债券时，实际支付的价款中包含的已宣告但尚未领取的现金股利或已到付息期但尚未领取的债券利息，应在“支付的其他与投资活动有关的现金”项目中反映；收回购买股票和债券时支付的已宣告但尚未领取的现金股利或已到付息期但尚未领取的债券利息，应在“收到的其他与投资活动有关的现金”项目中反映。

本项目可以根据“交易性金融资产”“债权投资”“其他债权投资”“长期股权投资” “库存现金”“银行存款”等科目的记录分析填列。

例如：A 公司购买基金 100 万元，购买股票 10 万元。则投资支付的现金=100+10=110(万元)。

8. “取得子公司及其他营业单位支付的现金净额”项目

本项目反映企业购买子公司及其他营业单位出价中以现金支付的部分，减去子公司或其他营业单位持有的现金和现金等价物后的净额。本项目可以根据有关科目的记录分析填列。

整体购买一个单位，其结算方式是多种多样的。如购买方全部以现金支付或者一部分以现金支付而另一部分以实物清偿。同时，企业购买子公司及其他营业单位是整体交易，子公司和其他营业单位除有固定资产和存货外，还可能持有现金和现金等价物。这样，整体购买子公司或其他营业单位的现金流量，就应以购买出价中以现金支付的部分，减去子公司或其他营业单位持有现金和现金等价物后的净额反映，如为负数，应在“收到其他与投资活动有关的现金”项目中反映。

9. “支付其他与投资活动有关的现金”项目

本项目反映企业除上述各项目以外，支付的其他与投资活动有关的现金。如企业购买股票时实际支付的价款中包含的已宣告发放但尚未领取的现金股利，购买债券时支付的价款中包含的已到付息期尚未领取的债券利息等。其他与投资活动有关的现金，如果价值较大，则应单列项目反映。本项目可以根据“库存现金”“银行存款”和其他有关科目的记录分析填列。

(三)筹资活动产生的现金流量有关项目的编制

现金流量表需要单独反映筹资活动产生的现金流量，通过现金流量表中反映的筹资活动的现金流量，可以帮助投资者和债权人预计对企业未来现金流量的要求权，以及获得前期现金流入而付出的代价。筹资活动现金流量各项目的内容及填列方法如下。

1. “吸收投资收到的现金”项目

本项目反映企业以发行股票、债券等方式筹集资金实际收到的款项净额(发行收入减去支付的佣金等发行费用后的净额)。以发行股票方式筹集资金而由企业直接支付的审计、咨询等费用，不在本项目中反映，

而在“支付其他与筹资活动有关的现金”项目中反映；由金融企业直接支付的手续费、宣传费、咨询费、印刷费等费用，从发行股票、债券取得的现金收入中扣除，以净额列示。本项目可以根据“库存现金”“银行存款”“实收资本(或股本)”“资本公积”“应付债券”等科目的记录分析填列。

例如：A 公司增资，收到银行转来投资者投入的资金 500 万元。则吸收投资收到的现金=500(万元)。

2. “取得借款收到的现金”项目

本项目反映企业举借各种短期、长期借款收到的现金。本项目可以根据“银行存款”“短期借款”“长期借款”等科目的记录分析填列。

例如：A 公司从建设银行取得 6 个月期的短期借款 300 万元。则取得借款收到的现金=300(万元)。

3. “收到其他与筹资活动有关的现金”项目

本项目反映企业除上述各项目外，收到的其他与筹资活动有关的现金。其他与筹资活动有关的现金，价值较大的，应单列项目反映。本项目可以根据“库存现金”“银行存款”和其他有关科目的记录分析填列。

4. “偿还债务支付的现金”项目

本项目反映企业以现金偿还债务的本金，包括偿还金融企业的借款本金、偿付企业到期的债券本金等。企业偿还的借款利息、债券利息在“分配股利、利润或偿付利息支付的现金”项目中反映，不在本项目中反映。本项目可以根据“短期借款”“长期借款”“交易性金融负债”“应付债券”“库存现金”“银行存款”等科目的记录分析填列。

例如：A 公司偿还短期借款本金 100 万元，利息 8 万元(其中 6 万元已预提)；偿还长期借款本金 300 万元，利息 10 万元。则偿还债务支付的现金=100+300=400(万元)。

5. “分配股利、利润或偿付利息支付的现金”项目

本项目反映企业实际支付的现金股利、支付给其他投资单位的利润或用现金支付的借款利息、债券利息等。不同用途的借款，其利息的开支渠道不一样，如在建工程、财务费用等，均在本项目中反映。本项目可以根据“应付债券”“应付股利”“应付利息”“财务费用”“库存现金”“银行存款”等科目的记录分析填列。承上例，则分配股利、利润或偿付利息支付的现金=8+10=18(万元)。

6. “支付其他与筹资活动有关的现金”项目

本项目反映企业除上述各项外，支付的其他与筹资活动有关的现金流出，如以发行股票、债券等方式筹集资金而由企业直接支付的审计、咨询等费用，融资租赁支付的租赁费、以分期付款方式构建固定资产以后各期支付的现金等。企业委托其他单位发行股票或债券，由受托单位直接从发行收入中抵扣的各项发行费用，不在本项目中反映。其他与筹资活动有关的现金，价值较大的，应单列项目反映。本项目可以根据“库存现金”“银行存款”和其他有关科目的记录分析填列。

(四)“汇率变动对现金的影响”项目的内容和填列方法

汇率变动对现金的影响：企业外币现金流量及境外子公司的现金流量折算成记账本位币时，所采用的是现金流量发生日的汇率或按照系统合理的方法确定的、与现金流量发生日即期汇率近似的汇率，而现金流量表“现金及现金等价物净增加额”项目中外币现金净增加额是按资产负债表日的即期汇率折算的，这两者的差额即为汇率变动对现金的影响。

(五)“现金及现金等价物净增加额”项目的内容和填列方法

本项目根据“经营活动产生的现金流量净额”“投资活动产生的现金流量净额”“筹资活动产生的现金流量净额”“汇率变动对现金及现金等价物的影响”四项相加的金额填列。

(六)补充资料各项目的内容和填列方法

1. “将净利润调节为经营活动的现金流量”各项目的填列方法

补充资料中的“将净利润调节为经营活动的现金流量”，实际上是以间接法编制的经营活动的现金流

量。间接法是以净利润为出发点的，净利润是利润表上反映的数字，在利润表中反映的净利润是按权责发生制确定的，其中有些收入、费用项目并没有实际发生现金流入和流出，通过对这些项目的调整，即可将净利润调节为经营活动现金流量。采用间接法将净利润调节为经营活动的现金流量时，需要调整的项目可分为四大类：一是实际没有支付现金的费用；二是实际没有收到现金的收益；三是不属于经营活动的损益；四是经营性应收应付项目的增减变动。“将净利润调节为经营活动的现金流量”各项目的填列方法如下。

（1）“资产减值准备”项目。这里所指的资产减值准备包括坏账准备、存货跌价准备、投资性房地产减值准备、长期股权投资减值准备、债权投资减值准备、固定资产减值准备、在建工程减值准备、工程物资减值准备、生产性生物资产减值准备、无形资产减值准备、商誉减值准备等。企业计提的各项资产减值准备，包括在利润表中，属于利润的减除项目，但实际上并没有发生现金流出。所以，在将净利润调节为经营活动现金流量时，需要加回。本项目可以根据“资产减值损失”“信用减值损失”科目的借方发生额分析填列。

（2）“固定资产折旧、油气资产折耗、生产性生物资产折旧”项目。本项目反映企业本期提取的折旧、折耗。企业计提固定资产折旧，有的计入管理费用，有的计入制造费用。计入管理费用中的部分已作为期间费用列入了当期利润表，计入制造费用中的已变现的部分则通过销售成本列入了利润表，但没有发生现金流出；计入制造费用中的没有变现的部分，既不涉及现金收支，也不影响当期净利润。由于在调节存货时，已经从中扣除，在此处将净利润调节为经营活动现金流量时，需要予以加回。同理，企业计提的油气资产折耗、生产性生物资产折旧，也需要予以加回。本项目可以根据“累计折旧”“累计折耗”“生产性生物资产折旧”科目的贷方发生额分析填列。

（3）“无形资产摊销和长期待摊费用摊销”项目。企业对使用寿命有限的无形资产计提摊销时，计入了管理费用或制造费用。长期待摊费用摊销时，有的计入管理费用，有的计入销售费用，有的计入制造费用。计入管理费用和销售费用以及计入制造费用中的已变现的部分，在计算净利润时已从中扣除，但并没有发生现金流出；计入制造费用中的没有变现的部分，在调节存货时已经从中扣除，但不涉及现金收支，所以在调整时应将本年摊销额加回到净利润中。本项目可根据“累计摊销”“长期待摊费用”科目的贷方发生额分析填列。

（4）“处置固定资产、无形资产和其他长期资产的损失（减收益）”项目。企业处置固定资产、无形资产和其他长期资产发生的损益，属于投资活动的损益，不属于经营活动产生的损益，所以在将净利润调节为经营活动现金流量时，需要予以剔除。如为损失，在将净利润调节为经营活动现金流量时应当加回；如为收益，在将净利润调节为经营活动现金流量时应当扣除。本项目可以根据“资产处置损益”“营业外支出”等科目所属有关明细科目的记录分析填列；如为净收益，以“-”号填列。

例如，20×9 年度，美颐公司处置一台设备，原价 20 万元，累计已计提折旧 12 万元，收回现款 6 万元已存入银行。处置固定资产损失 2 万元[即(20-12)-6]，在将净利润调节为经营活动现金流量时，需要加回。

（5）“固定资产报废损失”项目。企业发生的固定资产报废损益，属于投资活动的损益，不属于经营活动产生的损益，所以在将净利润调节为经营活动现金流量时，需要予以剔除。同样，投资性房地产产生报废、毁损而产生的损失，也需要予以剔除。如为净损失，在将净利润调节为经营活动现金流量时，应当加回；如为净收益，在将净利润调节为经营活动现金流量时，应当扣除。本项目可以根据“营业外支出”等科目所属有关明细科目的记录分析填列。

例如，20×9 年度，美颐公司盘亏一台设备，原价 15 万元，累计已计提折旧 9 万元，发生固定资产报废损失 6（即 15-9）万元]，在将净利润调节为经营活动现金流量时，需要加回。

（6）“公允价值变动损失”项目。公允价值变动损失反映企业交易性金融资产、投资性房地产等公允价值变动形成的应计入当期损益的利得或损失。企业发生的公允价值变动损益，通常与企业的投资活动或筹资活动有关，而且并不影响企业当期的现金流量。为此，应当将其从净利润中剔除。如为持有损失，在将净利润调节为经营活动现金流量时，应当加回；如为持有利得，在将净利润调节为经营活动现金流量时，应当扣除。本项目可以根据“公允价值变动损益”科目的发生额分析填列；如为持有利得，以“-”填列。

例如，20×8 年 12 月 31 日，美颐公司持有交易性金融资产的公允价值为 100 万元，20×9 年 12 月 31 日，美颐公司持有交易性金融资产的公允价值为 103 万元，公允价值变动损益为 3 万元。这 3 万元的资产持有利得在将净利润调节为经营活动现金流量时，应当扣除。

(7)“财务费用”项目。企业发生的财务费用可以分别归属于经营活动、投资活动和筹资活动。比如，应收票据、销售商品和购买原材料所产生的汇兑损益属于经营活动，购买固定资产所产生的汇兑损益属于投资活动，支付的利息属于筹资活动，等等。在将净利润调节为经营活动现金流量时，对于发生的财务费用中不属于经营活动的部分，应当将其从净利润中剔除。本项目可以根据“财务费用”科目的本期借方发生额分析填列；如为收益，以“-”号填列。

(8)“投资损失(减：收益)”项目。企业发生的投资损益，不属于经营活动产生的损益，所以在将净利润调节为经营活动现金流量时应当剔除。如为净损失，在将净利润调节为经营活动现金流量时应当加回；如为净收益，在将净利润调节为经营活动现金流量时应当扣除。本项目可以根据利润表中“投资收益”项目的数字填列；如为投资收益，以“-”号填列。

(9)“递延所得税资产减少(减：增加)”项目。如果递延所得税资产减少使计入所得税费用的金额大于当期应交的所得税金额，其差额没有发生现金流出，但在计算净利润时已经扣除，在将净利润调节为经营活动现金流量时应当加回。如果递延所得税资产增加使计入所得税费用的金额小于当期应交的所得税金额，二者之间的差额没有发生现金流入，但在计算净利润时已经包括在内，在将净利润调节为经营活动现金流量时应当扣除。本项目可以根据资产负债表“递延所得税资产”期初、期末余额分析填列。“递延所得税资产”的期末数小于期初数的差额，以正数填列；“递延所得税资产”的期末数大于期初数的差额，以“-”号填列。

(10)“递延所得税负债增加(减：减少)”项目。如果递延所得税负债增加使计入所得税费用的金额大于当期应交的所得税金额，其差额没有发生现金流出，但在计算净利润时已经扣除，在将净利润调节为经营活动现金流量时应当加回。如果递延所得税负债减少使计入所得税费用的金额小于当期应交的所得税金额，其差额并没有发生现金流入，但在计算净利润时已经包括在内，在将净利润调节为经营活动现金流量时应当扣除。本项目可以根据资产负债表“递延所得税负债”期末、期初余额分析填列。“递延所得税负债”的期末数大于期初数的差额，以正数填列；“递延所得税负债”的期末数小于期初数的差额，以“-”号填列。

“递延所得税资产”“递延所得税负债”科目主要是核算由于时间性差异所产生的税前会计利润与应税所得之间的差异影响所得税的金额。由于实际交纳所得税时是按应税所得计算的，“递延所得税资产”“递延所得税负债”只是对当期所得税费用的调整，并没有发生实际的现金流入或流出，但在利润表上已列入了所得税费用，所以应当调整净利润。

(11)“存货的减少(减：增加)”项目。期末存货比期初存货减少，说明本期生产经营过程耗用的存货有一部分是期初的存货，耗用这部分存货并没有发生现金支出，但在计算净利润时已经扣除，所以在将净利润调节为经营活动现金流量时应当加回。期末存货比期初存货增加，说明当期购入的存货除耗用外，还剩余了一部分，这部分存货也发生了现金流出，但在计算净利润时没有包括在内，所以在将净利润调节为经营活动现金流量时应当扣除。当然，存货的增减变化过程还涉及应付项目，这一因素在“经营性应付项目的增加(减：减少)”项目中考虑。本项目可以根据资产负债表中“存货”项目的期初数、期末数之间的差额填列；期末数大于期初数的差额，以“-”号填列。如果存货的增减变化过程属于投资活动(如在建工程领用存货)，应当将这一因素剔除。简言之，存货增加，说明现金减少；存货减少，说明现金增加。

例如，20×9 年 1 月 1 日，美颐公司存货余额为 156 万元；20×9 年 12 月 31 日，美颐公司存货余额为 203 万元；20×9 年度，存货增加了 47 万元(203-156)。在将净利润调节为经营活动现金流量时应当扣除。

(12)“经营性应收项目的减少(减：增加)”项目。经营性应收项目主要是指应收票据、应收账款、预付账款、其他应收款、长期应收款中与经营活动有关的部分，以及应收的增值税销项税额等。经营性应收项目期末余额小于经营性应收项目期初余额，说明本期收回的现金大于利润表中所确认的销售收入，所以在将净利润调节为经营活动现金流量时，需要加回。经营性应收项目期末余额大于经营性应收项目期初余额，说明本期销售收入中有一部分没有收回现金，但是在计算净利润时这部分销售收入已包括在内，所以在将净利润调节为经营活动现金流量时需要扣除。本项目应当根据有关科目的期初、期末余额分析填列；如为增加，以“-”号填列。

例如，20×9 年 1 月 1 日，美颐公司应收账款余额为 100 万元，应收票据余额为 200 万元；20×9 年 12 月 31 日，美颐公司应收账款余额为 200 万元，应收票据余额为 400 万元；20×9 年度内，经营性应收项目增加金额 300[即(200-100)+(400-200)]万元，在将净利润调节为经营活动现金流量时应当扣除。

(13)“经营性应付项目的增加(减：减少)”项目。经营性应付项目包括应付票据、应付账款、预收账款、应付职工薪酬、应交税费、应付利息、其他应付款、长期应付款中与经营活动有关的部分，以及应付的增值税进项税额等。经营性应付项目期末余额大于经营性应付项目期初余额，说明本期购入的存货中有一部分没有支付现金，但是在计算净利润时却通过销售成本包括在内，所以在将净利润调节为经营活动现金流量时需要加回。经营性应付项目期末余额小于经营性应付项目期初余额，说明本期支付的现金大于利润表中所确认的销售成本，所以在将净利润调节为经营活动现金流量时需要扣除。本项目应当根据有关科目的期初、期末余额分析填列；如为减少，以“-”号填列。

例如：20×9 年 1 月 1 日，美颐公司应付账款余额为 60 万元，应付票据余额为 39 万元，应付职工薪酬为 1 万元，应交税费为 6 万元；20×9 年 12 月 31 日，美颐公司应付账款为 85 万元，应付票据为 30 万元，应付职工薪酬为 2 万元，应交税费为 4 万元。20×9 年度内，经营性应付项目年末比年初增加金额为 15[即(85-60)+(30-39)+(2-1)+(4-6)]万元，在将净利润调节为经营活动现金流量时应当加回。

2. 补充资料中的“不涉及现金收支的重大投资和筹资活动”处理方法

补充资料中的“不涉及现金收支的重大投资和筹资活动”，反映企业一定期间内影响资产或负债但不形成该期现金收支的所有投资和筹资活动的信息。这些投资和筹资活动虽然不涉及当期现金收支，但对以后各期的现金流量有重大影响。例如，企业融资租入设备，将形成的负债计入“长期应付款”账户，当期并不支付设备款及租金，但以后各期必须为此支付现金，从而在一定期间内形成了一项固定的现金支出。补充资料中的“经营活动产生的现金流量净额”与现金流量表中的 “经营活动产生的现金流量净额”的金额相等。

因此，现金流量表准则规定，企业应当在附注中披露不涉及当期现金收支，但影响企业财务状况或在未来可能影响企业现金流量的重大投资和筹资活动。主要包括：

(1)“债务转为资本”项目，反映企业本期转为资本的债务金额；

(2)“一年内到期的可转换公司债券”项目，反映企业即一年内到期的可转换公司债券的本息；

(3)“融资租入固定资产”项目，反映企业本期融资租入的固定资产。

3. 现金及现金等价物净变动情况

该项目反映企业一定期间现金及现金等价物的期末余额减去期初余额后的净增加额(或净减少额)，是对现金流量表正表中“现金及现金等价物”项目的补充说明。该项目的金额与正表中最后一项“现金及现金等价物净增加额”项目的金额相符。

六、执行小企业会计准则的企业现金流量表的格式及填列

(一)执行小企业会计准则的企业现金流量表的格式

执行小企业会计准则的企业现金流量表的基本格式如表 17-11 所示。

表 17-11　执行小企业会计准则的企业现金流量表

会企 03 表

编制单位：　　　　　　　　　　　　　　　　＿＿＿＿年＿＿＿月　　　　　　　　　　　　　　　　　　　单位：元

项目	本年累计金额	本月金额
一、经营活动产生的现金流量		
销售产成品、商品、提供劳务收到的现金		
收到的其他与经营活动有关的现金		
购买原材料、商品、接受劳务支付的现金		
支付的职工薪酬		
支付的税费		
支付的其他与经营活动有关的现金		
经营活动产生的现金流量净额		
二、投资活动产生的现金流量		
收回短期投资、长期债券投资和长期股权投资收到的现金		
取得投资收益收到的现金		
处置固定资产、无形资产和其他非流动资产收回的现金净额		
短期投资、长期债券投资和长期股权投资支付的现金		
购建固定资产、无形资产和非流动资产支付的现金		
投资活动产生的现金流量净额		
三、筹资活动产生的现金流量		
取得借款收到的现金		
吸收投资者投资收到的现金		
偿还借款本金支付的现金		
偿还借款利息支付的现金		
分配利润支付的现金		
筹资活动产生的现金流量净额		
四、现金净增加额		
加：期初现金余额		
五、期末现金余额		

(二) 执行小企业会计准则的企业现金流量表的填列

执行小企业会计准则的企业现金流量表反映小企业一定会计期间内有关现金流入和流出的信息。

报表中“本年累计金额”栏反映各项目自年初起至报告期末止的累计实际发生额。

报表中“本月金额”栏反映各项目的本月实际发生额；在编报年度财务报表时，应将“本月金额”栏改为“上年金额”栏，填列上年全年实际发生额。

报表各项目的内容及填列方法如下。

(1) 经营活动产生的现金流量。

①“销售产成品、商品，提供劳务收到的现金”项目，反映小企业本期销售产成品、商品，提供劳务收到的现金。本项目可以根据“库存现金”“银行存款”和“主营业务收入”等科目的本期发生额分析填列。

②“收到其他与经营活动有关的现金”项目，反映小企业本期收到的其他与经营活动有关的现金。本项目可以根据“库存现金”和“银行存款”等科目的本期发生额分析填列。

③“购买原材料、商品，接受劳务支付的现金”项目，反映小企业本期购买原材料、商品，接受劳务支付的现金。本项目可以根据“库存现金”“银行存款”“其他货币资金”“原材料”“库存商品”等科目的本期发生额分析填列。

④“支付的职工薪酬”项目，反映小企业本期向职工支付的薪酬。本项目可以根据“库存现金”“银行存款”“应付职工薪酬”科目的本期发生额填列。

⑤“支付的税费”项目，反映小企业本期支付的税费。本项目可以根据“库存现金”“银行存款”“应交税费”等科目的本期发生额填列。

⑥“支付其他与经营活动有关的现金”项目，反映小企业本期支付的其他与经营活动有关的现金。本项目可以根据“库存现金”“银行存款”等科目的本期发生额分析填列。

经营活动产生的现金流量净额=上述经营活动的①+②−③−④−⑤−⑥。

(2)投资活动产生的现金流量。

①“收回短期投资、长期债券投资和长期股权投资收到的现金”项目，反映小企业出售、转让或到期收回短期投资、长期股权投资而收到的现金，以及收回长期债券投资本金而收到的现金，不包括长期债券投资收回的利息。本项目可以根据“库存现金”“银行存款”“短期投资”“长期股权投资”“长期债券投资”等科目的本期发生额分析填列。

②“取得投资收益收到的现金”项目，反映小企业因权益性投资和债权性投资取得的现金股利或利润和利息收入。本项目可以根据“库存现金”“银行存款”“投资收益”等科目的本期发生额分析填列。

③“处置固定资产、无形资产和其他非流动资产收回的现金净额”项目，反映小企业处置固定资产、无形资产和其他非流动资产取得的现金，减去为处置这些资产而支付的有关税费等后的净额。本项目可以根据“库存现金”“银行存款”“固定资产清理”“无形资产”等科目的本期发生额分析填列。

④“短期投资、长期债券投资和长期股权投资支付的现金”项目，反映小企业进行权益性投资和债权性投资支付的现金，包括企业取得短期股票投资、短期债券投资、短期基金投资、长期债券投资、长期股权投资支付的现金。本项目可以根据“库存现金”“银行存款”“短期投资”“长期债券投资”“长期股权投资”等科目的本期发生额分析填列。

⑤“购建固定资产、无形资产和其他非流动资产支付的现金”项目，反映小企业购建固定资产、无形资产和其他非流动资产支付的现金，包括购买机器设备、无形资产、生产性生物资产支付的现金，建造工程支付的现金等现金支出；不包括为购建固定资产、无形资产和其他非流动资产而发生的借款费用资本化部分和支付给在建工程和无形资产开发项目人员的薪酬。为购建固定资产、无形资产和其他非流动资产而发生借款费用资本化部分，在“偿还借款利息支付的现金”项目中反映；支付给在建工程和无形资产开发项目人员的薪酬，在“支付的职工薪酬”项目中反映。本项目可以根据“库存现金”“银行存款”“固定资产”“在建工程”“无形资产”“研发支出”“生产性生物资产”等科目的本期发生额分析填列。

投资活动产生的现金流量净额=上述投资活动的①+②+③−④−⑤。

(3)筹资活动产生的现金流量。

①“取得借款收到的现金”项目，反映小企业举借各种短期、长期借款收到的现金。本项目可以根据“库存现金”“银行存款”“短期借款”“长期借款”等科目的本期发生额分析填列。

②“吸收投资者投资收到的现金”项目，反映小企业收到的投资者作为资本投入的现金。本项目可以根据“库存现金”“银行存款”“实收资本”“资本公积”等科目的本期发生额分析填列。

③“偿还借款本金支付的现金”项目，反映小企业以现金偿还各种短期、长期借款的本金。本项目可以根据“库存现金”“银行存款”“短期借款”“长期借款”等科目的本期发生额分析填列。

④“偿还借款利息支付的现金”项目，反映小企业以现金偿还各种短期、长期借款的利息。本项目可以根据“库存现金”“银行存款”“应付利息”等科目的本期发生额分析填列。

⑤“分配利润支付的现金”项目，反映小企业向投资者实际支付的利润。本项目可以根据“库存现金”“银行存款”“应付利润”等科目的本期发生额分析填列。

筹资活动产生的现金流量净额=上述筹资活动的①+②−③−④−⑤。

(4)现金净增加额。

现金净增加额=经营活动产生的现金流量净额+投资活动产生的现金流量净额+筹资活动产生的现金流量净额。

期初现金余额是资产负债表的期初数。

期末现金余额=现金净增加额+期初现金余额，期末现金余额应与资产负债表中“货币资金”项目的期末数相符。

七、现金流量表编制示例

例 17-3 沿用例 17-1 和例 17-2 的资料，天华股份有限公司的其他相关资料如下。

(1) 2×19 年度利润表有关项目的明细资料：

① 管理费用的组成：职工薪酬 17 100 元，无形资产摊销 60 000 元，折旧费 20 000 元，支付其他费用 60 000 元。

② 财务费用的组成：计提借款利息 11 500 元，支付应收票据(银行承兑汇票)贴现利息 30 000 元。

③ 资产减值损失的组成：计提坏账准备 900 元，计提固定资产减值准备 30 000 元，上年年末坏账准备为 900 元。

④ 投资收益的组成：收到股息收入 30 000 元，与本金一起收回的交易性股票投资收益 500 元，自公允价值变动损益结转投资收益 1 000 元。

⑤ 营业外收入的组成：处置固定资产净收益 50 000 元(其所处置固定资产原价为 400 000 元，累计折旧为 150 000 元，收到处置收入 300 000 元)。假定不考虑与固定资产处置有关的费用。

⑥ 营业外支出的组成：报废固定资产净损失 19 700 元(其所报废固定资产原价为 200 000 元，累计折旧为 180 000 元，支付清理费用 500 元，收到残料收入 800 元)。

⑦ 所得税费用的组成：当期所得税费用 92 800 元，递延所得税收益 7 500 元。

除上述项目外，利润表中的销售费用 20 000 元至期末已经支付。

(2) 资产负债表有关项目的明细资料：

① 本期收回交易性股票投资本金 15 000 元，公允价值变动 1 000 元，同时实现投资收益 500 元。

② 存货中生产成本、制造费用的组成：职工薪酬 324 900 元，折旧费 80 000 元。

③ 应交税费的组成：本期增值税进项税额 42 466 元，增值税销项税额 212 500 元，已交增值税 100 000 元，应交所得税期末余额为 20 097 元，应交所得税期初余额为 0 元，应交税费期末数中应由在建工程负担的部分为 100 000 元。

④ 应付职工薪酬的期初数无应付在建工程人员的部分，本期支付在建工程人员职工薪酬 200 000 元。应付职工薪酬的期末数中应付在建工程人员的部分 28 000 元。

⑤ 应付利息均为短期借款利息，其中本期计提利息 11 500 元，支付利息 12 500 元。

⑥ 本期用现金购买固定资产 101 000 元，购买工程物资 300 000 元。

⑦ 本期用现金偿还短期借款 250 000 元，偿还一年内到期的长期借款 1 000 000 元；借入长期借款 560 000 元。

根据以上资料，采用分析填列的方法，编制天华股份有限公司 2×19 年度的现金流量表。

(1) 天华股份有限公司 2×19 年度现金流量表各项目金额，分析确定如下。

① 销售商品、提供劳务收到的现金

=主营业务收入+应交税费——应交增值税(销项税额)
+(应收账款年初余额-应收账款期末余额)
+(应收票据年初余额-应收票据期末余额)
-当期计提的坏账准备-票据贴现利息

=1 250 000+212 500+(299 100-598 200)+(246 000-66 000)-900-30 000
=1 312 500(元)

② 购买商品、接受劳务支付的现金

=主营业务成本+应交税费——应交增值税(进项税额)
-(存货年初余额-存货期末余额)

+(应付账款年初余额-应付账款期末余额)

+(应付票据年初余额-应付票据期末余额)

+(预付账款期末余额-预付账款年初余额)

-当期列入生产成本、制造费用的职工薪酬

-当期列入生产成本、制造费用的折旧费和固定资产修理费

=750 000+42 466-(2 580 000-2 484 700)+(953 800-953 800)+(200 000-100 000)+(200 000-200 000)-324 900-80 000

=392 266(元)

③ 支付给职工以及为职工支付的现金

=生产成本、制造费用、管理费用中的职工薪酬

+(应付职工薪酬年初余额-应付职工薪酬期末余额)

-[应付职工薪酬(在建工程)年初余额-应付职工薪酬(在建工程)期末余额]

=324 900+17 100+(110 000-180 000)-(0-28 000)

=300 000(元)

④ 支付的各项税费

=当期所得税费用+税金及附加+应交税费——未交增值税

-(应交税费——应交所得税期末余额-应交税费——应交所得税年初余额)

=92 800+2 000+100 000-(20 097-0)

=174 703(元)

⑤ 支付其他与经营活动有关的现金

=其他管理费用+销售费用

=60 000+20 000

=80 000(元)

⑥ 收回投资收到的现金

=交易性金融资产贷方发生额+与交易性金融资产一起收回的投资收益

=16 000+500

=16 500(元)

⑦ 取得投资收益收到的现金

=收到的股息收入

=30 000(元)

⑧ 处置固定资产收回的现金净额

=300 000+(800-500)

=300 300(元)

⑨ 购建固定资产支付的现金

=用现金购买的固定资产、工程物资+支付给在建工程人员的薪酬

=101 000+300 000+200 000

=601 000(元)

⑩ 取得借款收到的现金=560 000(元)

⑪ 偿还债务支付的现金

=250 000+1 000 000

=1 250 000(元)

⑫ 偿付利息支付的现金=12 500(元)

(2) 将净利润调整为经营活动现金流量，各项目计算分析如下：

① 资产减值准备=900+30 000=30 900（元）

② 固定资产折旧=20 000+80 000=100 000（元）

③ 无形资产摊销=60 000（元）

④ 处置固定资产、无形资产和其他长期资产的损失（减：收益）=−50 000（元）

⑤ 固定资产报废损失=19 700（元）

⑥ 财务费用=11 500（元）

⑦ 投资损失（减：收益）=−31 500（元）

⑧ 递延所得税资产减少=0−7 500=−7 500（元）

⑨ 存货的减少=2 580 000−2 484 700=95 300（元）

⑩ 经营性应收项目的减少

=（246 000−66 000）+（299 100+900−598 200−1 800）

=−120 000（元）

⑪ 经营性应付项目的增加

=（100 000−200 000）+（953 800−953 800）+[（180 000−28 000）−110 000]+[（226 731−100 000）−36 600]

=32 131（元）

(3) 根据上述数据，编制天华股份有限公司现金流量表，如表 17-12 所示，天华股份有限公司现金流量表补充资料如表 17-13 所示。

表 17-12　现金流量表

编制单位：天华股份有限公司　　　　2×19 年度　　　　单位：元

项目	本期金额	上期金额（略）
一、经营活动产生的现金流量		
销售商品、提供劳务收到的现金	1 312 500	
收到的税费返还		
收到其他与经营活动有关的现金		
经营活动现金流入小计	1 312 500	
购买商品、接受劳务支付的现金	392 266	
支付给职工以及为职工支付的现金	300 000	
支付的各项税费	174 703	
支付其他与经营活动有关的现金	80 000	
经营活动现金流出小计	946 969	
经营活动产生的现金流量净额	365 531	
二、投资活动产生的现金流量		
收回投资收到的现金	16 500	
取得投资收益收到的现金	30 000	
处置固定资产、无形资产和其他长期资产收回的现金净额	300 300	
处置子公司及其他营业单位收到的现金净额		
收到其他与投资活动有关的现金		
投资活动现金流入小计	346 800	
购建固定资产、无形资产和其他长期资产收到的现金	601 000	
投资支付的现金		
取得子公司及其他营业单位支付的现金净额		

续表

项目	本期金额	上期金额(略)
支付其他与投资活动有关的现金		
投资活动现金流出小计	601 000	
投资活动产生的现金流量净额	−254 200	
三、筹资活动产生的现金流量：		
吸收投资收到的现金		
取得借款收到的现金	560 000	
收到其他与筹资活动有关的现金		
筹资活动现金流入小计	560 000	
偿还债务支付的现金	1 250 000	
分配股利、利润或偿付利息支付的现金	12 500	
支付其他与筹资活动有关的现金		
筹资活动现金流出小计	1 262 500	
筹资活动产生的现金流量净额	−702 500	
四、汇率变动对现金及现金等价物的影响		
五、现金及现金等价物净增加额	−591 169	
加：期初现金及现金等价物余额	1 406 300	
六、期末现金及现金等价物余额	815 131	

表 17-13　现金流量表补充资料

单位：元

补充资料	本期金额	上期金额
1．将净利润调节为经营活动现金流量：		
净利润	225 000	
加：资产减值准备	30 900	
固定资产折旧、油气资产折耗、生产性生物资产折旧	100 000	
无形资产摊销和长期待摊费用摊销	60 000	
处置固定资产、无形资产和其他长期资产的损失(收益以“−”号填列)	−50 000	
固定资产报废损失(收益以“−”号填列)	19 700	
公允价值变动损失(收益以“−”号填列)		
财务费用(收益以“−”号填列)	11 500	
投资损失(收益以“−”号填列)	−31 500	
递延所得税资产减少(增加以“−”号填列)	−7 500	
递延所得税负债增加(减少以“−”号填列)	0	
存货的减少(增加以“−”号填列)	95 300	
经营性应收项目的减少(增加以“−”号填列)	−120 000	
经营性应付项目的增加(减少以“−”号填列)	32 131	
其他		
经营活动产生的现金流量净额	365 531	
2．不涉及现金收支的重大投资和筹资活动：		
债务转为资本		
一年内到期的可转换公司债券		
融资租入固定资产		

续表

补充资料	本期金额	上期金额
3. 现金及现金等价物净变动情况：		
现金的期末余额	815 131	
减：现金的期初余额	1 406 300	
加：现金等价物的期末余额		
减：现金等价物的期初余额		
现金及现金等价物净增加额	−591 169	

第五节 所有者权益变动表

一、所有者权益变动表概述

(一) 所有者权益变动表的定义

所有者权益变动表是反映构成所有者权益的各组成部分当期的增减变动情况的报表。所有者权益变动表应当全面反映一定时期所有者权益变动的情况，不仅包括所有者权益总量的增减变动，还包括所有者权益增减变动的重要结构性信息，特别是要反映直接计入所有者权益的利得和损失，让报表使用者准确理解所有者权益增减变动的根源。

(二) 所有者权益变动表在一定程度上体现了企业综合收益

综合收益，是指企业在某一期间与所有者之外的其他方面进行交易或发生其他事项所引起的净资产变动。综合收益的构成包括两部分：净利润和直接计入所有者权益的利得或损失。其中，前者是企业已确认的收益，后者是企业未实现但根据会计准则的规定已确认的收益。用公式表示如下：

综合收益=净利润+直接计入所有者权益的利得或损失

在所有者权益变动表中，净利润和直接计入所有者权益的利得或损失均单列项目反映，体现了企业综合收益的构成。

二、所有者权益变动表的内容和格式

所有者权益变动表包括实收资本、资本公积、盈余公积、未分配利润等主要项目，其格式如表 17-14 所示。

三、所有者权益变动表的填列方法

(一) 上年金额栏的填列方法

所有者权益变动表“上年金额”栏各项数字，应根据上年度所有者权益变动表“本年金额”栏内所列数字填列。如果上年度所有者权益变动表规定的各个项目的名称和内容与本年度不相一致，应对上年度所有者权益变动表各项目的名称和数字按本年度的规定进行调整，填入所有者权益变动表“上年金额”栏内。

(二) 本年金额栏的填列方法

所有者权益变动表“本年金额”栏内各项数字一般应根据“实收资本(或股本)”“其他权益工具”“资本公积”“盈余公积”“其他综合收益”“利润分配”“库存股”“以前年度损益调整”等科目及其明细科目发生额分析填列。

表 17-14　所有者权益变动表

会企 04 表

编制单位：　　　　　　　　　　　　　　　　　______年度　　　　　　　　　　　　　　　　　单位：　元

项　　目	本年金额												上年金额											
	实收资本(或股本)	其他权益工具			资本公积	减：库存股	其他综合收益	专项储备	盈余公积	未分配利润	所有者权益合计	实收资本(或股本)	其他权益工具			资本公积	减：库存股	其他综合收益	专项储备	盈余公积	未分配利润	所有者权益合计
		优先股	永续债	其他									优先股	永续债	其他							
一、上年年末余额																								
加：会计政策变更																								
前期差错更正																								
其他																								
二、本年年初余额																								
三、本年增减变动金额(减少以“–”号填列)																								
(一)综合收益总额																								
(二)所有者投入和减少资本																								
1．所有者投入的普通股																								
2．其他权益工具持有者投入资本																								
3．股份支付计入所有者权益的金额																								
4．其他																								
(三)利润分配																								
1．提取盈余公积																								
2．对所有者(或股东)的分配																								
3．其他																								
(四)所有者权益内部结转																								
1．资本公积转增资本(或股本)																								
2．盈余公积转增资本(或股本)																								
3．盈余公积弥补亏损																								
4．设定受益计划变动额结转留存收益																								
5．其他综合收益结转留存收益																								
6．其他																								
四、本年年末余额																								

第六节　财务报表附注

一、附注概述

（一）附注的概念

附注是财务报表不可或缺的组成部分，是对在资产负债表、利润表、现金流量表、所有者权益变动表等报表中列示项目的文字描述或明细资料，以及对未能在这些报表中列示项目的说明等。

财务报表中的数字是经过分类与汇总后的结果，是对企业发生的经济业务的高度简化和浓缩的数字。如果没有形成这些数字所使用的会计政策、理解这些数字所必需的披露，那么财务报表就不可能充分发挥效用。加上对外提供的财务报表中所规定的内容具有一定的固定性和规定性，只能提供定量的财务信息；其所能反映的财务信息受到一定的限制。因此，附注是财务报表的补充，是财务报表的重要组成部分。报表使用者在了解企业的财务状况、经营成果和现金流量时，应当全面阅读附注。

（二）附注披露的总体要求

附注的相关信息应当与资产负债表、利润表、现金流量表和所有者权益变动表等报表中列示的项目相互参照，以有助于使用者联系相关联的信息，并由此从整体上更好地理解财务报表。

企业在披露附注信息时，应当将定量、定性信息相结合，按照一定的结构对附注信息进行系统合理的排列和分类，以便于使用者理解和掌握。

二、执行企业会计准则的企业附注披露的内容

（一）企业的基本情况

（1）企业注册地、组织形式和总部地址。

（2）企业的业务性质和主要经营活动。如企业所处的行业、所提供的主要产品或服务、客户的性质、销售策略、监管环境的性质等。

（3）母公司及集团最终母公司的名称。

（4）财务报告的批准报出者和财务报告批准报出日，或者以签字人及其签字日期为准。

（5）营业期限有限的企业，还应当披露有关营业期限的信息。

（二）财务报表的编制基础

在附注中，企业应当说明财务报表的编制是否以持续经营为基础。一般而言，如果没有相应的证据表明企业处于非持续经营状态，企业应当以持续经营为基础对实际发生的交易或事项进行确认和计量，并在此基础上编制财务报表。但是，如果企业管理层经评估对企业的持续经营能力产生重大怀疑的，应当在附注中披露对持续经营能力产生重大怀疑的重要原因。如果评估后认为持续经营不再合理，那么企业应当采用其他基础编制财务报表，同时还应当在附注中声明财务报表未以持续经营为基础编制，披露未以持续经营为基础的原因和财务报表的编制基础。

（三）遵循企业会计准则的声明

企业应当声明编制的财务报表符合企业会计准则的要求，真实、公允地反映了企业的财务状况、经营成果和现金流量等有关信息。以此明确企业编制财务报表所依据的制度基础。

附注中不能做出“财务报表部分地遵循了企业会计准则”这种表述。

(四) 重要会计政策和会计估计

1. 重要会计政策的说明

会计政策是指企业在会计核算时所遵循的具体原则以及企业所采纳的具体会计处理方法。具体原则是指企业按照企业会计准则所制定的、适合于本企业的会计制度中所采用的会计原则；具体会计处理方法是指企业在会计核算中对于诸多可选择的会计处理方法中所选择的、适合于本企业的会计处理方法。例如，谨慎原则是所规定的会计核算的一般原则之一，企业在具体运用谨慎原则时，如对固定资产计提折旧，是采用直线法、工作量法，还是采用双倍余额递减法、年数总和法，属具体的会计处理方法，可由企业根据自身情况，按照有关规定加以选择。具体原则和具体会计处理方法，也是指导企业进行会计核算的基础。

企业应当披露采用的重要会计政策，并结合企业的具体实际披露其重要会计政策的确定依据和财务报表项目的计量基础。其中，会计政策的确定依据主要是指企业在运用会计政策过程中所做的重要判断。这些判断对在报表中确认的项目金额具有重要影响。比如，企业如何判断与租赁资产相关的所有风险和报酬已转移给企业，从而符合融资租赁的标准；投资性房地产的判定标准是什么，等等。财务报表项目的计量基础包括历史成本、重置成本、可变现净值、现值和公允价值等会计计量属性等。

2. 重要会计估计的说明

会计估计是指企业对其结果不确定的交易或事项以最近可利用的信息为基础所做的判断。

企业应当披露重要的会计估计，并结合企业的具体实际披露其重要会计估计所采用的关键假设和不确定因素。重要会计估计的说明，包括可能导致下一个会计期间内资产、负债账面价值进行重大调整的会计估计的确定依据等。例如，对于正在进行中的诉讼提取准备，企业应当披露最佳估计数的确定依据等。

(五) 会计政策和会计估计变更以及差错更正的说明

企业应当按照《企业会计准则第 28 号——会计政策、会计估计和差错》规定，披露会计政策和会计估计以及差错更正的情况。

会计政策变更，是指企业对相同的交易或事项由原来采用的会计政策改用另一会计政策的行为。

会计估计变更，是指由于资产和负债的当前状况及预期未来经济利益和义务发生了变化，从而对资产或负债的账面价值或者资产的定期消耗金额进行的重估和调整。会计估计变更，并不意味着以前期间的会计估计是错误的，只是由于情况发生变化，或者掌握了新的信息，积累了更多的经验，使得变更会计估计能够更好地反映企业的财务状况和经营成果。如果以前期间的会计估计是错误的，则属于会计差错。

会计差错是指在会计核算时，由于确认、计量、记录等原因而出现的错误。

前期差错，是指由于没有运用或错误运用以下两种信息，而对前期财务报表造成遗漏或误报：一是编报前期财务报表时能够合理预计取得并应当加以考虑的可靠信息；二是前期财务报表批准报出时能够取得的可靠信息。

(1) 企业应当在附注中披露与会计政策变更有关的下列信息：

① 会计政策变更的性质、内容和原因；

②当期和各个列报前期财务报表中受影响的项目名称和调整金额；

③ 无法进行追溯调整的，说明该事实和原因以及开始应用变更后的会计政策的时点、具体应用情况。

(2) 企业应当在附注中披露与会计估计变更有关的下列信息：

① 会计估计变更的内容和原因；

② 会计估计变更对当期和未来期间的影响数；

③ 会计估计变更的影响数不能确定的，应披露这一事实和原因。

(3) 企业应当在附注中披露与前期差错更正有关的下列信息：

① 前期差错的性质；

② 各个列报前期财务报表中受影响的项目名称和更正金额；

③ 无法进行追溯重述的，应说明该事实和原因以及对前期差错开始进行更正的时点、具体更正情况。

(六)报表重要项目的说明

企业应当以文字和数字描述相结合的方式以及列表形式披露报表重要项目的构成或当期增减变动情况，并且报表重要项目的明细金额合计，应当与报表项目金额相衔接。在披露顺序上，一般应当按照资产负债表、利润表、现金流量表、所有者权益变动表及其项目列示的顺序披露。

1. 交易性金融资产的披露

项　目	期末公允价值	年初公允价值
1. 交易性债权投资		
2. 交易性权益工具投资		
3. 指定为以公允价值计量且其变动计入当期损益的金融资产		
4. 其他交易性金融资产		
5. 其他		
合　计		

2. 应收款项的披露

(1)应收账款按账龄结构披露。

账 龄 结 构	期末账面余额	年初账面余额
1 年以内(含 1 年)		
1 年至 2 年(含 2 年)		
2 年至 3 年(含 3 年)		
3 年以上		
合　计		

注：有应收票据、预付账款、长期应收款、其他应收款的，比照应收账款进行披露。

(2)应收账款按客户类别披露。

客 户 类 别	期末账面余额	年初账面余额
客户 1		
客户 2		
……		
其他客户		
合　计		

注：有应收票据、预付账款、长期应收款、其他应收款的，比照应收账款进行披露。

3. 存货的披露

(1)按存货类别披露。

存 货 种 类	年初账面余额	本期增加额	本期减少额	期末账面余额
1. 原材料				
2. 在产品				
3. 库存商品				
4. 周转材料				
5. 消耗性生物资产				
……				
合　计				

(2)存货跌价准备的披露。

存货种类	年初账面余额	本期计提额	本期减少额		期末账面余额
			转回	转销	
1. 原材料					
2. 在产品					
3. 库存商品					
4. 周转材料					
5. 消耗性生物资产					
……					
合　计					

4. 其他流动资产的披露

项　目	期末账面价值	年初账面价值
1.		
……		
合　计		

注：有长期待摊费用、其他非流动资产的，比照其他流动资产进行披露。

5. 债权投资的披露

项　目	期末账面价值	年初账面价值
1.		
……		
合　计		

6. 长期股权投资的披露

(1)被投资企业的基础信息。

企业名称	注册地	纳税人识别号	投资金额	持股比例	法人代表

(2)被投资单位由于所在国家或地区及其他方面的影响，其向投资企业转移资金的能力受到限制的，应当披露受限制的具体情况。

(3)当期及累计未确认的投资损失金额。

7. 投资性房地产的披露

(1)企业采用成本模式进行后续计量的，应当披露下列信息。

项　目	年初账面余额	本期增加额	本期减少额	期末账面余额
一、原价合计				
1. 房屋、建筑物				
2. 土地使用权				
二、累计折旧和累计摊销合计				
1. 房屋、建筑物				
2. 土地使用权				
三、投资性房地产减值准备累计金额合计				
1. 房屋、建筑物				
2. 土地使用权				

续表

项　　目	年初账面余额	本期增加额	本期减少额	期末账面余额
四、投资性房地产账面价值合计				
1. 房屋、建筑物				
2. 土地使用权				

(2)企业采用公允价值模式进行后续计量的，应当披露投资性房地产公允价值的确定依据及公允价值金额的增减变动情况。

(3)如有房地产转换的，应当说明房地产转换的原因及其影响。

8. 固定资产的披露

项　　目	年初账面余额	本期增加额	本期减少额	期末账面余额
一、原价合计				
其中：房屋、建筑物				
机器设备				
运输工具				
……				
二、累计折旧合计				
其中：房屋、建筑物				
机器设备				
运输工具				
……				
三、固定资产减值准备金额合计				
其中：房屋、建筑物				
机器设备				
运输工具				
……				
四、固定资产账面价值合计				
其中：房屋、建筑物				
机器设备				
运输工具				
……				

如果企业确有准备处置的固定资产，那么应当说明准备处置的固定资产名称、账面价值、公允价值、预计处置费用和预计处置时间等。

9. 无形资产的披露

项　　目	年初账面余额	本期增加额	本期减少额	期末账面余额
一、原价合计				
1.				
……				
二、累计摊销额合计				
1.				
……				
三、无形资产减值准备合计				
1.				
……				
四、无形资产账面价值合计				
1.				
……				

另外，还应披露计入当期损益和确认为无形资产的研究开发支出金额。

10. 资产减值准备的披露

项　目	年初账面余额	本期计提额	本年减少额		期末账面余额
			转回	转销	
一、坏账准备					
二、存货跌价准备					
三、债权投资减值准备					
四、其他债权投资减值准备					
五、长期股权投资减值准备					
六、投资性房地产减值准备					
七、固定资产减值准备					
八、工程物资减值准备					
九、在建工程减值准备					
十、生产性生物资产减值准备					
其中：成熟生产性生物资产减值准备					
十一、油气资产减值准备					
十二、无形资产减值准备					
十三、商誉减值准备					
十四、其他					
合　计					

11. 所有权受到限制的资产披露

(1)资产所有权受到限制的原因。

(2)所有权受到限制的资产金额披露格式如下：

所有权受到限制的资产类别	年初账面价值	本期增加额	本期减少额	期末账面价值
一、用于担保的资产				
1.				
……				
二、其他原因造成所有权受到限制的资产				
1.				
……				
合　计				

12. 交易性金融负债的披露

项　目	期末公允价值	年初公允价价值
1. 发行的交易性债券		
2. 指定为以公允价值计量且其变动计入当期损益的金融负债		
3. 其他		
合　计		

13. 职工薪酬的披露

(1)短期薪酬的披露。

短期薪酬项目	本期应付金额	期末应付未付金额
一、工资、奖金、津贴和补贴		
二、职工福利费		
三、社会保险费		
其中：1. 医疗保险费		

续表

短期薪酬项目	本期应付金额	期末应付未付金额
2. 工伤保险费		
3. 生育保险费		
四、住房公积金		
五、工会经费和职工教育经费		
六、短期带薪缺勤		
七、短期利润分享计划		
八、其他短期薪酬		
合　计		

（2）离职后福利的披露。

① 设定提存计划的披露：

设定提存计划项目	当期缴费金额	期末应付未付金额
一、基本养老保险费		
二、失业保险费		
三、企业年金缴费		
……		
合　计		

② 设定受益计划的披露：

项　目	设定受益计划义务现值		计划资产的公允价值		设定受益计划净负债（净资产）	
	本期金额	上期金额	本期金额	上期金额	本期金额	上期金额
一、期初余额						
二、计入当期损益的设定受益成本						
1. 当期服务成本						
2. 过去服务成本						
3. 结算利得（损失以"-"表示）						
4. 利息净额						
三、计入其他综合收益的设定受益成本						
四、设定受益计划净负债（净资产）的重新计量						
1. 精算利得（损失以"-"表示）						
2. 计划资产回报（计入利息净额的除外）						
3. 资产上限影响的变动（计入利息净额的除外）						
五、其他变动						
1. 结算时消除的负债						
2. 已支付的福利						
……						
六、期末余额						

企业不存在计划资产的，无须披露上表中的"设定受益计划义务现值"栏和"计划资产的公允价值"栏。

企业存在计划资产的，应当按照计划资产的性质和风险按类别披露计划资产的公允价值。

（3）辞退福利的披露。

企业应当在附注中披露支付的因解除劳动关系所提供辞退福利及其期末应付未付金额。

（4）企业应当在附注中披露提供的其他长期职工福利的性质、金额及其计算依据。

14. 应交税费的披露

税费项目	期末账面余额	年初账面余额
1. 增值税		
……		
合　计		

15. 其他流动负债的披露

项　目	期末账面余额	年初账面余额
1.		
……		
合　计		

注：有预计负债、其他非流动负债的，比照其他流动负债进行披露。

16. 短期借款和长期借款的披露

项　目	短期借款		长期借款	
	期末账面余额	年初账面余额	期末账面余额	年初账面余额
信用借款				
抵押借款				
质押借款				
保证借款				
合　计				

对于期末逾期借款，应分别贷款单位、借款金额、逾期时间、年利率、逾期未偿还原因和预期还款期等进行披露。

17. 应付债券的披露

项　目	年初账面价值	本期增加额	本期减少额	期末账面价值
1.				
……				
合　计				

18. 长期应付款的披露

项　目	期末账面余额	年初账面余额
1.		
……		
合　计		

19. 营业收入

项　目	本期发生额	上期发生额
1. 主营业务收入		
2. 其他业务收入		
合　计		

20. 公允价值变动收益的披露

产生公允价值变动收益的来源	本期发生额	上期发生额
1.		
……		
合　计		

21. 投资收益的披露

产生投资收益的来源	本期发生额	上期发生额
1.		
……		
合　计		

应披露按照权益法核算的长期股权投资，直接以被投资单位的账面净损益计算确认投资损益的事实及原因。

22. 资产减值损失的披露

项　目	本期发生额	上期发生额
一、坏账损失		
二、存货跌价损失		
三、债权投资减值损失		
四、其他债权投资减值损失		
五、长期股权投资减值损失		
六、投资性房地产减值损失		
七、固定资产减值损失		
八、工程物资减值损失		
九、在建工程减值损失		
十、生产性生物资产减值损失		
十一、油气资产减值损失		
十二、无形资产减值损失		
十三、商誉减值损失		
十四、其他		
合　计		

23. 营业外收入的披露

项　目	本期发生额	上期发生额
1. 债务重组利得		
2. 盘盈利得		
3. 捐赠利得		
4. 其他		
……		
合　计		

24. 营业外支出的披露

项　目	本期发生额	上期发生额
1. 债务重组损失		
2. 捐赠支出		
3. 非常损失		
4. 盘亏损失		
……		
合　计		

25. 所得税费用的披露

(1)所得税费用(收益)的组成，包括当期所得税、递延所得税。

(2)所得税费用(收益)与会计利润的关系。

26. 费用按照性质分类的披露

项　　目	本期金额	上期金额
直接材料费		
直接人工费		
制造费用		
管理费用		
……		
销售费用		
……		
财务费用		
……		
合　　计		

27. 非货币性资产交换的披露

(1)说明非货币性资产交换是否具有商业实质及其原因。

(2)换入资产、换出资产的类别。

(3)换入资产初始计量金额的确定方式。

(4)换入资产、换出资产的公允价值以及换出资产的账面价值。

(5)非货币性资产交换确认的损益。

28. 债务重组的披露

债权人应当在附注中披露与债务重组有关的下列信息：

(1)根据债务重组方式，分组披露债权账面价值和债务重组相关损益；

(2)债务重组导致的对联营企业或合营企业的权益性投资增加额,以及该投资占联营企业或合营企业股份总额的比例；

债务人应当在附注中披露有关债务重组的下列信息：

(1)根据债务重组方式，分组披露债务账面价值和债务重组相关损益；

(2)债务重组导致的股本等所有者权益的增加额。

29. 借款费用的披露

(1)当期资本化的借款费用金额。

(2)当期用于计算确定借款费用资本化金额的资本化率。

30. 外币折算的披露

(1)计入当期损益的汇兑差额。

(2)处置境外经营对外币财务报表折算差额的影响。

(七)或有事项的披露

或有事项，是指过去的交易或者事项形成的，其结果须由某些未来事项的发生或不发生才能决定的不确定事项。

与或有事项相关的义务同时满足下列条件的，应当确认为预计负债：

(1)该义务是企业承担的现时义务；

(2)履行该义务很可能导致经济利益流出企业；

(3)该义务的金额能够可靠地计量。

企业应当在附注中披露与或有事项有关的下列信息。

(1)预计负债。

① 预计负债的种类、形成原因以及经济利益流出不确定性的说明。

② 各类预计负债的期初余额、期末余额和本期变动情况。

③ 与预计负债有关的预期补偿金额和本期已确认的预期补偿金额。

(2) 或有负债(不包括极小可能导致经济利益流出企业的或有负债)。

① 或有负债的种类及其形成原因，包括已贴现商业承兑汇票、未决诉讼、未决仲裁、对外提供担保等形成的或有负债。

② 经济利益流出不确定性的说明。

③ 或有负债预计产生的财务影响，以及获得补偿的可能性；无法预计的，应当说明原因。

或有负债，是指过去的交易或者事项形成的潜在义务，其存在须通过未来不确定事项的发生或不发生予以证实；或过去的交易或者事项形成的现时义务，履行该义务不是很可能导致经济利益流出企业或该义务的金额不能可靠计量。

(3) 企业通常不应当披露或有资产，但或有资产很可能会给企业带来经济利益的，应当披露其形成的原因、预计产生的财务影响等。

或有资产，是指过去的交易或者事项形成的潜在资产，其存在须通过未来不确定事项的发生或不发生予以证实。

(八) 资产负债表日后事项的披露

资产负债表日后事项，是指资产负债表日至财务报表批准报出日之间发生的有利或不利事项。财务报表批准报出日，是指董事会或类似机构批准财务报表报出的日期。

资产负债表日后事项包括资产负债表日后调整事项和资产负债表日后非调整事项两种类型。

1. 资产负债表日后调整事项

企业发生的资产负债表日后调整事项，应当调整资产负债表日的财务报表。

企业发生的资产负债表日后调整事项，通常包括下列事项：

(1) 资产负债表日后诉讼案件结案，法院判决证实了企业在资产负债表日已经存在现时义务，需要调整原先确认的与该诉讼案件相关的预计负债，或确认一项新负债。

(2) 资产负债表日后取得确凿证据，表明某项资产在资产负债表日发生了减值或者需要调整该项资产原先确认的减值金额；

(3) 资产负债表日后进一步确定了资产负债表日前购入资产的成本或售出资产的收入。

(4) 资产负债表日后发现了财务报表舞弊或差错。

2. 资产负债表日后非调整事项

企业发生的资产负债表日后非调整事项，不应当调整资产负债表日的财务报表。企业发生的资产负债表日后非调整事项，通常包括下列事项：

(1) 资产负债表日后发生重大诉讼、仲裁、承诺。

(2) 资产负债表日后资产价格、税收政策、外汇汇率发生重大变化。

(3) 资产负债表日后因自然灾害导致资产发生重大损失。

(4) 资产负债表日后发行股票和债券以及其他巨额举债。

(5) 资产负债表日后资本公积转增资本。

(6) 资产负债表日后发生巨额亏损。

(7) 资产负债表日后发生重大会计政策变更。

(8) 资产负债表日后发生企业合并或处置子公司。

3. 披露

企业应当在附注中披露与资产负债表日后事项有关的下列信息。

(1) 财务报表的批准报出者和财务报表批准报出日。

(2) 每项重要的资产负债表日后非调整事项的性质、内容，及其对财务状况和经营成果的影响。无法做出估计的，应当说明原因。

企业在资产负债表日后取得了影响资产负债表日存在情况的新证据，应当调整与之相关的披露信息。

（九）关联方关系及其交易的披露

关联方关系是指关联方之间的相互关系。

1. 关联方

一方控制、共同控制另一方或对另一方施加重大影响，以及两方或两方以上同受一方控制、共同控制或重大影响的，构成关联方。

下列各方构成企业的关联方：

(1)该企业的母公司。

(2)该企业的子公司。

(3)与该企业受同一母公司控制的其他企业。

(4)对该企业实施共同控制的投资方。

(5)对该企业施加重大影响的投资方。

(6)该企业的合营企业。

(7)该企业的联营企业。

(8)该企业的主要投资者个人及与其关系密切的家庭成员。主要投资者个人，是指能够控制、共同控制一个企业或者对一个企业施加重大影响的个人投资者。

(9)该企业或其母公司的关键管理人员及与其关系密切的家庭成员。关键管理人员，是指有权力并负责计划、指挥和控制企业活动的人员；与主要投资者个人或关键管理人员关系密切的家庭成员，是指在处理与企业的交易时可能影响该个人或受该个人影响的家庭成员。

(10)该企业主要投资者个人、关键管理人员或与其关系密切的家庭成员控制、共同控制或施加重大影响的其他企业。

2. 关联方交易

关联方交易，是指关联方之间转移资源、劳务或义务的行为，而不论是否收取价款。

关联方交易的类型通常包括下列各项：

(1)购买或销售商品。

(2)购买或销售商品以外的其他资产。

(3)提供或接受劳务。

(4)担保和抵押。

(5)提供资金(贷款或权益性投资)。

(6)租赁。

(7)代理。

(8)研究与开发项目的转移。

(9)许可协议。

(10)代表企业或由企业代表另一方进行债务结算。

(11)关键管理人员报酬。

3. 披露

企业无论是否发生关联方交易，均应当在附注中披露与母公司和子公司有关的下列信息。

(1)母公司和子公司的名称。

母公司不是该企业最终控制方的，还应当披露最终控制方名称。

母公司和最终控制方均不对外提供财务报表的，还应当披露母公司之上与其最相近的对外提供财务报表的母公司名称。

(2)母公司和子公司的业务性质、注册地、注册资本(或实收资本、股本)及其变化。

(3) 母公司对该企业或者该企业对子公司的持股比例和表决权比例。

企业与关联方发生关联方交易的，应当在附注中披露该关联方关系的性质、交易类型及其交易要素。披露的交易要素至少包括：

(1) 交易的金额。

(2) 未结算项目的金额、条款和条件，以及有关提供或取得担保的信息。

(3) 未结算应收项目的坏账准备金额。

(4) 定价政策。

关联方交易应当分别按关联方及交易类型予以披露。类型相似的关联方交易，在不影响财务报表阅读者正确理解关联方交易对财务报表影响的情况下，可以合并披露。

企业只有在提供确凿证据的情况下，才能披露关联方交易是公平交易。

三、执行小企业会计准则的企业附注的内容

小企业应当按照小企业会计准则的规定披露附注信息，主要包括下列内容。

(1) 遵循小企业会计准则的声明。

小企业应当声明编制的财务报表符合小企业会计准则的要求，真实、完整地反映了小企业的财务状况、经营成果和现金流量等有关信息。

(2) 短期投资、应收账款、存货、固定资产项目的说明。

① 短期投资的披露格式如下：

项　目	期末账面余额	期末市价	期末账面余额与市价的差额
1. 股票			
2. 债券			
3. 基金			
4. 其他			
合　计			

② 应收账款按账龄结构披露的格式如下：

账龄结构	期末账面余额	年初账面余额
1 年以内(含 1 年)		
1 年至 2 年(含 2 年)		
2 年至 3 年(含 3 年)		
3 年以上		
合　计		

③ 存货的披露格式如下：

存货种类	期末账面余额	期末市价	期末账面余额与市价的差额
1. 原材料			
2. 在产品			
3. 库存商品			
4. 周转材料			
5. 消耗性生物资产			
……			
合　计			

④ 固定资产的披露格式如下：

项　　目	原　　价	累计折旧	期末账面价值
1. 房屋、建筑物			
2. 机器			
3. 机械			
4. 运输工具			
5. 设备			
6. 器具			
7. 工具			
……			
合　　计			

(3)应付职工薪酬、应交税费项目的说明。

① 应付职工薪酬的披露格式如下：

应付职工薪酬明细表

会小企　01表　附表1

编制单位：　　　　　　年　　月　　　　　　单位：元

项　　目	期末账面余额	年初账面余额
1. 职工工资		
2. 奖金、津贴和补贴		
3. 职工福利费		
4. 社会保险费		
5. 住房公积金		
6. 工会经费		
7. 职工教育经费		
8. 非货币性福利		
9. 辞退福利		
10. 其他		
合　　计		

② 应交税费的披露格式如下：

应交税费明细表

会小企　01表　附表2

编制单位：　　　　　　年　　月　　　　　　单位：元

项　　目	期末账面余额	年初账面余额
1. 增值税		
2. 消费税		
3. 城市维护建设税		
4. 企业所得税		
5. 资源税		
6. 土地增值税		
7. 城镇土地使用税		
8. 房产税		
9. 车船税		
10. 教育费附加		
11. 矿产资源补偿费		

续表

项　　目	期末账面余额	年初账面余额
12. 排污费		
13. 代扣代缴的个人所得税		
……		
合　　计		

(4) 利润分配的说明。

利润分配表

会小企　01 表　附表 3

编制单位：　　　　　　　　　　年　　月　　　　　　　　　　单位：元

项　　目	行次	本年金额	上年金额
一、净利润	1		
加：年初未分配利润	2		
其他转入	3		
二、可供分配的利润	4		
减：提取法定盈余公积	5		
提取任意盈余公积	6		
提取职工奖励及福利基金*	7		
提取储备基金*	8		
提取企业发展基金*	9		
利润归还投资**	10		
三、可供投资者分配的利润	11		
减：应付利润	12		
四、未分配利润	13		

* 提取职工奖励及福利基金、提取储备基金、提取企业发展基金 3 个项目仅适用于外商投资的小企业按照相关法律规定提取的 3 项基金。

**利润归还投资这个项目仅适用于中外合作经营的小企业根据合同规定在合作期间归还投资者的投资。

(5) 用于对外担保的资产名称、账面余额及形成的原因；未决诉讼、未决仲裁以及对外提供担保所涉及的金额。

(6) 发生严重亏损的，应当披露持续经营的计划、未来经营的方案。

(7) 对已在资产负债表和利润表中列示的项目与企业所得税法规定存在差异的纳税调整过程，参见《中华人民共和国企业所得税年度纳税申报表》。

(8) 其他需要说明的事项。

思　考　题

1. 编制财务报表的一般要求有哪些？
2. 资产负债表的编制依据是什么？如何编制资产负债表？
3. 利润表的编制依据是什么？如何编制利润表？
4. 什么是现金流量？现金流量分为哪几大类？
5. 现金流量表的编制基础是什么？具体包括哪些内容？
6. 如何编制现金流量表？编制时应当注意哪些问题？

7. 为什么需要编制财务报表附注？

8. 财务报表附注主要包括哪些内容？

练 习 题

习题一

【目的】练习资产负债表的编制。

【资料】A 公司是 2×19 年 5 月 18 日注册成立的股份制公司，2×19 年年末科目余额如下表所示。

科目余额表

编制单位：A 公司　　　　2×19 年 12 月 31 日　　　　单位：元

科目名称	借方余额	贷方余额	科目名称	借方余额	贷方余额
库存现金	5 300		在建工程	1 500 000	
银行存款	1 256 000		无形资产	700 000	
其他货币资金	150 000		累计摊销		70 000
交易性金融资产	15 000		短期借款		300 000
应收票据	246 000		应付票据		200 000
应收账款	300 000		应付账款		539 800
坏账准备		900	其他应付款		50 000
预付账款	100 000		应付职工薪酬		10 000
其他应收款	5 000		应付利息		100 000
在途物资	500 000		应交税费		36 600
原材料	900 000		预收账款		1 600 000
周转材料	100 000		实收资本		5 000 000
库存商品	580 000		盈余公积		15 000
长期股权投资	350 000		未分配利润		135 000
固定资产	1 500 000		合计	8 207 300	8 207 300
累计折旧		150 000			

【要求】根据上述资料，编制 A 公司 2×19 年 12 月的资产负债表。

习题二

【目的】练习利润表的编制。

【资料】A 公司为股份公司，是商品流通企业，为增值税一般纳税人，增值税税率为 13%，所得税税率为 25%，存货采用实际成本计价核算，该公司 2×19 年年初未分配利润为 134 万元。

该公司 2×19 年度发生如下经济业务。

1. 销售一批产品，实际成本 160 万元，不含税销售收入 300 万元，款项已收到并存入银行。

2. 以银行存款支付广告费 5 万元。

3. 销售一批产品，不含税销售收入 500 万元，该产品销售成本为 200 万元，收到对方交来的银行承兑汇票，金额为 565 万元。

4. 支付银行手续费 6 000 元，用银行存款向红十字会为地震捐款 30 万元。

5. 收到罚款收入 3 万元，存入银行。

6. 结转固定资产清理净损失 13.6 万元。

7. 计算短期借款利息 1.6 万元。

8. 计算应交的教育费附加 2.4 万元。

9．计算应交的城市维护建设税 5.6 万元。

10．公司 2×19 年度发生管理费用 40 万元，销售费用 20 万元(除广告费外)，已用银行存款支付。

11．赎回基金 100 万元，实收款项 96.3 元。

12．结转损益类账户。

13．计算 2×19 年度应交所得税并结转(假设无纳税调整事项)。

14．结转本年利润。

【要求】

① 编制 2×19 年度经济业务的会计分录；

② 编制 2×19 年度的利润表。

第十八章　非货币性资产交换

第一节　非货币性资产交换概述

企业在生产经营过程中，有时会出现这种情况，一个企业需要另一企业的产品作为原材料，另一企业需要该企业的产品作为固定资产。如某企业需要另一企业生产的小轿车，另一企业需要上述企业生产的产品(钢板)作为原材料，双方就可能会出现非货币性资产交换的交易行为，同时也可以在一定程度上减少货币性资产的流出。

一、非货币性资产交换的概念

资产按未来经济利益流入(表现形式是货币资金)是否固定或可确定,分为货币性资产和非货币性资产。

(一)货币性资产

货币性资产，是指企业持有的货币资金和收取固定或可确定金额的货币资金的权利，包括库存现金、银行存款、应收账款和应收票据等。

例如，库存现金是企业所持有的货币，其金额是固定的，符合货币性资产的定义，属于货币性资产。应收账款作为企业的债权，有相应的发货票等原始凭证作为收款的依据，虽然在收回过程中有可能发生坏账损失，但企业可以根据以往与购货方交往的经验，估计出发生坏账的可能性及坏账金额，所以应收账款在将来为企业带来的经济利益，即货币金额，是固定的或可确定的，符合货币性资产的定义，因此应收账款属于货币性资产。

一般情况下，资产负债表所列示的项目中属于货币性资产的项目有：货币资金、应收票据、应收账款、其他应收款、债权投资等。

(二)非货币性资产

非货币性资产是指货币性资产以外的资产，包括存货、固定资产、无形资产和长期股权投资、投资性房地产、在建工程等。

非货币性资产有别于货币性资产的最基本特征是：其在将来为企业带来的经济利益(即货币金额)是不固定的或不确定的。如果资产在将来为企业带来的经济利益(即货币金额)是固定的或可确定的，则该资产是货币性资产；反之，如果资产在将来为企业带来的经济利益(即货币金额)是不固定的或不确定的，则该资产是非货币性资产。例如，企业持有存货的主要目的，或者是在正常的生产经营过程中通过直接销售获利；或者作为劳动对象，在正常的生产经营过程中通过对其进行加工形成商品，然后通过销售获利；或者作为辅助手段，在正常的生产经营过程中有助于销售过程或有助于加工过程。在这一过程中，存货在将来为企业带来的经济利益，可能受到内部、外部主客观因素的影响，是不固定的，或是不可确定的，不符合货币性资产的定义。因此，存货属于非货币性资产。

一般情况下，资产负债表所列示的项目中属于非货币性资产的项目有：交易性金融资产、存货、长期股权投资、固定资产、在建工程、投资性房地产、无形资产等。

(三)非货币性资产交换

非货币性资产交换，是指交易双方主要以存货、固定资产、无形资产、投资性房地产和长期股权投资等非货币性资产进行的交换。该交换不涉及或只涉及少量的货币性资产(即补价)。

(1)非货币性资产交换的对象主要是非货币性资产。通常情况下，企业进行商品交易都是用货币性资产（如现金、银行存款）来交换非货币性资产（如固定资产、无形资产等），如用现金购买固定资产、以现金偿还借款等；但是在有些情况下，企业为了满足各自生产经营的需要，同时减少货币性资产的流入和流出，而进行非货币资产交换。

(2)非货币性资产交换是以非货币性资产进行交换的行为。企业在生产经营过程中所进行的各类交易，按照交易行为的性质，可分为互惠转让和非互惠转让。互惠转让，是指一个企业和另一个企业之间的交换，其结果是企业以换出资产为代价换入资产。通过交换，企业以让渡其他资产或劳务或者承担其他义务而取得资产或劳务（或偿还负债）。非互惠转让，是指资产的单方向转让，由一个企业转让给其所有者或其他企业，或是由所有者或其他企业转让给该企业。如企业将生产的商品（电脑）捐赠给希望小学。

(3)非货币性资产交换一般不涉及货币性资产，但有时也可能涉及少量的货币性资产。

二、非货币性资产交换的认定

非货币性资产交换一般不涉及或只涉及少量货币性资产，即涉及少量的补价。在涉及少量补价的情况下，通常以补价占整个资产交换金额的比例低于25%作为参考比例。具体来说：从收到补价的企业来看，收到的货币性资产占换出资产公允价值（或占换入资产的公允价值和收到的货币性资产之和）的比例低于25%（不含 25%），视为非货币性资产交换；从支付补价的企业来看，支付的货币性资产占换入资产公允价值（或占换出资产的公允价值与支付的货币性资产之和）的比例低于 25%（不含 25%），视为非货币性资产交换。高于 25%（含 25%）的，则视为以货币性资产取得非货币性资产。

确定小于 25%的比例的计算公式如下：

收到补价的企业：收到的补价 ÷ 换出资产公允价值<25%

支付补价的企业：支付的补价 ÷（支付的补价 + 换出资产公允价值）<25%

第二节　非货币性资产交换的确认和计量

一、非货币性资产交换确认原则

企业应当分别按照下列原则对非货币性资产交换中的换入资产进行确认，对换出资产终止确认：

(1)对于换入资产，企业应当在换入资产符合资产定义并满足资产确认条件时予以确认；

(2)对于换出资产，企业应当在换出资产满足资产终止确认条件时终止确认。

换入资产的确认时点与换出资产的终止确认时点存在不一致的，企业在资产负债表日应当按照下列原则进行处理：

① 换入资产满足资产确认条件、换出资产尚未满足终止确认条件的，在确认换入资产的同时将交付换出资产的义务确认为一项负债。

② 换入资产尚未满足资产确认条件、换出资产满足终止确认条件的，在终止确认换出资产的同时将取得换入资产的权利确认为一项资产。

二、非货币性资产交换的计量

在非货币性资产交换的情况下，不论是一项资产换入一项资产、一项资产换入多项资产、多项资产换入一项资产，还是多项资产换入多项资产，换入资产的成本都有两种计量基础。

(一)以公允价值为基础计量

公允价值，是指市场参与者在计量日发生的有序交易中，出售一项资产所能收到或者转移一项负债所需支付的价格。

非货币性资产交换同时满足下列条件的，应当以公允价值为基础计量：

(1)该项交换具有商业实质；

(2)换入资产或换出资产的公允价值能够可靠地计量。

换入资产和换出资产的公允价值均能够可靠计量的，应当以换出资产的公允价值为基础计量，但有确凿证据表明换入资产的公允价值更加可靠的除外。

(二)以账面价值为基础计量

非货币性资产交换有下列情形之一时，应当以账面价值为基础计量：

(1)该项交换不具有商业实质；

(2)换入资产或换出资产的公允价值都无法可靠计量。

对于换入资产，企业应当以换出资产的账面价值和应支付的相关税费作为换入资产的初始计量金额；对于换出资产，终止确认时不确认损益。

三、商业实质的判断

非货币性资产交换具有商业实质，是换入资产能够采用公允价值计量的重要条件之一。在确定资产交换是否具有商业实质时，企业应当重点考虑由于发生了该项资产交换预期使企业未来现金流量发生变动的程度，通过比较换出资产和换入资产预计产生的未来现金流量或其现值，确定非货币性资产交换是否具有商业实质。只有当换出资产和换入资产预计产生的未来现金流量或其现值两者之间的差额较大时，才能表明交易的发生使企业经济状况发生了明显改变，非货币性资产交换因而具有商业实质。

(一)判断条件

企业发生的非货币性资产交换，符合下列条件之一的，视为具有商业实质。

(1)换入资产的未来现金流量在风险、时间分布和金额方面与换出资产显著不同。

换入资产的未来现金流量在风险、时间分布和金额方面与换出资产显著不同，通常包括但不仅限于以下几种情况：

① 未来现金流量的风险、金额相同，时间分布不同。此种情形是指换入资产和换出资产产生的未来现金流量总额相同，获得这些现金流量的风险相同，但现金流量流入企业的时间明显不同。例如，某企业以一批存货换入一项设备，因存货流动性强，能够在较短的时间内产生现金流量，设备作为固定资产要在较长的时间内为企业带来现金流量，假定两者产生的未来现金流量的风险和总额均相同，但由于两者产生现金流量的时间跨度相差较大，则可以判断上述存货与固定资产产生的未来现金流量显著不同，因而该两项资产的交换具有商业实质。

② 未来现金流量的时间分布、金额相同，风险不同。此种情形是指换入资产和换出资产产生未来现金流量的时间和金额相同，但企业获得现金流量的不确定性程度存在明显差异。例如，A 企业以其用于经营出租的一幢公寓楼，与 B 公司同样用于经营出租的一幢公寓楼进行交换，两幢公寓楼的租期、每期租金总额均相同，但是 A 企业是租给一家财务及信用状况良好的企业(该企业租用该公寓是给其单身职工居住)，B 公司的客户则都是单个租户，相比较而言，A 企业取得租金的风险较小，B 公司由于租给散户，租金的取得依赖于各单个租户的财务和信用状况；因此，两者现金流量流入的风险或不确定性程度存在明显差异，则两幢公寓楼的未来现金流量显著不同，进而可判断该两项资产的交换具有商业实质。

③ 未来现金流量的风险、时间分布相同，金额不同。此种情形是指换入资产和换出资产产生的未来现金流量总额相同，预计为企业带来现金流量的时间跨度相同，风险也相同，但各年产生的现金流量金额存在明显差异。例如，某企业以一项商标权换入另一企业的一项专利技术，预计两项无形资产的使用寿命相同，在使用寿命内预计为企业带来的各期未折现的现金流量总额相同，但是换入的专利技术是新开发的，预计开始阶段产生的未来现金流量明显少于后期，而该企业拥有的商标每年产生的现金流量比较均衡，则

两者产生未折现的现金流量金额在各期分布差异明显，则上述商标权与专利技术的未来现金流量显著不同，因而该两项资产的交换具有商业实质。

(2)使用换入资产所产生与继续使用换出资产的预计未来现金流量现值不同，且其差额与换入资产和换出资产的公允价值相比是重大的。

这种情况是指换入资产对换入企业的特定价值(即预计未来现金流量现值)与换出资产存在明显差异。资产的预计未来现金流量现值，应当按照资产在持续使用过程中和最终处置时所产生的预计税后未来现金流量，根据企业自身而不是市场参与者对资产特定风险的评价，选择恰当的折现率对其进行折现后的金额加以确定。

(二)交换涉及的资产类别与商业实质的关系

企业在判断非货币性资产交换是否具有商业实质时，还可以从资产是否属于同一类别进行分析，因为不同类非货币性资产因其产生经济利益的方式不同，一般来说其产生的未来现金流量风险、时间和金额也不相同，因而不同类非货币性资产之间的交换是否具有商业实质，通常较易判断。不同类非货币性资产是指在资产负债表中列示的不同大类的非货币性资产，如存货、固定资产、投资性房地产、长期股权投资、无形资产等都是不同类别的资产。例如，企业以一项用于出租的投资性房地产交换一项固定资产自用，属于不同类非货币性资产交换，在这种情况下，企业就将未来现金流量由每期产生的租金流，转化为该项资产独立产生，或包括该项资产的资产组协同产生的现金流。通常情况下，由定期租金带来的现金流量与用于生产经营用的固定资产产生的现金流量在风险、时间和金额方面有所差异，因此该两项资产的交换应当视为具有商业实质。

同类非货币性资产交换是否具有商业实质，通常较难判断。企业应当重点关注的是换入资产和换出资产为同类资产的情况，同类资产产生的未来现金流量既可能相同，也可能显著不同，其之间的交换因而可能具有商业实质，也可能不具有商业实质。比如，A企业将自己拥有的一幢建筑物，与B企业拥有的在同一地点的另一幢建筑物相交换，两幢建筑物的建造时间、建造成本等均相同，但两者未来现金流量的风险、时间分布和金额可能不同。

通常情况下，商品用于交换具有类似性质和相等价值的商品，这种非货币性资产交换不产生损益，这种情况通常发生在某些特定商品上，如石油或牛奶，供应商为满足特定地区对这类商品的及时需要，在不同的地区交换各自的商品(存货)。比如，A石油销售公司有部分客户在B石油销售公司的所在地，B公司有部分客户在A公司所在地，为了满足两地客户的及时需求，A公司将其相同型号、容量和价值的石油供应给B公司在A公司所在地的客户；同样，B公司将其相同型号、容量和价值的石油供应给A公司在B公司所在地的客户，这样的非货币性资产交换不具有商业实质，因此不能确认损益。

第三节　非货币性资产交换的会计处理

非货币性资产交换有两种计量基础，即以公允价值为计量基础和以账面价值为计量基础。不同计量基础下的非货币性资产交换的会计处理也不同。

一、以公允价值为计量基础的非货币性资产交换的会计处理

以公允价值为基础计量的非货币性资产交换，对于换入资产，应当以换出资产的公允价值和应支付的相关税费作为换入资产的成本进行初始计量；对于换出资产，应当在终止确认时，将换出资产的公允价值与其账面价值之间的差额计入当期损益。

有确凿证据表明换入资产的公允价值更加可靠的，对于换入资产，应当以换入资产的公允价值和应支付的相关税费作为换入资产的初始计量金额；对于换出资产，应当在终止确认时，将换入资产的公允价值与换出资产账面价值之间的差额计入当期损益。

在以公允价值计量的情况下，不论是否涉及补价，只要换出资产的公允价值与其账面价值不相同，就一定会涉及损益的确认，因为非货币资产交换损益通常是换出资产公允价值与换出资产账面价值的差额，通过非货币性资产交换予以实现。

非货币性资产交换的会计处理，视换出资产的类别不同而有所区别。

(1)换出资产为存货的，应当视同销售处理，根据《企业会计准则第 14 号——收入》的规定确定交易价格，确认销售收入，同时结转相应的成本。

(2)换出资产为固定资产、无形资产的，换出资产公允价值和换出资产账面价值的差额，计入资产处置损益。

(3)换出资产为长期股权投资的，换出资产公允价值和换出资产账面价值的差额，计入投资收益。

换入资产与换出资产涉及相关税费的，如换出存货视同销售计算的增值税销项税额，换入资产作为存货应当确认的可抵扣增值税进项税额等，按照相关税收规定计算确定。

(一)不涉及补价情况下的非货币性资产交换

企业发生非货币性资产交换时，应以换出资产的公允价值，加上应支付的相关税费，作为换入资产的入账价值。用公式表示为：

换入资产入账价值=换出资产公允价值+应支付的相关税费

非货币性资产交换损益=换出资产公允价值-换出资产账面价值

例 18-1 A 公司和 B 公司均为增值税一般纳税人，适用的增值税税率均为 13%。A 公司用其生产的卡车交换 B 公司生产的钢板，A 公司生产的卡车的成本为 60 000 元，公允价值和计税价格均为 100 000 元；B 公司生产的钢板的成本为 90 000 元，公允价值和计税价格均为 100 000 元。A 公司发生运杂费 4 000 元，用转账支票付讫。B 公司将换入的卡车作固定资产管理和核算，A 公司将换入的钢板作原材料核算。根据上述资料，做 A、B 公司的会计处理。

分析：本例属于涉及存货，但不涉及补价的非货币性资产交换，而且公允价值能够可靠计量。在该项交易中，存货均发生增值。在这种情况下，应分别按以下步骤进行会计处理。

第一步，计算换出存货的增值税销项税额。

A 公司换出存货的增值税销项税额=换出存货的计税价格 × 13%

=100 000×13%=13 000(元)

B 公司换出存货的增值税销项税额=换出存货的计税价格 × 13%

=100 000×13%=13 000(元)

第二步，计算换出资产的价值总额。

A 公司换出资产的价值总额=换出资产公允价值+应交的增值税销项税额

=100 000+13 000=113 000(元)

B 公司换出资产的价值总额=换出资产公允价值+应交的增值税销项税额

=100 000+13 000=113 000(元)

第三步，计算换入资产的入账价值。

A 公司换入钢板的入账价值=换出资产公允价值+应支付的相关税费-可抵扣的增值税进项税额

=100 000+(13 000+4 000)-13 000

=104 000(元)

B 公司换入卡车的入账价值=换出资产公允价值+应支付的相关税费-可抵扣的增值税进项税额

=100 000+13 000-13 000

=100 000(元)

第四步，会计处理。

(1) A 公司的会计处理：

借：原材料	104 000	
应交税费——应交增值税（进项税额）	13 000	
贷：主营业务收入		100 000
应交税费——应交增值税（销项税额）		13 000
银行存款		4 000
借：主营业务成本	60 000	
贷：库存商品		60 000

(2) B 公司的会计处理：

借：固定资产	100 000	
应交税费——应交增值税（进项税额）	13 000	
贷：主营业务收入		100 000
应交税费——应交增值税（销项税额）		13 000
借：主营业务成本	90 000	
贷：库存商品		90 000

（二）涉及补价情况下的非货币性资产交换

在以公允价值确定换入资产成本的情况下，发生补价的，支付补价方和收到补价方应当分别情况处理。

(1) 支付补价方，应当以换出资产的公允价值，加上支付的补价和应支付的相关税费，作为换入资产的成本，换出资产的公允价值与其账面价值之间的差额计入当期损益。

有确凿证据表明换入资产的公允价值更加可靠的，以换入资产的公允价值和应支付的相关税费作为换入资产的初始计量金额；换入资产的公允价值减去支付的补价，与换出资产账面价值之间的差额计入当期损益。其计算公式为：

换入资产的成本=换出资产的公允价值+支付的补价+应支付的相关税费

非货币性资产交换损益=换出资产的公允价值−换出资产的账面价值

(2) 收到补价方，应当以换出资产的公允价值，减去收到的补价，加上应支付的相关税费，作为换入资产的成本，换出资产的公允价值与其账面价值之间的差额计入当期损益。

有确凿证据表明换入资产的公允价值更加可靠的，以换入资产的公允价值和应支付的相关税费作为换入资产的初始计量金额；换入资产的公允价值加上收到的补价，与换出资产账面价值之间的差额计入当期损益。其计算公式为：

换入资产成本=换出资产的公允价值−收到的补价+应支付的相关税费

非货币性资产交换损益=(换入资产的成本+收到的补价)−(换出资产的账面价值+应支付的相关税费)

=换出资产的公允价值−换出资产的账面价值

例 18-2 A 公司以其办公楼交换 B 公司持有的对甲公司的长期股权投资。在交换日，A 公司办公楼的原价为 1 000 万元，已提折旧 400 万元，在交换日的含税公允价值 2 000 万元；B 公司持有的对甲公司的长期股权投资账面价值为 1 500 万元，在交换日的公允价值为 1 980 万元，B 公司另支付现金 200 万元给 A 公司。A 公司将换入对甲公司的投资仍然作为长期股权投资，并拟采用成本法核算。B 公司将换入的办公楼用于生产经营。A 公司因转让办公楼向 B 公司开具的发票上注明的销售额为 2 000 万元，增值税额为 180 万元。假设在交换过程中，除发生增值税外未发生其他相关税费。根据上述资料，做 A、B 公司的会计处理。

分析：A 公司以其办公楼交换 B 公司的长期股权投资，在这项交易中涉及少量的货币性资产，即涉及补价 200 万元。首先判断是否属于非货币性资产交换：

B 公司支付补价：

支付的补价 200 万元 ÷（支付的补价 200 万元+换出资产公允价值 1980 万元）=9.17%<25%

A 公司收到补价：

收到的补价 200 万元 ÷ 换出资产公允价值 2 180 万元=9.17%<25%

通过上述计算，补价占整个交易比例小于 25%，属于非货币性资产交换。按非货币性资产交换原则进行会计处理。

假设该交易符合公允价值计量的条件，应采用公允价值进行计量

（1）A 公司的会计处理如下。

① 换出办公楼转入清理：

借：固定资产清理　　6 000 000
　　累计折旧　　4 000 000
　　贷：固定资产　　10 000 000

② 计算应交的增值税：

借：固定资产清理　　1 800 000
　　贷：应交税费——应交增值税（销项税额）　　1 800 000

③ 换入长期股权投资的成本=21 800 000−2 000 000=19 800 000（元）：

借：长期股权投资　　19 800 000
　　银行存款　　2 000 000
　　贷：固定资产清理　　21 800 000

④ 结转非货币性资产交换损益：

非货币性资产交换损益=21 800 000-6 000 000−1 800 000=14 000 000（元）

借：固定资产清理　　14 000 000
　　贷：资产处置损益　　14 000 000

（2）B 公司的会计处理如下。

换入办公楼的入账价值=19 800 000+2 000 000−1 800 000=20 000 000（元）

非货币性资产交换损益=19 800 000−15 000 000=4 800 000（元）

借：固定资产　　20 000 000
　　应交税费——应交增值税（进项税额）　　1 800 000
　　贷：长期股权投资　　15 000 000
　　　　银行存款　　2 000 000
　　　　投资收益　　4 800 000

二、以账面价值为计量基础的非货币性资产交换的会计处理

（一）不涉及补价情况下的非货币性资产交换

非货币性资产交换不具有商业实质，或者虽然具有商业实质但换入资产和换出资产的公允价值均不能可靠计量的，应当以换出资产的账面价值和应支付的相关税费作为换入资产的成本，对于换出资产，无论是否支付补价，终止确认时均不确认损益。用公式表示为：

换入资产的成本=换出资产的账面价值+应支付的相关税费

这里所讲的“账面价值”，一般为资产的账面余额扣除有关资产减值准备金额后的净值。其中，“账面余额”是指账户在期末的实际余额，即账户未扣除相关资产减值准备之前的余额。

一般来讲，如果换入资产和换出资产的公允价值都不能可靠计量时，该项非货币性资产交换通常不具有商业实质，因为在这种情况下很难比较两项资产产生的未来现金流量在时间分布、风险和金额方面的

差异，很难判断两项资产交换后对企业经济状况改变所起的不同效用，因此此类资产交换通常不具有商业实质。

对于非货币性资产交换中发生的增值税，应区别不同情况进行会计处理：除增值税以外的其他税金，应作为换入资产的成本。例如，如果非货币性资产交换涉及的非货币性资产是固定资产，则有关增值税按现行税法的规定能够抵扣的，应计入"应交税费——应交增值税（进项税额）"科目；不能抵扣的，应计入固定资产的成本。

例 18-3　A 公司用其不需用的专有设备交换 B 公司的货运汽车。A 公司换出设备的账面原价为 800 000 元，已提折旧 600 000 元；B 公司换出的货运汽车的账面原价为 300 000 元，已提折旧 200 000 元。由于公允价值无法可靠计量，双方商定直接进行交换，不支付补价。A、B 公司对换入的物品均作为固定资产进行管理和核算。假定不考虑相关税费。根据上述资料，做 A、B 公司的会计处理。

（1）A 公司的会计处理如下。

① 将换出设备转入清理：

借：固定资产清理	200 000	
累计折旧	600 000	
贷：固定资产——专有设备		800 000

② 换入货运汽车的入账价值为 200 000 元：

借：固定资产——货运汽车	200 000	
贷：固定资产清理		200 000

（2）B 公司的会计处理如下。

① 将换出货运汽车转入清理：

借：固定资产清理	100 000	
累计折旧	200 000	
贷：固定资产——货运汽车		300 000

② 换入设备的入账价值为 100 000 元：

借：固定资产——专有设备	100 000	
贷：固定资产清理		100 000

从上述例子可见，无论 A 公司换入的货运汽车的原账面价值是否与其换出资产的账面价值相同，均按换出设备的账面价值加上应支付的相关税费作为换入的货运汽车的入账价值。期末对换入的货运汽车计提减值准备。

（二）涉及补价情况下的非货币性资产交换

以账面价值为基础计量的非货币性资产交换，在涉及补价的情况下，支付补价方和收到补价方应当分别情况处理。

（1）支付补价方：应当按换出资产的账面价值，加上支付的补价和应支付的相关税费，作为换入资产的初始计量金额，不确认损益。其计算公式为：

换入资产的成本=换出资产的账面价值+支付的补价+应支付的相关税费

（2）收到补价方：应当按换出资产的账面价值，减去收到的补价，加上应支付的相关税费，作为换入资产的初始计量金额，不确认损益。其计算公式为：

换入资产的成本=换出资产的账面价值−收到的补价+应支付的相关税费

例 18-4　甲公司拥有一台专有设备，该设备账面原价为 300 万元，已提折旧 220 万元；乙公司拥有一项长期股权投资，账面价值为 60 万元；两项资产均未计提减值准备。甲公司决定以该专有设备交换乙公司的长期股权投资。该专有设备是生产某种产品必需的设备，由于专有设备系当时专门建造、性质特殊，其公允价值不能可靠计量，乙公司拥有的长期股权投资在活跃市场中没有报价，其公允价值也不能可靠计量。经双方商定，乙公司支付甲公司 10 万元补价。假定交易不考虑相关税费。

分析，该项资产交换涉及收付货币性资产 10 万元。对甲公司而言，收到的补价 10 万元 ÷ 换出资产的账面价值 80 万元=12.5%<25%，因此该项交换属于非货币性资产交换，乙公司的情况也类似。由于两项资产的公允价值不能可靠计量，因此甲、乙公司换入资产的成本均应当按照换出资产的账面价值确定。

(1) 甲公司的会计处理如下。

① 将换出专有设备转入清理：

借：固定资产清理	800 000	
累计折旧	2 200 000	
贷：固定资产		3 000 000

② 换入长期股权投资的入账价值=800 000−100 000=700 000(元)：

借：长期股权投资	700 000	
银行存款	100 000	
贷：固定资产清理		800 000

(2) 乙公司的会计处理如下。

换入专有设备的入账价值=600 000+100 000=700 000(元)

借：固定资产	700 000	
贷：长期股权投资		600 000
银行存款		100 000

三、涉及多项非货币性资产交换的会计处理

企业以一项非货币性资产同时换入另一企业的多项非货币性资产，或同时以多项非货币性资产换入另一企业的一项非货币性资产，或以多项非货币性资产同时换入多项非货币性资产，也可能涉及补价。非货币性资产交换涉及多项资产的交换时，企业无法将换出的某一资产与换入的某一特定资产相对应。与单项非货币性资产之间的交换一样，涉及多项资产的非货币性资产交换的计量，企业也应当首先判断是否符合以公允价值计量的两个条件，再分别情况确定各项换入资产的成本。

(一) 以公允价值计量的情况

以公允价值为基础计量的非货币性资产交换，同时换入或换出多项资产的，应当按照下列规定进行处理：

(1) 对于同时换入的多项资产，按照换入的金融资产以外的各项换入资产公允价值相对比例，将换出资产公允价值总额(涉及补价的，加上支付补价的公允价值或减去收到补价的公允价值) 扣除换入金融资产公允价值后的净额进行分摊，以分摊至各项换入资产的金额，加上应支付的相关税费，作为各项换入资产的成本进行初始计量。

有确凿证据表明换入资产的公允价值更加可靠的，以各项换入资产的公允价值和应支付的相关税费作为各项换入资产的初始计量金额。

(2) 对于同时换出的多项资产，将各项换出资产的公允价值与其账面价值之间的差额，在各项换出资产终止确认时计入当期损益。

有确凿证据表明换入资产的公允价值更加可靠的，按照各项换出资产的公允价值的相对比例，将换入资产的公允价值总额(涉及补价的，减去支付补价的公允价值或加上收到补价的公允价值) 分摊至各项换出资产，分摊至各项换出资产的金额与各项换出资产账面价值之间的差额，在各项换出资产终止确认时计入当期损益。

例 18-5　甲公司和乙公司均为增值税一般纳税企业，其适用的增值税税率为 13%。2×19 年 8 月，甲公司为适应经营业务的发展需要，经与乙公司协商，甲公司决定以生产经营过程中使用的机床等专用设备

和 10 辆货运汽车，与乙公司小轿车、客运大客车交换(均以固定资产核算)。

甲公司换出机床的账面原价为 120 万元，已提折旧 60 万元，公允价值为 80 万元；换出货运汽车的账面价值为 300 万元，已提折旧 30 万元，公允价值为 280 万元。

乙公司换出小轿车的账面原价为 200 万元，已提折旧 90 万元，公允价值为 100 万元；换出大客车的账面原价为 300 万元，已提折旧 80 万元，公允价值为 240 万元。

乙公司另用银行存款支付甲公司 22.6 万元，其中包括支付的补价 20 万元，以及换出资产销项税额与换入资产进项税额的差额 2.6 万元。

假设甲公司和乙公司的换出资产均未计提减值准备，并假设在交换过程中除增值税以外未发生其他相关税费。甲公司换入的乙公司的小轿车、客运大客车均作为固定资产核算。乙公司换入甲公司的机床、货运汽车作为固定资产核算。根据上述资料，做甲、乙公司的会计处理。

分析：在本例中，甲公司和乙公司的资产交换属于多项资产的交换，且该交易符合公允价值计量的条件，应采用公允价值进行计量。

(1)甲公司的会计处理如下。

① 计算增值税：

换出机床的增值税销项税额=80×13%=10.4(万元)

换出货运汽车的增值税销项税额=280×13%=36.4(万元)

换入小轿车、大客车的增值税进项税额=(100+240)×13%=44.2(万元)

② 计算换入资产、换出资产公允价值总额：

换入资产的公允价值总额=100+240=340(万元)

换出资产的公允价值总额=80+280=360(万元)

③ 计算换入资产总成本：

换入资产的总成本=换出资产的公允价值−收到的补价+应支付的相关税费

=3 600 000−200 000+0=3 400 000(元)

④ 计算确定换入各项资产的成本：

小轿车成本=3 400 000×(100÷340×100%)=1 000 000(元)

大客车成本=3 400 000×(240÷340×100%)=2 400 000(元)

⑤ 会计分录：

借：固定资产清理	3 300 000	
累计折旧	900 000	
贷：固定资产——机床		1 200 000
——货运汽车		3 000 000
借：固定资产——小轿车	1 000 000	
——大客车	2 400 000	
银行存款	226 000	
应交税费——应交增值税(进项税额)	442 000	
贷：固定资产清理		3 600 000
应交税费——应交增值税(销项税额)		468 000
借：固定资产清理	300 000	
贷：资产处置损益		300 000

(2)乙公司的会计处理如下。

① 计算增值税：

换入机床的增值税进项税额=80×13%=10.4(万元)

换入货运汽车的增值税进项税额=280×13%=36.4(万元)

换出小轿车、大客车的增值税销项税额=(100+240)×13%=44.2(万元)

② 计算换入资产、换出资产公允价值总额:

换入资产的公允价值总额=80+280=360(万元)

换出资产的公允价值总额=100+240=340(万元)

③ 计算换入资产总成本:

换入资产的总成本=换出资产的公允价值+支付的补价+应支付的相关税费

=3 400 000+200 000+0=3 600 000(元)

④ 计算确定换入各项资产的成本:

机床成本=360×(80÷360×100%)=80(万元)

货运汽车成本=360×(280÷360×100%)=280(万元)

⑤ 会计分录:

借:固定资产清理	3 300 000	
累计折旧	1 700 000	
贷:固定资产——小轿车		2 000 000
——大客车		3 000 000
借:固定资产——机床	800 000	
——货运汽车	2 800 000	
应交税费——应交增值税(进项税额)	468 000	
贷:固定资产清理		3 400 000
应交税费——应交增值税(销项税额)		442 000
银行存款		226 000
借:固定资产清理	100 000	
贷:资产处置损益		100 000

(二)以账面价值计量的情况

以账面价值为基础计量的非货币性资产交换,同时换入或换出多项资产的,应当按照下列规定进行处理:

(1)对于同时换入的多项资产,按照各项换入资产的公允价值的相对比例,将换出资产的账面价值总额(涉及补价的,加上支付补价的账面价值或减去收到补价的公允价值)分摊至各项换入资产,加上应支付的相关税费,作为各项换入资产的初始计量金额。换入资产的公允价值不能够可靠计量的,可以按照各项换入资产的原账面价值的相对比例或其他合理的比例对换出资产的账面价值进行分摊。

(2)对于同时换出的多项资产,各项换出资产终止确认时均不确认损益。

例 18-6 甲公司和乙公司均为增值税一般纳税企业,其适用的增值税税率为13%。甲公司因经营战略发生较大调整,原生产其产品的专有设备、生产该产品的专利技术等已不符合生产新产品的需要,经与乙公司协商,2×19 年 6 月 1 日甲公司将其专有设备连同生产该产品的专利技术与乙公司正在建造过程中的一幢建筑物、对丙公司的长期股权投资进行交换。

甲公司换出专有设备的账面原价为 1 000 万元,已提折旧 600 万元;换出专利权的账面余额为 400 万元,已提的累计摊销为 200 万元。

乙公司在建工程截止到交换日的成本为 480 万元,对丙公司的长期股权投资账面余额为 120 万元。

由于甲公司的专有设备和专利技术市场上已不多见,其公允价值不能可靠计量。乙公司的在建工程因完工程度难以合理确定,其公允价值不能可靠计量;由于丙公司不是上市公司,乙公司对丙公司长期股权投资的公允价值也不能可靠计量。假设甲公司和乙公司的换出资产均未计提减值准备,假定不考虑相关税费。甲公司换入的乙公司的在建工程继续再建,换入的长期股权投资作为长期股权投资核算,并采用成本法核算。乙公司换入的甲公司的设备作为固定资产核算，换入的甲公司的专利技术作为无形资产核算。根据上述资料，做甲、乙公司的会计处理。

分析：在本例中，甲公司和乙公司的资产交换属于不涉及补价的多项资产的交换，甲公司换出资产的账面价值合计为 600 万元；乙公司换出资产的账面价值合计为 600 万元。在此项交换中，由于交易不符合公允价值确认的条件，应采用账面价值进行计量。由于甲公司和乙公司换出的各项资产无法直接与其换入的各项资产的价值一一对应，因此应对换出资产的账面价值加上应支付的相关税费进行分配。

(1)甲公司的会计处理如下。

① 计算换入资产、换出资产的账面价值总额：

换入资产的账面价值总额=480+120=600(万元)

换出资产的账面价值总额=(1000−600)+(400−200)=600(万元)

② 确定换入资产的总成本：

换入资产总成本=600(万元)

③ 确定各项换入资产的成本：

在建工程成本=600×(480 ÷ 600×100%)=480(万元)

长期股权投资成本=600×(120 ÷ 600×100%)=120(万元)

④ 会计分录：

借：固定资产清理	4 000 000	
累计折旧	6 000 000	
贷：固定资产		10 000 000
借：在建工程	4 800 000	
长期股权投资	1 200 000	
累计摊销	2 000 000	
贷：固定资产清理		4 000 000
无形资产——专利技术		4 000 000

(2)乙公司的会计处理如下。

① 计算换入资产、换出资产的账面价值总额：

换入资产的账面价值总额=(1 000−600)+(400−200)=600(万元)

换出资产的账面价值总额=480+120−600(万元)

② 确定换入资产的总成本：

换入资产总成本=600(万元)

③ 确定各项换入资产的成本：

专用设备成本=600×(400 ÷ 600×100%)=400(万元)

专利技术成本=600×(200 ÷ 600×100%)=200(万元)

④ 会计分录：

借：固定资产	4 000 000	
无形资产	2 000 000	
贷：在建工程		4 800 000
长期股权投资		1 200 000

思 考 题

1. 什么是货币性资产？什么是非货币性资产？两者的区别是什么？
2. 什么是非货币性资产交换？

3．如何判断非货币性资产交换是否具有商业实质？

4．如何确定非货币性资产交换中换入资产的入账价值？

5．在非货币性资产交换中，如何计算换出资产的损益？

6．涉及补价的情况下，换入资产的入账价值如何确定？

7．如果非货币性资产交换涉及换入多项非货币性资产的交换，如何确定换入资产的入账价值？

8．请简述非货币性资产交换双方的会计处理。

练 习 题

习题一

【目的】练习非货币性资产交换的核算。

【资料】甲公司拥有一台专有设备，该设备账面原价为 500 万元，已提折旧 360 万元；乙公司拥有一幢建筑物，账面原价为 300 万元，已提折旧 150 万元。甲公司决定以其专有设备交换乙公司该幢建筑物，并拟改造为办公室使用。甲公司的该专有设备是生产某种产品必需的设备。由于该专有设备系当时专门制造、性质特殊，其公允价值不能可靠计量；乙公司拥有的建筑物因建筑年代久远、性质比较特殊，其公允价值也不能可靠计量。双方商定，双方以账面净额成交(含税)，甲公司支付乙公司 10 万元补价。假设甲公司和乙公司换出资产均未计提减值准备。假定不考虑相关税费。

【要求】编制甲、乙公司的会计分录。

习题二

【目的】练习非货币性资产交换的核算。

【资料】甲公司和乙公司均为增值税一般纳税企业，其适用的增值税税率为 13%。甲公司 2×19 年 8 月用自产的库存商品交换乙公司生产的商品。甲公司库存商品成本为 20 万元，公允价值和计税价格均为 40 万元；乙公司库存商品成本为 18 万元，公允价值和计税价格均为 40 万元。甲公司将换入的乙公司的商品作固定资产进行管理和核算，乙公司将换入的甲公司的商品作原材料核算。假设甲公司和乙公司换出的资产均未计提减值准备，并假设在交换过程中除增值税以外未发生其他相关税费。假设该交易符合公允价值计量的条件。

【要求】编制甲、乙公司的会计分录。

第十九章　债务重组

第一节　债务重组概述

一、债务重组的定义

企业经营的好坏，一方面受市场、银行利率、经济、政治等外在因素的影响，另一方面受自身经营管理方式的影响。市场经济的发展，一方面为企业的生存和发展提供了更为广阔的空间，另一方面也使企业的竞争更趋激烈。在市场经济竞争激烈的情况下，企业应能够随着外部各种因素的变化而不断改变自身的经营方式，善于管理，才能在竞争中立于不败之地。一些企业可能因为经营管理不善，或受外部各种因素的影响等，使财务状况发生困难，表现为产品滞销、积压、资金周转不灵、产品研发滞后等，导致盈利能力下降或出现亏损，现金流转不畅，出现暂时性的资金紧缺，难以按期偿还债务。在此种情况下，作为债权人，一种方式是可以通过法律程序，要求债务人破产，以清偿债务；另一种方式，可以通过相互协商，以债务重组的方式，债权人做出某些让步，使债务人减轻负担，渡过难关。

债务重组，是指在不改变交易对手方的情况下，经债权人和债务人协定或法院裁定，就清偿债务的时间、金额或方式等重新达成协议的交易。

二、债务重组的方式

债务重组主要有以下几种方式。

(一) 以资产清偿债务

以资产清偿债务是指债务人转让其资产给债权人以清偿债务的重组方式。

债务人通常用于清偿债务的资产主要有现金、存货、金融资产、固定资产、无形资产等。这里的现金是指货币资金，即库存现金、银行存款和其他货币资金。在债务重组的情况下，以资产清偿债务，通常是指以低于债务的账面价值的现金清偿债务，如果以等量的现金偿还所欠债务，则不属于本章所指的债务重组。

(二) 债务人将债务转为权益工具

债务人将债务转为权益工具，是指债务人将债务转为资本，同时债权人将债权转为股权的债务重组方式。但债务人根据转换协议，将应付可转换公司债券转为资本的，则属于正常情况下的债务转为资本，不能作为债务重组处理。

债务转为权益工具时，对股份有限公司而言，是将债务转为股本；对其他企业而言，是将债务转为实收资本。债务转为权益工具的结果是，债务人因此而增加股本(或实收资本)，债权人因此而增加长期股权投资。

(三) 修改其他债权债务条款

修改其他债权/债务条款，是指不包括上述两种方式在内的修改其他债权/债务条款进行的债务重组方式，如采用调整债务本金、改变债务利息、变更还款期限等方式修改债权和债务的其他条款，形成重组债权和重组债务。

三、债务重组日

债务重组可能发生在债务到期前、到期日或到期后。债务重组日是指债务重组完成日，即债务人履行协议或法院裁定，将相关资产转让给债权人、将债务转为权益工具或修改后的偿还条件开始执行的日期。例如，甲公司欠乙公司货款 1 000 万元，到期日为 20×5 年 8 月 1 日。因甲公司发生财务困难，短期内无法偿还债务，经协商，乙公司同意甲公司以价值 800 万元(不含增值税)的商品抵偿债务。甲公司于 20×5 年 8 月 20 日将商品运抵乙公司并办理有关债务解除手续。在此项债务重组交易中，20×5 年 8 月 20 日即为债务重组日。又例如，如果上述甲公司是分批将商品运往乙公司，最后一批运抵的日期为 20×5 年 8 月 30 日，且在这一天办理有关债务解除手续，则债务重组日应为 20×5 年 8 月 30 日。假如上述乙公司同意甲公司以一项工程造价为 880 万元的在建工程抵偿债务，但要求甲公司继续按计划完成在建工程，则债务重组日应为该项工程完工并交付使用，且办理有关债务清偿手续的当日。如果乙公司同意甲公司将所欠债务转为资本，甲公司于 20×5 年 8 月 28 日办妥增资批准手续并向乙公司出具出资证明，则 20×5 年 8 月 28 日即为债务重组日。

第二节　债务重组的会计处理

一、以资产清偿债务

(一) 以资产清偿债务方式进行债务重组的确认和计量

以资产清偿债务或者将债务转为权益工具方式进行债务重组的，债权人应当在相关资产符合其定义和确认条件时予以确认。债务人应当在相关资产和所清偿债务符合终止确认条件时予以终止确认。

债权人以资产清偿债务方式进行债务重组的，债权人初始确认受让的金融资产以外的资产时，应当按照下列原则以成本计量：

存货的成本，包括放弃债权的公允价值和使该资产达到当前位置和状态所发生的可直接归属于该资产的税金、运输费、装卸费、保险费等其他成本。

对联营企业或合营企业投资的成本，包括放弃债权的公允价值和可直接归属于该资产的税金等其他成本。

投资性房地产的成本，包括放弃债权的公允价值和可直接归属于该资产的税金等其他成本。

固定资产的成本，包括放弃债权的公允价值和使该资产达到预定可使用状态前所发生的可直接归属于该资产的税金、运输费、装卸费、安装费、专业人员服务费等其他成本。

无形资产的成本，包括放弃债权的公允价值和可直接归属于使该资产达到预定用途所发生的税金等其他成本。

债权人放弃债权的公允价值与账面价值之间的差额，应当计入当期损益。

债务人以资产清偿债务方式进行债务重组的，债务人应当在相关资产和所清偿债务符合终止确认条件时予以终止确认，所清偿债务账面价值与转让资产账面价值之间的差额计入当期损益。

在债务重组中，通常包括以现金清偿债务和以非现金资产清偿债务等方式。

(二) 以现金清偿债务

债务人以现金清偿债务的，债务人应当将重组债务的账面价值与实际支付现金之间的差额，确认为债务重组利得，计入当期损益——营业外收入。其中，相关重组债务应当在满足金融负债终止确认条件时予以终止确认。

债务人以现金清偿债务的，债权人应当将重组债权的账面余额与收到的现金之间的差额，确认为债务重组损失，计入当期损益——营业外支出。其中，相关重组债权应当在满足金融资产终止确认条件时予以终止确认。债权人已对债权计提减值准备的，应先将该差额冲减减值准备，减值准备不足以冲减的部分，确认为债务重组损失，计入当期损益——营业外支出；冲减后减值准备仍有余额的，应予转回并抵减当期资产减值损失。

其会计处理为：债务人以现金清偿债务的，债务人应按重组债务的账面价值，借记“应付账款”科目；按实际支付的现金，贷记“库存现金”“银行存款”科目；按二者之间的差额，贷记“营业外收入——债务重组利得”科目。

债权人应按实际收到的金额，借记“库存现金”“银行存款”科目；按应收账款的账面余额，贷记“应收账款”科目；按二者之间的差额，借记“营业外支出——债务重组损失”科目。如果债权人已对应收账款计提了坏账准备，债权人应按实际收到的金额，借记“库存现金”“银行存款”科目；按应收债权已计提的坏账准备，借记“坏账准备”科目；按应收账款的账面余额，贷记“应收账款”科目；按应收账款的账面价值与收到的现金之间的差额，借记“营业外支出——债务重组损失”科目。

例 19-1 A 公司应收 B 公司货款 300 000 元，因 B 公司财务发生困难，无法偿付货款。经双方协商，A 公司同意 B 公司以 100 000 元现金清偿 A 公司全部债务，A 公司对该笔应收账款已计提坏账准备 20 000 元。根据上述资料，A、B 公司应在债务重组日做如下会计处理。

(1) A 公司(债权人)的会计处理如下。

计算债务重组损失：

应收账款账面余额	300 000
减：收到的现金	100 000
差额	200 000
减：已计提坏账准备	20 000
债务重组损失	180 000

会计分录为：

借：银行存款	100 000	
坏账准备	20 000	
营业外支出——债务重组损失	180 000	
贷：应收账款——B 公司		300 000

(2) B 公司(债务人)的会计处理如下。

计算债务重组利得：

应付账款账面余额	300 000
减：支付的现金	100 000
债务重组利得	200 000

会计分录为：

借：应付账款——A 公司	300 000	
贷：银行存款		100 000
营业外收入——债务重组利得		200 000

(三) 以非现金资产清偿债务

1. 债务人的会计处理

债务人以非现金资产清偿债务方式进行债务重组的，债务人应当在相关资产和所清偿债务符合终止确认条件时予以终止确认，所清偿债务账面价值与转让资产账面价值之间的差额计入当期损益。

债务人在转让非现金资产的过程中发生的一些税费，如资产评估费、运杂费等，直接计入损益。

2. 债权人的会计处理

债务人以非现金资产清偿债务的，债权人应当按受让的非现金资产的成本入账。债权人放弃债权的公允价值与账面价值之间的差额，应当计入当期损益。

3. 以非现金资产清偿债务的具体会计处理

企业以非现金资产清偿债务的，非现金资产类别不同，其会计处理也略有不同。

(1) 债务人以库存材料、商品产品抵偿债务。

债务人以库存材料、商品产品抵偿债务的，应视同销售进行会计处理。企业可将该项业务分为以下两部分。一是将库存材料、商品产品出售给债权人，取得货款。出售库存材料、商品产品业务与企业正常的销售业务处理相同，其发生的损益计入当期损益。二是以取得的货币清偿债务。当然在这项业务中实际上并没有发生相应的货币流入与流出。

债务人以库存材料、商品产品抵偿债务的，债权人作为存货管理的，债权人应按受让存货的成本(包括放弃债权的公允价值和使该资产达到当前位置和状态所发生的可直接归属于该资产的税金、运输费、装卸费、保险费等其他成本)，借记“原材料”等科目；按可抵扣的增值税进项税额，借记“应交税费——应交增值税(进项税额)”科目；按应收账款的账面余额，贷记“应收账款”科目；按应支付的相关费用，贷记“库存现金”“银行存款”科目；如对应收账款计提了坏账准备，应同时转销相关的坏账准备。放弃债权的公允价值与账面价值之间的差额，应当计入当期损益。

债务人以库存材料、商品产品抵偿某项债务的，应视同销售进行核算。债务人应当按照应付债务的账面价值，借记“应付账款”科目；按存货的公允价值(售价)，贷记“主营业务收入”科目；按依该存货的售价计算的增值税销项税额，贷记“应交税费——应交增值税(销项税额)”科目；按重组债务的账面价值与转让存货的公允价值和应确认的销项税额之间的差额，确认为债务重组利得，贷记“营业外收入——债务重组利得”科目。

例 19-2 2×19 年 4 月 1 日，甲公司销售一批商品给乙公司，开出的增值税专用发票上注明的销售价款为 200 000 元、增值税额为 26 000 元。按合同规定，乙公司应于 2×19 年 6 月 1 日前偿付货款。由于乙公司现金流量不足，财务状况在恶化，无法按合同规定的期限偿还债务。2×19 年 12 月 1 日，双方经过协商，进行债务重组。甲公司同意乙公司用产品抵偿该应收账款，该产品市价(不含税)为 150 000 元，增值税税率为 13%，产品成本为 80 000 元。甲公司于 2×19 年 12 月 5 日收到乙公司抵债的产品，并作为商品入库；甲公司为该应收账款计提了 10 000 元坏账准备。假设甲公司重组债权的公允价值为 180 000 元，整个交易过程除增值税以外没有发生其他相关税费。根据上述资料，甲、乙公司应在债务重组日做如下会计处理。

① 甲公司(债权人)的会计处理如下。

债务重组损失=应收账款的账面价值-受让存货的成本-可抵扣的增值税进项税额

=(226 000-10 000)-180 000-150 000×13%=16 500(元)

借：库存商品　180 000

　　应交税费——应交增值税(进项税额)　19 500

　　坏账准备　10 000

　　营业外支出——债务重组损失　16 500

　　贷：应收账款——乙公司　226 000

② 乙公司(债务人)的会计处理如下。

债务重组利得=应付账款的账面价值-转让产品的公允价值-应确认的销项税额

=226 000-150 000-150 000×13%=56 500(元)

转让产品的收益=转让产品的公允价值-该产品的生产成本=150 000-80 000=70 000(元)

借：应付账款——甲公司　226 000

　　贷：主营业务收入　150 000

应交税费——应交增值税（销项税额）　　19 500
营业外收入——债务重组利得　　56 500
借：主营业务成本　　80 000
贷：库存商品　　80 000

（2）债务人以固定资产抵偿债务。

债务人以固定资产抵偿债务，债务人应按债务账面价值转销债务，按清偿债务账面价值与转让固定资产账面价值之间的差额计入当期损益。

债权人收到的固定资产应按固定资产的成本（包括放弃债权的公允价值和使该资产达到预定可使用状态前所发生的可直接归属于该资产的税金、运输费、装卸费、安装费、专业人员服务费等其他成本）作为受让固定资产的入账价值。

例 19-3　2×19 年 4 月 1 日，甲公司销售一批商品给乙公司，开出的增值税专用发票上注明的销售价款为 200 000 元、增值税额为 26 000 元。按合同规定，乙公司应于 2×19 年 6 月 1 日前偿付货款。由于乙公司现金流量不足，无法按合同规定的期限偿还债务。2×19 年 12 月 1 日，双方经过协商，进行债务重组。甲公司同意乙公司用一台设备抵偿债务。该设备的账面原价为 300 000 元，已提折旧 100 000，公允价值为 190 000 元。抵债设备已于 2×19 年 12 月 5 日运抵甲公司，甲公司将其用于本企业产品的生产。假设甲公司重组债权的公允价值为 226 000 元，不考虑相关税费。甲公司没有对该应收账款计提坏账准备。根据上述资料，甲、乙公司应在债务重组日做如下会计处理。

① 甲公司（债权人）的会计处理如下。

债务重组损失= 226 000−226 000=0（元）

借：固定资产　　226 000
贷：应收账款——乙公司　　226 000

② 乙公司（债务人）的会计处理如下。

债务重组利得= 226 000−（300 000−100 000）=26 000（元）

将固定资产转入清理：

借：固定资产清理　　200 000
累计折旧　　100 000
贷：固定资产　　300 000

结转债务重组利得：

借：应付账款——甲公司　　226 000
贷：固定资产清理　　200 000
营业外收入——债务重组利得　　26 000

（3）债务人以无形资产抵偿债务。

债务人以无形资产清偿债务的，债务人应按债务账面价值转销债务，按清偿债务账面价值与转让无形资产账面价值之间的差额计入当期损益。

受让的非现金资产作为无形资产管理的，债权人应按无形资产的成本（包括放弃债权的公允价值和可直接归属于使该资产达到预定用途所发生的税金等其他成本）作为受让无形资产的入账价值。

例 19-4　2×19 年 4 月 1 日，甲公司销售一批商品给乙公司，开出的增值税专用发票上注明的销售价款为 200 000 元、增值税额为 26 000 元。按合同规定，乙公司应于 2×19 年 6 月 1 日前偿付货款。由于乙公司现金流量不足，无法按合同规定的期限偿还债务。2×19 年 12 月 1 日，双方经过协商，进行债务重组。甲公司同意乙公司用一项专利权偿还债务。该项专利权的账面余额为 300 000 元，累计摊销为 120 000 元，评估确认价值 170 000 元（不含税）。假设甲公司没有对该应收账款计提坏账准备。假设甲公司重组债权的公允价值为 226 000 元，不考虑相关税费。根据上述资料，甲、乙公司应在债务重组日做如下会计处理。

① 甲公司（债权人）的会计处理如下。

债务重组损失=226 000−226 000=（元）

借：无形资产——专利权	226 000	
贷：应收账款——乙公司		226 000

② 乙公司（债务人）的会计处理如下。

债务重组利得=应付账款的账面价值−无形资产的账面价值

=226 000−（300 000−120 000）=46 000（元）

借：应付账款——甲公司	226 000	
累计摊销	120 000	
贷：无形资产——专利权		300 000
营业外收入——债务重组利得		46 000

二、债务人将债务转为权益工具

以债务转为权益工具方式进行债务重组的，债务人应当在所清偿债务符合终止确认条件时予以终止确认。债务人初始确认权益工具时应当按照权益工具的公允价值计量，权益工具的公允价值不能可靠计量的，应当按照所清偿债务的公允价值计量。所清偿债务的账面价值与权益工具确认金额之间的差额，应当计入当期损益。

以债务转为权益工具方式进行债务重组导致债权人将债权转为对联营企业或合营企业的权益性投资的，债权人应当按对联营企业或合营企业投资的成本（包括放弃债权的公允价值和可直接归属于该资产的税金等其他成本）计量其初始投资成本。放弃债权的公允价值与账面价值之间的差额，应当计入当期损益。

例 19-5　2×19 年 4 月 1 日，甲公司销售一批商品给乙公司，开出的增值税专用发票上注明的销售价款为 200 000 元、增值税额为 26 000 元。按合同规定，乙公司应于 2×19 年 6 月 1 日前偿付货款。由于乙公司现金流量不足，财务状况在恶化，无法按合同规定的期限偿还债务。2×19 年 12 月 1 日，双方经过协商。甲公司同意乙公司以其债务转为权益工具进行债务重组，乙公司以普通股偿还债务，假设该普通股每股面值为 1 元，股票市价为每股 3 元，乙公司以 60 000 股抵偿该项债务。用于抵债的股票已于 2×19 年 12 月 5 日办理了相关转让手续。假设甲公司重组债权的公允价值为 200 000 元，不考虑相关税费。根据上述资料，甲、乙公司应在债务重组日做如下会计处理。

（1）甲公司（债权人）的会计处理如下。

债务重组损失=226 000−200 000=26 000（元）

借：长期股权投资	200 000	
营业外支出——债务重组损失	26 000	
贷：应收账款——乙公司		226 000

（2）乙公司（债务人）的会计处理如下。

应计入资本公积的金额=60 000×（3−1）=120 000（元）

债务重组利得=226 000−60 000×3=46 000（元）

借：应付账款——甲公司	226 000	
贷：股本		60 000
资本公积——股本溢价		120 000
营业外收入——债务重组利得		46 000

三、修改其他债务条件

采用修改其他条款方式进行债务重组的，债务人应当按照《企业会计准则第 22 号——金融工具确认和计量》和《企业会计准则第 37 号——金融工具列报》的规定，确认和计量重组债务。

采用修改其他条款方式进行债务重组的，债权人应当按照《企业会计准则第 22 号——金融工具确认和计量》的规定，确认和计量重组债权。

例 19-6 2×19 年 4 月 1 日，甲公司销售一批商品给乙公司，开出的增值税专用发票上注明的销售价款为 200 000 元、增值税额为 26 000 元。按合同规定，乙公司应于 2×19 年 6 月 1 日前偿付货款。由于乙公司现金流量不足，财务状况在恶化，无法按合同规定的期限偿还债务。2×19 年 12 月 1 日，双方经过协商进行债务重组。重组协议如下：甲公司同意豁免乙公司债务 50 000 元；其余债务延期一年，债务延长期间，每月加收余款 1%的利息，利息和本金于 2×20 年 12 月 1 日一同偿付。根据上述资料，甲、乙公司应在债务重组日做如下会计处理。

(1) 甲公司(债权人)的会计处理如下。

2×19 年 12 月 1 日，甲公司应收乙公司货款为=(226 000−50 000) × (1+1% × 12)=197 120(元)

债务重组损失=226 000−197 120=28 880(元)

借：应收账款——乙公司　　197 120
　　营业外支出——债务重组损失　　28 880
　　贷：应收账款——乙公司　　226 000

2×20 年 12 月 1 日，收回货款时：

借：银行存款　　197 120
　　贷：应收账款——乙公司　　197 120

(2) 乙公司(债务人)的会计处理如下。

债务重组利得：226 000−(226 000−50 000) × (1+1% × 12)=28 880(元)

借：应付账款——甲公司　　226 000
　　贷：应付账款——甲公司　　197 120
　　　　营业外收入——债务重组利得　　28 880

2×20 年 2 月 1 日，偿付货款时：

借：应付账款——甲公司　　197 120
　　贷：银行存款　　197 120

四、以上三种方式的组合清偿债务

以多项资产清偿债务或者以组合方式进行债务重组的，债务人应当按照债务人将债务转为权益工具和修改债权和债务的规定确认和计量权益工具和重组债务，所清偿债务的账面价值与转让资产的账面价值以及权益工具和重组债务的确认金额之和的差额，应当计入当期损益。

以多项资产清偿债务或者以组合方式进行债务重组的，债权人应当首先按照《企业会计准则第 22 号——金融工具确认和计量》的规定确认和计量受让的金融资产和重组债权，然后按照受让的金融资产以外的各项资产的公允价值比例,对放弃债权的公允价值扣除受让金融资产和重组债权确认金额后的净额进行分配，并以此为基础按照前述债务重组准则的规定分别确定各项资产的成本。放弃债权的公允价值与账面价值之间的差额，应当计入当期损益。

思 考 题

1. 什么是债务重组？
2. 债务重组的方式有哪些？

练 习 题

习题一

【目的】练习债务重组的核算。

【资料】甲企业欠乙企业货款 500 000 元。由于甲企业现金流量不足，短期内不能支付货款，经协商进行债务重组。乙企业同意甲企业支付 350 000 元货款，余款不再偿还。甲企业随即支付了 350 000 元货款。乙企业对该项应收账款计提了 50 000 元的坏账准备。

【要求】根据上述资料，做甲、乙企业的会计处理。

习题二

【目的】练习债务重组的核算。

【资料】甲企业欠乙企业货款 900 000 元。由于甲企业现金流量不足，短期内不能支付货款。经协商进行债务重组。甲企业以其生产的产品偿还债务，该产品的销售价格为 600 000 元(不含税)，成本为 400 000 元。甲、乙企业均为增值税一般纳税人，增值税税率为 13%。乙企业未对该项应收账款计提坏账准备。假定甲企业应收账款的公允价值为 700 000 元。

【要求】

(1)假设乙企业将收到的甲企业的产品作原材料，根据上述资料，做甲、乙企业的会计处理。

(2)假设乙企业将收到的甲企业的产品作固定资产，根据上述资料，做甲、乙企业的会计处理。

附录A　2007年1月1日实施的企业会计准则所用会计科目表

会计科目表

顺序号	编号	会计科目名称	备注
		一、资产类	
1	1001	库存现金	
2	1002	银行存款	
3	1003	存放中央银行款项	银行专用
4	1011	存放同业	银行专用
5	1012	其他货币资金	
6	1021	结算备付金	证券专用
7	1031	存出保证金	金融共用
8	1101	交易性金融资产	
9	1111	买入返售金融资产	金融共用
10	1121	应收票据	
11	1122	应收账款	
12	1123	预付账款	
13	1131	应收股利	
14	1132	应收利息	
15	1201	应收代位追偿款	保险专用
16	1211	应收分保账款	保险专用
17	1212	应收分保合同准备金	保险专用
18	1221	其他应收款	
19	1231	坏账准备	
20	1301	贴现资产	银行专用
21	1302	拆出资金	银行专用
22	1303	贷款	银行和保险共用
23	1304	贷款损失准备	银行和保险共用
24	1311	代理兑付证券	银行和证券共用
25	1321	代理业务资产	银行和证券共用
26	1401	材料采购	
27	1402	在途物资	
28	1403	原材料	
29	1404	材料成本差异	
30	1405	库存商品	
31	1406	发出商品	
32	1407	商品进销差价	
33	1408	委托加工物资	
34	1411	周转材料	建造承包商专用
35	1421	消耗性生物资产	农业专用
36	1431	贵金属	银行专用
37	1441	抵债资产	金融共用

续表

顺序号	编号	会计科目名称	备注
38	1451	损余物资	保险专用
39	1461	融资租赁资产	租赁专用
40	1461	存货跌价准备	
41	1501	持有至到期投资	
42	1502	持有至到期投资减值准备	
43	1503	可供出售金融资产	
44	1511	长期股权投资	
45	1512	长期股权投资减值准备	
46	1521	投资性房地产	
47	1531	长期应收款	
48	1532	未实现融资收益	
49	1541	存出资本保证金	保险专用
50	1601	固定资产	
51	1602	累计折旧	
52	1603	固定资产减值准备	
53	1604	在建工程	
54	1605	工程物资	
55	1606	固定资产清理	
56	1611	未担保余值	租赁专用
57	1621	生产性生物资产	农业专用
58	1622	生产性生物资产累计折旧	农业专用
59	1623	公益性生物资产	农业专用
60	1631	油气资产	石油天然气开采专用
61	1632	累计折耗	石油天然气开采专用
62	1701	无形资产	
63	1702	累计摊销	
64	1703	无形资产减值准备	
65	1711	商誉	
66	1801	长期待摊费用	
67	1811	递延所得税资产	
68	1821	独立账户资产	保险专用
69	1901	待处理财产损溢	
二、负债类			
70	2001	短期借款	
71	2002	存入保证金	金融共用
72	2003	拆入资金	金融共用
73	2004	向中央银行借款	银行专用
74	2011	同业存放	银行专用
75	2012	吸收存款	银行专用
76	2021	贴现负债	银行专用
77	2101	交易性金融负债	
78	2111	卖出回购金融资产款	金融共用
79	2201	应付票据	
80	2202	应付账款	
81	2203	预收账款	
82	2211	应付职工薪酬	

续表

顺序号	编号	会计科目名称	备注
83	2221	应交税费	
84	2231	应付利息	
85	2232	应付股利	
86	2241	其他应付款	
87	2251	应付保单红利	保险专用
88	2261	应付分保账款	保险专用
89	2311	代理买卖证券款	证券专用
90	2312	代理承销证券款	证券和银行共用
91	2313	代理兑付证券款	证券和银行共用
92	2314	代理业务负债	证券和银行共用
93	2401	递延收益	
94	2501	长期借款	
95	2502	应付债券	
96	2601	未到期责任准备金	保险专用
97	2602	保险责任准备金	保险专用
98	2611	保户储金	保险专用
99	2621	独立账户负债	保险专用
100	2701	长期应付款	
101	2702	未确认融资费用	
102	2711	专项应付款	
103	2801	预计负债	
104	2901	递延所得税负债	
三、共同类			
105	3001	清算资金往来	银行专用
106	3002	货币兑换	金融共用
107	3101	衍生工具	
108	3201	套期工具	
109	3202	被套期项目	
四、所有者权益类			
110	4001	实收资本	
111	4002	资本公积	
112	4101	盈余公积	
113	4102	一般风险准备	金融共用
114	4103	本年利润	
115	4104	利润分配	
116	4201	库存股	
五、成本类			
117	5001	生产成本	
118	5101	制造费用	
119	5201	劳务成本	
120	5301	研发支出	
121	5401	工程施工	建造承包商专用
122	5402	工程结算	建造承包商专用
123	5403	机械作业	建造承包商专用
六、损益类			
124	6001	主营业务收入	

续表

顺序号	编号	会计科目名称	备注
125	6011	利息收入	金融共用
126	6021	手续费及佣金收入	金融共用
127	6031	保费收入	保险专用
128	6041	租赁收入	租赁专用
129	6051	其他业务收入	
130	6061	汇兑损益	金融专用
131	6101	公允价值变动损益	
132	6111	投资收益	
133	6201	摊回保险责任准备金	保险专用
134	6202	摊回赔付支出	保险专用
135	6203	摊回分保费用	保险专用
136	6301	营业外收入	
137	6401	主营业务成本	
138	6402	其他业务成本	
139	6403	营业税金及附加	
140	6411	利息支出	金融共用
141	6421	手续费及佣金支出	金融共用
142	6501	提取未到期责任准备金	保险专用
143	6502	提取保险责任准备金	保险专用
144	6511	赔付支出	保险专用
145	6521	保单红利支出	保险专用
146	6531	退保金	保险专用
147	6541	分出保费	保险专用
148	6542	分保费用	保险专用
149	6601	销售费用	
150	6602	管理费用	
151	6603	财务费用	
152	6604	勘探费用	石油天然气开采专用
153	6701	资产减值损失	
154	6711	营业外支出	
155	6801	所得税费用	
156	6901	以前年度损益调整	

企业应当按照企业会计准则的规定，设置会计科目进行账务处理，在不违反统一规定的前提下，可以根据本企业的实际情况自行增设、分拆、合并会计科目。不存在的交易或者事项，可以不设置相关的会计科目。会计科目编号，供企业填制会计凭证、登记会计账簿、查阅会计账目、采用会计软件系统参考，企业也可以根据本规定，结合本企业的实际情况自行确定会计科目编号。企业会计准则自 2007 年 1 月 1 日起在上市公司施行。

2014—2019 年，因部分企业会计准则进行了修订和发布了新的企业会计准则，目前使用的会计科目又增加了一些。有些会计科目有变化，如“持有至长期投资”现改为“债权投资”；“营业税金及附加”科目改为“税金及附加”科目等。

附录B 2013年1月1日实施的小企业会计准则所用会计科目表

会计科目表

顺序号	编号	会计科目名称
		一、资产类
1	1001	库存现金
2	1002	银行存款
3	1009	其他货币资金
4	1101	短期投资
5	1121	应收票据
6	1122	应收账款
7	1123	预付账款
8	1131	应收股利
9	1132	应收利息
10	1221	其他应收款
11	1401	材料采购
12	1402	在途物资
13	1403	原材料
14	1404	材料成本差异
15	1405	库存商品
16	1407	商品进销差价
17	1408	委托加工物资
18	1411	周转材料
19	1421	消耗性生物资产
20	1501	长期债券投资
21	1511	长期股权投资
22	1601	固定资产
23	1602	累计折旧
24	1604	在建工程
25	1605	工程物资
26	1606	固定资产清理
27	1621	生产性生物资产
28	1622	生产性生物资产累计折旧
29	1701	无形资产
30	1702	累计摊销
31	1801	长期待摊费用
32	1901	待处理财产损溢
		二、负债类
33	2001	短期借款
34	2201	应付票据
35	2202	应付账款

续表

顺序号	编号	会计科目名称
36	2203	预收账款
37	2211	应付职工薪酬
38	2221	应交税费
39	2231	应付利息
40	2232	应付利润
41	2241	其他应付款
42	2401	递延收益
43	2501	长期借款
44	2701	长期应付款
三、所有者权益		
45	3001	实收资本
46	3002	资本公积
47	3101	盈余公积
48	3103	本年利润
49	3104	利润分配
四、成本类		
50	4001	生产成本
51	4101	制造费用
52	4301	研发支出
53	4401	工程施工
54	4403	机械作业
五、损益类		
55	5001	主营业务收入
56	5051	其他业务收入
57	5111	投资收益
58	5301	营业外收入
59	5401	主营业务成本
60	5402	其他业务成本
61	5403	营业税金及附加
62	5601	销售费用
63	5602	管理费用
64	5603	财务费用
65	5711	营业外支出
66	5801	所得税费用

以上会计科目是依据小企业会计准则中确认和计量的规定制定的，涵盖了各类小企业的交易和事项。小企业在不违反会计准则中确认、计量和报告规定的前提下，可以根据本企业的实际情况自行增设、分拆、合并会计科目。小企业不存在的交易或者事项，可不设置相关会计科目。对于明细科目，小企业可以比照相关规定自行设置。会计科目编号供小企业填制会计凭证、登记会计账簿、查阅会计账目、采用会计软件系统参考，小企业可结合本企业的实际情况自行确定其他会计科目的编号。小企业会计准则自 2013 年 1 月 1 日起在小企业范围内施行。注："营业税金及附加"科目现改为"税金及附加"科目。

参 考 文 献

[1] 谢明香. 中级财务会计(第二版). 北京：经济管理出版社，2010.

[2] 中国注册会计师协会. CPA 会计. 北京：中国财政经济出版社，2018.

[3] 财政部会计资格评价中心. 初级中级会计实务. 北京：中国财政经济出版社，2016.

[4] 财政部会计资格评价中心. 中级中级会计实务. 北京：经济科学出版社，2019.

[5] 刘永泽，陈立军. 中级财务会计(第 6 版). 大连：东北财经大学出版社，2018.

[6] 夏成才. 中级财务会计. 北京：中国财政经济出版社，2015.

[7] 中华人民共和国财政部制定. 企业会计准则. 大连：大连出版社，2006.

[8] 企业会计准则编审委员会. 企业会计准则——应用指南. 上海：立信会计出版社，2006.

[9] 财政部会计准则委员会. 资产减值会计. 大连：大连出版社，2005.

[10] 会计准则研究组. 最新会计准则重点难点解析. 大连：大连出版社，2006.

[11] 企业会计准则第 14 号——收入.

[12] 企业会计准则第 7 号——非货币性资产交换.

[13] 企业会计准则第 21 号——租赁.

[14] 企业会计准则第 16 号——政府补助.

[15] 企业会计准则第 9 号——职工薪酬.

[16] 财税〔2016〕36 号——增值税会计处理规定.

[17] 王建华. 财务会计学. 北京：人民出版社，2002.

[18] 财政部会计准则委员会. 会计要素与财务报告. 大连：大连出版社，2005.

[19] 李海波，刘学华，宋胜菊. 新编财务会计. 上海：立信会计出版社，2000.

[20] 葛家澍. 中级财务会计学. 北京：中国人民大学出版社，2003.

[21] 王华，石本仁. 中级财务会计. 北京：中国人民大学出版社，2007.

[22] 冯庆梅. 企业财务会计. 北京：清华大学出版社，2008.

[23] 中华人民共和国财政部. 小企业会计准则. 上海：立信会计出版社，2012.